Die „prüfungsfreien Räume“ in der Rechnungshofkontrolle

Europäische Hochschulschriften
Publications Universitaires Européennes
European University Studies

Reihe II
Rechtswissenschaft

Série II Series II
Droit
Law

Bd./Vol. 4700

PETER LANG
Frankfurt am Main · Berlin · Bern · Bruxelles · New York · Oxford · Wien

Elias Kollyris

Die „prüfungsfreien Räume" in der Rechnungshofkontrolle

Verfassungsrechtliche Grenzen der öffentlichen Finanzkontrolle durch Rechnungshöfe

PETER LANG
Internationaler Verlag der Wissenschaften

Bibliografische Information der Deutschen Nationalbibliothek
Die Deutsche Nationalbibliothek verzeichnet diese Publikation in der Deutschen Nationalbibliografie; detaillierte bibliografische Daten sind im Internet über <http://www.d-nb.de> abrufbar.

Zugl.: Heidelberg, Univ., Diss., 2007

D 16
ISSN 0531-7312
ISBN 978-3-631-58052-3

www.peterlang.de

Meiner Tochter

Vorwort

Die vorliegende Arbeit wurde im Oktober 2006 abgeschlossen und im Wintersemester 2007-2008 von der juristischen Fakultät der Ruprecht-Karls-Universität Heidelberg als Dissertation angenommen. Die Verzögerung der Veröffentlichung ist auf das unerwartete Ereignis des vorzeitigen Todes meines Doktorvaters zurückzuführen.

Für die vertrauensvolle und vorbildliche Betreuung bin ich meinem Doktorvater und akademischen Lehrer, † Prof. Dr. Görg Haverkate äußerst dankbar. Stets hilfsbereit und interessiert, fand er immer Zeit für wissenschaftliche Gespräche. Daneben bedanke ich mich bei Prof. Dr. Ute Mager für ihre wertvolle Hilfe und die Übernahme des Erstgutachtens. Danken möchte ich auch Prof. Dr. Ulrich Hufeld für die zügige Erstellung des Zweitgutachtens.

Ferner möchte ich der Anstalt für Staatliche Stipendien der Republik Griechenland (I.K.Y.) für die Förderung meines Studiums in Deutschland danken.

Von Herzen danke ich meiner Ehefrau Olga. Ohne ihre Unterstützung und ständige aktive Ermunterung wäre diese Arbeit nicht entstanden.

Athen, Februar 2007 Elias Kollyris

Inhaltsverzeichnis

Abkürzungsverzeichnis

a.A.	anderer Ansicht
AbgG	Abgeordnetengesetz
Abs.	Absatz
AFG	Arbeitsförderungsgesetz
AG	Die Aktiengesellschaft (Zeitschrift) oder: Aktiengesellschaft
AktG	Aktiengesetz
Anm.	Anmerkung
AöR	Archiv des öffentlichen Rechts
ARD	Arbeitsgemeinschaft der Rundfunkanstalten Deutschlands
Art.	Artikel
BayVBl.	Bayerische Verwaltungsblätter
BayVerf	Bayerische Verfassung
BBankG	Bundesbankgesetz
BBG	Bundesbeamtengesetz
Bbg.	Brandenburg / brandenburgische
Bd.	Band
BGB	Bürgerliches Gesetzbuch
BGBl.	Bundesgesetzblatt
BGH	Bundesgerichtshof
BGHZ	Amtliche Entscheidungssammlung des Bundesgerichtshofs in Zivilsachen
BHO	Bundeshaushaltsordnung
BK	Bonner Kommentar zum Grundgesetz
BMF	Bundesminister der Finanzen
BR-Drucks(n)	Bundesratsdrucksache(n)
BRH	Bundesrechnungshof(s)
BRHG	Gesetz über den Bundesrechnungshof (Bundesrechnungshofgesetz)
BSG	Bundessozialgericht
BSGE	Amtliche Sammlung der Entscheidungen des Bundessozialgerichts
BT-Drucks(n)	Bundestagdrucksache(n)

BVerfG	Bundesverfassungsgericht
BVerfGE	Amtliche Sammlung der Entscheidungen des Bundesverfassungsgerichts
BVerwG	Bundesverwaltungsgericht
BVerwGE	Amtliche Sammlung der Entscheidungen des Bundesverwaltungsgerichts
BW	Baden-Württemberg
BWV	Bundesbeauftragte für die Wirtschaftlichkeit in der Verwaltung
bzw.	beziehungsweise
ders.	derselbe
d.h.	das heißt
DöH	Der öffentliche Haushalt (Zeitschrift bis 1975)
DöV	Die öffentliche Verwaltung
Drs.	Drucksache(n)
DRV	Deutsche Rentenversicherung
DVBl.	Deutsches Verwaltungsblatt
DVP	Deutsche Verwaltungspraxis
EG	Europäische Gemeinschaft
ESZB	Europäisches System der Zentralbanken
EU	Europäische Union
EuZW	Europäische Zeitschrift für Wirtschaftsrecht
e.V.	eingetragener Verein
f.	folgende
ff.	fortfolgende
FS	Festschrift
FinArch	Finanzarchiv
Fn.	Fußnote
GG	Grundgesetz für die Bundesrepublik Deutschland
GmbH	Gesellschaft mit beschränkter Haftung
GO-BRH	Geschäftsordnung des Bundesrechnungshofs
GS	Gedächtnisschrift
HambVerf.	Hamburgische Verfassung
HGrG	Haushaltsgrundsätzegesetz
h.L.	herrschende Lehre
h.M.	herrschende Meinung
Hrsg.	Herausgeber
HStR	Isensee/Kirchhof (Hrsg.), Handbuch des Staatsrechts der Bundesrepublik Deutschland (nachfolgende römische Ziffern kennzeichnen den zitierten Band)

HwO	Handwerksordnung
i.d.R.	in der Regel
i.e.S.	im engeren Sinne
i.S.v.	im Sinne von
i.V.m.	in Verbindung mit
i.w.S.	im weiteren Sinne
JA	Juristische Arbeitsblätter
Jg.	Jahrgang
Jh.	Jahrhundert
JöR	Jahrbuch des öffentlichen Rechts der Gegenwart
Jura	Juristische Ausbildung
JuS	Juristische Schulung
JZ.	Juristenzeitung
Kap.	Kapitel
KGSt.	Kommunale Gemeinschaftsstelle für Verwaltungsvereinfachung
Komm.	Kommentar
LHO	Landeshaushaltsordnung
LV	Landesverfassung
m.a.W.	mit anderen Worten
m.E.	meines Erachtens
m.w.N.	mit weiteren Nachweisen
NJW	Neue Juristische Wochenschrift
Nr.	Nummer
NVwZ	Neue Zeitschrift für Verwaltungsrecht
NVwZ-RR	Neue Zeitschrift für Verwaltungsrecht – Rechtsprechungs-Report
NWVBl.	Nordrhein-Westfälische Verwaltungsblätter
OVG	Oberverwaltungsgericht
OVGE	Amtliche Sammlung der Entscheidungen des Oberverwaltungsgerichts
RegE	Regierungsentwurf
RGBl.	Reichsgesetzblatt
RH	Rechnungshof
RHO	Reichshaushaltsordnung
RiA	Recht im Amt
Rn.	Randnummer(n)
S.	Seite
sog.	so genannte, -r, -s
SteuerStud.	Steuer und Studium

StGB	Strafgesetzbuch
StuW	Steuer und Wirtschaft
SWF	Südwestfunk
Tz.	Textziffer
u.a.	unter anderem / und andere
Urt.	Urteil
USA	United States of America (Vereinigte Staaten)
u.U.	unter Umständen
usw.	und so weiter
v.	von/vom
VBlBW	Baden-Württembergische Verwaltungsblätter
VerfGH	Verfassungsgerichtshof
Verw.	Die Verwaltung
VerwArch.	Verwaltungsarchiv
VG	Verwaltungsgericht
VGH	Verwaltungsgerichtshof
vgl.	vergleiche
VOP	Verwaltung, Organisation, Personal
(Vorl.) VV-BHO	Vorläufige Verwaltungsvorschriften zur Bundeshaushaltsordnung
VR	Verwaltungsrundschau
VVDStRL	Veröffentlichungen der Vereinigung der Deutschen Staatsrechtslehrer
VwGO	Verwaltungsgerichtsordnung
VwVfG	Verwaltungsverfahrengesetz
www.	world wide web
WRV	Weimarer Reichsverfassung
z.B.	zum Beispiel
ZDF	Zweites Deutsches Fernsehen
ZG	Zeitschrift für Gesetzgebung
ZGR	Zeitschrift für Unternehmens- und Gesellschaftsrecht
ZParl.	Zeitschrift für Parlamentsfragen
ZRP	Zeitschrift für Rechtspolitik
z.T.	zum Teil

A. Einleitung

I. Einführung und Problemstellung

Jede moderne demokratische Staatsordnung verfügt über eine externe Kontrolleinrichtung, die gewährleistet, dass über die Verwendung der öffentlichen Gelder angemessen Rechenschaft abgelegt wird. Für die Bundesrepublik Deutschland ist der Bundesrechnungshof dieses externe Kontrollorgan. Als Institution hat er eine jahrhundertealte, ungebrochene Tradition, denn die Idee eines unabhängigen externen Finanzkontrollorgans kann auf eine über 250-jährige Geschichte zurückblicken. In neuerer Zeit haben Bedeutung und Notwendigkeit der Finanzkontrolle durch den Rechnungshof noch erheblich zugenommen. Als wichtiger Grund ist die Ausweitung der Staatsaufgaben und -ausgaben bei knapper gewordenen öffentlichen Finanzmitteln zu nennen. Die Rechnungsprüfung stellt heutzutage ein unverzichtbares Kontrollinstrument dar, mit dessen Hilfe das gesamte öffentliche Finanzgebaren „scharfen Auges" überwacht wird.

Die Bürgergemeinschaft verbindet mit dem Rechnungshof die Vorstellung eines „Hüters von Sauberkeit und Sparsamkeit" der öffentlichen Hand und begrüsst bzw. fordert die Rechnungshoftätigkeit. Auf der anderen Seite wird die Rechnungsprüfung von den zu prüfenden Organisationen jedoch als lästige Störung und ihre Initiative hemmende Tätigkeit empfunden. Die betroffenen Stellen befürchten, dass der Staat durch die Rechnungshofkontrolle in ihren rechtlich gesicherten Autonomiebereich eindringen könnte. Diese Kritik wird insbesondere von Kontrollobjekten ausgeübt, die außerhalb der Staatsorganisation stehen. Dementsprechend sind der Inhalt, der Umfang und die Reichweite der Rechnungsprüfung immer wieder Gegenstand kontroverser Erörterungen in Fachliteratur und Rechtsprechung.

Kernpunkt der betreffenden Problematik ist der umfassende Verfassungsauftrag von Art. 114 Abs. 2 GG, wie er durch § 42 Abs. 1 Haushaltsgrundsätzegesetz (HGrG), §§ 88 Abs. 1, 90 Bundeshaushaltsordnung und die entsprechenden landesrechtlichen Vorschriften konkretisiert wird. Durch diese Normen wird eine „lückenlose Prüfung" gewährleistet; der Gegenstand der Kontrolle ist deren Wortlaut zufolge allumfassend. Prüfungsfreie Räume sind jedenfalls nicht „expressis verbis" vorgesehen. Auf der anderen Seite werden in keinem demokratischen Gemeinwesen absolute Rechtspositionen durchgesetzt. Insbesondere die staatlichen Instanzen müssen ihre Aufgaben mit Respekt vor fremden Rechtssphären wahrnehmen. Obwohl die Rechnungsprüfung anerkanntermaßen einen umfassenden Kontrollauftrag hat (sog. „Allzuständigkeit" bzw. „Generalauftrag" oder „Lückenlosigkeit" der Rechnungshofkontrolle), ist ihr Umfang nicht endgültig geklärt. Damit zusammenhängende Fragestellungen, die natürlich von besonderer (praktischer) Bedeutung für das Alltagsgeschäft der Rechnungshöfe sind, sind noch nicht geklärt. Ob und inwieweit der Kontrollauftrag der Rechnungshöfe einer Einschränkung unterliegt oder sogar ausgeschlossen ist (Schranken der Rechnungsprüfung), sowie die Frage, ob und inwieweit die Stellen außerhalb der unmittelbaren staatlichen Verwaltung (sog. „autonome Einrichtungen") in die Rechnungsprüfung einzubeziehen sind, stehen im Kern der Problematik der „prüfungsfreien Räume" und somit im Kern der vorliegenden Abhandlung, deren Anliegen darin besteht, einen Beitrag zur Rechtsklarheit im Hinblick auf Umfang und Grenzen der Finanzkontrolle durch Rechnungshöfe zu leisten.

Eine eindeutige Lösung der mit der Prüfungskompetenz des Rechnungshofs zusammenhängenden Probleme wird durch die komplexe Struktur der relevanten Normen erschwert. Die Arbeit befasst sich mit der systematisierenden Klarstellung der verfassungsrechtlichen und einfach-gesetzlichen Normen, um herauszufinden, ob irgendwelche Räume von der Rechnungshofkontrolle nicht erfasst werden, mit anderen Worten, ob es prüfungsfreie Räume in der Rechnungshofkontrolle der öffentlichen Verwaltung gibt und inwiefern diese zulässig sind. Wir untersuchen also punktuell und analytisch, ob es in der öffentlichen Verwaltung „Türen" gibt, „die den Prüfern des Rechnungshofs verschlossen bleiben"[1]. Für die Aufklärung solcher „Türen" wird sich die Untersuchung horizontal auf die Reichweite und vertikal auf die Dichte bzw. Intensität der Kontrolle erstrecken. In diesem Rahmen soll geprüft werden, inwiefern als Folge der neuen Tendenzen (Privatisierung bzw. Ausgliederung der öffentlichen Aufgaben) Prüfungskapazitäten in den Rechnungshöfen freigesetzt werden könnten. Zusammenfassend versucht die vorliegende Untersuchung, eine vollständige Theorie bezüglich des Umfangs und der eigentlichen Grenzen der Rechnungshofkontrolle zu entwickeln.

Es muss allerdings angemerkt werden, dass die räumlichen Grenzen der öffentlichen Finanzkontrolle, aufgrund des Umfanges dieser speziellen Thematik, nur anhand einiger allgemeiner Aussagen erfasst werden; eine tiefergehende Analyse wird hier nicht vorgenommen. Schließlich werden bei der folgenden Arbeit grundsätzlich die Stellung und die Aufgaben des Bundesrechnungshofs (als

1 Haverkate, Prüfungsfreie Räume – Welche Türen in der öffentlichen Verwaltung bleiben dem Rechnungshof verschlossen?, in: Zavelberg (Hrsg.), Die Kontrolle der Staatsfinanzen, 1989, S. 197 ff. (198).

zentraler Instanz) zugrunde gelegt, da die Regelungen für die Landesrechnungshöfe größtenteils mit diesen identisch sind. Wenn also vom Bundesrechnungshof (bzw. vom „Rechnungshof") die Rede ist, dann gelten die dort getroffenen Aussagen im Grundsatz entsprechend auch für die Landesrechnungshöfe. Auf wesentliche Abweichungen wird gesondert hingewiesen.

II. Gang der Untersuchung

Um der Zielrichtung der Arbeit gerecht zu werden, bedarf es zunächst eines solideren Verständnisses der Rechnungshoftätigkeit. Zu diesem Zweck wird im ersten Kapitel der Untersuchung ein kritischer Überblick über die allgemeinen Grundlagen der Finanzkontrolle durch Rechnungshöfe gegeben, unter Berücksichtigung der historischen Entwicklung, Organisation und Aufgaben derselben. Dabei wird verstärktes Gewicht auf umstrittene Rechtsfragen gelegt, die zu verfassungsrechtlichen Auseinandersetzungen geführt haben, wie zum Beispiel die staatsrechtliche Stellung der Rechnungshöfe, die inhaltliche Bestimmung der Prüfungsmaßstäbe von Wirtschaftlichkeit und Sparsamkeit und die Zulässigkeit von parlamentarischen Kontrollaufträgen. Schließlich wird der Versuch unternommen, die Bedeutung der Rechnungshofkontrolle im heutigen wandelnden Staatswesen zu beleuchten.

Nachdem diese theoretische „Basis" geschaffen worden ist, d.h., nachdem der Rahmen erörtert worden ist, in dem sich die Rechnungshofkontrolle von heute bewegt, wendet sich die vorliegende Arbeit ihrem Hauptthema zu; der prinzipiellen Reichweite sowie der Dichte bzw. Intensität der Kontrolle. Als Ausgangspunkt dieser Analyse dient die Verfassungsnorm von Art. 114 Abs. 2 GG. Im Vordergrund unserer Betrachtungen stehen die genauere Bestimmung des verfassungsrechtlichen Lückenlosigkeitsprinzips, die Klärung der umstrittenen Frage, ob Rechtssubjekte außerhalb der unmittelbaren staatlichen Verwaltung verfassungsobligatorisch Objekte der Rechnungsprüfung sind, sowie die Zulässigkeit der Finanzkontrolle bei politischen Entscheidungen.

Auf der Basis dieser Analyse wird im Folgenden angestrebt, detailliert bzw. kasuistisch all jene Fälle zu untersuchen, die in Zusammenhang mit der Problematik der „prüfungsfreien Räume" stehen. Mit anderen Worten, die Untersuchung konzentriert sich auf das Aufspüren von „verschlossenen Türen". Zu diesem Zweck wird die Rechtslage bei der unmittelbaren und mittelbaren öffentlichen Verwaltung (u.a. Justiz, Fraktionen, Exekutive), bei den Trägern funktionaler und kommunaler Selbstverwaltung (u.a. Kommunen, Handwerkskammern, Universitäten und Rundfunkanstalten) und bei Grundrechtsträgern (u.a. private Stellen) untersucht.

Des Weiteren befasst sich die Untersuchung mit der Verallgemeinerung der punktuellen Ergebnisse aus der kasuistischen Darstellung problematischer Einzelfälle. Durch die Anwendung des Instrumentariums des Verfassungsrechts, insbesondere der allgemeinen Grundrechtslehre, wird versucht, eine vollständige, eindeutige, verfassungsrechtlich begründete Konstruktion hinsichtlich der eigentlichen Grenzen der Rechnungshofkontrolle zu bilden. In diesem Rahmen nehmen die Suche nach einem rechtlich sauberen und zugleich praktikablen Lösungsmodell für die aufgezeigten Konfliktsituationen und Fragen von prozessrechtlicher Natur eine Schlüsselrolle ein.

In einem abschließenden Kapitel wird eine Zusammenfassung der wichtigsten Ergebnisse, sowie ein knapper Überblick über die überragende Bedeutung der Funktion des Rechnungshofs gegeben.

B. Grundlinien der Rechnungshofkontrolle

I. Finanzkontrolle als Rechtsinstitution

1. Kontrolle als Oberbegriff

Der Kontrollbegriff kann wegen der Verschiedenheit der wissenschaftlichen Blickwinkel nicht allgemein bestimmt werden. Die Richtung der begrifflichen Erfassung hängt, wie bei jedem Begriff, von den jeweiligen wissenschaftlichen Interessen ab[2]. Für die Ziele und Erfordernisse dieser Arbeit ist eine rechtswissenschaftliche Betrachtung geeignet, in deren Kern die moderne Staatlichkeit steht.

Der Begriff „Kontrolle" stammt von dem französischen Begriff „contre-role" ab und hat die Bedeutung „Gegen-Rolle" oder „Gegen-Aufzeichnung", die ihrerseits Gegenstand für den Vergleich mit einer „Original-Rolle" ist[3]. Demnach kann die Kontrolle als ein dynamischer, vergleichender Prozess zwischen einem Soll- und einem Ist-Wert verstanden werden[4]. Der Begriff der Kontrolle setzt also die Distanz zwischen Kontrollierenden (Position) und Entscheidenden (Gegenposition) voraus[5].

Bezüglich der Funktion der Kontrolle werden verschiedene Ansichten vertreten[6]. Die Kontrolle ist als eine „Nebenfunktion"[7] oder „ergänzende Verfassungs-

---

2 Vgl. Püttner, Verwaltungslehre, 2000, S. 342; Lapsley/Wilson (Hrsg.), Explorations in Financial Control, 1999, S. 3 ff.

3 Vgl. Püttner, Verwaltungslehre, 2000, S. 343. Der sprachliche Ursprung des Begriffes kann auch im lateinischen Begriff „contra rotulus" angesehen werden. Vgl. dazu Krebs, Kontrolle in staatlichen Entscheidungsprozessen, 1984, S. 4.

4 Vgl. Brunner, Kontrolle in Deutschland, 1972, S. 74 ff.; Karehnke, DöH 16 (Heft 3), S. 140 ff.; Krebs, Kontrolle in staatlichen Entscheidungsprozessen, 1984, S. 17.

5 Vgl. Krebs, Kontrolle in staatlichen Entscheidungsprozessen, 1984, S. 5; Püttner, Verwaltungslehre, 2000, S. 344; Schmidt-Aßmann, Verwaltungskontrolle: einleitende Problemskizze in: Schmidt-Aßmann und Hofmann-Riem (Hrsg.), Verwaltungskontrolle, 2001, S. 10 ff.

6 Vgl. ausführlicher, Krebs, Kontrolle in staatlichen Entscheidungsprozessen, 1984, S. 18 ff.

7 Brunner, Kontrolle in Deutschland, 1972, S. 74 ff.

funktion“[8], als mittelbare Zweckerfüllung[9] oder im demokratischen Legitimationszusammenhang als Ersatz für das utopische Ideal der Selbstentscheidung[10] bezeichnet. Seit der grundlegenden Untersuchung von *Krebs*[11] ist unumstritten, dass die Kontrolle als „spezifischer Mechanismus“ bzw. als notwendiges Strukturelement im staatlichen Entscheidungsprozess begriffen werden kann, der darauf ausgerichtet ist, durch Rationalisierung des Entscheidungsprozesses die inhaltliche Sachrichtigkeit der Entscheidung bzw. Handlung zu erhöhen[12]. Kontrolle verhindert den Machtmissbrauch[13], stärkt das Vertrauen[14] und begründet im Falle der Feststellung von Fehlern die Verantwortung der Handelnden[15].

Die staatliche Kontrolle kann nach verschiedenen technischen Kriterien ausgestaltet werden, wie der Reichweite (Total- oder Teilkontrolle, Grob- und Feinkontrolle), der Gründlichkeit (totale Kontrolle oder Stichprobenkontrolle), dem Zeitpunkt (Ex-post- Kontrolle oder nachträgliche Kontrolle, begleitende oder

---

8 Karehnke, DöH 16 (Heft 3), S. 140 ff.

9 Tiemann, Die staatsrechtliche Stellung der Finanzkontrolle des Bundes, 1974, S. 43 ff.

10 Meyn, Kontrolle als Verfassungsprinzip, 1982, S. 201.

11 Krebs, Kontrolle in staatlichen Entscheidungsprozessen, 1984, S. 50.

12 Vgl. Schmidt-Aßmann, Verwaltungskontrolle: einleitende Problemskizze in: Schmidt-Aßmann und Hofmann-Riem (Hrsg.), Verwaltungskontrolle, 2001, S. 10 ff.; Kirchhof, Mittel staatlichen Handelns, in HStR Bd. III, § 59 Rn. 188; Thieme, Verwaltungslehre, 1984, Rn. 497; Püttner, Verwaltungslehre, 2000, S. 344; Becker, Öffentliche Verwaltung, 1989, S. 870.

13 Die Kontrolle kann als eine wechselseitige Machtbegrenzung zugunsten des Individuums betrachtet werden. Siehe dazu, *Krebs*, Kontrolle in staatlichen Entscheidungsprozessen, 1984, S. 7. *Loewenstein* teilt die Staatsfunktionen dreierlei, indem er zwischen der politischen Grundentscheidung, deren Ausführung und der politischen Kontrolle unterscheidet. Er geht davon aus, dass „die Freiheit der Machtadressaten. ... nur dann gewahrt (ist), wenn die Ausübung der politischen Macht durch die Machtträger. .. überwacht wird“. Siehe dazu Loewenstein, Verfassungslehre, 1969, S. 9 und 31. *Scheuner* konzipiert die Kontrolle als „Element der Vorstellung einer Begrenzung der Staatsmacht im Interesse der freien Entwicklung der Individuen“, das als wechselseitige Einwirkung auf die Freiheit der Entscheidungsträger einwirkt; siehe dazu, Scheuner, Die Kontrolle der Staatsmacht im demokratischen Staat, 1977, S. 8 und ders.,Verantwortung und Kontrolle in der demokratischen Verfassungsordnung, in: FS für Gebhard Müller, 1970, S. 378 ff. (391).

14 Nolte, Kontrolle als zentrales Element unseres Verfassungsstaats, in: Ders.. (Hrsg.), Kontrolle im verfassten Rechtsstaat, 2002, S. 11 ff. (12).

15 Scheuner, Verantwortung und Kontrolle in der demokratischen Verfassungsordnung, in: FS für Gebhard Müller, 1970, S. 370 ff. (375 f.)

Visakontrolle[16]), der Zielrichtung bzw. der Kontrolleur-Instanz (interne und externe Kontrolle), um nur einige Parameter zu erwähnen[17].

Der Kontrollbegriff ist abstrakt und erfüllungsbedürftig in dem Sinne, dass er „keine vorverfassungsrechtliche(n) organisatorische(n) Vorgaben für (seinen) Einsatz (enthält)“[18]. Jede staatliche Grundordnung trifft die entsprechenden Entscheidungen selbst, sowohl was die konkrete Ausgestaltung der Funktionenordnung, als auch was die Zweckrichtung der Aufgaben angeht. Im modernen Staatswesen entsteht durch den verfassungsgebenden Akt des Volkes (Gesamtheit der Individuen) als Ausdruck der Einigung über die wesentlichen Grundsätze (Verfassungsinhalt) die Verfassung[19], die die wichtigsten Grundentscheidungen in der Form von Staatszielen und Verfassungsprinzipien[20] enthält. Die Kontrolle wird durch die Verankerung dieser Prinzipien rechtlich organisiert und konkretisiert, indem Kontrollgegenstände und Kontrollmaßstäbe geschaffen werden[21].

Die parlamentarische Kontrolle der Regierung und Verwaltung als Konsequenz der mittelbaren Demokratie, die wechselseitige Kontrolle zwischen mehreren Machtträgern in Form von Funktionsverschränkung bzw. Machthemmung[22] (Gewaltenteilung), der Ausgleich der gegenläufigen Interessen von Individuen durch die Gerichte (gerichtliche Auflösung der Kollision von Grundrechten), und die Kontrolle des staatlichen Finanzgebarens sind typische Ausprägungen des Mechanismus der Kontrolle, der folglich als eine „Einrichtung, die das gesamte Schema der staatlichen Ordnung durchzieht“[23], als immanentes Merkmal eines

16 Nur dann verdient sie den Namen Kontrolle, wenn eine echte Überprüfung möglich ist (keine Mitentscheidung). Vgl. Karehnke, Der Rechnungshof als Teil der öffentlichen Kontrolle, in: Schiffer/Karehnke (Hrsg.), Verfassung – Verwaltung – Finanzkontrolle, FS für Schäfer, 1975, S. 233 ff. (236).

17 Vgl. ausführlicher: Schwab, DöH 1973, S. 199 ff.; Püttner, Verwaltungslehre, 2000, S. 343; Schmidt-Aßmann, Verwaltungskontrolle: einleitende Problemskizze in: Schmidt-Aßmann und Hofmann-Riem (Hrsg.), Verwaltungskontrolle, 2001, S. 10 ff. (14).

18 Krebs, Kontrolle in staatlichen Entscheidungsprozessen, 1984, S. 51.

19 Vgl. Preuß, Der Begriff der Verfassung und ihre Beziehung zur Politik, in: Ders. (Hrsg.), Zum Begriff der Verfassung, 1994, S. 7 ff. (29): „erst der Prozess der gemeinsamen Verfassungsgebung erzeugt, was die Verfassung voraussetzt, nämlich sich wechselseitig als Gleiche anerkennende Citizens.“

20 Vgl. Nolte, Kontrolle als zentrales Element unseres Verfassungsstaats, in: Ders., (Hrsg.), Kontrolle im verfassten Rechtsstaat, 2002, S. 11 ff. (14); Alexy, Theorie der Grundrechte, 1985, S. 75 ff.

21 Vgl. Schmidt-Aßmann, Verwaltungskontrolle: einleitende Problemskizze in: Schmidt-Aßmann und Hofmann-Riem (Hrsg.), Verwaltungskontrolle, 2001, S. 11 f.

22 Vgl. Hesse, Grundzüge des Verfassungsrechts der Bundesrepublik Deutschland, 1999, S. 213.

23 Scheuner, Die Kontrolle der Staatsmacht im demokratischen Staat, 1977, S. 10.

jeden arbeitsteiligen Systems und damit zugleich als unverzichtbares Element eines jeden modernen Staatsgefüges betrachtet werden kann[24].

2. Begriff und Bedeutung der Finanzkontrolle

Die Staatswesen der modernen Demokratien[25] sind also insgesamt auf der Institution der Kontrolle aufgebaut. Der Finanzkontrolle kommt dabei die Rolle eines Teilelements zu, das neben anderen Formen der Kontrolle steht[26]. Begriffe wie Haushalts- und Budgetkontrolle, Staatskontrolle und Rechnungsprüfung werden aber häufig synonym verwandt[27]. Deswegen ist im Rahmen dieser rechtstheoretischen Betrachtung eine begriffliche Klarstellung erforderlich, die keinen Bezug auf eine bestimmte Rechtsordnung nimmt.

Die Finanzkontrolle kann *Schäfer* folgend als „die Gesamtheit aller fachlichen und politischen Einrichtungen und Maßnahmen" bezeichnet werden, „die sich mit der Prüfung der Finanzgebarung der öffentlichen Hand befassen"[28]. Dieser ebenso grundlegende wie weitgefasste Begriff ist anzunehmen[29], da unter ihn sämtliche Teilbereiche subsumiert werden können, wie z. B. die Kontrolle, die

---

24 Vgl. Schreiner, Finanzkontrolle als Instrument rationaler Haushaltsführung, in: v. Arnim/Littmann (Hrsg.), Finanzpolitik im Umbruch: zur Konsolidierung öffentlicher Haushalte, 1984, S. 224 ff.

25 Für den modernen Konstitutionalismus ist unzweifelhaft, dass Anknüpfungspunkt jedes politischen Gemeinwesens das Individuum als primäre soziale Größe ist. Die Legitimation der Herrschaftsgewalt darf deshalb keinesfalls hinter die historischen Errungenschaften zurückfallen und kann deswegen nur auf der Selbstbestimmung der betroffenen Menschen, nämlich auf demokratischen Grundgedanken, gründen. Aus diesen Gründen gehen wir als Prämisse davon aus, dass Demokratie und Rechtsstaat Strukturelemente der modernen Staatlichkeit sind. Vgl. dazu Haverkate, Verfassungslehre, 1992, S. 153 f.

26 Vgl. Hansmeyer/König/Oppermann, Öffentliche Finanzkontrolle bei externen Dienstleistungen, 1982, S. 1.

27 Vgl. Blasius, VOP 1987, S. 87 ff. (88): "Hier eine Auswahl: Überwachung, Überprüfung, Revision, Aufsicht, Beaufsichtigung, Untersuchung, Beobachtung, Probe, Gegenprobe, Zensur, Durch- oder Nachsicht".

28 Schäfer, Kontrolle der öffentlichen Finanzwirtschaft, in: Neumark u.a. (Hrsg.), Handbuch der Finanzwissenschaft, Bd. 1, 1977, S. 519 ff. (522).

29 Dieser Begriff wird von der Mehrheit der Autoren angenommen: Stern, Der verfassungsrechtliche Status der Rechnungshöfe des Bundes und der Länder, in: Böning/von Mutius (Hrsg.), Finanzkontrolle im repräsentativ-demokratischen System, 1990, S. 11 ff. (15); ders., Das Staatsrecht der Bundesrepublik Deutschland, Bd. II, Kap. 34 II 3, S. 426; Graf, Die Finanzkontrolle der Europäischen Gemeinschaft, 1999, S. 23; Tiemann, Die staatsrechtliche Stellung der Finanzkontrolle des Bundes, 1974, S. 30; Reger, VerwArch 1975, S. 195 ff. (197).

das Parlament auf die Verwaltung in Bezug auf die Haushaltsausführung ausübt oder die Kontrolle durch Rechnungskontrolleinrichtungen (Rechnungshöfe)[30]. Die Begriffe Rechnungsprüfung und Finanzkontrolle sind also nicht identisch, obwohl sie inhaltlich ineinander greifen[31].

Die Finanzkontrolle ist in der öffentlichen Finanzwirtschaft als einer treuhändigen Wirtschaft immanent[32]. Im modernen[33] demokratischen Staat fungieren die Bürger als Steuerzahler[34]. Die Organe des öffentlichen Gemeinwesens verwalten „fremde", d.h. die ihnen von den Bürgern anvertrauten Finanzmittel, um zugunsten der Allgemeinheit Aufgaben zu erfüllen oder Güter zu produzieren (öffentliche Aufgaben/Güter)[35]. Aufgrund der Vielfalt und der Komplexität der staatli-

---

30 Vgl. Graf, Die Finanzkontrolle der Europäischen Gemeinschaft, 1999, S. 23; Reger, VerwArch 1975, S. 195 ff. (202).

31 Vgl. Blasius, VR 1985, S. 56. Die Begriffe „Rechnungsprüfung", sowie „Finanzkontrolle i.e.S." werden im Rahmen der Arbeit in dem Sinne der Finanzkontrolle durch Rechnungshof verwendet; vgl. den Titelzusatz von Art. 114 GG: Rechnungslegung – Rechnungsprüfung.

32 Siehe I § 1 der Deklaration von Lima über die Leitlinien der Finanzkontrolle vom 26.10.1977, abgedruckt in: Zavelberg (Hrsg.), Die Kontrolle der Staatsfinanzen, 1989, Anhang, S. 517 ff., *im folgenden: Deklaration von Lima.* Die Deklaration von Lima verzichtet auf überflüssige Details und konzentriert auf das Wesentliche. Deswegen erscheint sie als ein geeignetes Instrument für eine neutrale Betrachtungsweise, die nicht in Bezug auf eine konkrete Form und Ordnung steht. Für eine kritische Darstellung, vgl. Fiedler, Die Deklaration von Lima, Finanzkontrolle international gesehen, in: Brauneder, (Hrsg.), Internationalität der Finanzkontrolle, 1995, S. 9 ff. (39).

33 Das Bedürfnis der Kontrolle im Bereich der öffentlichen Finanzen besteht schon in der Antike. Finanzkontrolle besteht als Institution solange es „überhaupt geordnete Gemeinwesen gibt" (Reger, VerwArch 1975, S. 195 ff. (204). Vgl. dazu: Platon, Nomoi, 759e; Aristoteles, Athinaion Politeia, LIV.2; Vgl. auch Müllenbach, Untersuchung zur Geschichte der öffentlichen Finanzkontrolle von ihren Anfängen bis zum Beginn des 19. JH., 1982, S. 5 ff. und 11 ff.; Gerontas/Psilos, Dimosionomikon dikaion, 1998, S. 147 ff.; Beran/Konvicka, Finanzkontrolle international gesehen, 1967, S. 2; Geist, State Audit: An Introduction, in: Ders.(Hrsg.), State Audit, 1981, S. 5; Normantron, The Accountability and Audit of Governments, 1966, S. 1 und 13.

34 Vgl. Vogel, Grundzüge des Finanzrechts des Grundgesetzes, in: HStR, Bd. IV §87, 1990, Rn. 43 ff.

35 Diese Pflicht kann als Ausdruck des folgenden allgemeinen Rechtsgedankens betrachtet werden: Wer für einen anderen über fremde Mittel verfügt, ist zur Rechenschaft verpflichtet. Vgl. dazu, Vogel/Kirchhof, BK, Art. 114 Rn. 10 (Vergleich mit der zivilrechtlichen Institution der „Besorgung fremder Angelegenheiten"); Heintzen, Art. 114 Rn. 1, in: von Münch/Kunig (Hrsg.), GG-Kommentar, 2003; Kyrill-A.Schwarz, Art. 114 in: von Mangoldt/Klein/Starck, Das Bonner Grundgesetz (Kommentar), 2001, S. 2093, (Fn. 29): „Im einzelnen wird auf die Verfügungsmacht über fremde Gelder, auf die treuhänderische Verwaltung fremder Vermögenswerte oder auf das Wirtschaften der öffentlichen Hand für Rechnung des Steuerzahlers abgestellt". Vgl. aber Schultze-Fielitz, in: VVDStRL (55), 1996, S. 234. Nach dieser Ansicht ist

chen Maßnahmen ist es aber häufig nicht möglich Auskunft über die Verwendung dieser Gelder zu erteilen[36]. Daher sind die betreffenden Stellen rechtlich verpflichtet, über die verwendeten Mittel Rechenschaft abzulegen und einer öffentlichen Kontrolle zu unterliegen[37]. Mit anderen Worten, die Notwendigkeit wirksamer Finanzkontrolle ergibt sich aus dem Grundprinzip der Demokratie[38] selbst. Diese Kontrolle erfolgt sich grundsätzlich durch die Vertretungskörperschaften. Zugleich muss betont werden, dass nur der informierte Staatsbürger in der Lage ist, am demokratischen Prozess mitzuwirken[39].

Die öffentliche Finanzkontrolle ist aber nicht nur auf eine demokratische, sondern auch auf eine „technische Zielsetzung"[40] ausgerichtet. Jede Wirtschaftseinheit muss darauf achten, dass die zur Verfügung stehenden finanziellen Mittel mindestens zweckbestimmt, ordnungsgemäß und rationell verwendet werden[41]. Kontrolle ist kein Selbstzweck, sondern „ein unerlässlicher Bestandteil eines Re-

---

die Kontrolle „eine spezifische Erscheinungsform rationaler Kontrolle demokratischer Herrschaft". Da aber sich die „Rationalität" als „Legitimationsgrundlage des demokratischen Rechtsstaats" bezeichnet lässt, ist im wesentlichen nur der Blickwinkel unterschiedlich. Vgl. auch Frey/Serna, Rechnungshöfe: Die Sicht der Neuen Politischen Ökonomie, in: Engelhardt/Schulze/Thieme (Hrsg.), Stellung und Funktion der Rechnungshöfe im Wandel?, 1992, S. 105 ff. (109).

36 Vgl. Mart, Die Finanzkontrolle der Europäischen Gemeinschaften, in: Zavelberg (Hrsg.), Die Kontrolle der Staatsfinanzen, 1989, S. 469 ff. (470).

37 Vgl. Schreiner, Finanzkontrolle als Instrument rationaler Haushaltsführung, in: v. Arnim/Littmann (Hrsg.), Finanzpolitik im Umbruch: zur Konsolidierung öffentlicher Haushalte, 1984, S. 224 ff.; Graf, Die Finanzkontrolle der Europäischen Gemeinschaft, 1999, S. 2; Mart, Die Finanzkontrolle der Europäischen Gemeinschaften, in: Zavelberg (Hrsg.), Die Kontrolle der Staatsfinanzen, 1989, S. 469 ff. (471).

38 Vgl. Kyrill-A.Schwarz, Art. 114 in: von Mangoldt/Klein/Starck, Das Bonner Grundgesetz (Kommentar), 2001, S. 2093; Haverkate, Die Einheit der Verwaltung als Rechtsproblem, VVDStRl 46 (1988), S. 217, 231 ff.; Vogel/Kirchhof, BK, Art. 114 Rn. 11.

39 Vgl. Hesse, Grundzüge des Verfassungsrechts der Bundesrepublik Deutschland, 1999, Rn. 145 ff.; Lüder, Öffentliches Rechnungswesen und Finanzkontrolle, in: von Arnim (Hrsg.), Finanzkontrolle im Wandel, 1989, S. 133 ff. (136 f.); Kriele, Das demokratische Prinzip im Grundgesetz, in: VVDStRL 1971 (Leitsätze Nr. 8).

40 Vgl. Mart, Die Finanzkontrolle der Europäischen Gemeinschaften, in: Zavelberg (Hrsg.), Die Kontrolle der Staatsfinanzen, 1989, S. 469 ff. (471).

41 Vgl. Präambel der Deklaration von Lima: „Die ordnungsgemäße und rationelle Verwendung öffentlicher Mittel (ist) eine der wesentlichen Voraussetzungen für die richtige Handhabung der öffentlichen Finanzen..."; Stern, Der verfassungsrechtliche Status der Rechnungshöfe des Bundes und der Länder, in: Böning/von Mutius (Hrsg.), Finanzkontrolle im repräsentativ-demokratischen System, 1990, S. 11 ff. (15); Geist, State Audit: An Introduction, in: Ders (Hrsg.), State Audit, 1981, S. 3: „ The aim of state audit can be defined as the collection of data ... in order to induce the correction of shortcoming and improve public administration".

gelsystems, der Abweichungen von der Norm .... so rechtzeitig aufzeigen soll, dass korrektive Maßnahmen im einzelnen Fall ergriffen, die verantwortlichen Organe haftend gemacht, Schadenersatz erlangt oder Maßnahmen ergriffen werden können, die eine Wiederholung derartiger Verstöße in der Zukunft verhindern oder zumindest erschweren"[42].

3. Die Rechnungshöfe als externe Kontrolleinrichtungen

In institutioneller Hinsicht muss je nach der organisatorischen Stellung der Kontrolleur-Instanz gegenüber dem Kontrollobjekt zwischen interner und externer Kontrolle unterschieden werden[43]. Interne Kontrolleinrichtungen werden innerhalb der einzelnen Institutionen errichtet und dienen hauptsächlich den Bedürfnissen der Institutionen selbst; demgegenüber gehören externe Kontrolleinrichtungen nicht der Organisationsgliederung der zu prüfenden Institution an[44]; deswegen könnte man davon ausgehen, dass durch die externe Kontrolle sowohl die Distanz zwischen Kontrollierenden und Entscheidungsträgern[45], als auch die demokratische Funktion der Finanzkontrolle besser bzw. intensiver gewährleistet ist[46].

Der Einsatz von externen Kontrolleuren im Bereich der öffentlichen Finanzen ist deswegen besonders notwendig, weil Sicherungen aus anderen Formen von Kontrolle, wie z.B. der Rechtsprechungskontrolle oder der parlamentarischen

---

42 I §1 der Deklaration von Lima.

43 Vgl. Edds, Internal and External Audit, in: Geist (Hrsg.), State Audit, 1981, S. 164 ff. (164:)"The basic distimction between internal and external auditing lies in the organizational status of the auditor relative to the entity being audited"); Graf, Die Finanzkontrolle der Europäischen Gemeinschaft, 1999, S. 23; Püttner, Verwaltungslehre, 2000, S. 342.

44 Vgl. § 3 (1) der Deklaration von Lima.

45 Selbstverständlich sollen auch die internen Kontrolleinrichtungen funktionell und organisatorisch so weit unabhängig sein, als es auf Grund der jeweiligen Struktur möglich ist.

46 Vgl. § 3 (3) Deklaration von Lima: „Der Obersten Rechnungskontrollbehörde als externer Kontrolleinrichtung obliegt es, die Wirksamkeit der internen Kontrolleinrichtung zu überprüfen". Vgl. auch Tiemann B./Tiemann S., Der Staat 1974, S. 497 ff.: "Eine ausschließliche Selbstprüfung ... kann schon mangels Distanz zwischen Prüfungsorgan und Kontrollobjekt keine wirksame Kontrolle verbürgen. Sowohl die parlamentarischen als auch die verwaltungsinterne Haushaltsüberwachung bedürfen daher der Ergänzung und des Korrektivs durch externe Kontrollinstitutionen".

Kontrolle, hier nur bedingt greifen[47]. Die gerichtliche Kontrolle ist auf den Individualeingriff ausgerichtet und deswegen für die Kontrolle eines generellen staatlichen Finanzbelastungseingriffs nicht geeignet[48]. Die Parlamente erfüllen ihre Kontrollfunktion nicht in ausreichendem Maße. Der Grund dafür ist, dass in der parlamentarischen Demokratie von heute keine Polarität mehr zwischen Regierung und Parlament, sondern zwischen Regierung und Parlamentsmehrheit auf der einen, und der Opposition auf der anderen Seite besteht[49]. Wichtig ist ferner, dass wegen der weit ausgedehnten und hoch spezialisierten Regierungs- und Verwaltungstätigkeit im Bereich der öffentlichen Finanzen eine effektive Kontrolle durch das Parlament ohne sachkundige Hilfe nicht möglich ist[50].

In jedem Staatsgefüge muss deswegen zur Gewährleistung einer ordnungsgemäßen und rationellen Verwaltung der öffentlichen Mittel eine „sachkundige“[51] Einrichtung bestehen, die sich mit der externen öffentlichen Finanzkontrolle beschäftigt[52]. Folgt man der weit gefassten Bezeichnung der Deklaration von Lima, dann kann jede externe staatliche Kontrolleinrichtung allgemein als „Oberste Rechnungskontrollbehörde“ bezeichnet werden. Diese Behörde ist nur ein Element in dem wesentlich komplexeren System der Finanzkontrolle, das sich somit keinesfalls in deren Tätigkeit erschöpft[53]. Die Oberste Rechnungskontrollbehörde trägt von Staat zu Staat unterschiedliche Bezeichnungen[54] und ihre Organisationsformen und Konzeptionen variieren entsprechend der jeweiligen innerstaat-

---

47 Vgl. dazu, Degenhart, Kontrolle der Verwaltung durch Rechnungshöfe, in: VVDStRL 1996, S. 190 ff. (199) und Scheuner, Verantwortung und Kontrolle in der demokratischen Verfassungsordnung, in: FS für Gebhard Müller, 1970, S. 398 ff.

48 Siehe BVerfGE 82, S. 60.

49 Das bedeutet aber nicht, dass diese Art von Kontrolle einseitig als Instrument der Opposition angesehen werden darf. Vgl. Tiemann, Die staatsrechtliche Stellung der Finanzkontrolle des Bundes, 1974, S. 381.

50 Vgl. Krebs, Kontrolle in staatlichen Entscheidungsprozessen, 1984, S. 128 ff.; Korthals, DöV 2002, S. 600 ff. (602); von Arnim, DVBl. 1983, S. 665 ff.; Friedmann, Die Effizienz der Tätigkeit des Bundesrechnungshofes aus der Sicht des Parlaments und seiner Ausschüsse, in: Zavelberg (Hrsg.), Die Kontrolle der Staatsfinanzen, 1989, S. 157 ff. (159); Zippelius, Allgemeine Staatslehre, 2003, S. 429 ff. und 440 ff.

51 Tiemann B./Tiemann S., Der Staat 1974, S. 497 ff.

52 Vgl. Tiemann B./Tiemann S., Der Staat 1974, S. 497 ff.; Reger, VerwArch 1975, S. 195 ff.; Zavelberg, DöV 1993, S. 1000 ff.; Geist, State Audit: An Introduction, in: ders (Hrsg.), State Audit, 1981, S. 1 ff. (4); Beran/Konvicka, Finanzkontrolle international gesehen, 1967.

53 Vgl. Stern, Der verfassungsrechtliche Status der Rechnungshöfe des Bundes und der Länder, in: Böning/von Mutius (Hrsg.), Finanzkontrolle im repräsentativ-demokratischen System, 1990, S. 11 ff. (17).

54 z.B. Rechnungshof (Deutschland, Österreich), Cour des Comptes (Frankreich), General Audit Controller (englische Rechtskreis). Vgl. Beran/Konvicka, Finanzkontrolle international gesehen, 1967, S. 20 ff. (Frage Nr. 4 und 5)

lichen Organisationsstruktur[55]. Sie gehört in einigen Staaten der vollziehenden Gewalt (Verwaltung), während sie in anderen der Gerichtsbarkeit angenähert ist. Schließlich kann sie auch als Organ der Legislative (parlamentarisches Komitee) oder als unabhängiges Organ sui generis bzw. Mischform ausgestaltet werden[56].

Trotz dieser Verschiedenartigkeit hat jede dieser Behörden im Grunde zwei gleiche Merkmale. Erstens, dass sie unabhängig gestellt und gegen Einflüsse von außen geschützt sein muss, um ihre Aufgabe objektiv und wirkungsvoll zu erfüllen. Zweitens verfolgt jede von ihnen die gleiche Zielrichtung: Die traditionelle Aufgabe dieser Einrichtungen ist die Überprüfung der öffentlichen Gebarung und des Rechnungswesens anhand der Maßstäbe von Gesetz-, Ordnungs- und Zweckmäßigkeit, sowie von Wirtschaftlichkeit und Effizienz[57]. Letztlich versuchen alle Einrichtungen dieser Art, „eine geordnete Finanzwirtschaft zu gewährleisten“[58].

---

55 Für eine vergleichende Analyse siehe: Chan/Jones, Governmental Accounting and Auditing, 1988; Normanton, The accountability and audit of Governments, A comparative study, 1966; Glaser-Galion, Der Bundesrechnungshof als unabhängiges Kontrollorgan in der Bundesrepublik Deutschland, 1980, S. 53 ff.; Tiemann, Die staatsrechtliche Stellung der Finanzkontrolle des Bundes, 1974, S. 340 ff.; Tiemann B./Tiemann S., Der Staat 1974, S. 497 ff. Siehe auch für: *Österreich*: Schäffer, Kontrolle der Verwaltung durch Rechnungshöfe in: VVDStRL 1996, S. 278 ff.; Hengstschläger, Rechnungshofkontrolle, 2000; Brünner/Ortner (Hrsg.), Die Finanzkontrolle in den österreichischen Bundesländern, 1986; *Schweiz*: Ruch, VVDStRL 1996, S. 299; *Ungarn*: Hagelmayer, Die Gründung des Staatsrechnungshofes in Ungarn, in: Brauneder (Hrsg.), Internationalität der Finanzkontrolle, 1995, S. 113; *Griechenland*: O thesmikos rolos tou Elegktikou Sinedriou, 2002; *Frankreich*: Arnaud, Der französische Rechnungshof, in: Schiffer/Karehnke (Hrsg.), Verfassung-Verwaltung-Finanzkontrolle, FS für Schäfer, 1975, S. 311 ff. und Leonard, La Cour des Comptes de France, in: BRH (Hrsg.), 250 Jahre Rechnungsprüfung, 1964, S. 190 ff. ; *USA*: Pelny, Die legislative Finanzkontrolle in der BRD und in den Vereinigten Staaten von Amerika, 1986; *Korea*: Seung-Cheol Yi, Moderne Finanzkontrolle, 1987, S. 168 ff.

56 Ausführlicher: Tiemann B./Tiemann S., Der Staat 1974, S. 497 ff.; Menzel, DöV 1968, S. 593 ff. (600 f.); Beran/Konvicka, Finanzkontrolle international gesehen, 1967, S. 31 ff.: sie unterscheiden zwischen der Generallkontroll des englischen Rechtskreises, der Rechnungshof des französischen Rechtskreises, der germanisch-skandinavischen Finanzkontrolle und der lateinamerikanischen Rechnungshofkontrolle.

57 Vgl. § 4 der Deklaration von Lima.

58 Tiemann, Die staatsrechtliche Stellung der Finanzkontrolle des Bundes, 1974, S. 43; Vgl. auch Geist, State Audit: An Introduction, in: Ders.(Hrsg.), State Audit, 1981, S. 1 ff. (3): „It is difficult to imagine a well-functioning, satisfactory system of state administration without the type of rigorous public accountability that state audit ensures“.

4. Die Institution Rechnungshof aus internationaler Sicht

Die Tatsache, dass die Kontrolle durch Rechnungshöfe allen Staaten zu Eigen ist, hat zu einem Prozess von gegenseitigem Austausch und Zusammenarbeit geführt[59]. Diese Zusammenarbeit ist institutionell in zahlreichen Formen organisiert.

Auf globaler Ebene besteht seit 1953 die „*International Organization of Supreme Audit Institutions*" (INTOSAI), die als eine unabhängige und unpolitische Organisation zur Förderung des Gedanken- und Erfahrungsaustauschs zwischen den Obersten Rechnungskontrolleinrichtungen auf dem Gebiet der staatlichen Finanzkontrolle konzipiert ist[60].

Auf kontinentaler bzw. regionaler Ebene bestehen ähnliche Organisationen, wie z. B. die AFROSAI in Afrika, die ASOSAI in Asien und die SPASAI für die südpazifischen Staaten[61]. Im europäischen Kontext bestehen formelle und informelle Formen von Zusammenarbeit[62]. Entsprechend der Struktur und Organisation der INTOSAI ist die EUROSAI („*European Organization of Supreme Audit Institutions*") aufgebaut, die eine Verbesserung der öffentlichen Finanzkontrolle der 42 Mitglieder durch den Austausch von Prüfungsmethoden und Fachkenntnissen bezweckt. Was die EUROSAI für die obersten nationalen Rechungskontrollbehörden ist, ist die EUROPAI (*Europäische Organisation für die regionalen Landesechnungshöfe*) für die regionalen Rechnungshöfe.

Die Notwendigkeit einer externen Kontrollfunktion gilt nicht nur für die staatliche Ebene, sondern auch für internationale[63] und supranationale Organisationen, wie insbesondere die Europäische Union. Eine typische externe Einrich-

---

59 Vgl. Nawrath, DöV 2000, S. 861 ff.

60 Vgl. Zavelberg, DöV 1993, S. 1000 ff.; Broesigke, Die internationale Zusammenarbeit der Obersten Rechnungskontrollbehörden, in: Zavelberg, (Hrsg.), Die Kontrolle der Staatsfinanzen, 1989, S. 435 ff.

61 Siehe dazu Hemmer/Krell, Die Deutsche Stiftung für internationale Entwicklung und der Bundesrechnungshof, in: Zavelberg (Hrsg.), Die Kontrolle der Staatsfinanzen, 1989, S. 449 ff. (460 ff.)

62 Siehe ausführlich: Freiherr von Gall/Schmitz, Rechnungshöfe und Europäische Integration, in: Eibelshäuser (Hrsg.), Finanzpolitik und Finanzkontrolle – Partner für Veränderung, GS für Müller, 2002, S. 338 ff.; Isensee, Außenvertretung der deutschen Rechnungshöfe in der Europäischen Union, 2001.

63 Für die Finanzkontrolle in internationalen Organisationen siehe: Rath, Die Prüfung internationaler Organisationen, in: Brauneder (Hrsg.), Internationalität der Finanzkontrolle, 1995, S. 83 ff.; Dressler, Rechnungsprüfung im internationalen Bereich, in: Schäfer (Hrsg.), Finanzwissenschaft und Finanzpolitik, FS für Schöttle, 1964, S. 31 ff.; Nawrath, Prüfung internationaler Organisationen, in: Heuer(Hrsg.), Kommentar zum Haushaltrecht, Stand Juli 2001.

tung auf dieser Ebene ist der Europäische Rechnungshof[64]. Der Auftrag des europäischen Rechnungshofs wird in den Artikeln 246 bis 248 des EG-Vertrags festgelegt. Der Auftrag des Europäischen Rechnungshofs umfasst die unabhängige Prüfung der Rechnung über die EU-Gemeinschaftsmittel. Der Rechnungshof stellt fest, wie die Organe und Einrichtungen der Union ihre Einnahmen und Ausgaben tätigen und prüft, inwieweit die Finanzangelegenheiten rechtmäßig und ordnungsmäßig ausgeführt und im Sinne eines sparsamen und wirtschaftlichen Einsatzes verwaltet werden. Die Ergebnisse seiner Arbeit werden durch die Veröffentlichungen von objektiven und zeitnahen Berichten bekannt gemacht. In Ausübung seiner Tätigkeit strebt der Rechnungshof ein besseres Finanzmanagement der EU-Mittel auf allen Ebenen an, um eine möglichst optimale Verwendung der Steuergelder der EU-Bürger zu gewährleisten.

Im Rahmen der Europäischen Union bestehen zahlreiche informelle Formen von Zusammenarbeit zwischen den Rechnungshöfen, wie vor allem der sog. Kontaktausschuss, d.h. die Konferenz der Präsidenten der Obersten Rechnungskontrollbehörde der EU-Mitgliedstaaten und des Präsidenten des Europäischen Rechnungshofes. Die Rechnungshöfe der Mitgliedstaaten und der Europäische Rechnungshof arbeiten unter Wahrung ihrer Unabhängigkeit und im Rahmen ihrer Zuständigkeit vertrauensvoll zusammen (Artikel 188 c Abs. 3 EG-Vertrag)[65].

---

64 Für die Finanzkontrolle in der Europäischen Union siehe: Graf, Die Finanzkontrolle der Europäischen Gemeinschaft, 1999; Haase, Die Finanzkontrolle durch den Europäischen Rechnungshof, in: Bayerischer Oberster Rechnungshof (Hrsg.), Dem Staat in die Kasse geschaut, 1987, S. 125 ff.; Friedmann (Hrsg.), Der Europäische Rechnungshof und die Wirtschaft- und Finanzhilfen der EU für Mittel- und Osteuropa, 1994; Caesar (Hrsg.), Zur Reform der Finanzverfassung und Strukturpolitik der EU, 1997; Middelhoek, Rechnungsprüfung aus der Sicht des Rechnungshofes der Europäischen Gemeinschaften, und Schlicker-Schweighofer, Haushaltskontrolle in der Europäischen Gemeinschaft, beide in: Brauneder (Hrsg.), Internationalität der Finanzkontrolle, 1995, S. 67 ff. und 43 ff.; Kannengießer, DöV 1995, S. 55; Ries, DöV 1992, S. 293 ff.; Bieber, Art. 246-248, in: Groeben u.a. (Hrsg.) Kommentar zum Vertrag über die Europäische Union und zur Gründung der Europäischen Gemeinschaft , 6. Auflage; Lienbacher, Art. 246-248, in: Schwarze (Hrsg.), EU-Kommentar; Mart, Die Finanzkontrolle der Europäischen Gemeinschaften, in: Zavelberg (Hrsg.), Die Kontrolle der Staatsfinanzen, 1989, S. 469 ff.; Magiera, Finanzkontrolle in der Europäischen Gemeinschaft, in: von Arnim (Hrsg.), Finanzkontrolle im Wandel, 1989, S. 221 ff.

65 Vgl. auch weiter unten Kap. B III 5 c und d.

II. Historische Entwicklung

Das Verständnis der heutigen Finanzkontrolle durch Rechnungshöfe wird erleichtert, wenn ihre Entstehung und Entwicklung in groben Umrissen bekannt ist[66]. Daher soll im Folgenden ein kurzer Überblick über die Geschichte der öffentlichen Finanzkontrolle von den Anfängen im Mittelalter bis zur Entstehung des Bundesrechnungshofes gegeben werden[67]. Im Vordergrund unserer folgenden Betrachtungen steht die Stellung der jeweiligen Rechnungsprüfungsbehörde in der staatlichen Grundordnung und die Funktion ihrer Tätigkeit. Aus der folgenden Analyse kann eindeutig festgestellt werden, dass alle Staatsformen der untersuchten Periode die Notwendigkeit einer externen unabhängigen Kontrolle anerkannt haben[68].

1. Die Anfänge

Im Mittelalter kann eine Finanzkontrolle nur in Ansätzen beobachtet werden, da noch keine geordnete Finanzwirtschaft entwickelt worden ist[69]. Ein typisches Beispiel ist die Errichtung der „Magna curia ratiorum" durch den Stauferkaiser Friedrich II. für sein Erbkönigreich Sizilien, mit der die „Magistri Rationales" als

---

66 Vgl. Stober/Kluth, Zur Rechnungsprüfung von Kammern, 1989, S. 7; Für eine detaillierte Übersicht der historischen Entwicklung der Rechnungshoffinanzkontrolle siehe: Zeittafel in: Zavelberg (Hrsg.), Die Kontrolle der Staatsfinanzen, 1989, S. 495 ff.

67 Vgl. Grupp, Die Stellung der Rechnungshöfe in der Bundesrepublik Deutschland, 1972, S. 14 ff.; Sigg, Die Stellung der Rechnungshöfe im politischen System der Bundesrepublik Deutschland, 1983: („Viele Strukturmerkmale der heutigen Finanzkontrolle ... lassen sich nur historisch erklären"); Friedrich von Pfuhlstein erwähnt, dass „wer forschend die Institutionen der Finanzkontrolle- ihr Wesen und ihre Aufgaben, ihren Aufbau und ihre Zusammenordnung, ihr Verfahren und ihre Wirkungskraft- untersucht, stößt immer wieder auf geschichtliches Erbgut, auf die `Gegenwart der Geschichte` (Droysen), auf Tradition", in: Der Weg von der preußischen Generalrechenkammer zum Bundesrechnungshof, in: BRH (Hrsg.), 250 Jahre Rechnungsprüfung, 1964, S. 1 ff. (7).

68 Vgl. Sigg, Die Stellung der Rechnungshöfe im politischen System der Bundesrepublik Deutschland, 1983, S. 16 und Mayer, Die Erfolgskontrolle von Subventionen durch die Rechnungshöfe, 2001, S. 13.

69 Müllenbach, Untersuchung zur Geschichte der öffentlichen Finanzkontrolle von ihren Anfängen bis zum Beginn des 19. Jahrhunderts, 1982, S. 113 und Klein, Geschichte der öffentlichen Finanzen in Deutschland (1500-1870), 1974, S. 136.

oberste Finanzbeamte Rechnungen im Interesse des Fürsten kontrollierten[70]. In einzelnen deutschen Territorialstaaten, die nach heutigem Verständnis keine Flächenstaaten im eigentlichen Sinne waren, wurden finanzkontrollähnliche Organe und Institutionen errichtet. Besonders hervorzuheben sind hier die Rechnungsbücher der Grafen von Tirol und die Ämter des Kastners, des Landschreibers und des Rechtmeisters in Bayern[71]. Die Tatsache, dass die Finanzverwaltung zersplittert und dementsprechend kompliziert war ist ein wesentlicher Grund, dass von einer einheitlichen Entwicklung des Finanzkontrollwesens noch keine Rede sein kann.

2. *Absolute Monarchie*

Rechnungshöfe wurden gebildet, wenn sich die Staatsführung in Leitung und Beauftragte aufspaltete und damit die Verwaltung auf verschiedenen Stufen vorgenommen wurde, da die Leitung eines Überblickes über die Verwaltung bedurfte[72]. Misstrauen gegenüber der eigenen Verwaltung bzw. den Bediensteten war also der ursprüngliche Grund dafür, dass in der Zeit der absolutistischen Monarchie zentrale Rechnungsprüfungsbehörden errichtet wurden[73]. Im 18 Jh. wurden die zentralen Rechnungsprüfungsbehörden, insbesondere in Sachsen, Kurhessen und Preußen als reine Hilfsorgane der Verwaltungsspitze geschaffen[74]. Um diese

70 Vgl. Blasius, VR 1985, S. 56 ff. (57) und Müllenbach, Untersuchung zur Geschichte der öffentlichen Finanzkontrolle von ihren Anfängen bis zum Beginn des 19. Jahrhunderts, 1982, S. 59 ff.

71 Vgl. Müllenbach, Untersuchung zur Geschichte der öffentlichen Finanzkontrolle von ihren Anfängen bis zum Beginn des 19. Jahrhunderts, 1982, S. 66 ff.

72 Im absoluten Monarchie hatte der Fürst (nicht der Staat als Institution) das Gewaltmonopol und er war die alleinige oberste Macht in der Gesellschaft. Jean Bodin, der die sogenannte „Souveränitätsdoktrin" entwarf und Thomas Hobbes, der zwischen dem Herrscher (als Person) und dem Staat (als Institution) unterschied sind die bedeutendsten Theoretiker des monarchischen Absolutismus. Vgl. Haverkate, Verfassungslehre, 1992, S. 32 ff.

73 Vgl. Vogel/ Kirchhof, BK, Art. 114 Rn. 6.

74 Am 24. Mai 1707 wurde die erste zentrale Kontrollbehörde durch Reskript des Kurfürsten August I. von Sachsen unter dem Namen „Ober-Rechen-Kammer" errichtet, „damit die Rechnungen ... von unparteiischen Personen defectiret und abgenommen werden mögen". Im Jahre 1714 folgte die Gründung der preußischen General-Rechen-Kammer. Ihre vorgesehene Unabhängigkeit ging in den folgenden Jahren durch Unterordnung unter das Generaldirektorium verloren, wurde 1786 wiederhergestellt und durch die „Instruktion für die Oberrechnungskammer" vom 18.12.1824 endgültig gesichert. Für Einzelheiten siehe insbesondere Lange, Verfassungsrechtliche Probleme im Zusammenhang mit Rechnungsprüfung und Rechnungshof, 1967, S. 22 ff. und

Kontrolle effektiv zu gestalten, wurden die Kontrollorgane aus der Verwaltungshierarchie herausgelöst[75]. Die Unabhängigkeit der Kontrollorgane von der zu kontrollierenden Verwaltung wurde dadurch gewährleistet, dass sie dem Monarchen selbst unterstanden[76].

Die Funktion der Finanzkontrolle im Absolutismus kann unter der Bezeichnung „Verwaltungskontrolle" zusammengefasst werden, im Sinne der Kontrolle des Finanzgebarens der Verwaltung durch Rechnungskontrollbehörden, die im Interesse des souveränen Monarchen handelten[77].

3. Konstitutionelle Monarchie

Wer für den Einsatz der finanziellen Mittel nach Sachbereichen entscheidet, hat bestimmenden Einfluss auf die Politik[78], da jede staatliche Tätigkeit der Finanzierung bedarf. In der konstitutionellen Monarchie erhielt das Parlament die Befugnis, den Staatshaushalt mitzubestimmen und die Staatsregierung entsprechend zu entlasten[79]. Bereits die Frankfurter Reichsverfassung vom 28. März 1849 enthielt in Abschnitt IV eine Vorschrift über die parlamentarische Rechnungsprüfung: „Die Nachweisung über die Verwendung der Reichsgelder wird dem

Grupp, Die Stellung der Rechnungshöfe in der Bundesrepublik Deutschland, 1972, S. 17 ff.

75 Die organisatorische Verselbständigung der Prüfungsbehörden diente ausschließlich dem Zwecke einer objektiven Durchführung ihrer Tätigkeit und kann nicht als Argument für deren Einstufung als nicht-verwaltende Behörden betrachtet werden. Vgl. Vogel/Kirchhof, BK, Art. 114 Rn. 6; Sigg, Die Stellung der Rechnungshöfe im politischen System der Bundesrepublik Deutschland, 1983, S. 17; Mayer, Die Erfolgskontrolle von Subventionen durch die Rechnungshöfe, 2001, S. 13; Vgl. Grupp, Die Stellung der Rechnungshöfe in der Bundesrepublik Deutschland, 1972, S. 42.

76 Vgl. Vogel/Kirchhof, BK, Art. 114 Rn. 6; Grupp, Die Stellung der Rechnungshöfe in der Bundesrepublik Deutschland, 1972, S. 17 ff.; Sigg, Die Stellung der Rechnungshöfe im politischen System der Bundesrepublik Deutschland, 1983, S. 17.

77 Vgl. Sigg, Die Stellung der Rechnungshöfe im politischen System der Bundesrepublik Deutschland, 1983, S. 17.

78 Der Staatshaushalt kann deswegen als Regierungsprogramm in Zahlen bezeichnet werden. Vgl. Sigg, Die Stellung der Rechnungshöfe im politischen System der Bundesrepublik Deutschland, 1983, S. 18, der Max Webers Redewendung erwähnt, dass das parlamentarische Budgetrecht das entscheidende parlamentarische Machtmittel ist.

79 Für die Entstehung des Budgetbewilligungsrechts in Deutschland siehe: Mußgnug, Der Haushaltsplan als Gesetz, 1976, S. 113 ff. und Stern, Staatsrecht der Bundesrepublik Deutschland, Bd. II, 1980, § 49 I. Vgl. für die entsprechende Entwicklung in Österreich: Ableitinger u.a. (Hrsg.), Die Finanzkontrolle im Wandel der Zeit, 1989, S. 48 ff.

Reichstage, und zwar zuerst dem Volkshause, zur Prüfung und zum Abschluß vorgelegt" (Artikel V, § 103 Nr. 8) [80].

Art. 104 der Verfassungsurkunde für den preußischen Staat vom 31. Januar 1850 ist ebenfalls Ausdruck der neuen Richtung: „Zu Etats-Überschreitungen ist die nachträgliche Genehmigung der Kammern erforderlich. Die Rechnungen über den Staatshaushalts-Etat werden von der Ober-Rechenkammer geprüft und festgestellt. Die allgemeine Rechnung über den Staatshaushalt jeden Jahres, einschließlich einer Übersicht der Staatschulden, wird mit den Bemerkungen der Ober-Rechenkammer zur Entlastung der Staatsregierung den Kammern vorgelegt. Ein besonderes Gesetz wird die Einrichtung und die Befugnisse der Ober-Rechenkammer bestimmen"[81]. § 1 des vorgesehenen Gesetzes, das am 27. März 1872 in Kraft trat, legte fest, dass: „Die Ober-Rechnungskammer ist eine dem König unmittelbar untergeordnete, den Ministerien gegenüber selbstständige Behörde, welche die Kontrolle des gesamten Staatshaushaltes durch Prüfung und Feststellung der Rechnungen über Einnahmen und Ausgaben von Staatsgeldern, über Zugang und Abgang von Staatseigentum und über die Verwaltung der Staatschulden zu führen hat"[82]. Mit diesem Gesetz wurden jahrezehntenlange Konfrontationen über die Funktion der Bemerkungen und die Stellung des Rechnungshofs in der Ordnung der konstitutionellen Verfassung entschieden[83]. Die Verfassung des Deutschen Reichs von 1871 enthielt in Art. 72 eine ähnliche Bestimmung: „Über die Verwendung aller Einnahmen des Reichs ist durch den Reichskanzler dem Bundesrate und dem Reichstage zur Entlastung jährlich Rechnung zu legen"[84].

---

80 Abgedruckt bei Grupp, Die Stellung der Rechnungshöfe in der Bundesrepublik Deutschland, 1972, S. 43.

81 Siehe Lange, Verfassungsrechtliche Probleme im Zusammenhang mit Rechnungsprüfung und Rechnungshof, 1967, S. 52 (Gesetz-Sammlung für die Königlichen Preußischen Staaten, S. 17). Vgl. für die preußische Oberrechnungskammer: Wagner, AöR 126 (2001), S. 93 ff. (94 f.)

82 Gesetz-Sammlung für die Königlichen Preußischen Staaten, S. 278. Für die entsprechende Regelung der Verfassung des Norddeutschen Bundes vom 26. Juli 1867 siehe: Grupp, Die Stellung der Rechnungshöfe in der Bundesrepublik Deutschland, 1972, S. 62 ff.; Glaser-Galion, Der Bundesrechnungshof als unabhängiges Kontrollorgan in der Bundesrepublik Deutschland, 1980, S. 29 f.; Stern, Staatsrecht der Bundesrepublik Deutschland, Bd. II, 1980, § 34 I 3 b.

83 Vgl. Mayer, Die Erfolgskontrolle von Subventionen durch die Rechnungshöfe, 2001, S. 14; Rischer, Finanzkontrolle staatlichen Handelns, 1995, S. 45.

84 Abgedruckt in: Heintzen, Art. 114, in: von Münch/Kunig (Hrsg.), GG-Kommentar, 2003.

Die Berichte des Rechnungshofs blieben Instrumente der Regierung zur Verwaltungskontrolle, gleichzeitig dienten sie allmählich[85] zunehmend auch als Grundlage für den Entlastungsbeschluss und die sogenannte „Verfassungskontrolle“, d.h. der parlamentarischen Kontrolle des Haushaltsvollzuges durch die Staatsregierung[86]. Zusammenfassend wurden also durch die Erringung der Budgethoheit vom Parlament Stellung und Funktion der Rechnungshöfe geändert, obwohl deren Aufgaben die gleichen blieben[87]. Die Rechnungshöfe wurden nunmehr als Hilfsorgane sowohl der Verwaltung als auch der Parlamente angesehen.

4. Weimarer Reichsverfassung

Die Verfassung des Deutschen Reichs vom 11. August 1919[88], die am 14. August 1919 in Kraft getreten ist[89], bestimmte in Art. 86 Satz 1, dass über die Verwendung der Reichseinnahmen zur Entlastung der Reichsregierung den gesetzgebenden Körperschaften Rechnung zu legen sei[90]. Art. 86 Satz 2 lautete: „Die Rechnungsprüfung wird durch Reichsgesetz geregelt“. Dieses Gesetz war die Reichs-

85 Typische Beispiel ist der „Kampf“ des preußischen Landtags um die Berichte der Oberrechnungskammer, die das ganze 19. Jh. fortgedauert hat. Vgl. Sigg, Die Stellung der Rechnungshöfe im politischen System der Bundesrepublik Deutschland, 1983, S. 18 (Fn. 7).

86 Diese Kontrolle kann auch als „Regierungskontrolle“ bezeichnet werden; siehe dazu, von Arnim, Wirksamere Finanzkontrolle bei Bund, Länder und Gemeinden, 1978, S. 15.

87 Die Institution der Rechnungshöfe ist älter als das Budgetkontrollrecht der Parlamente. Vgl. Grupp, Die Stellung der Rechnungshöfe in der Bundesrepublik Deutschland, 1972, S. 42 ff.; Sigg, Die Stellung der Rechnungshöfe im politischen System der Bundesrepublik Deutschland, 1983, S. 18; Vogel/Kirchhof, BK, Art. 114 Rn. 7, 8: “ Lediglich Empfänger der Prüfungsberichte wurden jetzt auch die Parlamente ... Damit blieb die Aufgabe und Organisation der Rechnungsprüfung ungetastet. Zunächst sollte eine Übersicht über die Verwaltungstätigkeit geboten, sodann sollte jede Einzelausgabe einem bestimmten Beamten zugeordnet, damit die Verantwortlichkeit geklärt (wird). Schließlich hatte die Rechnungsprüfung auch darzustellen, inwieweit die Maßstäbe zur Verteilung der Geldmittel beachtet worden waren. Diese Kontrolle diente der Regierung, insbesondere um die Einheitlichkeit der Verwaltung (Bindung an Weisungen, Richtlinien) zu festigen; sie diente dem Parlament, insbesondere um die Gesetzmäßigkeit, die Beachtung des Haushaltsplans durch die Exekutive, zu überprüfen.“

88 RGBl., S. 1383.

89 Vgl. Rischer, Finanzkontrolle staatlichen Handelns, 1995, S. 52.

90 Vgl. Wittrock, ZParl 1986, S. 414 ff. (421).

haushaltsordnung (RHO) vom 31. Dezember 1922[91]. Die Reichshaushaltsordnung knüpfte in erster Linie die seit langer Zeit in Preußen bestehenden Finanzkontrollgrundsätze an; zusätzlich wurden bereits in anderen deutschen Staaten bestehende Regelungen berücksichtigt[92].

Der Rechnungshof war gemäß Art. 118 RHO eine der Reichsregierung gegenüber selbstständige, nur dem Gesetz unterworfene Reichsbehörde, deren Beamten unabhängig waren (Art. 121 RHO) und deren Aufgabe in der Überwachung der gesamten Haushaltsführung bestand (Art. 87 RHO)[93]. Als wichtige Neuerungen der RHO können die Möglichkeit von Prüfungen am Sitz der geprüften Stellen (Art. 90 RHO) und die Tatsache, dass der Rechnungshof nicht verpflichtet war, jeden einzelnen Beleg zu überprüfen, genannt werden; Art. 94 RHO stellt die stichprobenweise Prüfung in das Ermessen des Rechnungshofs[94].

Nach Artikel 96 Abs. 1 Nr. 3 RHO prüft der Rechnungshof, ob bei der Erhebung von Einnahmen sowie der Verausgabung von Reichsmitteln "unter Beobachtung der gebotenen Wirtschaftlichkeit verfahren worden" ist. Diese „expressis verbis" Verankerung des Prüfungsmaßstabs der Wirtschaftlichkeit als eines gleichrangigen Prüfungsmaßstabs neben der Ordnungsmäßigkeit kann als grundlegende Neuerung der RHO eingestuft werden. Dadurch wurde die Rechnungshofkontrolle anhand des Maßstabs der Wirtschaftlichkeit modernisiert, indem sie nicht nur in der Vergangenheit liegende Rechnungsmängel prüft, sondern auch zukunftsgerichtete Informationen feststellt[95].

91 RGBl. II, 1923, S. 17. Am 8. März 1930 wurde die RHO geändert, Dadurch wurden keine wesentlichen Änderungen bezüglich der Stellung und Funktion des Rechnungshofs wahrgenommen. Vgl. dazu, Gilles, Die verkannte Macht, 1986, S. 55.

92 Vgl. Grupp, Die Stellung der Rechnungshöfe in der Bundesrepublik Deutschland, 1972, S. 65 f. und Rischer, Finanzkontrolle staatlichen Handelns, 1995, S. 53 f.

93 Für eine vergleichende Übersicht der Merkmalen der obersten Finanzkontrollbehörden auf Reichs- und Länderebene in der Weimarer Republik siehe: O. Gilles, Der Reichsrechnungshof zwischen obrigkeitsstaatlicher Tradition und geforderter Demokratisierung, in: Pirker (Hrsg.), Rechnungshöfe als Gegenstand zeitgeschichtlicher Forschung, 1987, S. 33 f.

94 Siehe Zavelberg, 275 Jahre Rechnungsprüfung in Deutschland, in: Ders. (Hrsg.), Die Kontrolle der Staatsfinanzen, 1989, S. 50 ff.

95 Vgl. Zavelberg, 275 Jahre Rechnungsprüfung in Deutschland, in: Ders. (Hrsg.), Die Kontrolle der Staatsfinanzen, 1989, S. 47 ff.; Mayer, Die Erfolgskontrolle von Subventionen durch die Rechnungshöfe, 2001.

Nach 1933 verlor die Weimarer Reichsverfassung durch verschiedene Vorschriften nationalsozialistischer Eingebung ihre Wirksamkeit[96]. Im Rahmen der Anpassung der Gesetzeslage an die Vorstellungen des Nationalsozialismus stellte die Reichshaushaltsordnung keine Ausnahme dar[97].

Die zweite Novelle zur RHO vom 13. Dezember 1933[98] stärkte entsprechend dem „Führerprinzip" die Stellung des Präsidenten des Rechnungshofes zu Lasten des Kollegialprinzips, indem Art. 119 Abs. 1 Satz 1 RHO gestrichen wurde[99]. Diese Novelle veränderte vor allem das Verfahren der Entlastung. Nach Art. II § 2 derselben Novelle wurden die Bemerkungen des Rechnungshofes im Reichsrat erörtert, die Entlastung wurde jedoch nicht vom Parlament, sondern von der Regierung selbst erteilt[100]. Folglich führte der Rechnungshof seine Aufgaben, wie in der Zeit des „ancien régime", nur im Interesse der Verwaltungsspitze, d.h. der Regierung durch[101].

Durch das Gesetz vom 17. Juni 1936 wurden die Rechnungshöfe der Länder aufgelöst und ihre Aufgaben wurden vom Rechnungshof des Deutschen Reichs übergenommen. Ferner wurden durch entsprechende Vereinbarungen die Prüfungsobjekte eingeschränkt[102]. Zusammenfassend wurde der erneut in die Verwaltungshierarchie eingegliederte Rechnungshof wurde in Anpassung an die nationalsozialistischen Vorstellungen zu einem wirksamen Kontrollinstrument der Reichsregierung umgeformt, das einen umfassenden Überblick über das Finanzgebaren der ihr unterstellten Verwaltung gewährleisten sollte[103].

---

96 Grupp, Die Stellung der Rechnungshöfe in der Bundesrepublik Deutschland, 1972, S. 79.

97 Vgl. Rischer, Finanzkontrolle staatlichen Handelns, 1995, S. 57 ff.

98 RGBl. II S. 1007.

99 Vgl. Dommach, Der Reichsrechnungshof während der Amtszeit von Präsident Saemisch, in: Zavelberg (Hrsg.), Die Kontrolle der Staatsfinanzen, 1989, S. 101 ff.

100 Vgl. Dommach, NS-Staat I, in: Pirker (Hrsg.), Rechnungshöfe als Gegenstand zeitgeschichtlicher Forschung, 1987, S. 40.

101 Vgl. Klein, Die Finanzkontrolle im nationalsozialistischen Staat, in: Schiffer/Karehnke (Hrsg.), Verfassung-Verwaltung-Finanzkontrolle, FS für Schäfer, 1975, S. 231 ff.

102 Als typische Beispiele können die Vergabe von finanziellen Mitteln an der NSDAP und die „Führerentscheidungen" angesehen werden, die von der Prüfung ausgenommen waren. Vgl. Grupp, Die Stellung der Rechnungshöfe in der Bundesrepublik Deutschland, 1972, S. 80.

103 Vgl. Klein, Die Finanzkontrolle im nationalsozialistischen Staat, in: Schiffer/Karehnke (Hrsg.), Verfassung-Verwaltung-Finanzkontrolle, FS für Schäfer,1975, S. 231 und Weinert, NS-Staat II, in: Pirker (Hrsg.), Rechnungshöfe als Gegenstand zeitgeschichtlicher Forschung, 1987, S. 75.

6. Die Zeit nach 1945 bis zum Inkrafttreten des Grundgesetzes

Die Kapitulation vom 7. und 8. Mai 1945 hatte die rechtliche und faktische Auflösung des Deutschen Reiches und die nachfolgende Zersplitterung des Staatsgebiets in vier Besatzungszonen zur Folge. Die drei Westzonen wurden von selbstständigen und voneinander unabhängigen Militärbehörden regiert, die an die Direktiven ihrer Regierungen gebunden waren[104]. Unter dem Einfluss der Militärregierungen entstanden unabhängige externe Kontrollorgane, ohne dass ein detailliertes besatzungspolitisches Konzept betreffend der Finanzkontrollbehörden vorlag[105].

Während in der britischen Zone der Rechnungshof für das gesamte Besatzungsgebiet zuständig war, wurden in der amerikanischen und französischen Zone Rechnungshöfe auf Landesebene errichtet[106]. Wegen der Unsicherheit über die weitere staatliche Entwicklung bemühte sich die deutsche Seite, unabhängige Rechnungskontrolleinrichtungen auf Landesebene zu schaffen[107]. Nach der Gründung des Vereinigten Wirtschaftsgebiets (Bizone – Zusammenschluss der amerikanischen und britischen Zone) wurde im Sitz des Verwaltungsrats des Vereinigten Wirtschaftsgebiets ein Rechnungshof errichtet[108]. Als oberste Rechnungsprüfungsbehörde war der Rechnungshof für die gesamte Haushalts- und Wirtschaftsführung der Verwaltung des Vereinigten Wirtschaftsgebiets zuständig[109].

---

104 Vgl. Rischer, Finanzkontrolle staatlichen Handelns, 1995, S. 93.

105 Vgl. Otto/Weinert, Rechnungshöfe nach 1945 II, in: Pirker (Hrsg.), Rechnungshöfe als Gegenstand zeitgeschichtlicher Forschung, 1987, S. 125 und Glaser-Galion, Der Bundesrechnungshof als unabhängiges Kontrollorgan in der Bundesrepublik Deutschland, 1980, S. 43 ff.

106 Vgl. Dommach, Rechnungshöfe nach 1945 I, in: Pirker (Hrsg.), Rechnungshöfe als Gegenstand zeitgeschichtlicher Forschung, 1987, S. 91. Für Baden-Württemberg siehe: Lonhard, Die Rechnungsprüfungsbehörden in Baden und Württemberg (1945-1952), in: Rechnungshof Baden-Württemberg (Hrsg.), Finanzkontrolle in Baden-Württemberg, 1987, S. 61 ff.

107 Vgl. Grupp, Die Stellung der Rechnungshöfe in der Bundesrepublik Deutschland, 1972, S. 86 und Rischer, Finanzkontrolle staatlichen Handelns, 1995, S. 98.

108 Vgl. Rischer, Finanzkontrolle staatlichen Handelns, 1995, S. 96; Dommach, Die staatliche Finanzkontrolle im Dritten Reich, 1985, S. 65 ff. (70); Dommach, Rechnungshöfe nach 1945 I, in: Pirker (Hrsg.), Rechnungshöfe als Gegenstand zeitgeschichtlicher Forschung, 1987 S. 87 ff.

109 Für eine Übersicht der Funktions- und Organisationsmerkmalen der obersten Finanzkontrollbehörden auf Zonen-, Bundes- und Landesebene in der Nachkriegszeit, siehe: Otto/Weinert, Rechnungshöfe nach 1945 II, in: Pirker (Hrsg.), Rechnungshöfe als Gegenstand zeitgeschichtlicher Forschung, 1987, S. 128 f.

7. Finanzkontrolle durch Rechnungshöfe unter dem Grundgesetz

a) Die Rechtslage nach dem Inkrafttreten des Grundgesetzes

Das am 23. Mai 1949 in Kraft getretene Grundgesetz sah in Art. 114 ausdrücklich die Schaffung des Bundesrechnungshofes vor. Die Formulierung des Inhalts dieses Artikels hat zahlreiche Auseinandersetzungen hervorgerufen, die zu verschiedenen Fassungen geführt haben[110]. Art. 114 GG beruht sich auf Art. 125 des so genannten „Chiemseer Entwurfes“, in dem es heisst: „ Über die Verwendung der Bundeseinnahmen legt der Bundesminister der Finanzen dem Bundestag und dem Bundesrat (Senat) Rechnung. Die Rechnungsprüfung obliegt einem mit richterlicher Unabhängigkeit ausgestatteten Rechnungshof. Das Nähere regelt das Gesetz“[111]. Der Finanzausschuss des Parlamentarischen Rates ist am 7. Oktober 1948 dem Vorschlag seines Berichtererstatters (Dr. Höpker-Aschoff) gefolgt und Art. 114 nahm provisorisch die folgende Fassung an: „Der Bundesminister der Finanzen hat dem Bundestag und dem Bundesrat über alle Einnahmen und Ausgaben jährlich Rechnung zu legen. Die allgemeine Rechnung und eine Übersicht über die Bundesschulden sind dem Bundestag und dem Bundesrat im Laufe des nächsten Rechnungsjahres mit den Bemerkungen des Rechnungshofes zur Entlastung der Bundesregierung vorzulegen. Die Rechnungsprüfung wird durch Bundesgesetz geregelt“[112]. Nach verschiedenen Bemerkungen und kontroversen Meinungen wurde schließlich am 23. Mai 1949 die endgültige Fassung des Art. 114 GG festgelegt:

„(1) Der Bundesminister der Finanzen hat dem Bundestag und dem Bundesrat über alle Einnahmen und Ausgaben sowie über das Vermögen und die Schulden jährlich Rechnung zu legen.

(2) Die Rechnung wird durch einen Rechnungshof, dessen Mitglieder richterliche Unabhängigkeit besitzen, geprüft. Die allgemeine Rechnung und eine Übersicht über das Vermögen und die Schulden sind dem Bundestag und dem Bundesrat mit den Bemerkungen des Rechnungshofes zur Entlastung

---

110 Vgl. Lange, Verfassungsrechtliche Probleme im Zusammenhang mit Rechnungsprüfung und Rechnungshof, 1967, S. 113 ff.

111 Dieser Entwurf wurde vom „Verfassungsausschuss(en) der Ministerpräsidentenkonferenz der westlichen Besatzungszonen“ entwickelt, der als „Herrenchiemseer Konvent“ bezeichnet wurde. Vgl. dazu Vogel/Kirchhof, BK, Art. 114 Rn. 1-3 und Stern, Staatsrecht der Bundesrepublik Deutschland, Bd. II, 1980, § 34 I 5.

112 Siehe Rischer, Finanzkontrolle staatlichen Handelns, 1995, S. 101.

der Bundesregierung vorzulegen. Die Rechnungsprüfung wird durch Bundesgesetz geregelt.„[113]

Durch Artikel 114 Abs. 2 wurde also zum ersten Mal eine von Regierung und Parlament unabhängige und kollegiale Kontrolleinrichtung verfassungsrechtlich verankert. Auf der gesetzlichen Ebene wurde die Reichshaushaltsordnung vorläufig weiter angewendet bis zum 27. November 1950, als das Gesetz über Errichtung und Aufgaben des Bundesrechnungshofes rückwirkend zum 1. April 1950 in Kraft trat[114].

b) Die Entwicklung nach der Haushaltsreform von 1969 – das geltende Recht

Die nächste Station in der Entwicklung der Rechnungshoffinanzkontrolle stellt das Gesetz zur Haushaltsreform[115] dar, nämlich das 20. Gesetz zur Änderung des Grundgesetzes vom 12. Mai 1969[116]. Im Rahmen der Haushaltsreform fand anhand einer Initiative des Bundestages eine Änderung des *Art. 114 GG* statt[117]. Die neue Fassung ist die heutige geltende, die folgendermaßen lautet:

„(1) Der Bundesminister der Finanzen hat dem Bundestage und dem Bundesrate über alle Einnahmen und Ausgaben sowie über das Vermögen und die Schulden im Laufe des nächsten Rechnungsjahres zur Entlastung der Bundesregierung Rechnung zu legen.

(2) Der Bundesrechnungshof, dessen Mitglieder richterliche Unabhängigkeit besitzen, prüft die Rechnung sowie die Wirtschaftlichkeit und Ordnungsmäßigkeit der Haushalts- und Wirtschaftsführung. Er hat außer der Bundesregierung unmittelbar dem Bundestage und dem Bundesrate jährlich zu berichten. Im übrigen werden die Befugnisse des Bundsrechnungshofes durch Bundesgesetz geregelt.„

Die nach Art. 114 II (und 109 III) GG erforderliche Bundesgesetze wurden gleichzeitig mit den Verfassungsänderungen geschaffen. Das *erste Gesetz über die Grundsätze des Haushaltsrechts des Bundes und der Länder (HGrG) vom 19. August 1969*[118] enthält Vorschriften über den Haushaltsplan, dessen Aufstellung

113 Vgl. hierzu Stern, Staatsrecht der Bundesrepublik Deutschland, Bd. II, 1980, § 34 I 5.

114 Vgl. Müller, Rechnungshöfe nach 1945 III, in: Pirker (Hrsg.), Rechnungshöfe als Gegenstand zeitgeschichtlicher Forschung, 1987, S. 145 ff. und Wagner, AöR 126 (2001), S. 93 ff. (124 ff.).

115 Über die Notwendigkeit einer damaligen Haushaltreform siehe: Karehnke, DöH 1967-1968, S. 73 ff.

116 BGBl I, S. 357.

117 Gleichzeitig trat die Neufassung des Art. 109 GG in Kraft, die in Abs. I die Selbstständigkeit von Bundes- und Landesrecht vorsieht.

118 BGBl I, S. 1273 (zuletzt geändert durch Art. 63 G v. 23.12.2003).

und Ausführung, sowie Vorschriften über Rechnungslegung, Rechnungsprüfung und Entlastung und stellt einen Kompromiss zwischen den Harmonisierungsbemühungen des Bundes und den Selbstständigkeitsbefugnissen der Länder dar[119]. Die *Bundeshaushaltsordnung vom 19. August 1969 (BHO)* wurde in Einklang mit dem HGrG erlassen[120] und löste die Reichshaushaltsordnung ab. Mit den Vorschriften über die Aufgaben des Bundesrechnungshofs und über das Prüfungsverfahren in der BHO (Teil V) erfolgte die Umsetzung und Konkretisierung des Teils I Abschnitt V (§§ 42-47) HGrG. Gemäß dem Auftrag in § 1 HGrG hatten die Länder haushaltsrechtliche Bestimmungen zur Umsetzung des HGrG bis zum 1. Januar 1972 zu erlassen. Diesen Auftrag erfüllten alle Länder durch entsprechende Landeshaushaltsordnungen[121].

Die Haushaltsreform von 1969 zielte auf eine Anpassung der Gesetzeslage an die neuen Anforderungen ab, die aus den veränderten politischen, wirtschaftlichen und sozialen Verhältnissen erwachsen waren[122]. Die Hauptziele können als die Berücksichtigung gesamtwirtschaftlicher Zusammenhänge, die Wahrung der Rechtseinheit in Bund und Ländern und die Notwendigkeit einer längerfristigen Haushaltsgestaltung zusammengefasst werden[123]. Die Haushaltsreform erfolgte: i) die verfassungsrechtliche Verankerung des Wirtschaftlichkeitsprinzips und der Beratung als eigenständiger Aufgabe der Finanzkontrolle, ii) die Lückenlosigkeit der Finanzkontrolle, iii) den unmittelbaren Zugang des Bundesrechnungshofes zum Parlament, und iv) die zeitlich-sachliche Unabhängigkeit der Finanzkontrolle (Rechnungsunabhängige Prüfung)[124]. Im Großen und Ganzen wurde durch die Haushaltsreform von 1969 eine grundlegende Funktionsveränderung der Finanzkontrolle wahrgenommen. Es wurde nunmehr nicht nur geprüft, ob der Haushaltsplan eingehalten worden ist (klassische Rechnungsprüfung), sondern ferner, ob unabhängig von den in der Rechnung nachgewiesenen Aufgaben wirt-

119 Vgl. Krempel, Rechnungshöfe und Rundfunk-Beteiligungsunternehmen, 1996, S. 38 und Tiemann, Die staatsrechtliche Stellung der Finanzkontrolle des Bundes, 1974, S. 32.

120 BGBl I, S. 1284 (zuletzt geändert durch Art. 3 G v. 17.6.1999).

121 Für eine Übersicht aller Länder-Regelungen siehe, Grupp, Die Stellung der Rechnungshöfe in der Bundesrepublik Deutschland, 1972, S. 91 f. (Fn. 10).

122 Siehe Abschnitt I des Allgemeinen Teils der Begründung der Gesetzentwürfe zur Haushaltsreform des deutschen Bundestages – 5. Wahlperiode Drucksache V/3040, abgedruckt in: Morell, Der Bundeshaushalt-Recht und Praxis, S. 26 ff.

123 Siehe Piduch, DöV 1979, S. 881; Karehnke, DöH 15 (Heft 1), S. 29 ff.

124 Vgl. Zavelberg, 275 Jahre Rechnungsprüfung in Deutschland, in: Ders. (Hrsg.), Die Kontrolle der Staatsfinanzen, 1989, S. 52 ff.; Strube, Die Geschichte des Haushaltsrechts vom Mittelalter bis zur Gegenwart, 2005, S. 210 ff.

schaftlich oder unwirtschaftlich verwaltet worden ist (umfassende Finanzkontrolle)[125].

Das *Gesetz über den Bundesrechnungshof vom 11. Juli 1985 (Bundesrechnungshofgesetz- BRHG)* war eine Initiative des Bundestages[126] und löste Abschnitt V der Reichshaushaltsordnung und das Gesetz über Errichtung und Aufgaben des Bundesrechnungshofes von 1950 ab. Mit dem BRHG wurden die staatsrechtliche Stellung und Organisation des Bundesrechnungshofes geregelt. Das Bundesrechnungshofgesetz bezeichnet in § 1 den Bundesrechnungshof als unabhängiges Organ der Finanzkontrolle und stellt ihn gleichrangig zwischen Bundestag / Bundesrat und Bundesregierung, was offensichtlich im Verfahren der Bestellung des Präsidenten und Vizepräsidenten des Bundesrechnungshofes zum Ausdruck kommt[127].

Als letzte wichtige Station in der Entwicklung der Rechnungsfinanzkontrolle muss das *Hausaltsrecht – Fortentwicklungsgesetz vom 22.12.1997*[128] erwähnt werden, das die BHO und HGrG nicht unwesentlich verändert hat[129]. Als Reformschwerpunkte sind die sog. Flexibilisierung durch die Erweiterung von Deckungsfähigkeiten und Übertragbarkeiten von Titeln, die Öffnungsklauseln zugunsten einer dezentralen Budgetverantwortung und einer kaufmännischen Buchführung und schließlich die Einführung der einstufigen externen Finanzkontrolle zu betrachten[130]. An dieser Stelle mag nur erörtern werden, dass die Tätigkeit und Aufgaben des Bundesrechnungshofs insgesamt durch die Flexibilisierung bzw. Modernisierung des Haushaltsrechts nicht grundlegend geändert worden sind, sondern nur ihre Orientierung bzw. Betrachtungsweise modifiziert werden kann[131].

---

125 Vgl. Wieland, DVBl. 1995, S. 894 ff.; Karehnke, DöV 1972, S. 145 ff.; Gröpl, NVwZ 1998, S. 1251 ff. (1252); Hoffmann-Riem, Finanzkontrolle der Verwaltung durch Rechnungshof und Parlament, in: Schmidt-Aßmann und Hofmann-Riem (Hrsg.), Verwaltungskontrolle, 2001, S. 74.

126 Vgl. Zavelberg, 275 Jahre Rechnungsprüfung in Deutschland, in: Ders. (Hrsg.), Die Kontrolle der Staatsfinanzen, 1989, S. 62 ff.

127 Vgl. Wittrock, Aktuelle Probleme der Finanzkontrolle I, in: Pirker (Hrsg.), Rechnungshöfe als Gegenstand zeitgeschichtlicher Forschung, 1987, S. 168 ff.; Eickenboom/Heuer, DöV 1985, S. 997 ff. (999).

128 BGBl. I, S. 3251.

129 Engels, ZG 2001, S. 101 ff. (102).

130 Vgl. Gröpl, NVwZ 1998, S. 1251 ff. (1254); Grupp, Wirtschaftlichkeit im „schlanken Staat", in: Schulze-Fielitz (Hrsg.), Fortschritte der Finanzkontrolle in Theorie und Praxis: zum Gedenken an Ernst Heuer, Die Verwaltung 2000, S. 9 ff. (21).

131 Vgl. Engels, ZG 2001, S. 101 ff. (115)- Siehe ausführlicher weiter unten Kap. B VIII.

III. Die Organisation der Rechnungshöfe

Das „Gesetz über den Bundesrechnungshof" vom 11. Juli 1985 (Bundesrechnungshofgesetz – BRHG)[132] und die vom Großen Senat des BRH nach §§ 20, 20a des BRHG beschlossene Geschäftsordnung vom 19. November 1997 (GO-BRH) stellen die rechtlichen Grundlagen für die Organisation des BRH dar[133].

1. Die Rechtstellung der Mitglieder und des Personals

Der Bundesrechnungshof, der seinen Sitz in Bonn hat[134], gliedert sich in *Prüfungsabteilungen und Prüfungsgebiete* (§ 2 Abs. 2 BRHG).[135]. Jede Abteilung wird von einem Abteilungsleiter geleitet, der die Verantwortung für die ordnungsgemäße, wirksame und wirtschaftliche Erfüllung der Aufgaben seiner Abteilung sowie der ihr zugeordneten Sachgebiete in den Prüfungsämtern trägt

---

132 BGBl I, S. 1445 – in der Fassung einschließlich der Änderung durch das Berlin-Bonn-Gesetz vom 26.04.1994 (BGBl I, S. 918,920) und des Gesetzes zur Fortentwicklung des Haushaltsrechts von Bund und Ländern (Haushaltsrechts-Fortentwicklungsgesetz) vom 22.12.1997. (BGBl. I 1997, S. 3251). Für die Organisationsform der Landesrechnungshöfe siehe: Lonhard, Der Rechnungshof Baden-Württemberg, in: Rechnungshof Baden-Württemberg (Hrsg.), Finanzkontrolle in Baden-Württemberg, 1987, S. 111 ff.; Rechnungshof Schleswig-Holstein, Grundlagen der Finanzkontrolle und der öffentlichen Haushaltwirtschaft in Schleswig-Holstein, 1992, S. 19 ff.; Spaeth, Finanzkontrolle in Bayern und Wie funktioniert ein Rechnungshof, beide Beiträge in: Bayerischer Rechnungshof (Hrsg.), Dem Staat in die Kasse geschaut, 1987, S. 9 ff. und 51 ff.; Maunz, BayVBl. 1987, S. 609 ff. (610); Klappstein, Die kollegiale Verfassung der Rechnungshöfe, in: Schulze-Fielitz (Hrsg.), Fortschritte der Finanzkontrolle in Theorie und Praxis: zum Gedenken an Ernst Heuer, Die Verwaltung 2000, S. 25 ff. (32 f.); Grupp, Die Stellung der Rechnungshöfe in der Bundesrepublik Deutschland, 1972, S. 110;

133 Nach § 1 GO-BRH: „Die Geschäftsordnung regelt Einzelheiten zum organisatorischen Aufbau des Bundesrechnungshofes, zu den Aufgaben sowie zur Stellung seiner Mitglieder und Prüfungsbeamten, ferner zum Entscheidungsverfahren des Bundesrechnungshofes. Sie regelt darüber hinaus die Aufgaben der Prüfungsämter und ihrer Bediensteten sowie das Zusammenwirken von Bundesrechnungshof und Prüfungsämtern". Vgl. Führmann, Die Geschäftsordnung des Bundesrechnungshofes, in: Zavelberg (Hrsg.), Die Kontrolle der Staatsfinanzen, 1989, S. 325 ff. Die maßgebende Geschäftsordnung wurde am 21.12.1987 erlassen und seitdem viermal geändert. Siehe dazu Engels, Einführung zu GO-BRH, in: Heuer (Hrsg.), Kommentar zum Haushaltrecht, Stand Dezember 2004.

134 Diese Wahl ist nicht zufällig. Die räumliche Distanz zwischen BRH und andere Staatsorgane betont die Unabhängigkeit des BRH.

135 Der BRH besteht zur Zeit aus 9 Prüfungsabteilungen mit 49 Prüfungsgebieten. Siehe dazu, *www.bundesrechnungshof.de/organisation.*

(§ 6 GO-BRH). Die Aufgaben eines Prüfungsgebietes können sich auf bestimmte Organisationseinheiten, bestimmte Einnahmen oder Ausgaben sowie auf bestimmte Sach- und Rechtsfragen beziehen, oder auch übergreifend auf fachlich abgegrenzte Bereiche, die losgelöst vom Einzelfall beurteilt werden sollen (Querschnittsaufgaben und Grundsatzaufgaben – § 5 GO-BRH).

Gemäß § 3 BRHG sind *Mitglieder* des Bundesrechnungshofes neben die Leiter der Prüfungsabteilungen und die Prüfungsgebietsleiter, der Präsident und der Vizepräsident[136]. Sie werden zu Beamten auf Zeit ernannt; ihre Amtszeit beträgt zwölf Jahre. Beide werden auf Vorschlag der Bundesregierung[137] von Bundestag und Bundesrat gewählt[138]. Der Bundestag wählt in geheimer Wahl mit der Mehrheit seiner Mitglieder[139] und der Bundespräsident ernennt die Gewählten (§ 5 Abs. 1 BRHG). Die Beteiligung des Parlamentes bei der Wahl von Präsidenten und Vizepräsidenten deutet darauf hin, dass der BRH seine Aufgaben sowohl für die Exekutive als auch für die Legislative wahrnimmt. Ferner verstärkt sie die demokratische Legitimation des Bundesrechnungshofs.

Der *Präsident* trägt übergreifende Verantwortung für die ordnungsgemäße Erfüllung der Aufgaben des Bundesrechnungshofes und der Prüfungsämter, indem er die Verwaltung des Bundesrechnungshofs leitet und die Dienstaufsicht aus-

---

136 Mitglied des Bundesrechnungshofes kann auch kraft Auftrags entstanden werden, wenn ein Prüfungsgebietsleiter an der Ausübung seines Amts langfristig verhindert ist. In diesem Falle kann der Präsident nach Anhörung des Ständigen Ausschusses des Großen Senats einen Beamten, der nicht Mitglied des Bundesrechnungshofes ist, für die Zeit der Verhinderung des Prüfungsgebietsleiters oder für einen bestimmten Zeitraum mit der Wahrnehmung der Geschäfte beauftragen. Entsprechendes gilt, solange die Planstelle eines Prüfungsgebietsleiters frei ist. (§ 16 BRHG). Vgl. (für Baden-Württemberg): Grab, Die Mitglieder des Rechnungshofs Baden-Württemberg, in: Rechnungshof Baden-Württemberg (Hrsg.), Finanzkontrolle in Baden-Württemberg, Bd. I, 1987, S. 145 ff.

137 Das bedeutet keinen Verstoß gegen die Unabhängigkeit. Vgl. Maunz, § 114 Rn. 21, in: Maunz/Dürig/Herzog (Hrsg.), Grundgesetz, Loseblattkommentar, 2006.

138 Vgl. Eickenboom/Heuer, DöV 1985, S. 997 ff. (999).

139 Die enge Beziehung zwischen Parlamentsmehrheit und Regierung kann faktisch durch parteipolitische Gesichtspunkte zu einer Regierungswahl führen, was die Kontrollwirkung des Rechnungshofs entschärfen mag. Deswegen wird die Einführung einer Zweidrittelmehrheit bei dieser Wahl vorgeschlagen. Vgl. Sigg, Die Stellung der Rechnungshöfe im politischen System der Bundesrepublik Deutschland, 1983, S. 60; Mann, Zparl 1981, S. 353 ff. (359); Mayer, Die Erfolgskontrolle von Subventionen durch die Rechnungshöfe, 2001, S. 65; Rundel, Die Rechnungshöfe im Verfassungsgefüge von Bund und Ländern, in: Feuchte u.a (Hrsg.), Initiative und Partnerschaft, 1990, S. 145 ff.

übt[140]. Ferner vertritt der Präsident den Bundesrechnungshof nach außen, insbesondere gegenüber Dritten, in Rechtsstreitigkeiten und gegenüber den obersten Rechnungskontrollbehörden der Länder, ausländischer Staaten und supranationaler Einrichtungen (§ 3 GO-BRH). Auf Vorschlag des Präsidenten ernennt der Bundespräsident die anderen Mitglieder und die übrigen Beamten des Bundesrechnungshofes. Der *Vizepräsident* vertritt den Präsidenten bei Abwesenheit und sonstiger Verhinderung (§ 6 Abs. 2 BRHG) und übernimmt dann dessen Rechte und Pflichten.

Zum Bundesrechnungshof gehören auch die erforderlichen *Prüfungsbeamten* sowie weitere Bedienstete. Sie kommen aus dem höheren und gehobenen Dienst der Verwaltung (§ 4 BRHG). Die Prüfungsbeamten ermitteln durch Erhebungen die für eine Entscheidung erforderlichen Sachverhalte und bereiten durch Entwürfe Entscheidungen vor. Zu ihren Aufgaben gehört es, Anregungen und Vorschläge für die Planung, Vorbereitung und Durchführung von Prüfungen zu erarbeiten. Ferner unterrichten sie die Prüfungsgebietsleiter unverzüglich über alle wesentlichen Feststellungen. Die Qualität der Tätigkeit der Mitglieder hängt entscheidend von der Tätigkeit des Personals ab; beide Funktionen ergänzen sich, und keine kann sinnvoll ohne die andere wahrgenommen werden[141].

Der Bundesrechnungshof kann *Prüfungsämter* einrichten, die seiner Dienst- und Fachaufsicht unterstellt sind (§ 20 a BRHG, Teil IV §§ 34 ff. GO-BRH und § 100 BHO)[142]. Die Prüfungsämter führen die ihnen vom Bundesrechnungshof zugewiesenen Prüfungsaufgaben nach dessen Weisungen durch. Im Rahmen der übertragenen Prüfungsaufgaben, haben sie gegenüber den geprüften Stellen dieselben Prüfungsbefugnisse wie der Bundesrechnungshof. Die Institution der Prüfungsämter trat an die Stelle der sogenannten „Vorprüfungsstellen", die organisatorisch bei den jeweils zu prüfenden Behörden eingerichtet waren[143]. Dadurch wurden Interessenkonflikte vermieden und die Unabhängigkeit der externen Fi-

---

140 Vgl. Blasius, VR 1990, S. 124 ff. (126); Schäfer, Zur Stellung des Präsidenten des Bundesrechnungshofes, in: Schiffer/Karehnke (Hrsg.), Verfassung – Verwaltung – Finanzkontrolle, FS für Schäfer, 1975, S. 147 ff.

141 Vgl. Zavelberg, DöV 1992, S. 681 ff. (689); Rundel, Das Personal des Rechnungshofs, in: von Arnim (Hrsg.), Finanzkontrolle im Wandel, 1989, S. 151 ff. (165); Sigg, Die Stellung der Rechnungshöfe im politischen System der Bundesrepublik Deutschland, 1983, S. 60; Karehnke, DöH 1969, S. 78 ff.; Weber, DöV 1981, S. 128 ff. (128).

142 Vgl. Rischer, VR 1999, S. 265 ff. Zur Zeit sind Prüfungsämter in Berlin, Frankfurt, Hamburg, Hannover, Koblenz, Köln, Magdeburg, München und Stuttgart eingerichtet.

143 Vgl. Carl/Klos, SteuerStud 1990, S. 243 und Bublitz, Über die Vorprüfung in Deutschland, in: Zavelberg (Hrsg.), Die Kontrolle der Staatsfinanzen, 1989, S. 343 ff.

nanzkontrolle verstärkt. Zusätzlich wurden die verwaltungsinterne und externe Finanzkontrolle eindeutig voneinander getrennt und die Effektivität bzw. Effizienz der Prüfungen verbessert[144].

Der Bundesrechungshof braucht zur Erfüllung der ihm zugewiesenen Aufgaben eine angemessene Personal- und Sachausstattung. Kapazitätsprobleme beschränken letztlich die Wirksamkeit der Kontrolle[145]. Eine Mindestausstattung wird kraft Verfassung (durch Art. 114 Abs. 2) abgesichert. Deswegen kann nicht ausschließlich vom Willen des Parlamentes oder der Exekutive abhängen, ob der Rechnungshof über angemessene Mitteln verfügt[146].

2. *Die Kollegialverfassung*

Der Bundesrechnungshof hat eine Kollegiumsverfassung[147]. Das heisst, dass er in der Regel seine Entscheidungen kollegial durch die zuständigen Gremien (Kollegien, Senate, Prüfungsgruppen) trifft. Ausnahmsweise darf der Präsident Entscheidungen auch „monokratisch" treffen. Die Entscheidungen werden durch seine Mitglieder und Prüfungsbeamten sowie durch die Prüfungsämter vorbereitet. Vor Beginn des Geschäftsjahres werden die Geschäfte auf Abteilungen und Prüfungsgebiete verteilt und es wird festgelegt, welche Mitglieder die Abteilungen und Prüfungsgebiete leiten sollen.

Die *Kollegien*[148], die aus dem Abteilungsleiter und dem Prüfungsgebietsleiter bestehen (Zweierkollegium), entscheiden über die Angelegenheiten eines Prü-

144 Vgl. Heller, Haushaltsgrundsätze für Bund, Länder und Gemeinden, 1998, S. 276; Nawrath/Doetschmann, § 100 BHO, in: Heuer (Hrsg.), Kommentar zum Haushaltrecht, Stand Mai 1998.

145 Trotz der rechtlichen Gewährleistungen „die Fakten und Zahlen scheinen zu belegen, dass der Rechnungshof mit seinen personellen Mitteln den Stellen, die er zu prüfen hat, quantitativ wie qualitativ unterlegen ist": Blasius/Kühne, DöV 1991, S. 393 ff. (398).

146 Vgl. Kisker, § 89 Rn. 123 in: HStR Bd. IV, 1990; Stern, Die staatsrechtliche Stellung des Bundesrechnungshofes, in: Zavelberg (Hrsg.), Die Kontrolle der Staatsfinanzen, 1989, S. 11 ff. (40); Mayer, Die Erfolgskontrolle von Subventionen durch die Rechnungshöfe, 2001, S. 67 f.; Müller, DVBl. 1994, S. 1276 ff. (1279 ff.).

147 Das Kollegialprinzip wird in unterschiedlichen Formulierungen auch in den Verfassungen der Länder statuiert. Siehe dazu Klappstein, Die kollegiale Verfassung der Rechnungshöfe, Schulze-Fielitz (Hrsg.), Fortschritte der Finanzkontrolle in Theorie und Praxis: zum Gedenken an Ernst Heuer, Die Verwaltung 2000, S. 25 ff. (31) und Thomsen, DöV 1981, S. 117 ff. (121).

148 Kollegium stammt aus dem Lateinischen „collegium", das die Amtsgemeinschaft bzw. Versammlung von Personen mit gleichem Stand bezeichnet. Kennzeichnend

fungsgebietes. Der nach der Geschäftsverteilung zuständige Präsident wirkt an einer Entscheidung mit (Dreierkollegium), wenn er oder ein Mitglied des Zweierkollegiums dies für erforderlich halten (§ 9 BRHG). Die Kollegien können in bestimmten Fällen zusammenarbeiten (§ 15 GO-BRH). Sie treffen ihre Entscheidungen einstimmig.

Für bestimmte Vorhaben können abweichend von den Regelungen im Geschäftsverteilungsplan[149] im Interesse einer sachgerechten Aufgabenerfüllung *Prüfungsgruppen* gebildet werden (§ 2 Abs. 2 Satz 2 und § 10 BRHG). Dies gilt insbesondere für größere, schwierige oder eilige Prüfungen, die die Aufgabenbereiche verschiedener Prüfungsgebiete berühren (§ 12 GO-BRH).

Für jede Abteilung wird ein *Senat* gebildet, dem der Abteilungsleiter als Vorsitzender, die Prüfungsgebietsleiter der Abteilung und ein weiterer Prüfungsgebietsleiter angehören (§ 11 BRHG)[150]. Die Senate entscheiden u.a. über die ihnen durch die Geschäftsordnung und den Großen Senat zugewiesenen Angelegenheiten. Dem *Großen Senat* gehören der Präsident als Vorsitzender, der Vizepräsident, die Leiter der Prüfungsabteilungen und drei Prüfungsgebietsleiter als weitere Mitglieder an (§ 13 Abs. 1 BRHG). Der Große Senat entscheidet in den gesetzlich vorgesehenen Fällen (§§ 14 BRHG, 20 GO-BRH). Die Senate und der Große Senat entscheiden mit Stimmenmehrheit. Bei Stimmengleichheit gibt die Stimme des Vorsitzenden den Ausschlag (§ 15 BRHG).

3. Die richterliche Unabhängigkeit

Wie bereits erwähnt, ist die Finanzkontrolle nur dann wirksam, wenn die Kontrollinstanz unabhängig vom Kontrollierten ist[151]. Deswegen muss sichergestellt werden, dass die Tätigkeit des Rechnungshofs durch unabhängige Organe wahrgenommen wird. Das Grundgesetz hat in Art. 114 Abs. 2 Satz 1 GG entschieden, dass die Mitglieder des Bundesrechnungshofs richterliche Unabhängigkeit besit-

---

ist also die Gleichberechtigung der Mitglieder des Organs. Vgl. Blasius, JZ 1990, S. 954 ff. (955).

149 Die Geschäftsverteilung bei den Rechnungshöfen regelt die Aufteilung des Prüfungsstoffs auf die Organisationseinheiten und deren Leitung durch die unabhängigen Mitglieder. Vgl. Zavelberg, DöV 1992, S. 680 ff.

150 Vgl. Blasius, VR 1985, S. 56 ff. (61 f.).

151 Vgl. Stern, Die staatsrechtliche Stellung des Bundesrechnungshofes, in: Zavelberg (Hrsg.), Die Kontrolle der Staatsfinanzen, 1989, S. 11 ff. (34); Schultze-Fielitz, Kontrolle der Verwaltung durch Rechnungshöfe, VVDStRL 1996 (55), S. 231 ff. (238).

zen[152]. § 3 Abs. 4 Satz 1 BRHG wiederholt diese Verfassungsgarantie. Mittelbar ergibt sich aber daraus, dass auch die Unabhängigkeit des Bundesrechnungshofs als Institution gewährleistet wird[153]. Aus der Koppelung der Unabhängigkeit der Mitglieder mit derjenigen des Bundesrechnungshofs als Institution ergibt sich, dass die Mitglieder auf ihren Unabhängigkeitsstatus nicht verzichten können.

Träger der Unabhängigkeit sind nur die Mitglieder, nicht aber das Personal des Hofs. Unter Mitgliedern sind jene Personen zu verstehen, die Entscheidungen des Hofs zu treffen und eigenverantwortlich nach außen zu vertreten haben, da die einfachgesetzliche Bezeichnung als Mitglied nicht entscheidend sein muss[154]. Die Tatsache, dass die Mitglieder nach dem Vorbild der Gerichte richterliche Unabhängigkeit besitzen, kann nicht zu dem Ergebnis führen, dass diese Richter sind [155]. Nach dem Sinn des Art. 114 Abs. 2 GG geht die Unabhängigkeit der Rechnungshofmitglieder weiter als die der Richter, weil sie aufgrund eigener Initiative den Prüfbereich, Zeitpunkt und Gegenstand der Kontrolle bestimmen[156].

Jedenfalls ist zwischen der sachlichen und der persönlichen richterlichen Unabhängigkeit zu unterscheiden. Sachliche Unabhängigkeit bedeutet, dass die Mitglieder ihre Aufgaben sowohl nach innen als auch nach außen weisungsfrei wahrnehmen und nur dem Gesetz unterworfen sind[157]. Im Rahmen der sachlichen Unabhängigkeit haben die Mitglieder die Freiheit, den Prüfungsgegenstand unbeeinflusst auszuwählen[158]. Unabhängigkeit bedeutet ferner, dass die Mitglieder vor Entlassung, Amtsenthebung, Versetzung und vorzeitiger Pensionierung persönlich geschützt sind[159]. Feste Dienstzeiten und die Anordnung von Gleitzeitarbeit

---

152 Die Landesverfassungen enthalten ähnliche Regelungen. Siehe z.B. Art. 83 Abs. 2 LV BW. Einige Landesverfassungen (z.B. Art. 80 Satz. 2 BayVerf und Art. 71 I 1 HambVerf) sehen nur die Unabhängigkeit der Institution Rechnungshof, und nicht ihrer Mitglieder vor. Vgl. ausführlicher, Stern, Der verfassungsrechtliche Status der Rechnungshöfe des Bundes und der Länder, in: Böning/v. Mutius (Hrsg.), Finanzkontrolle im repräsentativ-demokratischen System, 1990, S. 30.

153 Vgl. Siekmann, § 114 E IV 1, in: Sachs (Hrsg.), Grundgesetz Kommentar, 2002.

154 Vgl. § 6 (I) der Deklaration von Lima, abgedruckt in: Zavelberg (Hrsg.), Die Kontrolle der Staatsfinanzen, 1989, Anhang, S. 517 ff. (518).

155 Vgl. Siekmann, § 114 E IV 1, in: Sachs (Hrsg.), Grundgesetz Kommentar, 2002; Stern, DöV 1990, S. 264 ff.; Heun, § 114 Rn. 22, in Dreier, Grundgesetz Kommentar, 2000; Blasius, VR 1990, S. 124 ff.; Richter, DVBl. 1969, S. 67 ff.; Bajohr, VerwArch 2000, S. 507 ff. (519)

156 Vgl. Niekamp, DöV 2004, S. 739 ff. (738).

157 Vgl. Stern, Staatsrecht der Bundesrepublik Deutschland, Bd. II, 1980, § 34 II 3 (γ).; ders., DöV 1990, S. 261 ff. (264).

158 Vgl. Stern, Die staatsrechtliche Stellung des Bundesrechnungshofes, in: Zavelberg (Hrsg.), Die Kontrolle der Staatsfinanzen, 1989, S. 11 ff. (37).

159 Vgl. Müller, DVBl. 1994, S. 1276 ff. (1277); Mann, ZParl 1981, S. 353 ff. (357).

sind nicht zulässig[160]. Die richterliche Unabhängigkeit hat neben der amtsrechtlichen auch besoldungsrechtliche Bedeutung. Das BVerfG hat bereits wiederholt entschieden, dass ein wirksamer Schutz der richterlichen Unabhängigkeit eine angemessene feste Besoldung erfordert[161]. Folge der richterlichen Unabhängigkeit ist schließlich, dass die Vorschriften des Deutschen Richtergesetzes auf das Verfahren vor dem Dienstgericht anzuwenden sind (§ 18 BRHG).

Aus der Unabhängigkeit der Mitglieder ergibt sich, dass die inneren organisatorischen Gestaltungsmöglichkeiten Einschränkungen unterliegen[162]. Aufgrund dieser Vorstellung wurde die Ansicht vertreten, dass die kollegiale Organisation des Bundesrechnungshofs Folge der Unabhängigkeit seiner Mitglieder und deswegen verbindlich sei[163]. Im Rahmen dieser Ansicht wurde vertreten, dass der BRH nicht monokratisch organisiert sein muss, da die Mitglieder weisungsfrei arbeiten[164]. Nach richtiger Auffassung ist aber die Unabhängigkeit und die Kollegialverfassung nicht notwendigerweise gekoppelt[165]. Es gibt z.B. unabhängige Einzelrichter als auch weisungsgebundene Kollegien. Art. 114 Abs. 2 Satz 1 GG, der von mehreren Mitgliedern spricht, kann keinen solchen Verbund schaffen. Art. 92 GG spricht auch von mehreren „Richtern", ohne dass daraus die Folgerung gezogen werden kann, die Ausübung der rechtsprechenden Gewalt durch einen Einzelrichter verletze seine Unabhängigkeit. Aus der Gewährung der Unabhängigkeit ergibt sich nur, dass keiner der Beteiligten in einem Gremium gegenüber anderen Beteiligten weisungsberechtigt sein darf. Im Übrigen ist es vernünftig davon auszugehen, dass bei kollegial getroffenen Entscheidungen die Gefahr einer unzulässigen Beeinträchtigung der Unabhängigkeitsgarantie tatsächlich geringer ist[166].

---

160 BGHZ 113, S. 36 ff. (39 f.); Siekmann, § 114 E IV 1 (Rn. 33), in: Sachs (Hrsg.), Grundgesetz Kommentar, 2002; Blasius, VR 1990, S. 124 ff. (128 f.).

161 BVerfGE 12, 81 ff. (88 ff.); 26, 79 ff. (93 ff.) – Vgl. Folz/Herrmann, JZ 1973, S. 769 ff. (771).

162 Vgl. Stern, Die staatsrechtliche Stellung des Bundesrechnungshofes, in: Zavelberg (Hrsg.), Die Kontrolle der Staatsfinanzen, 1989, S. 11 ff. (38 f.).

163 Vgl.Vogel/Kirchhof, BK, Art. 114 Rn. 192.

164 Mayer, Die Erfolgskontrolle von Subventionen durch die Rechnungshöfe, 2001, S. 64.

165 Vgl. Heun, § 114 Rn. 22, in Dreier, Grundgesetz Kommentar, 2000; Blasius, JZ 1990, 954 ff.; Fuchs, Wesen und Wirken der Kontrolle, 1966, S. 87 ff.; Reger, VerwArch 1975, S. 195 ff. (229); Grupp, Die Stellung der Rechnungshöfe in der Bundesrepublik Deutschland, 1972, S. 104 f.

166 Vgl. Karehnke, Der Rechnungshof als Teil der öffentlichen Kontrolle, in: Schiffer/Karehnke (Hrsg.), Verfassung – Verwaltung – Finanzkontrolle, FS für Schäfer, 1975, S. 233 ff. (251).

IV. Die Aufgaben der Rechnungshöfe

Nach Art. 114 Abs. 1 GG hat der Bundesminister der Finanzen dem Bundestag und dem Bundesrat im Laufe des nächsten Rechnungsjahres, d.h. im Jahr nach Ablauf des bettreffenden Rechnungsjahres[167], zur Entlastung der Bundesregierung Rechnung zu legen. Nach dem zweiten Absatz desselben Artikels hat der Bundesrechnungshof die folgenden Aufgaben: Erstens prüft er diese Rechnung (Rechnungsprüfung); zweitens prüft er unabhängig von dieser Rechnung die Wirtschaftlichkeit und Ordnungsmäßigkeit der Haushalts- und Wirtschaftsführung (rechnungsunabhängige Prüfung); drittens hat er der Bundesregierung, dem Bundestag und dem Bundesrat jährlich über die Ergebnisse seiner Prüfungen zu berichten (Berichtspflicht). Ferner wird ihm im Rahmen des Gesetzesauftrags des Artikels 114 Abs. 2 Satz 3 GG durch mehrere Vorschriften die Aufgabe der Beratung zugewiesen.

1. Prüfung

a) Rechnungsprüfung

Aus der Formulierung des Art. 114 Abs. 2 Satz 1 GG darf nicht die irrige Schlussfolgerung gezogen werden, dass die Rechnungsprüfung letztlich nichts anders als eine anhand der Rechnung nachträglich erfolgende Prüfung der Haushalts- und Wirtschaftsführung sei[168]. In der Haushaltsrechnung (§ 80 ff. BHO) wird das „Soll", d.h. der Haushaltsplan, dem „Ist", d.h. den tatsächlichen Einnahmen und Ausgaben, gegenüberstellt. Prüfen bedeutet also, dass ein Sachverhalt, d.h. die Rechnung, festgestellt und analysiert wird, indem man ihn unter Anlegung bestimmter Maßstäbe beurteilt[169]. Rechnungsprüfung bezieht sich auf konkrete einzelne Verwaltungsentscheidungen[170]. Nach der Übersendung der Rechnung und der Rechnungsunterlagen vom Bundesfinanzminister[171] prüft der

167 Vgl. Mayer, Die Erfolgskontrolle von Subventionen durch die Rechnungshöfe, 2001, S. 28.

168 Vgl. Kisker, § 89 Rn. 105 in: HStR Bd. IV, 1990.

169 Vgl. Stern, § 34 III 3, Staatsrecht der Bundesrepublik Deutschland, Bd. II, 1980 und Glaser-Galion, Der Bundesrechnungshof als unabhängiges Kontrollorgan in der Bundesrepublik Deutschland, 1980, S. 63.

170 Vgl. Nawrath, § 88 Rn. 4 BHO, in: Heuer (Hrsg.), Kommentar zum Haushaltrecht, Stand Dezember 1998.

171 Siehe ausführlicher, Tomuschat, Der Staat 1980, S.22 ff.; Birk, JA 1983, S. 563 ff. (566 f.).

Bundesrechnungshof die Rechnungslegung und fasst die Prüfungsergebnisse in einem Bericht zusammen, der als Grundlage des parlamentarischen Prüfungs- und Entlastungsverfahrens dient.

b) Rechnungsunabhängige Prüfung

Der Fassung des Artikels 114 Abs. 2 Satz 1 GG ist zu entnehmen, dass die Prüfung der Haushalts- und Wirtschaftsführung nicht zwangsläufig das Vorliegen einer Rechnung voraussetzt. Im Rahmen der rechnungsunabhängigen Prüfung werden also alle finanzwirksamen Vorgänge geprüft, die in der Haushaltsrechnung nicht enthalten sind. Diese Art von Prüfung, die nicht auf den Zeitraum des Rechnungsjahres beschränkt ist[172], ermöglicht eine gegenwartsnahe Prüfung, da der BRH nicht von der Rechnungslegung abhängig ist und somit Korrekturen zu einem früheren Zeitpunkt möglich sind[173].

Nach § 88 Abs. 1 BHO, der inhaltlich der verfassungsmäßigen Aufgabenbeschreibung in Art. 114 Abs. 2 Satz 1 GG entspricht und mit Art. 42 Abs. 1 HGrG übereinstimmt, wird die gesamte Haushalts- und Wirtschafsführung des Bundes einschließlich seiner Sondervermögen und Betriebe vom Bundesrechnungshof nach Maßgabe[174] von §§ 89 ff. BHO geprüft. Unter „Haushaltsführung" ist die Ausführung des Haushaltsplans und des Haushaltsgesetzes zu verstehen. Der Begriff „Wirtschaftsführung" umfasst die finanzwirtschaftliche Betätigung des Bundes außerhalb des Haushalts im Bereich der Vermögenswirtschaft. Die Unterscheidung zwischen den beiden Begriffen ist aber letztlich für die Prüfung ohne größere Bedeutung, da die Begriffe ergänzend oder überschneidend die Prüfungsgegenstände umreißen[175].

Nach § 42 Abs. 2 HGrG und § 89 BHO prüft der BRH die Einnahmen, Ausgaben, Verpflichtungen zur Leistung von Ausgaben sowie das Vermögen und die Schulden, d.h. alle finanzwirksam gewordenen und belegbaren Vorgänge. Ferner

172 Wenn Folgerungen und Auswirkungen für zukünftige Haushaltsjahre dies rechtfertigen, können auch ältere Sachverhalte berücksichtigt werden (§ 13 Abs. 2 PO-BRH).

173 Vgl. Kisker, § 89 Rn. 108, in: HStR Bd. IV, 1990 und § 13 Abs. 2 Satz 1 PO-BRH: „Der Bundesrechnungshof prüft vorrangig zeitnah".

174 Der sog. Maßgabeklausel kommt keine den Prüfungsbereich einschränkende Bedeutung zu. Vgl. Nawrath, § 88 Rn.1 BHO, in: Heuer (Hrsg.), Kommentar zum Haushaltrecht, Stand Dezember 1998.

175 Vgl. Nawrath, § 88 Rn. 6 BHO, in: Heuer (Hrsg.), Kommentar zum Haushaltrecht, Stand Dezember 1998.

prüft er Maßnahmen, die sich finanziell auswirken können[176]. Der Gesetzgeber vermeidet den Begriff „überwacht", um Missverständnisse in Richtung auf eine sog. „Visa – Prüfung" im Sinne von Zustimmungsvorbehalten zu vermeiden. Wie erwähnt, ermöglicht diese Vorschrift eine gegenwartsnahe Prüfung[177]. Vorausgesetzt wird lediglich, dass es sich um eine „abgeschlossene Maßnahme" handelt. Das bedeutet nicht, dass ein Verfahren oder Vorhaben insgesamt beendet oder das Ziel eines Verwaltungshandelns erreicht sein muss[178], sondern dass eine abgegrenzte, selbständig bewertbare und zu verantwortende Entscheidung oder Verfahrenstufe gegeben ist, die gegebenenfalls im Rahmen eines größeren Zusammenhangs zu einer finanziellen Auswirkung führen kann[179].

Eine gegenwartsnahe, kontinuierlich-entscheidungsbegleitende Kontrolle gefährdet die Unabhängigkeit der Rechnungshöfe nicht, da sie sich lediglich zu einem Teilaspekt der Entscheidung bzw. Maßnahme äußern (Wirtschaftlichkeit) und keine Mitentscheidung treffen[180]. Zeitliche Schranken der Finanzkontrolle können sich nicht aus hergebrachten Grundsätzen der Rechnungsprüfung ergeben, sondern nur aus dem Verfassungsrecht[181]. Diese Auslegung entspricht dem Zweck von Art. 114 Abs. 2 GG, den Rechnungshof näher an das Parlament heranzuführen[182].

Schließlich prüft der Bundesrechnungshof Verwahrungen und Vorschüsse sowie die Verwendung der Mittel, die zur Selbstwirtschaftung zugewiesen werden. Als typische Beispiele können Regierungsentscheidungen betrachtet werden, die sich finanzwirtschaftlich auswirken, ohne dass sie selber in einer Rechnung auszuweisen wären, wie langfristige Finanzpläne, Investitionsprogramme und vertragliche Finanzverpflichtungen[183].

---

176 Vgl. Schreiner, Finanzkontrolle als Instrument rationaler Haushaltsrechnung, in: v. Arnim/Littmann (Hrsg.), Finanzpolitik im Umbruch: Zur Konsolidierung öffentlicher Haushalte, S. 223 ff. (230).

177 Gegenwartsnahe Prüfung ist die Prüfung Verwaltungsvorgänge, die noch nicht in einer Rechnung einbezogen werden. Vgl. Wieland, DVBl. 1995, S. 894 ff. (896 f.).

178 So aber, Kirchhof, Deutsche Rentenversicherung 1992, S. 369 ff. (377 ff.); Heuer, Art. 114 GG in: Heuer (Hrsg.), Kommentar zum Haushaltrecht, Rn. 74.

179 Vgl. Blasius, VOP 1991, S. 158 ff. (158); Krebs, Kontrolle in staatlichen Entscheidungsprozessen, 1984, S. 204; Degenhart, Die Verwaltung 2000, S. 55 ff.; Mayer, Die Erfolgskontrolle von Subventionen durch die Rechnungshöfe, 2001, S. 30 (Fn. 118).

180 Vgl. Degenhart, Die Verwaltung 2000, S. 55 ff. (61 ff.); Krebs, Kontrolle in staatlichen Entscheidungsprozessen, 1984, S. 204 f.

181 Vgl. Degenhart, Die Verwaltung 2000, S. 55 ff. (63 ff.).

182 Vgl. Krebs, Kontrolle in staatlichen Entscheidungsprozessen, 1984, S. 205 und Degenhart, Die Verwaltung 2000, S. 55 ff. (71 ff.).

183 Vgl. Vogel/Kirchhof, BK, Art. 114 Rn. 30.

c) Gang der Prüfung

Der Gang der Prüfung wird durch §§ 42 ff. HGrG, 88 ff. BHO und (mittelbar durch) die Prüfungsordnung des Bundesrechnungshofs (PO-BRH)[184] determiniert. Grundsätzlich gliedert sich der Ablauf der Prüfung in vier Phasen. Die Prüfung beginnt mit der Ermittlung des Prüfungssachverhalts. Danach wird dieser bewertet und anschließend ein vorläufiges Prüfungsergebnis festgestellt. Dieses wird den geprüften Stellen mit der Aufforderung zur Äußerung mitgeteilt. Schließlich wird das endgültige Prüfungsergebnis festgestellt und anhand der wichtigsten Ergebnisse der Finanzkontrollbericht erlasst. Als wichtigere Stationen dieses Prüfungsverlaufs sind die Folgenden zu nennen[185]:

Die Prüfung des Bundesrechnungshofes erfasst grundsätzlich alle finanzwirksamen Maßnahmen der Verwaltung. Finanzwirksam ist eine Maßnahme, wenn die Verwaltung eine Entscheidung getroffen hat, die zu einer Einnahme oder Ausgabe führen kann (§ 5 PO-BRH). Der Bundesrechnungshof kann seine Prüfung nach eigenem Ermessen beschränken und Rechnungen ungeprüft lassen (§ 89 Abs. 2 BHO). Gemäß § 13 Abs. 1 PO-BRH wählt der Bundesrechnungshof seine Prüfungsgegenstände so aus, dass die Prüfungsergebnisse einen möglichst repräsentativen Überblick über die seinen Prüfungsbefugnissen unterliegenden Bereiche zulassen. Von besonderer Bedeutung sind Prüfungen, die sich mit finanziell bedeutsamen Sachverhalten befassen oder die zu Feststellungen führen können, denen über den Einzelfall hinaus exemplarische Bedeutung zukommt[186].

---

184 Nach Art. 1 PO-BRH regelt die Prüfungsordnung die Grundsätze und das Verfahren der Aufgabenerfüllung des Bundesrechnungshofes und seiner Prüfungsämter. Sie soll einheitliche Maßstäbe und Verfahrensregeln sicherstellen. Ferner gibt sie einen Rahmen für die Vorbereitung und Durchführung von Prüfungen sowie für die Behandlung der Ergebnisse vor, der nach den besonderen Erfordernissen des Einzelfalles auszufüllen ist. Die Prüfungsordnung ist reines Binnerecht und Dritte können keine Rechte herleiten. Vgl. dazu Engels, Die Prüfungsordnung des Bundesrechnungshofes, in: Eibelshäuser (Hrsg.), Finanzpolitik und Finanzkontrolle – Partner für Veränderung, GS für Udo Müller, 2002, S. 193 ff. (207).

185 Zum folgenden vgl. Tiemann, Die staatsrechtliche Stellung der Finanzkontrolle des Bundes, 1974, S. 120 ff.; Blasius, VR 1985, S. 56 ff. (60 f.); ders., VOP 1991, S. 158 ff. (160 f.); Heller, Haushaltsgrundsätze für Bund, Länder und Gemeinden, 1998, S. 272 ff.; Klappstein, Jura 1990, S. 232 ff. (234).

186 Siehe auch § 96 Abs. 2 BHO. In fast allen Landeshaushaltsordnungen ist festgelegt, dass von einer Prüfung abgesehen werden kann, wenn es sich um nicht erhebliche Mängel handelt. Siehe dazu Grupp, Parlamentarische Informationsverlangen über Prüfungen der Rechnungshöfe, in: Grupp/Hufeld (Hrsg.), Recht – Kultur – Finanzen, FS für Reinhard Mußgnug, 2005, S. 163 ff. (165).

Der BRH bestimmt selbst Zeit und Art der Prüfung[187]. Das Prüfungsrecht besteht zeitlich unbegrenzt, in dem Sinne dass es keine rechtliche „Prüfungsverjährung" gibt, sondern lediglich eine faktische Beschränkung, wenn die erforderlichen Unterlagen nicht mehr vorhanden sind[188]. Erforderliche örtliche Erhebungen lässt er durch seine Beauftragten, die Prüfer, vornehmen. Ferner ist er berechtigt, Sachverständige hinzuziehen (§ 94 BHO). Dies kommt insbesondere dann in Betracht, wenn es um abgegrenzte und schwierige Sachfragen geht, die wirtschaftlich mit eigenem Personal nicht geklärt oder beurteilt werden können (§ 24 Abs. 2 Satz 2 PO-BRH). Unterlagen, die der BRH zur Erfüllung seiner Aufgaben für erforderlich hält, sind ihm auf Verlangen innerhalb einer bestimmten Frist zu übersenden oder seinen Beauftragten vorzulegen; außerdem, sind ihm und seinen Beauftragten die erbetenen Auskünfte zu erteilen (§ 95 BHO)[189]. Für alle diese Maßnahmen (§§ 94 und 95 BHO), durch die der Rechnungshof die prüfungsrelevanten Informationen erst gewinnt, gibt es keinen einheitlichen Begriff. Zum Teil werden sie als „Prüfungsauftrag", „Prüfungsankündigung", „Prüfungsanforderung" oder „Prüfungsanordnung" usw. bezeichnet. Entscheidend in diesem Zusammenhang ist nur, dass der Rechnungshof einseitig und verbindlich aufgrund seiner Aufgaben bestimmt, welche Unterlagen er für erforderlich hält.

Nach dem Abschluss der Prüfung teilt der BRH den zuständigen Stellen das Prüfungsergebnis zur Äußerung innerhalb einer von ihm zu bestimmenden Frist mit (§ 96 BHO). Die sog. Prüfungsmitteilung enthält den ermittelten Sachverhalt, dessen Würdigung, die nach Auffassung des Bundesrechnungshofes gebotenen Folgerungen sowie gegebenenfalls Empfehlungen, wie festgestellte Mängel zu beheben sind[190]. Die Empfänger sind also diejenigen Stellen, die von den Prüfungsergebnissen unmittelbar betroffen sind. Dies sind die geprüften Stellen, in der Regel die Vorgesetzten-Stelle oder diejenigen Dienststellen, die für Vorbe-

---

187 Vgl. Klostermann, § 94 BHO, in: Heuer (Hrsg.), Kommentar zum Haushaltrecht, Stand Mai 2004 und Glatfeld, Die Auswirkungen effizienzsteigender Maßnahmen in der öffentlichen Verwaltung unter besonderer Berücksichtigungen von Ausgliederungen bzw. Privatisierungen auf die Arbeit der Rechnungshöfe, 1997, S. 50.

188 Vgl. OVG Nordrhein-Westfallen, Urt. vom 24.6.1988, abgedruckt bei: Heuer (Hrsg.), Kommentar zum Haushaltsrecht, Teil IX/3.5.

189 Bei Auskunftsersuchen sind jeweilige gesetzliche Mitbestimmungsvorschriften nicht zu beachten, da anderenfalls die unabhängige Prüfungstätigkeit der Rechnungshöfe nicht mehr interventionsfrei durchgeführt werden könnte. Ebenso, Stackmann, Die Verwaltung 1991, S. 445 ff.; Heuer, DVBl. 1991, S. 982 ff. Anders, BVerwG, Beschluss vom 2.8.1989 und Urteil des Staatsgerichtshofes Hessen vom 27.4.1994, beide abgedruckt, in: Heuer (Hrsg.), Kommentar zum Haushaltsrecht, Teil IX/3.8 und 3.12.

190 Vgl. Nawrath/Doetschmann, § 96 BHO Rn. 3 f., in: Heuer (Hrsg.), Kommentar zum Haushaltrecht, Stand Dezember 1999.

reitung und Erlass von Rechtsvorschriften oder für Aufsichtsmaßnahmen zuständig sind (§ 34 PO-BRH). Prüfungsmitteilungen mit Ergebnissen von grundsätzlicher oder erheblicher finanzieller Bedeutung werden auch dem Bundesministerium der Finanzen zugeleitet (§ 96 Abs. 2 BHO).

2. Die Beratung

a) Selbständige und unselbständige Beratung

Gemäß Art. 114 Abs. 2 Satz 3 GG werden im Übrigen die Befugnisse des Bundesrechnungshofes durch Bundesgesetz geregelt. Nach herrschender Meinung ist unter Regelung der „Befugnisse" nicht nur die Einräumung von Handlungsermächtigungen, sondern auch die Zuweisung von weiteren Aufgaben zu verstehen[191]. Gestützt auf diese Regelungsmöglichkeit sehen §§ 42 Abs. 5 HGrG und 88 Abs. 2 BHO die Beratungsaufgabe des Bundesrechnungshofes vor[192]. Nach § 88 Abs. 2 BHO kann der Bundesrechnungshof auf Grund von Prüfungserfahrungen den Bundestag, den Bundesrat, die Bundesregierung und einzelne Bundesministerien beraten[193]. Soweit der Bundesrechnungshof den Bundestag oder den Bundesrat berät, unterrichtet er gleichzeitig die Bundesregierung. „Beraten" zielt nach allgemeinem Sprachgebrauch auf ein den (festgelegten) Maßstäben entsprechendes Gestalten der Zukunft ab. Beratung hat auf Grund von Prüfungserfahrungen zu erfolgen. Aus diesem Grunde sollte man „Prüfen" und „Beraten" als Tätigkeiten nicht scharf voneinander trennen[194].

Wenn es um Folgerungen, Empfehlungen, Vorschläge usw. aus einer bestimmten Prüfung geht, spricht man von einer unselbständigen Beratung. Hingegen steht die selbständige Beratung nicht in unmittelbarer Beziehung zu einer bestimmten Prüfung[195], sondern greift sie auf die Erkenntnisse und Erfahrungen von mehreren vorherigen Prüfungen zurück. Durch eine vorherige Einschaltung

---

191 Vgl. Vogel/Kirchhof, BK, Art. 114 Rn. 207; Brockmeyer, Art. 114 Rn. 11, in: Bleibtreu/Klein, Kommentar zum Grundgesetz, 2004. Siehe ausführlicher weiter unten Kap. C I 3 dieser Arbeit.

192 Für eine kurze historische Rückblick siehe Wittrock, DöV 1989, S. 346 ff. (347 f.). Für die entsprechenden landesrechtlichen Bestimmungen siehe den ausführlicheren Katalog in: Grupp, Parlamentarische Informationsverlangen über Prüfungen der Rechnungshöfe, in: Grupp/Hufeld (Hrsg.), Recht – Kultur – Finanzen, FS für Reinhard Mußgnug, 2005, S. 163 ff. (164 – Fn. 9).

193 Vgl. § 53 PO-BRH.

194 Vgl. Kisker, § 89 Rn. 103 in: HStR Bd. IV, 1990; Karehnke, DVBl. 1975, S. 611 ff.

195 Vgl. Nawrath, § 88 (E I Rn. 9) BHO in: Heuer (Hrsg.), Kommentar zum Haushaltrecht, Stand Dezember 1998.

des Rechnungshofes werden unrechtmäßige und unwirtschaftliche Verwaltungsmaßnahmen verhindert, was zur Verbesserung der Rationalität des Entscheidungsverfahrens führt[196]. Eine Beratung außerhalb konkreter Prüfungsvorgänge „aufgrund von Prüfungserfahrungen" kann sich ihrem Wesen nach nur auf wichtige Angelegenheiten beziehen. Deswegen kommen für eine solche Beratung ausschließlich Bundestag, Bundesrat, die Bundesregierung und die Bundesminister, nicht aber nachgeordnete Behörden, in Betracht[197].

Einer Ansicht zufolge besteht durch die vorherige Einschaltung des Rechnungshofes in solche Vorgänge die Gefahr der Beeinträchtigung der Unbefangenheit bei einer späteren Prüfung[198]. Die richterliche Unabhängigkeit der Mitglieder des Rechnungshofes wird durch diese Tatsache jedoch rechtlich keineswegs beeinträchtigt. Nach unserer Meinung gibt es auch keine wesentliche tatsächliche Gefahr. Hierzu trägt bei, dass „die personellen Veränderungen, die es in einer so großen Behörde regelmäßig gibt, in dem zeitlichen Abstand zwischen Beratung und Prüfung groß genug sind, um (in der Praxis) subjektive Belastungen der Mitglieder zu vermeiden"[199]. Um Doppelfunktionen zu vermeiden, könnten auf jeden Fall innerhalb des BRH Beratung und Prüfung organisatorisch getrennt werden[200].

Der Bundesrechnungshof übt durch die Beratungstätigkeit keine Mitverwaltung aus, da nach Art. 65 Satz 2 GG nur der zuständige Bundesminister über „selbständige politische Entscheidungsgewalt"[201] verfügt. Tatsächlich trifft nur der Minister, also die Exekutive verbindlich die endgültige Entscheidung. Der BRH hat nur einen faktischen Einfluss, aber keine rechtlich verbindliche Mitverantwortung[202].

---

196 Vgl. Blasius, DöV 1983, S. 298 ff. (303); Schulze-Fielitz, Kontrolle der Verwaltung durch Rechnungshöfe, in: VVDStRL 1996, S. 231 ff. (233 f.)

197 Vgl. den Regierungsentwurf, BT-Drs. V/3040, S. 66 zu Nr. 423.

198 Vgl. Roedig, Zur Problematik der Mitwirkung des Bundesrechnungshofes bei der Planung und Durchführung von Verwaltungsaufgaben, 1966, S. 152 ff.; Stern, Staatsrecht der Bundesrepublik Deutschland, Bd. II, 1980, § 34 III 3; Grupp, DöV 1983, S. 661 ff. (664); Sigg, Die Stellung der Rechnungshöfe im politischen System der Bundesrepublik Deutschland, 1983, S. 34; Kisker, § 89 Rn. 104 in: HStR Bd. IV, 1990: Er bemerkt, dass es bei der Mitwirkung des Parlaments beim Gesetzesvollzug ähnliche Probleme zwischen Parlament und Regierung gibt.

199 Wittrock, DöV 1989, S. 346 ff. (349).

200 Vgl. Sigg, Die Stellung der Rechnungshöfe im politischen System der Bundesrepublik Deutschland, 1983, S. 38.

201 BVerfGE 9, S. 261 ff. (281) zitiert von Mayer, Die Erfolgskontrolle von Subventionen durch die Rechnungshöfe, 2001, S. 33 (Fn. 130).

202 Vgl. Grupp, Die Stellung der Rechnungshöfe in der Bundesrepublik Deutschland, 1972 S. 123; Sigg, Die Stellung der Rechnungshöfe im politischen System der Bundesrepublik Deutschland, 1983, S. 35 f.

b) Sonstige Formen der Beratung

Eine Reihe von Vorschriften legt weitere Möglichkeiten zur Beratung in Form von Gutachten fest. Bei der Aufstellung der Voranschläge zum Haushaltsplan ist gemäß Art. 27 Abs. 2 BHO der BRH Stellung zu nehmen[203]. Nach § 102 BHO ist der BRH unverzüglich zu unterrichten, wenn u.a. oberste Bundesbehörden allgemeine Vorschriften erlassen, welche die Bewirtschaftung der Haushaltsmittel des Bundes betreffen oder sich auf dessen Einnahmen und Ausgaben auswirken. Der Bundesrechnungshof ist ferner jederzeit zu hören vor dem Erlass von Verwaltungsvorschriften zur Durchführung der Bundeshaushaltsordnung und vor der Beschlussfassung über den Erlass oder die Änderung von Vorschriften über das Haushaltswesen einschließlich der Rechnungsprüfung bei über- oder zwischenstaatlichen Einrichtungen, deren Mitglied die Bundesrepublik Deutschland ist (§103 BHO).

Nach Art. 99 BHO, der auf der entsprechenden Regelung in § 46 Abs. 3 HGrG beruht, kann der BRH nach seinem Ermessen den Bundestag, den Bundesrat und die Bundesregierung jederzeit über Angelegenheiten von besonderer Bedeutung unterrichten, und wenn er dem Bundestag und dem Bundesrat berichtet, muss er gleichzeitig die Bundesregierung unterrichten[204]. Die Prüfungsordnung des Bundesrechnungshofes deutet den besonderen Inhalt dieser Regelung: „Diese Sonderberichte dienen der Vermittlung von Prüfungsergebnissen, durch die den gesetzgebenden Organen und der Bundesregierung Informationen und Empfehlungen für die Haushaltswirtschaft und für sonstige Entscheidungen gegeben werden sollen. Diese Form der Berichterstattung soll gewählt werden, wenn eine Unterrichtung der Öffentlichkeit angezeigt erscheint“ (§ 54 Abs. 1 Satz 2 PO-BRH). Über die Unterrichtung nach § 99 BHO entscheidet der Große Senat (§ 14 Abs. 1 Nr. 2 BRHG). Überschneidungen mit der Beratung nach § 88 Abs. 2 BHO können also nicht ausgeschlossen werden, obwohl de facto eine eindeutige Unterscheidung den praktischen Gegebenheiten nicht gerecht wird[205].

---

203 Vgl. Carl, JA 1991, S. 126 ff. (126); siehe auch § 56 Abs. 2 PO-BRH: „Zur Vorbereitung der Haushaltsverhandlungen und der Berichterstattergespräche überprüft der Bundesrechnungshof die ihm gemäß § 27 Abs. 2 BHO übersandten Voranschläge und die Haushaltsentwürfe insbesondere auf Schlüssigkeit und Plausibilität der zugrundeliegenden Annahmen und vergleicht sie mit eigenen Erkenntnissen. Erforderlichenfalls bittet er das Fachressort oder das Bundesministerium der Finanzen um ergänzende Auskünfte“.

204 Vgl. Blasius, DöV 1993, S. 642 ff. (644); Bölke, Beratung durch den Rechnungshof, in: Rechnungshof Baden-Württemberg, Finanzkontrolle in Baden-Württemberg, Bd. II, 1992, S. 1 ff. (7).

205 Heuer, § 99 (II Rn. 2) BHO, in: ders., (Hrsg.), Kommentar zum Haushaltrecht, Stand März 1996.

Neben diesen Befugnissen sind in den Teilen III und IV der BHO Mitwirkungsbefugnisse an Entscheidungen der Verwaltung vorgesehen (§§ 44 Abs. 1, 74 Abs. 4 und 5 und 80 Abs. 1 BHO). In diesen Fällen (Entscheidungen des Bundesfinanzministers) ist das Einvernehmen des Bundesrechnungshofes erforderlich[206].

3. Der Finanzkontrollbericht

a) Inhalt

Der Bundesrechnungshof fasst das Ergebnis seiner Prüfung einmal jährlich für den Bundestag und den Bundesrat in Form von Bemerkungen zusammen (§ 97 BHO). Die Bemerkungen enthalten Prüfungsergebnisse, die für die Entlastung der Bundesregierung in Bezug auf Haushalts- und Vermögensrechnung und zur Beurteilung der Haushalts- und Wirtschaftsführung des Bundes einschließlich der Sondervermögen von Bedeutung sein können[207]. Diese Bemerkungen leitet er dem Bundestag, dem Bundesrat und der Bundesregierung gleichrangig zu. In den Bemerkungen kann auch über die Beratung durch den Bundesrechnungshof und den Bundesbeauftragten für Wirtschaftlichkeit in der Verwaltung[208] berichtet werden. Da die Bemerkungen den gesamten Berichtsstoff umfassen, spricht man zu Recht vom jährlichen „Finanzkontrollbericht"[209].

Gemäß § 97 Abs. 2 BHO ist in den Bemerkungen „insbesondere mitzuteilen, 1. ob die in der Haushaltsrechnung und der Vermögensrechnung und die in den Büchern aufgeführten Beträge übereinstimmen und die geprüften Einnahmen und Ausgaben ordnungsgemäß belegt sind, 2. in welchen Fällen von Bedeutung die für die Haushalts- und Wirtschaftsführung geltenden Vorschriften und Grundsätze nicht beachtet worden sind, 3. welche wesentlichen Beanstandungen sich aus der Prüfung der Betätigung bei Unternehmen mit eigener Rechtspersönlichkeit

---

206 Vgl. Blasius, VR 1985, S. 56 ff. (61); Nawrath, Teil V BHO, Vorbemerkung (B Rn. 3) in: Heuer (Hrsg.), Kommentar zum Haushaltrecht, Stand Dezember 1998.

207 Vgl. Vgl. Karehnke, DöV 1971, S. 441 ff.; Schrenk, § 97 Rn. 15 BHO, in: Heuer (Hrsg.), Kommentar zum Haushaltrecht, Stand Januar 2001. Zur Aufstellung der Bemerkungen siehe: §§ 45-46 PO-BRH. Für den Länderbereich siehe Grupp, Parlamentarische Informationsverlangen über Prüfungen der Rechnungshöfe, in: Grupp/Hufeld (Hrsg.), Recht – Kultur – Finanzen, FS für Reinhard Mußgnug, 2005, S. 163 ff. (163).

208 Hierzu siehe weiter unten Kap. B IV 5 a.

209 Vgl. Kisker, § 89 Rn. 115 in: HStR Bd. IV, 1990; Schrenk, § 97 (A Rn. 1) BHO, in: Heuer (Hrsg.), Kommentar zum Haushaltrecht, Stand Januar 2001; Heun, § 114 Rn. 30, in: Dreier (Hrsg.), Grundgesetz Kommentar, 2000.

ergeben haben, 4. welche Maßnahmen für die Zukunft empfohlen werden." Obwohl der Finanzkontrollbericht die Grundlage für das – ein bestimmtes Haushaltsjahr betreffende – Entlastungsverfahren ist, kann er die Ergebnisse der Prüfung der Rechnungen für das Haushaltsjahr, das zur Entlastung ansteht, sowie wesentliche Feststellungen über die Haushalts- und Wirtschaftsführung unabhängig vom Entlastungsjahr enthalten, d.h. es können auch Feststellungen über spätere oder frühere Haushaltsjahre aufgenommen werden (§ 97 Abs. 3 BHO).

b) Bedeutung

Der Bundesrechnungshof leitet den Bericht gleichrangig dem Bundestag, dem Bundesrat und der Bundesregierung zu. Der BRH dient also gleichzeitig „der exekutiven Selbstkontrolle und der parlamentarischen Fremdkontrolle"[210], indem er einerseits der Bundesregierung als Spitze der Exekutive mitteilt, in welchen Bereichen Fehlverhalten bestehen, und andererseits der parlamentarischen Organen eine sachverständige Grundlage zur Wahrnehmung der Entlastungskontrolle gibt[211]. Der Bericht hat keine Bindungswirkung, d.h. es können keine unmittelbare Sanktionen aus ihm abgeleitet werden[212]. Seine Sachlichkeit und Überzeugungskraft sind seine einzigen „Waffen"[213].

Mit der Berichterstattung endet die Prüfung durch den Rechnungshof und es beginnt die parlamentarische Prüfung, die mit der Entlastungsentscheidung abschließt. Die Entlastungsentscheidung, die die betreffenden Amtswalter nicht von zivil-, straf- oder öffentlichrechtlicher Verantwortlichkeit befreit[214] ist eine „politische Entscheidung". Gegenstand der Entlastung, die als Abschluss des Haushaltskreislaufs zu betrachten ist, ist die gesamte finanzwirtschaftliche Tätigkeit der Regierung[215].

---

210 Stern, Staatsrecht der Bundesrepublik Deutschland, Bd. II, 1980, § 34 III 4 a.; Vgl. auch: Vogel/Kirchhof, BK, Art. 114 Rn. 140 f.; Kyrill-A.Schwarz, Art. 114 Rn. 95. in: von Mangoldt/Klein/Starck, Das Bonner Grundgesetz (Kommentar), 2001, S. 2118.

211 Vgl. Klappstein, Jura 1990, S. 232 ff. (234).

212 Vgl. Schuppert, Staatswissenschaft, 2003, S. 739.

213 Vgl. Zavelberg, Die Verwaltung 1995, S. 513 ff. (524) und siehe die Nachweise bei Reger, VerwArch 1975, S. 195 ff. (244 f. – Fn. 92).

214 Vgl. Heller, Haushaltsgrundsätze für Bund, Länder und Gemeinden, 1998, S. 284.

215 Für die Entlastung und ihre Funktion siehe ausführlicher: Vogel/Kirchhof, BK, Art. 114 Rn. 148 ff.; Tiemann, Die staatsrechtliche Stellung der Finanzkontrolle des Bundes, 1974, S. 182 ff.; Tettinger, StuW 1978, S. 58 ff. (60); Bouwman, DöH 10 (Heft 1), S. 40 ff.; Heun, § 114 Rn. 32 ff., in: Dreier, Grundgesetz Kommentar, 2000; ders., Staatshaushalt und Staatsleitung, 1989, S. 493 ff.; Siekmann, § 114 Rn. 21-23, in: Sachs (Hrsg.), Grundgesetz Kommentar, 3. Auflage; Hoffmann, Die

c) Veröffentlichung des Berichts

Adressaten des Berichts sind, wie schon erwähnt, die parlamentarischen Organe und die Regierung. Nach richtiger Meinung haben Parlament und Regierung einen Anspruch darauf, informiert zu werden[216]. Aufgrund von Art. 42 Abs. 1 GG erhält der in der Parlamentsdrucksache enthaltene Bericht Öffentlichkeitswirkung. Jeder Bürger hat also durch die Veröffentlichung der Parlamentsdrucksachen Zugang zu den Berichten des Bundesrechnungshofs[217]. Zusätzlich wird die Öffentlichkeitswirkung durch die Debatte über die Berichte in den öffentlichen Sitzungen der Parlamente hergestellt. Die Vorstellung der Bemerkungen auf einer Pressekonferenz anlässlich der Übergabe an Parlament und Regierung ist eine ständige, zulässige Praxis des Bundesrechnungshofs[218].

Nach einer Ansicht hat der BRH ein selbständiges und unmittelbares Zugangsrecht zum Volk[219]. Aus dem Demokratieprinzip lässt sich selbstverständlich der allgemeine Rechtsgedanke ableiten, dass grundsätzlich alle staatlichen Hoheitsakte offen zu legen sind, also auch die Bemerkungen der Rechnungshöfe[220]. Es ist ebenfalls richtig, dass die Demokratie auf dem Vertrauen des Volkes basiert und Vertrauen ohne Transparenz nicht möglich ist[221]. Aus diesen Gedanken kann aber nicht die Folgerung gezogen werden, dass es ein eigenständiges Recht

---

Kontrolle der Regierung durch parlamentarische Rechnungsprüfung im deutschen Bundestag, 1970; Bajohr, VerwArch 2000, S. 507 ff.

216 Ebenso Grupp, Parlamentarische Informationsverlangen über Prüfungen der Rechnungshöfe, in: Grupp/Hufeld (Hrsg.), Recht – Kultur – Finanzen, FS für Reinhard Mußgnug, 2005, S. 163 ff. (183).

217 Vgl. Heun, § 114 Rn. 31, in: Dreier, Grundgesetz Kommentar, 2000; Krebs, Kontrolle in staatlichen Entscheidungsprozessen, 1984, S. 217; Bank, DöH 1969-1970, S. 18 ff.

218 Das OVG Koblenz (DVBl. 1995, S. 1372 ff.) sieht in dieser Praxis einen rechtswidrigen Akt.

219 Vgl. v. Arnim, DVBl. 1983, S. 664 ff. (674); ders., Wirksamere Finanzkontrolle bei Bund, Ländern und Gemeinden, 1978; ders., Die Öffentlichkeit kommunaler Finanzkontrollberichte als Verfassungsgebot, 1981; Zavelberg, Die Verwaltung 1995, S. 513 ff. (531 f.); Degenhart, Kontrolle der Verwaltung durch Rechnungshöfe, in: VVDStRL 1996, S. 190 ff. (224 ff.); Kyrill-A.Schwarz, Art. 114 Rn. 100 in: von Mangoldt/Klein/Starck, Das Bonner Grundgesetz (Kommentar), 2001, S. 2120; Schreiner, Finanzkontrolle als Instrument rationaler Haushaltsführung, in: v. Arnim/Littmann (Hrsg.), Finanzpolitik im Umbruch: zur Konsolidierung öffentlicher Haushalte, 1984, S. 238

220 Vgl. Blasius, DöV 2002, S. 415 ff. (417); von Arnim, Finanzkontrolle in der Demokratie, in: Ders., (Hrsg.), Finanzkontrolle im Wandel, 1989, S. 39 ff. (56 f.); ders., Die Öffentlichkeit kommunaler Finanzkontrollberichte als Verfassungsgebot, 1981.

221 BVerfGE 40, S. 296 ff. (327).

zu unmittelbarem Zugang gibt. Das Grundgesetz ordnet keine Berichterstattung des Bundesrechnungshofes direkt an die Öffentlichkeit an, sondern hat im Rahmen des parlamentarischen Demokratiesystems ein bestimmtes Verfahren organisiert: Öffentlichkeit durch die Parlamentsdrucksachen. Der Wortlaut ist Grenze jeder Verfassungsinterpretation[222]. Mit anderen Worten ist ein solcher „Immediatvortrag beim Souverän“ nicht vorgeschrieben und deswegen mindestens (öffentlich-rechtlich) systemproblematisch[223].

4. *Aufträge zur Kontrolle*

Der Bundesrechnungshof bestimmt nach eigenem Ermessen den Bereich, Zeitpunkt, Gegenstand, das Konzept, die Art, Intensität und das Ausmaß der Kontrolle (§§ 89 Abs. 2, 94 Abs. 1 BHO und 42 Abs. 3 HGrG). Im Gegensatz zu § 42 Abs. 5 HGrG die eine „Kann-Vorschrift“ darstellt, enthalten zahlreiche landesrechtliche Bestimmungen auf Ersuchen der Legislative oder Exekutive verbindliche Gutachtenaufträge an die Rechnungshöfe[224].

Nach herrschender Meinung in der Literatur sind diese Vorschriften aber verfassungswidrig, da sie gegen Art. 31 GG verstoßen; die Landesgesetzgeber sind nämlich nicht befugt, eine vom Bundesgesetzgeber erfassene „Kann-Vorschrift“ in eine „Muss-Vorschrift“ umzuwandeln[225]. Ferner wird die verfassungsmäßige richterliche Unabhängigkeit der Rechnungshofmitglieder bei der Auswahl des Kontrollobjektes verletzt, wenn der RH auf Verlangen von Regierung oder Par-

222 Vgl. BVerfGE 8, S. 38 ff. (41); Hesse, Grundzüge des Verfassungsrechts der Bundesrepublik Deutschland, 1999, Rn. 54.

223 Vgl. Kisker, § 89 Rn. 116 in: HStR Bd. IV, 1990; Wieland, DVBl. 1995, S. 894 ff. (902 f.); Blasius, DöV 1993, S. 642 ff. (646); Schulze-Fielitz, Kontrolle der Verwaltung durch Rechnungshöfe, in: VVDStRL 1996, S. 231 ff. (240); Siekmann, § 114 C III Rn. 16, in: Sachs (Hrsg.), Grundgesetz Kommentar, 3. Auflage; Krempel, Rechnungshöfe und Rundfunk-Beteiligungsunternehmen, 1996, S. 78; v. Mutius, Finanzkontrolle und Öffentlichkeit, in: Zavelberg (Hrsg.), Die Kontrolle der Staatsfinanzen, 1989, S. 305 ff.; Klappstein, Jura 1990, S. 232 ff. (236); Krempel, Rechnungshöfe und Rundfunk-Beteiligungsunternehmen, 1996, S. 196.

224 Siehe ausführlich, Bajohr, VerwArch 2000, S. 507 ff. (526 f.).

225 Grupp, NWVBl. 1992, S. 265 ff. (270); Keller, DöV 1979, S. 705 ff. (705); Niekamp, DöV 2004, S. 739 ff. (741); Krebs, Kontrolle in staatlichen Entscheidungsprozessen, 1984, S. 208; Bajohr, VerwArch 2000, S. 507 ff. (527); Sigg, Die Stellung der Rechnungshöfe im politischen System der Bundesrepublik Deutschland, 1983, S. 39 f.

lament Gutachten zu bestimmten Themen erlassen muss[226]. Eine solche Beratungspflicht beeinträchtigt die notwendige Distanz der Rechnungshöfe zu den Auftraggebern und dem Prüfungsgegenstand. Durch eine solche Praxis wird zusätzlich die begrenzte Prüfungskapazität der Rechnungshöfe erheblich beeinträchtigt, da durch die Erteilung von Kontrollaufträgen die Erledigung anderer beabsichtigter Aufgaben behindert werden kann[227]. Außerdem könnten die Rechnungshöfe schnell an ihre Glaubwürdigkeit verlieren, wenn sie als Schiedsrichter in politische Kontroversen hineingezogen würden. Die gesetzliche Möglichkeit einer Ablehnung oder Zurückweisung eines solchen Auftrags sollte deswegen nicht zu einem anderen Auslegungsergebnis führen[228].

Nach Art. 114 Abs. 3 BHO kann das Parlament einzelne Sachverhalte an den Rechnungshof zur weiteren Aufklärung zurückverweisen. Das bedeutet aber nicht, dass das Parlament das Recht hat, die Prüfung neuer Sachverhalte einzufordern. Nur Sachverhalte, die zuvor schon geprüft worden waren, können ergänzend ermittelt und bewertet werden, um so eine bessere Grundlage für die Entlastungsentscheidung zu schaffen[229]. Zusammenfassend ist die Einführung einer Beratungs- bzw. Prüfpflicht der Rechnungshöfe nicht nur verfassungswidrig, sondern auch für eine in der Praxis effektive Finanzkontrolle bedenklich[230].

---

226 Vgl. Bajohr, VerwArch 2000, S. 507 ff. (527 f.); Müller, DVBl. 1994, S. 1276 ff. (1279); Blasius, DöV 1993, S. 642 ff. (648); Keller, DöV 1979, S. 705 ff. (705); Wittrock, DVBl. 1984, S. 823 ff. (825).

227 Vgl. Blasius/Kühne, DöV 1991, S. 393 ff. (397).

228 So Vogel/Kirchhof, BK, Art. 114 Rn. 182; Mayer, Die Erfolgskontrolle von Subventionen durch die Rechnungshöfe, 2001 S. 36. Anders, Grupp, Parlamentarische Informationsverlangen über Prüfungen der Rechnungshöfe, in: Grupp/Hufeld (Hrsg.), Recht – Kultur – Finanzen, FS für Reinhard Mußgnug, 2005, S. 163 ff. (184 f.).

229 Vgl. Grupp, Parlamentarische Informationsverlangen über Prüfungen der Rechnungshöfe, in: Grupp/Hufeld (Hrsg.), Recht – Kultur – Finanzen, FS für Reinhard Mußgnug, 2005, S. 163 ff. (184).

230 Mit der Ausnahme von Art. 56 Abs. 3 Satz 3 Brandenburgischer Verfassung (dazu: Verfassungsgericht des Landes Bradenburg vom 20.11.1997, DöV 1998, S. 200 ff.) besteht kein subjektives Recht bzw. Anspruch des einzelnen Abgeordnetes gegenüber dem Rechnungshof, dass er dem Landtag seinen jährlich zu erstellenden Prüfungsbericht vorlegt. Dazu siehe BVerfGE 92, S. 130 ff. (134 f.); Kyrill-A.Schwarz, Art. 114 Rn. 120, in: Mangoldt/Klein/Starck, Das Bonner Grundgesetz (Kommentar), 2001.

5. *Das Verhältnis zwischen dem Bundesrechnungshof und anderen Rechnungskontrollinstitutionen*

a) Der Bundesbeauftragte für die Wirtschaftlichkeit in der Verwaltung

Die Institution des Bundesbeauftragten für die Wirtschaftlichkeit in der Verwaltung (BWV) geht auf den Reichssparkommissar von 1922 zurück[231]. Als BWV wird der Präsident des Bundesrechnungshofes bestellt. Es ist Aufgabe des BWV, durch persönliche Vorschläge, Gutachten und Stellungnahmen auf eine wirtschaftliche Erfüllung der Bundesaufgaben und eine dementsprechende Organisation der Bundesverwaltung hinzuwirken[232]. Diese Aufgabe erstreckt sich auch auf Sondervermögen und Betriebe des Bundes[233]. Der BWV ist zudem in den Erlass von Rechtsvorschriften des Bundes (Gesetze, Rechtsverordnungen und Verwaltungsvorschriften) eingebunden. Neben der Bundesregierung kann der BWV auch den Bundestag und den Bundesrat beraten und wird entweder aus eigener Initiative oder auf Anforderung seiner Adressaten tätig. Die Beratungsaufgaben von BWV und BRH ergänzen einander. Verfahrensunterschied ist, dass der BWV anders als der BRH unabhängig von Prüfungserfahrungen beraten kann[234]. Außerdem kann er seine Meinung schneller mitteilen als der BRH, was in Fällen von Eilbedürftigkeit vorteilhaft sein kann. Beauftragte für Wirtschaftlichkeit in der Verwaltung mit ähnlichen Aufgaben gibt es auch auf Landesebene[235].

b) Bundesrechnungshof und Landesrechnungshöfe

Die Landesrechnungshöfe sind gemäß Art. 109 Abs. 1 GG bei den ihnen durch die Verfassung oder durch Gesetz übertragenen Aufgaben vom Bundesrechnungshof unabhängig[236]. Die Landesrechnungshöfe stellen also keine dem BRH untergeordneten Behörden dar. In mehreren Fällen kann es möglich sein, dass der

---

231 Vgl. Treuner, DVBl. 1992, S. 421 ff. (422).

232 Vgl. Sigg, Die Stellung der Rechnungshöfe im politischen System der Bundesrepublik Deutschland, 1983, S. 40 ff.

233 Vgl. Maunz, Art. 114 Rn. 32, in: Maunz/Dürig/Herzog, Grundgesetz, Loseblattkommentar, 2006.

234 Vgl. Glatfeld, Die Auswirkungen effiziensteigender Maßnahmen in der öffentlichen Verwaltung unter besonderer Berücksichtigungen von Ausgliederungen bzw. Privatisierungen auf die Arbeit der Rechnungshöfe, 1997, S. 49 f.

235 Siehe z.B. die Richtlinien für die Tätigkeit des LWV vom 23. August 2004 (Hessen), in: Heuer (Hrsg.), Kommentar zum Haushaltrecht, Stand Mai 2005.

236 Vgl. Tiemann, Die staatsrechtliche Stellung der Finanzkontrolle des Bundes, 1974, S. 256 ff.; Glaser-Galion, Der Bundesrechnungshof als unabhängiges Kontrollorgan in der Bundesrepublik Deutschland, 1980, S. 156.

BRH und ein Landesrechnungshof (LRH) gleichzeitig prüfungszuständig sind[237]. Anlass für solche Mischfälle können die folgenden Tatbestände sein[238]: i) die Bundesauftragsverwaltung und insbesondere die Führung von Bundesgesetzen durch ein Land, die Geldleistungen gewähren (Geldleistungsgesetze – § 104a Abs. 3 GG), ii) die Gemeinschaftsaufgaben nach § 91 a und b GG und iii) die Zuwendungen. In solchen Fällen soll gemäß § 93 BHO und § 45 HGrG gemeinsam geprüft werden. Der Begriff „gemeinsam" ist als gemeinsam organisierte Prüfung zu verstehen. Zweck des § 93 BHO ist die Vermeidung von Doppelprüfungen[239]. Die Landeshaushaltsordnungen enthalten inhaltlich überwiegend die gleiche Regelung wie § 93 BHO.

Im Einklang mit dem Sinne dieser Vorschriften arbeitet der Bundesrechnungshof mit den Rechnungshöfen der Länder unter Wahrung der Unabhängigkeit und unter Beachtung der jeweiligen Zuständigkeiten vertrauensvoll zusammen. Sind für Prüfungen oder Erhebungen mehrere Rechnungshöfe zuständig, dann unterrichten sie sich gegenseitig über Arbeitsplanung und Prüfungsergebnisse (§ 56 Abs. 3 HGrG), um prüfungsfreie Räume und Doppelprüfungen zu vermeiden. Ferner unterrichtet der BRH gemäß § 62 Abs. 3 PO-BRH die Rechnungshöfe der Länder über weitere Einzelheiten seiner Aufgabenerfüllung, soweit dies vereinbart wurde, in gemeinsamen Erklärungen vorgesehen oder sonst zweckmäßig ist. Schließlich können die Rechnungshöfe, soweit nicht die Prüfung durch einen bestimmten Rechnungshof verfassungsrechtlich vorgeschrieben ist, einander auch durch Vereinbarungen Prüfungsaufgaben übertragen (§ 45 HGrG und § 93 BHO/LHO)[240].

---

237 Für diese Problematik siehe ausführlicher: Böning, Kontrollbedarf und Instrumentarium der Rechnungshöfe in der dezentralisierten Staatsorganisation, in: Böning/von Mutius/Schlegelberger (Hrsg.), Finanzkontrolle im föderativen Staat, 1982, S. 26 ff. ; Hausner, Zusammenarbeit der obersten Finanzkontrollbehörden des Bundes und der Länder, in: BRH (Hrsg.), 250 Jahre Rechnungsprüfung, 1964, S. 183 ff.; Sierig, Die Grenzen der staatlichen Finanzkontrolle, 1998, S. 30.

238 Vgl. Kyrill-A.Schwarz, Art. 114 Rn. 56 ff. in: Mangoldt/Klein/Starck, Das Bonner Grundgesetz (Kommentar), 2001, S. 2097; Tiemann, Die staatsrechtliche Stellung der Finanzkontrolle des Bundes, 1974, S. 259 ff.; Blasius, DöV 1992, S. 18 ff. (21 ff.); Eggeling, Finanzkontrolle im Bundesstaat, 1986, S. 82 ff.; Tiemann B., DöH 1970, S. 218 ff. (221 ff.); Kammer, § 93 Rn. 2 BHO, in: Heuer (Hrsg.), Kommentar zum Haushaltrecht, Stand Dezember 1999.

239 Vgl. Zavelberg, Gelebter Föderalismus – Die Zusammenarbeit der Rechnungshöfe des Bundes und der Länder, in: Dem Staat in die Kasse geschaut – 175 Jahre Bayerischer Oberster Rechnungshof, 1987, S. 121; Kammer, § 93 Rn. 2 BHO, in: Heuer (Hrsg.), Kommentar zum Haushaltrecht, Stand Dezember 1999.

240 Vgl. Grupp, Die Stellung der Rechnungshöfe in der Bundesrepublik Deutschland, 1972, S. 131 ff. (133).

c) Bundesrechnungshof und Europäischer Rechnungshof

Der Bundesrechnungshof und der Europäische Rechnungshof arbeiten unter Wahrung ihrer Unabhängigkeit und im Rahmen ihrer Zuständigkeit vertrauensvoll zusammen (Artikel 188 c Abs. 3 EG-Vertrag). Der Bundesrechnungshof kann dem Europäischen Rechnungshof auf dessen Bitte oder von sich aus Prüfungsergebnisse mitteilen, soweit er dies aus besonderen Gründen für erforderlich hält (§§ 63 Abs. 2 PO-BRH). Dies gilt entsprechend für die Weitergabe sonstiger eigener oder zu beschaffender Unterlagen und Informationen. Nach § 93 Abs. 2 BHO kann der BRH mit dem Europäischen Rechnungshof vereinbaren, einzelne Prüfungen zu übernehmen, sie zu übertragen oder gemeinsam durchzuführen. Gemeinsame Prüfungen kommen insbesondere dann in Betracht, wenn Prüfungserkenntnisse auf andere Weise nicht zu erzielen sind (§ 63 Abs. 3 PO-BRH). Im Rahmen der Europäischen Union findet jährlich die Tagung des sogenannten Kontaktausschusses statt, d.h. die Konferenz der Präsidenten der obersten Rechnungskontrollbehörde der Mitgliedstaaten der EU und des Präsidenten des Europäischen Rechnungshofes. Ziel der Tagung des Kontaktausschusses ist es, Angelegenheiten von gemeinsamen Interesse zu erörtern und die Harmonisierung von Prüfungsansätzen und Prüfungsmethoden weiterzuentwickeln.

d) Bundesrechnungshof und internationale oder ausländische Prüfungsbehörden

Der Bundesrechnungshof kann auf Grund von Absprachen mit Rechnungshöfen anderer Staaten oder internationalen Prüfungsbehörden die Durchführung einzelner Prüfungen übertragen oder diese übernehmen. Zusätzlich kann er Prüfungsaufgaben für zwischenstaatliche Einrichtungen übernehmen, wenn er durch völkerrechtliche Verträge, durch Verwaltungsabkommen oder die Bundesregierung dazu ermächtigt wird (§§ 93 Abs. 2 BHO und 64 Abs. 2 PO-BRH)[241].

V. Die Maßstäbe der Kontrolle

Art. 114 Abs. 2 Satz 1 GG nennt „Wirtschaftlichkeit“ und „Ordnungsmäßigkeit“ als die Maßstäbe, an denen Haushalts- und Wirtschaftsführung zu kontrollieren sind. Der Verfassungsgeber hat die „Wirtschaftlichkeit“ an erster Stelle angeführt. Damit hat er die Bedeutung der Wirtschaftlichkeitsprüfung besonders

241 Vgl. Tiemann B., DöH 1970, S. 218 ff. (228 ff.)

herausgestellt[242]. Die beiden Maßstäbe stehen aber grundsätzlich gleichrangig nebeneinander[243].

Art. 90 BHO bestimmt auf einfach-gesetzlicher Ebene den Inhalt der Prüfung: „Die Prüfung erstreckt sich auf die Einhaltung der für die Haushalts- und Wirtschaftsführung geltenden Vorschriften und Grundsätze, insbesondere darauf, ob 1. das Haushaltsgesetz und der Haushaltsplan eingehalten worden sind, 2. die Einnahmen und Ausgaben begründet und belegt sind und die Haushaltsrechnung und die Vermögensrechnung ordnungsgemäß aufgestellt sind, 3. wirtschaftlich und sparsam verfahren wird, 4. die Aufgabe mit geringerem Personal- oder Sachaufwand oder auf andere Weise wirksamer erfüllt werden kann". Der Gesetzgeber bestimmt durch diese Vorschrift eine nicht abschließende Ausprägung der zwei Kontrollmaßstäbe[244]. Die weitere Analyse gliedert sich am Maßstab der oben erörterten Vorschriften[245].

1. Ordnungsmäßigkeit

Der Maßstab der „Ordnungsmäßigkeit" soll im weiteren Sinne verstanden werden. Diese Bezeichnung umfasst grundsätzlich die rechnerische Richtigkeit bzw. rechnungstechnische Ordnungsmäßigkeit und die Rechtmäßigkeit der Einnahmen und Ausgaben.

---

242 Vgl. v. Mutius/Nawrath, Art. 114 Rn. 26, in: Heuer (Hrsg.), Kommentar zum Haushaltrecht, Stand Juni 1999 und OVG Rheinland-Pfalz, DVBl. 1980, S. 767 ff. Das Gericht geht davon aus, dass von der Sachlogik her sich die Prüfung erst am Maßstab der Ordnungsmäßigkeit orientieren muss.

243 Vgl. Vogel/Kirchhof, BK, Art. 114 Rn. 100.

244 Vgl. Nawrath, § 90 BHO Rn. 1, in: Heuer (Hrsg.), Kommentar zum Haushaltrecht, Stand Dezember 1999.

245 Die Finanzkontrolle durch Rechnungshöfe lässt sich auch in die folgenden Bereiche gliedern: Rechnungskontrolle, die am Maßstab der rechnungstechnischen Ordnungsmäßigkeit wahrgenommen wird, Verwaltungskontrolle, die mit der Ordnungsmäßigkeit- und Wirtschaftlichkeitskontrolle gleichzustellen ist, und Verfassungskontrolle, wobei es festzustellen ist, ob der Wille des Gesetzgebers erfüllt worden ist. Vgl. Glaser-Galion, Der Bundesrechnungshof als unabhängiges Kontrollorgan in der Bundesrepublik Deutschland, 1980, S. 70; Brockmeyer, Art. 114 Rn. 14 – 16, in: Bleibtreu/Klein, Kommentar zum Grundgesetz, 2004; Maunz, § 114 Rn. 45, in: Maunz/Dürig/Herzog (Hrsg.), Grundgesetz, Loseblattkommentar, 2006.

a) Rechnungstechnische Ordnungsmäßigkeit

Nach § 75 BHO müssen alle Einnahmen und Ausgaben belegt werden. Ferner ist im Jahresbericht des Bundesrechnungshofes u.a. mitzuteilen, ob die in der Haushalts- und Vermögensrechnung sowie die in den Büchern aufgeführten Beträge übereinstimmen und die geprüften Einnahmen und Ausgaben ordnungsgemäß belegt sind (§ 97 Abs. 2 Satz 1 BHO). Eine wirksame rechnungstechnische Ordnungsmäßigkeitskontrolle prüft die nach den Verfahrensregeln der Rechnungslegungstechnik[246] korrekte und vollständige Errechnung, Belegung, Buchung und Begründung der einzelnen Einnahmen und Ausgaben[247].

b) Haushaltsrechtliche Rechtmäßigkeit

Unter haushaltsrechtlicher Rechtmäßigkeit bzw. Ordnungsmäßigkeit i.e.S. ist die Einhaltung des Haushaltsrechts, also hauptsächlich der Art. 109-115 GG, des Haushaltsgrundsätzegesetzes, der Haushaltsordnungen und der Haushaltsplan zu verstehen. § 90 Abs. 1 BHO sieht ausdrücklich vor, dass die für die Einhaltung der für die Haushalts- und Wirtschaftsführung geltenden Vorschriften und Grundsätze zu prüfen sind. Der Regierungsentwurf zum Gesetzestext[248] sagt treffend: „Zu prüfen sind die Ordnungsmäßigkeit des Rechnungswesens, die Rechtmäßigkeit der Haushalts- und Vermögenswirtschaft ...“.

Im Rahmen der Rechtmäßigkeitskontrolle muss also das gesamte für das Finanzgebaren der Verwaltung maßgebende Recht einschließlich der Verwaltungsvorschriften geprüft werden. Dementsprechend müssen die Rechnungshöfe nicht nur „nach Maßgabe der speziell finanzrechtlich einschlägigen Rechtsvorschriften“ prüfen[249], sondern sie müssen auch die Rechtmäßigkeit all dieser „Rechtsgrundlagen (prüfen), auf die gestützt Ausgaben getätigt und Verpflichtungen übernommen werden“[250]. Tatsächlich, richtet sich ein Rechnungshof schwer-

246 Maßgebend sind §§ 19-41 HGrG und §§ 34-87 BHO. Vgl. Mayer, Die Erfolgskontrolle von Subventionen durch die Rechnungshöfe, 2001, S. 40.

247 Vgl. Vogel/Kirchhof, BK, Art. 114 Rn. 85; Nawrath, § 90 BHO Rn. 7, in: Heuer (Hrsg.), Kommentar zum Haushaltrecht, Stand Dezember 1999.

248 Siehe, BT-DRS. V/3040, 66 Nr. 425.

249 Siehe dazu Stern, Staatsrecht der Bundesrepublik Deutschland, Bd. II, 1980, § 34 III 3 c. Vgl. auch Degenhart, Kontrolle der Verwaltung durch Rechnungshöfe, in: VVDStRL 1996, S. 190 ff. (207).

250 Siehe Kisker, § 89 Rn. 110 in: HStR Bd. IV, 1990. Vgl. Nawrath, § 90 BHO Rn. 3, in: Heuer (Hrsg.), Kommentar zum Haushaltrecht, Stand Dezember 1999; Vogel/ Kirchhof, BK, Art. 114 Rn. 93,98; Maunz, § 114 Rn. 48, in: Maunz/Dürig/Herzog (Hrsg.),Grundgesetz, Loseblattkommentar, 2006; Sigg, Die Stellung der Rechnungshöfe im politischen System der Bundesrepublik Deutschland, 1983, S. 43;

punktmäßig auf die Einhaltung von Vorschriften haushaltsrechtlicher Provenienz aus[251]. Das bedeutet aber nicht, dass der Rechnungshof seine sachkundige Meinung über die Rechtmäßigkeit einer Vorschrift nicht äußern darf, wenn diese nicht speziell finanzrechtlich ist[252]. Außerdem ist eine solche Überprüfung für die Wirksamkeit der Finanzkontrolle wünschenswert, da diese grundsätzlich keinen durch außenwirksame Gesetze gesteuerten Bereich betrifft, es geht nämlich nicht um einen der gerichtlichen Kontrolle unterliegenden Bereich[253].

Die Prüfung der Rechtmäßigkeit umfasst die Gesetzmäßigkeit *und* die Verfassungsmäßigkeit der entsprechenden Rechtsgrundlagen. Insbesondere ist festzustellen, ob der Wille des Gesetzgebers erfüllt worden ist, soweit er im Haushaltsgesetz, im Haushaltsplan und den dazugehörigen Unterlagen, seinen Ausdruck gefunden hat. Unabhängig von der Reichweite der Rechtmäßigkeitskontrolle, hat der Rechnungshof nur ein Beanstandungsrecht. Er kann keine „verbindliche Kontrolle" ausüben, da die Rechnungsprüfung anderen Zwecken dient, sich nach anderen Gesichtspunkten richtet und einen anderen Gegenstand als die verfassungsgerichtliche Kontrolle hat[254]. Das bedeutet, dass die Feststellung einer verfassungswidrigen Maßnahme durch den Rechnungshof keinen unmittelbaren Einfluss auf die abschließende Gültigkeit dieser Maßnahme hat[255]. Schließlich ist festzuhalten, dass Haushaltsgesetz und Haushaltsplan nicht Gegenstand, sondern in erster Linie Maßstab der Rechnungsprüfung sind[256].

Nach § 90 Nr. 2 BHO muss sich die Prüfung darauf erstrecken, ob die Haushaltsrechnung und die Vermögensrechnung ordnungsgemäß aufgestellt sind. Das Verfahren wird nach § 38 ff. PO-BRH geregelt. Der BRH prüft, inwieweit das Haushaltsgesetz und die Ansätze im Haushaltsplan eingehalten wurden, insbesondere hinsichtlich der Leistung über- und außerplanmäßiger Ausgaben (Art. 112 GG, § 37 BHO), des Eingehens von Verpflichtungen zu Lasten künftiger Haushaltsjahre (§§ 16, 38 BHO), der Übertragung von Ausgabenresten (§ 19

Eickenboom/Heuer, DöV 1985, S. 997 ff. (1000 f.); v. Arnim, DVBl. 1983, S. 664 ff. (668).

251 Vgl. Degenhart, Kontrolle der Verwaltung durch Rechnungshöfe, in: VVDStRL 196, S. 190 ff. (207); Heun, § 114 Rn. 28, in: Dreier (Hrsg.), Grundgesetz Kommentar, 2000.

252 Vgl. Mayer, Die Erfolgskontrolle von Subventionen durch die Rechnungshöfe, 2001, S. 41.

253 Vgl. Heun, Diskussionsbeitrag, in: VVDStRL 1996, S. 322. Siehe auch weiter oben Kap. B I 3.

254 BVerfGE 20, S. 56 ff. (96).

255 Vgl. Degenhart, Kontrolle der Verwaltung durch Rechnungshöfe, in: VVDStRL 1996, S. 190 ff. (207 Fn. 147); Nawrath, § 90 BHO Rn. 4, in: Heuer (Hrsg.), Kommentar zum Haushaltrecht, Stand Dezember 1999.

256 BVerfGE 20, S. 56 ff. (96).

und § 45 BHO), der Verwendung deckungsfähiger Ausgaben (§ 46 BHO), der Einhaltung von Einsparungsauflagen und der Aufhebung haushaltswirtschaftlicher Sperren (§§ 36, 41 BHO). Bei der Prüfung der Vermögensrechnung wird insbesondere geprüft, ob die Regelungen beachtet wurden, die das Bundesministerium der Finanzen im Einvernehmen mit dem Bundesrechnungshof getroffen hat (§ 73 Abs. 1 BHO).

Im Rahmen der Rechtmäßigkeit berührt die Prüfung der Rechnungshöfe auch die Verletzung der haushaltsrechtlichen Grundsätze durch strafrechtliches Handeln[257]. Dadurch dient sie der Bekämpfung von Korruption[258].

2. Wirtschaftlichkeit

Der Begriff der Wirtschaftlichkeit ist ein unbestimmter Rechtsbegriff[259], für den der Gesetzgeber keine einheitliche und umfassende Definition gegeben. Dieser Begriff wird nur in einigen Teilaspekten konkretisiert[260]. Um einen Begriff herauszuarbeiten, ist eine Darstellung der Rechtsvorschriften notwendig, die in Zusammenhang mit der „Wirtschaftlichkeit" stehen[261] .

a)Relevante Vorschriften

Nach § 90 Nr. 3 und 4 BHO muss geprüft werden, ob wirtschaftlich und sparsam verfahren wird, und ob die Aufgabe mit geringerem Personal- oder Sachaufwand (oder auf andere Weise wirksamer) erfüllt werden kann. Dem Wortlaut dieser Vorschrift ist zu entnehmen, dass zwischen Wirtschaftlichkeit und Sparsamkeit irgendeine Verbindung besteht, ohne dass eine konkrete Folgerung über die Art dieser Verbindung unmittelbar gezogen werden kann.

---

257 Siehe dazu § 96 Abs. 1 Satz 2 BHO und § 59 Abs. 1 PO-BRH (Unterrichtung der Strafverfolgungsbehörden): Der Bundesrechnungshof kann den Strafverfolgungsbehörden Prüfungsergebnisse mitteilen, soweit er dies aus besonderen Gründen für erforderlich hält.

258 Vgl. Nawrath/Sparberg, § 90 BHO Rn. 5, in: Heuer (Hrsg.), Kommentar zum Haushaltrecht, Stand Dezember 1998.

259 BSGE 55, S. 277 ff. (279); Vgl. auch Sierig, Die Grenzen der staatlichen Finanzkontrolle, 1998, S. 97.

260 Vgl. von Mutius/Nawrath, Art. 114 Rn. 27, in: Heuer (Hrsg.), Kommentar zum Haushaltrecht, Stand Juni 1999.

261 Vgl. Glatfeld, Die Auswirkungen effizienzsteigender Maßnahmen in der öffentlichen Verwaltung unter besonderer Berücksichtigungen von Ausgliederungen bzw. Privatisierungen auf die Arbeit der Rechnungshöfe, 1997, S. 38.

Bund, Länder und Kommunen sind bei der Aufstellung und Ausführung des Haushaltsplans auf die Beachtung der „Grundsätze der Wirtschaftlichkeit und Sparsamkeit" verpflichtet (§§ 6 Abs. 1 HGrG und 7 Abs. 1 BHO). Diese Grundsätze verpflichten ferner zur Prüfung, ob und inwieweit staatliche Aufgaben oder öffentlichen Zwecken dienende wirtschaftliche Tätigkeiten durch Ausgliederung, Entstaatlichung oder Privatisierung nicht ebenso gut oder besser erfüllt werden können (§ 7 Abs. 1 und 2 BHO). Nach zutreffender Auffassung wird durch diese Vorschrift keine richtige Antwort auf die Frage gegeben, ob eine Aufgabe entstaatlicht bzw. privatisiert werden muss. Sie deutet nur darauf hin, dass die „ausgegliederte Leistungserbringung durch Private", sofern sie rechtlich zulässig und politisch schon entschieden ist, in die Erwägungen über die Wirtschaftlichkeit einer Maßnahme einzubeziehen ist[262].

Der BRH hat die Wirtschaftlichkeit für sich selbst in seiner Prüfungsordnung definiert. Nach § 4 Abs. 2 PO-BRH wird bei der Prüfung der Wirtschaftlichkeit untersucht: „ob das günstigste Verhältnis zwischen dem verfolgten Zweck und den eingesetzten Mitteln angestrebt und erreicht wurde. Die Wirtschaftlichkeit umfasst die Wirksamkeit und Zweckmäßigkeit des Verwaltungshandelns einschließlich der Zielerreichung (Erfolgskontrolle). Sie beinhaltet auch die Prüfung, ob die eingesetzten Mittel auf den zur Erfüllung der Aufgaben notwendigen Umfang beschränkt wurden (Grundsatz der Sparsamkeit)".

Nach § 7 Abs. 3 BHO sind für geeignete Maßnahmen von erheblicher finanzieller Bedeutung Nutzen – Kosten – Untersuchungen anzustellen. Die vorläufigen Verwaltungsvorschriften zu § 7 BHO (Nr. 1), die generell-abstrakte Regelungen im Innenbereich der vollziehenden Gewalt auf Bundesebene sind[263], enthalten die folgende Definition von Wirtschaftlichkeit: „Nach dem Grundsatz der Wirtschaftlichkeit ist bei allen Maßnahmen des Bundes einschließlich solcher organisatorischer oder verfahrensmäßiger Art die günstigste Relation zwischen dem verfolgten Zweck und den einzusetzenden Mitteln anzustreben. Die günstigste Zweck – Mittel – Relation besteht darin, dass entweder ein bestimmtes Ergebnis mit möglichst geringem Einsatz von Mitteln oder mit einem bestimmten Einsatz von Mitteln das bestmögliche Ergebnis erzielt wird"[264].

---

262 Vgl. Grupp, Wirtschaftlichkeit im „schlanken Staat", in: in: Schulze-Fielitz (Hrsg.), Fortschritte der Finanzkontrolle in Theorie und Praxis: zum Gedenken an Ernst Heuer, Die Verwaltung 2000, S. 9 ff. (18 f.); Vgl. auch Domnach, § 7 Rn. 13, in: Heuer (Hrsg.), Kommentar zum Haushaltrecht, Stand Dezember 1999; Helm § 7 Rn. 2, in: Piduch, Bundeshaushaltsrecht (Stand Juli 1998). Anders, v. Arnim, Rechtsfragen der Privatisierung, 1995, S. 106 ff.

263 Vgl. Rischer, Finanzkontrolle staatlichen Handelns, 1995, S. 248.

264 Vgl. auch Dommach, VV zu § 7 BHO, in: Heuer (Hrsg.), Kommentar zum Haushaltrecht, Stand Januar 2002.

b) Begrifflichkeit

In Anlehnung an die bereits erörterten Vorschriften wird man mit Vogel / Kirchhof sagen können: „Wirtschaftlich ist eine staatliche Maßnahme dann, wenn die Bedeutung der durch die erreichbaren Ziele für das Gemeinwohl den eingesetzten Aufwand an Zeit, Arbeitskraft, Finanzmitteln usw. – unter Einschluss etwaiger abträglicher Nebenfolgen – als gerechtfertigt erscheinen lässt und wenn die gleichen Ziele nicht auch mit geringerem Aufwand – in dem eben umrissenen weiten Sinne – erreicht werden könnten“ [265]. In der Wissenschaft besteht zumindest über den Kerninhalt des Wirtschaftlichkeitsprinzips Einigkeit. Danach hat der Wirtschaftlichkeitsbegriff zwei Bestandteile: das Maximalprinzip, d.h., mit den gegebenen Mitteln den größtmöglichen Erfolg zu erreichen und das Minimalprinzip, d.h., einen bestimmten Erfolg mit geringstmöglichen Mitteln zu erreichen[266]. Die beiden Teilelemente sind nicht voneinander zu trennen, sondern zielen auf eine Optimierung des Verhältnisses zwischen Aufwand und Ertrag bzw. Kosten und Nutzen ab.

Vor allem das Wirtschaftlichkeitsprinzip ist ein formales, inhaltsarmes und offenes Optimierungsgebot der Relation von Mitteln und Zweck[267], das, neben Informationen über die Folgen möglicher Handlungs- bzw. Entscheidungsalternativen und der Berücksichtigung derselben, Klarheit über die relevanten Zwecke voraussetzt[268]. Durch die Anwendung des Wirtschaftlichkeitsprinzips erreicht

265 Siehe Vogel/Kirchhof, BK, Art. 114 Rn. 85 und 93; Übereinstimmend: Kisker, § 89 Rn. 111 in: HStR Bd. IV, 1990.

266 Vgl. Krebs, Rechtmäßigkeit und Wirtschaftlichkeit als Kontrollmaßstäbe, in: v. Arnim, Finanzkontrolle im Wandel, 1989, S. 66; Grupp, JZ 1982, S. 231 ff. (233); Siekmann, § 114 Rn. 14, in: Sachs (Hrsg.), Grundgesetz Kommentar, 3. Auflage; Schuppert, Staatswissenschaft, 2003, S. 733.

267 Vgl. Schulze-Fielitz, Kontrolle der Verwaltung durch Rechnungshöfe, in: VVDStRL 1996, S. 231 ff., (255: „Nur der zusätzliche Bezugspunkt eines bestimmten Zweckes gibt ihm inhaltliche Aussagekraft); Heun, § 114 Rn. 29, in Dreier, Grundgesetz Kommentar, 2000; Greifeld, Der Rechnungshof als Wirtschaftlichkeitsprüfer, 1981, S. 9; Heun, Staatshaushalt und Staatsleitung, 1989, S. 509 f.; Krebs, Kontrolle in staatlichen Entscheidungsprozessen, 1984, S. 189 f. Nach Reinermann (Messungsprobleme der Rechnungskontrolle, in: Letzelter/Reinermann, Wissenschaft, Forschung und Rechnungshöfe, 1981, S. 225 ff. (230), können folgende Fragen bei der Wirtschaftlichkeitsprüfung gestellt werden: „1. Wäre mit dem betrieblichen Aufwand mehr zu erreichen gewesen? 2. Wäre das Erreichte auch mit weniger Aufwand erreichbar gewesen? 3. Sollte man eine Aktivität einschränken, also weniger Zwecke mit weniger Aufwand anstreben? 4. Sollte man eine Aktivität ausdehnen, also mehr Zwecke mit mehr Aufwand anstreben?“

268 Vgl. v. Arnim, Wirtschaftlichkeit als Rechtsprinzip, 1988, S. 120; Nawrath, § 90 Rn. 11 BHO, in: Heuer (Hrsg.), Kommentar zum Haushaltrecht, Stand Juni 1999.

man nicht die Ermittlung einer korrekten Lösung, was praktisch meistens unmöglich ist, sondern lediglich die Ausscheidung unrichtiger bzw. unbrauchbarer Alternativen[269]. Um die Besonderheiten der Staatswirtschaft zu berücksichtigen (der Staat ist kein bloßes Unternehmen), muss sich die Wirtschaftlichkeit nicht nur auf rein betriebswirtschaftliche Größen, sondern auch auf gesellschaftliche Maßstäbe beziehen[270]. Schließlich muss erörtert werden, dass die Anwendung des Wirtschaftlichkeitsprinzips nur insoweit stattfindet, wie das relevante Recht i.e.S., d.h. die für die konkrete Entscheidung maßgebenden Rechtsvorschriften, entsprechende Spielräume lässt[271]. Deswegen kann eine Kollision von Rechtmäßigkeit und Wirtschaftlichkeit nicht geben[272].

c) Sparsamkeit als Teilbestand der Wirtschaftlichkeit

Nach § 90 Nr. 3 und 4 BHO muss geprüft werden, ob wirtschaftlich und sparsam verfahren wird, und ob die Aufgabe mit geringerem Personal- oder Sachaufwand (oder auf andere Weise wirksamer) erfüllt werden kann. In der Literatur wurden mehreren Ansichten zum Sparsamkeitsbegriff vertreten[273]. Nach herrschender und richtiger Auffassung[274] ist die Sparsamkeit mit dem Teilbestand der Wirtschaftlichkeit, d.h. dem Minimalprinzip, gleichzusetzen. Sparsamkeit ist also als optimales Verhältnis zwischen einem festgelegten Zweck und einem disponiblen bzw. angemessenen Aufwand zu verstehen. Mit anderen Worten bedeutet Sparsamkeit eine angemessene Beschränkung des Aufwandes, nicht aber „den Ver-

---

269 Vgl. v. Arnim, Wirtschaftlichkeit als Rechtsprinzip, 1988, S. 120 (Punkt 8); Grupp, DöV 1983, S. 661 ff. (665); v. Arnim, Ist der rationale Staat möglich?, in: v. Arnim/Lüder (Hrsg.), Wirtschaftlichkeit in Staat und Verwaltung, 1993, S. 67 ff. (75); Mayer, Die Erfolgskontrolle von Subventionen durch die Rechnungshöfe, 2001, S. 43. Siehe aber, Luhmann, VerwArch 1960, S. 97 ff. (105).

270 Vgl. Stern, Staatsrecht der Bundesrepublik Deutschland, Bd. II, 1980, § 34 III 3 c; v. Arnim, Wirtschaftlichkeit als Rechtsprinzip, 1988, S. 89 ff.

271 Vgl. Heintzen, Art. 114 Rn. 24, in: von Münch/Künig (Hrsg.),Grundgesetz-Kommentar, 2003; v. Arnim, Wirtschaftlichkeit als Rechtsprinzip, 1988, S. 93 ff.

272 Krebs, Rechtmäßigkeit und Wirtschaftlichkeit als Kontrollmaßstäbe, in: v. Arnim, Finanzkontrolle im Wandel, 1989, S. 74.

273 Vgl. Büch, Zur Bestimmung der Grundsätze der Wirtschaftlichkeit und der Sparsamkeit im öffentlichen Haushalt der Bundesrepublik Deutschland, 1976, S. 82 ff.; Glaser-Galion, Der Bundesrechnungshof als unabhängiges Kontrollorgan in der Bundesrepublik Deutschland, 1980, S. 102 ff.

274 Vgl. Vogel/Kirchhof, BK, Art. 114 Rn. 101 ff.; Grupp, JZ 1982, S. 231 ff.; Greifeld, Der Rechnungshof als Wirtschaftlichkeitsprüfer, 1981, 35 f.; Krebs, Kontrolle in staatlichen Entscheidungsprozessen, 1984, S. 185 ff.; von Arnim, Wirtschaftlichkeit als Rechtsprinzip, 1988, S. 49 ff.; Leisner, Staatliche Rechnungsprüfung Privater, 1990, S. 93 f.

zicht auf die Aufgabenwahrnehmung" selbst[275]. Die Erwähnung der Sparsamkeit in mehreren Vorschriften neben der Wirtschaftlichkeit ist also nur ein „historisches Relikt"[276], das die Tatsache verdeutlicht, dass Wirtschaftlichkeit mehr als nur Sparsamkeit ist[277]. In der Prüfungspraxis des Bundesrechnungshofes hat die Kontrolle der Sparsamkeit eindeutig Vorrang vor der Wirtschaftlichkeit, weil bei der Kostenminimierungskontrolle keine großen Messprobleme auftreten[278].

d)Schwächen des Wirtschaftlichkeitsprinzips

Die eigentlichen Schwierigkeiten des Wirtschaftlichkeitsprinzips bestehen grundsätzlich in seiner Anwendung[279]. Eine erste Schwierigkeit besteht darin, dass die Anwendung der Wirtschaftlichkeit keine einzig richtige Entscheidung ermöglicht[280] und ferner, dass sie kein rein monetäres Verhältnis von Zweck und Mitteln abbildet. Wie schon erwähnt, Nutzen und Kosten sind häufig nicht quantifizierbar und Verwaltungsentscheidungen bzw. Leistungen können nur fiktiv in Preise übersetzt werden[281]. Außerdem, ist eine umfassende Kenntnis aller Zweck-Mittel-Relationen praktisch nicht möglich.

---

275 Siehe Grupp, Wirtschaftlichkeit im „schlanken Staat", in: Schulze-Fielitz (Hrsg.), Fortschritte der Finanzkontrolle in Theorie und Praxis: zum Gedenken an Ernst Heuer, Die Verwaltung 2000, S. 9 ff. (14).

276 Siehe Sigg, Die Stellung der Rechnungshöfe im politischen System der Bundesrepublik Deutschland, 1983, S. 52; Übereinstimmend, v. Arnim, Wirtschaftlichkeit als Rechtsprinzip, 1988, S. 50.

277 Als weiterer Schritt zu einer begrifflichen Aufklärung der Wirtschaftlichkeit dient der Abgrenzung gegenüber anderen Begriffen, die oft inhaltlich dazu in Beziehung gesetzt werden, wie z.B. Übermaßverbot, Zweckmäßigkeit usw. Siehe dazu v. Arnim, Wirtschaftlichkeit als Rechtsprinzip, 1988, S. 47 ff.

278 Vgl. Diederich, u.a., Die diskreten Kontrolleure, 1990, S. 62 f.

279 Vgl. Sigg, Die Stellung der Rechnungshöfe im politischen System der Bundesrepublik Deutschland, 1983, S. 47.

280 Vgl. statt vieler, Vogel/Kirchhof, BK, Art. 114 Rn. 89.

281 Vgl. Schulze-Fielitz, Kontrolle der Verwaltung durch Rechnungshöfe, in: VVDStRL 1996, S. 231 ff. (256); Degenhart, Kontrolle der Verwaltung durch Rechnungshöfe, in: VVDStRL 1996, S. 190 ff. 210; v. Arnim, Wirtschaftlichkeit als Rechtsprinzip, 1988, S. 90 f.; v.Mutius/Nawrath, Art. 114 Rn. 27, in: Heuer (Hrsg.), Kommentar zum Haushaltrecht, Stand Juni 1999;Rischer, Finanzkontrolle staatlichen Handelns, 1995 S. 369 ff.; Krebs, Kontrolle in staatlichen Entscheidungsprozessen, 1984, S. 187; Grupp, DöV 1983, S. 661 ff. (665); Wieland, DVBl. 1995, S. 894 ff. (895); Grupp, Wirtschaftlichkeit im „schlanken Staat", in: Schulze-Fielitz (Hrsg.), Fortschritte der Finanzkontrolle in Theorie und Praxis: zum Gedenken an Ernst Heuer, Die Verwaltung 2000, S. 9 ff. (12).

Weitere Schwierigkeit bereitet die Tatsache, dass die verfolgten Gemeinwohlzwecke nicht leicht präzisierbar sind[282]. Allein die Vielzahl der unterschiedlichen Zwecke derselben staatlichen Aktivität kann dazu führen, dass eine Tätigkeit der Verwaltung gleichzeitig als wirtschaftlich oder unwirtschaftlich zu qualifizieren ist[283]. Solange die relevanten Vorgaben nicht eindeutig sind, wie z.B. bei gesetzlichen Regelungen mit Ausgabenspielraum oder Vorschriften mit nicht klar definiertem Zweck, wird die Kontrolle konturenloser[284]. Dieser Sachverhalt wird durch die Tatsache erschwert, dass es keine bestimmte Hierarchie bzw. Skala für den Nutzen von Verwaltungsmaßnahmen gibt[285].

Tatsache ist also, dass die Wirtschaftlichkeitskontrolle kompliziert und anspruchsvoll ist, in dem Sinne dass sie Schätzurteile, d.h. die Ermittlung der voraussichtlichen Folgen möglicher Alternativen, und Werturteile, also die Bewertung von Alternativen, umfassen kann[286]. Die bestehenden Schwierigkeiten dürfen aber nicht zu der Schlussfolgerung führen, dass das Prinzip deshalb über einen geringeren Wert verfüge. Obwohl die Sparsamkeitskontrolle keine großen Probleme mit sich bringt[287], stellt das Wirtschaftlichkeitsprinzip doch einen für die Rechnungshofkontrolle bindenden verfassungsrechtlichen Maßstab dar[288].

---

282 Vgl. Schulze-Fielitz, Kontrolle der Verwaltung durch Rechnungshöfe, in: VVDStRL 1996, S. 231 ff. (257).

283 Vgl. Sigg, Die Stellung der Rechnungshöfe im politischen System der Bundesrepublik Deutschland, 1983S 48 f.; Mayer, Die Erfolgskontrolle von Subventionen durch die Rechnungshöfe, 2001, S. 45.

284 Vgl. Diederich u.a., Die diskreten Kontrolleure, 1990, S. 60 und 62.

285 Vgl. Greifeld, Der Rechnungshof als Wirtschaftlichkeitsprüfer, 1981, S. 69; Mayer, Die Erfolgskontrolle von Subventionen durch die Rechnungshöfe, 2001, S. 45; Schulze-Fielitz, Kontrolle der Verwaltung durch Rechnungshöfe, in: VVDStRL 1996, S. 231 ff (257).

286 Vgl. Greifeld, Der Rechnungshof als Wirtschaftlichkeitsprüfer, 1981, S. 10; v. Arnim, Wirtschaftlichkeit als Rechtsprinzip, 1988, S. 33 f. und 45 f. Das ist jedoch umstritten, ob nämlich die Werturteile Objekte bzw. Gegenstände der (Wirtschaftlichkeits-)Kontrolle sind. Siehe dazu weiter unten Kap. C II 2.

287 Deswegen bevorzugt die Praxis solche Kontrolle. Vgl. Diederich u.a., Die diskreten Kontrolleure, 1990, S. 60, 62, 231; Schulze-Fielitz, Kontrolle der Verwaltung durch Rechnungshöfe, in: VVDStRL 1996, S. 231 ff. (257).

288 Es wird überwiegend angenommen, dass das Wirtschaftlichkeitsprinzip auch eine Handlungsanweisung für die Exekutive ist. Siehe dazu: v. Arnim, Wirtschaftlichkeit als Rechtsprinzip, 1988, S. 67 ff.; v. Arnim/Lüder (Hrsg.), Wirtschaftlichkeit in Staat und Verwaltung, 1993; Siekmann, § 114 Rn. 14, in: Sachs (Hrsg.), Grundgesetz Kommentar, 3. Auflage; Cromme, DVBl. 2001, S. 757 ff. (759); Arvidsson, Performance Evaluation, in: Kaufmann u.a., Guidance, Control, and Evaluation in the Public Sector, 1985, S. 625 ff.; Grupp, DöV 1983, S. 661 ff. (663).

e)Die Erfolgskontrolle

In den vergangenen zwanzig Jahren ist die Rechnungshofkontrolle durch die Erfolgskontrolle erweitert worden[289]. Diese neue Prüfungsform zielt auf die Konfrontation mit den Mängeln des Wirtschaftlichkeitsprinzips und seiner Ursachen ab[290]. Nach § 90 Nr. 4 BHO ist die Prüfung darauf zu erstrecken, ob die geprüfte Aufgabe auf andere Weise wirksamer erfüllt werden kann. Die Erfolgskontrolle vergleicht nachträglich entweder die geplante mit der tatsächlichen Zielerreichung (Soll – Ist – Vergleich), die Situtation vor und nach Durchführung eines Programms (Ist – Ist – Vergleich) oder die tatsächlich erreichte Lage mit dem Zustand, der sich ohne die Durchführung des Programms ergeben hätte (Ist – Status quo – Vergleich)[291]. Das Wirtschaftlichkeitsprinzip umfasst nach herrschender Meinung die Kontrolle des Erfolges[292].

289 Für die historische Entwicklung der Erfolgskontrolle siehe: Rürup/Färber, Kontrolle durch den Rechnungshof – Forderungen und Reformmöglichkeiten, in: Mäding (Hrsg.), Haushaltsplanung – Haushaltsvollzug – Haushaltskontrolle, 1987, S. 216 ff.; Rischer, Finanzkontrolle staatlichen Handelns, 1995, S. 301 f.; Diederich u.a., Die diskreten Kontrolleure, 1990, S. 66 ff.; Mayer, Die Erfolgskontrolle von Subventionen durch die Rechnungshöfe, 2001, S. 52 f.

290 Vgl. Heun, § 114 Rn. 29, in Dreier (Hrsg.), Grundgesetz Kommentar, 2000; Diekmann, Auf dem Weg zu neuen Ufern? Zum Stand der Erfolgskontrolluntersuchungen bei Rechnungshöfen, in: Engelhardt/Schulze/Thieme (Hrsg.), Stellung und Funktion der Rechnungshöfe im Wandel?, 1992, S. 43 ff.

291 Vgl. Vorläufige Verwaltungsvorschriften Nr. 1.3 zu § 7 BHO; Diekmann, Auf dem Weg zu neuen Ufern? Zum Stand der Erfolgskontrolluntersuchungen bei Rechnungshöfen, in: Engelhardt/Schulze/Thieme (Hrsg.), Stellung und Funktion der Rechnungshöfe im Wandel?, 1992, S. 43 ff (43); Volkmar, Methoden der Finanzkontrolle, in: Präsident des Landesrechnungshofes Nordrhein-Westfallen (Hrsg.), 40 Jahre Landesrechnungshof Nordrhein-Westfalen, 1988, S. 103; Schulze-Fielitz, Kontrolle der Verwaltung durch Rechnungshöfe, in: VVDStRL 1996 S. 258 ff. (261); Glatfeld, Die Auswirkungen effizienzsteigender Maßnahmen in der öffentlichen Verwaltung unter besonderer Berücksichtigungen von Ausgliederungen bzw. Privatisierungen auf die Arbeit der Rechnungshöfe, 1997, S. 39 ff.; Rürup/Seidler, Die Verwaltung 1981, S. 501 ff.; Püttner, Verwaltungslehre, 2000, S. 345.

292 Vgl. Nawrath, § 88 Rn. 15 BHO, in: Heuer (Hrsg.), Kommentar zum Haushaltrecht, Stand Dezember 1998; Schulze-Fielitz, Kontrolle der Verwaltung durch Rechnungshöfe, in: VVDStRL 1996 S. 258 ff. (261); Zavelberg, Staatliche Rechnungsprüfung und Erfolgskontrolle, in: Eicchorn/Kortzfleisch (Hrsg.), Erfolgskontrolle bei der Verausgabung öffentlicher Mittel, 1986, S. 103 ff.; Diederich u.a., Die diskreten Kontrolleure, 1990, S. 66 ff.; Korthals, Wirtschaftlichkeitskontrollen unter besonderen Berücksichtigung von Erfolgskontrollen, in: von Arnim/Lüder (Hrsg.), Wirtschaftlichkeit in Staat und Verwaltung, 1993, S. 87 ff. (89 f.).

3. Formen und Methoden der Kontrolle

Die Rechnungshöfe verfügen über eine Fülle von Kontrollformen, auf die sie nach ihrem jeweiligen Bedarf, den gegebenen Anforderungen, sowie dem beabsichtigten Umfang und Inhalt der Kontrolle zurückgreifen können[293]. § 18 PO-BRH nennt die typischen Kontrollformen. Demgemäss kann eine Rechnungshofprüfung als Schwerpunktprüfung, Querschnittsprüfung, Orientierungsprüfung, Kontrollprüfung oder allgemeine Prüfung durchgeführt werden. Weitere Formen sind z.B. die Strukturprüfung, die System- und Programmprüfung sowie Organisations- und Personalwirtschaftsuntersuchungen. Im Folgenden werden die wichtigsten Formen dargestellt, auf die der Bundesrechnungshof zurückgreift[294].

Die *allgemeine Prüfung* dient dem Bundesrechnungshof dazu, einen umfassenden Überblick über die Haushalts- und Wirtschaftsführung der geprüften Stelle zu gewinnen. Als Beispiel ist etwa die Prüfung aller Sachausgaben einer Behörde zu nennen. Bei der *Schwerpunktprüfung* wird ein sachlich oder zeitlich abgegrenzter Teil des Prüfungsgegenstandes mit einer bestimmten Fragestellung tiefer gehend geprüft, um Folgerungen für den gesamten Prüfungsablauf zu ziehen. Die *Querschnittsprüfung* „zielt darauf ab, durch Vergleich einer repräsentativen Auswahl betroffener Stellen Erkenntnisse über das Verwaltungshandeln in einem abgegrenzten Aufgabenbereich zu gewinnen“ (§ 18 Abs. 3 PO-BRH). Als Querschnittsprüfung ist z.B. die Beschaffung von Verwaltungsbedarf bei verschiedenen Dienststellen zu nennen[295]. Durch *Orientierungsprüfungen*, die eng mit *Pilotprüfungen* (ein bisher nicht vorgekommener Sachverhalt wird erstmals vom Rechnungshof kontrolliert) verwandt sind, nimmt der Rechnungshof Einblick in ihm nicht hinreichend bekannte Probleme. Eine Orientierungsprüfung zielt insbesondere auf eine Vorbereitung weiterer Prüfungen ab. Im Rahmen einer *Kontrollprüfung* wird kontrolliert, inwieweit die zuständigen Stellen die notwendigen Folgerungen aus früheren Feststellungen des Bundesrechnungshofes oder aus parlamentarischen Beschlüssen gezogen haben.

---

293 Siehe für die Prüfungsform des EuRH, Friedmann, Organisation und Koordination von Prüfungsmethoden des Europäischen Rechnungshofes, in: Friedmann (Hrsg.), Der Europäische Rechnungshof und die Wirtschaft- und Finanzhilfen der EU für Mittel- und Osteuropa, 1994, S. 47 ff.

294 Zum folgenden: Schulze-Fielitz, Kontrolle der Verwaltung durch Rechnungshöfe, in: VVDStRL 1996, S. 231 ff. (259 f.); Blasius, VOP 1991, S. 158 ff. (162 f.); Volkmar, Methoden der Finanzkontrolle, in: Präsident des Landesrechnungshofes Nordrhein-Westfallen (Hrsg.), 40 Jahre Landesrechnungshof Nordrhein-Westfalen, 1988, S. 71 ff.; Glatfeld, Die Auswirkungen effizienzsteigender Maßnahmen in der öffentlichen Verwaltung unter besonderer Berücksichtigungen von Ausgliederungen bzw. Privatisierungen auf die Arbeit der Rechnungshöfe, 1997, S. 43 ff.

295 Vgl. Mennicken/Zavelberg, DöV 1999, S. 986 ff.

VI. Der Rechtsstatus der Rechnungshöfe

Die staatsrechtliche Stellung der Rechnungshöfe und insbesondere ihre Einordnung in das Gefüge der Gewaltenteilung gehören zu den am häufigsten problematisierten Rechtsfragen, die zu verfassungsrechtlichen Auseinandersetzungen geführt haben. Allerdings muss die praktische Bedeutung dieses Problemkreises nicht überbewertet werden[296]. Unmittelbare rechtliche Folgen hat eine solche Einordnung nicht[297]. Das heisst aber nicht, dass sie als bedeutungslos einzustufen ist, da sie einerseits indiziellen Charakter für den Umfang der staatlichen Finanzkontrolle haben kann[298]; aus der staatsrechtlichen Stellung der Rechnungshof (vor allem innerhalb des Gewaltengefüges) lassen sich Rückschlüsse auf sein Verhältnis zu den geprüften Einrichtungen ziehen. Andererseits könnte eine solche Einordnung im Falle der Ausgestaltung der Dienstaufsicht oder der Besetzung leitender Ämter des Rechnungshofes praktische Bedeutung erlangen[299]. Schließlich kann die Einordnung in der Gewaltenteilung als bedeutsam für die Betrachtungsweise von Reformüberlegungen[300] und für die Klärung der Rechte und Pflichten des Rechnungshofs gegenüber anderen Verfassungsorganen[301] angesehen werden.

Hinter der verfassungsrechtlichen Auseinandersetzung steht eine politische Problematik, nämlich „in welche(m) Interesse der Rechnungshof seine Aufgaben wahrnimmt“[302]. Auf jeden Fall ist für eine Erörterung der staatsrechtlichen Stellung des BRH methodologisch von den relevanten Vorschriften des Grundgesetzes auszugehen[303].

---

296 Vgl. Stern, Staatsrecht der Bundesrepublik Deutschland, Bd. II, 1980, § 34 IV 1; Maunz, § 114 Rn. 24, in: Maunz/Dürig/Herzog (Hrsg.), Grundgesetz, Loseblattkommentar, 2006.

297 Vgl. Vogel, DVBl. 1970, S. 193 ff. (194); Greifeld, Der Rechnungshof als Wirtschaftlichkeitsprüfer, 1981, S. 1; Krempel, Rechnungshöfe und Rundfunk-Beteiligungsunternehmen, 1996, S. 42; Maunz, § 114 Rn. 24, in: Maunz/Dürig/Herzog (Hrsg.), Grundgesetz, Loseblattkommentar, 2006; Vogel/Kirchhof, BK, Art. 114, Rn. 176; Krebs, VerwArch 1980, S. 77 ff. (83); Heintzen, Art. 114 Rn. 4, in: von Münch/Kunig (Hrsg.), GG-Kommentar, 2003.

298 Vgl. Klappstein, Jura 1990, S. 232 ff. (232); Krempel, Rechnungshöfe und Rundfunk-Beteiligungsunternehmen, 1996, S. 42.

299 Vgl. Reger, VerwArch 1975, S. 195 ff. (244 f.); Stern, Staatsrecht der Bundesrepublik Deutschland, Bd. II, 1980, § 34 IV 1.

300 Vgl. Maunz, § 114 Rn. 24, in: Maunz/Dürig/Herzog (Hrsg.), Grundgesetz, Loseblattkommentar, 2006.

301 Vgl. Klappstein, Jura 1990, S. 232 ff. (232).

302 Vgl. Mayer, Die Erfolgskontrolle von Subventionen durch die Rechnungshöfe, 2001, S. 20.

303 Vgl. Tiemann, DVBl. 1970, S. 954 ff. (955 und 958).

1. Die Stellung der Rechnungshöfe in der Gewaltenteilungsordnung

a) Meinungsstand in Literatur und Rechtsprechung

Die Versuche der Theorie, die Einrichtung des Bundesrechnungshofes[304] in das System der Gewaltenteilung einzuordnen, haben zu unterschiedlichsten Ergebnissen geführt. Fast alle denkbarmöglichen Meinungen sind vertreten worden[305]. Der BRH wird entweder der Legislative[306], der Exekutive[307] oder der rechtsprechenden Gewalt[308] zugeordnet. Darüber hinaus wird er von einigen als Organ einer „vierte(n) Gewalt"[309] oder als Institution „sui generis"[310] verstanden.

---

304 Im folgenden wird grundsätzlich die Einordnung des BRH analysiert. Diese Argumentation gilt mutatis mutandis für die Rechnungshöfe der Länder.

305 Vgl. Stern, Staatsrecht der Bundesrepublik Deutschland, Bd. II, 1980, § 34 IV 1.

306 Vgl. Heinig, DöH 1, S. 131 ff. (132); Härtig, DVBl. 1955, S. 173 ff. (174); Ipsen, JZ 1955, S. 593 ff. (599); Manzig, Die staatsrechtliche Stellung des Bundesrechnungshofes, 1954; Menzel, DöV 1968, S. 593 ff. (598); Menzel/Richter, DVBl. 1969, S. 67 ff. (75); Weichmann, DVBl. 1953, 745 ff. (746). Siehe auch: Vogel/Kirchhof, BK, Art. 114 Rn. 173; Stern, Staatsrecht der Bundesrepublik Deutschland, Bd. II, 1980 § 34 IV 2; Fittschen, VerwArch 1992, S. 165 ff. (165 Fn. 3); Degenhart, Kontrolle der Verwaltung durch Rechnungshöfe, in: VVDStRL 1996, S. 190 ff. (192 Fn. 3).

307 Vgl. Grupp, Die Stellung der Rechnungshöfe in der Bundesrepublik Deutschland, 1972, S. 163; Huber, Die institutionelle Verfassungsgarantie der Rechnungsprüfung, in: FS f. Nikisch, 1958, S. 331 ff. (336); Karehnke, DöH 15, S. 29 ff. (32); Klein, DöV 1961, S. 805 ff. (806); Leisner, Staatliche Rechnungsprüfung Privater, 1990, S. 35 ff.; Maunz, § 114 Rn. 24, in: Maunz/Dürig/Herzog (Hrsg.), Grundgesetz, Loseblattkommentar, 2006; Tiemann B., DVBl. 1970, S. 954 ff. (958). Siehe auch, Vogel/Kirchhof, BK, Art. 114 Rn. 173; Stern, Staatsrecht der Bundesrepublik Deutschland, Bd. II, 1980, § 34 IV 2; Fittschen, VerwArch 1992, S. 165 ff. (166 Fn. 4).

308 Vgl. Beckensträter, Die Stellung der Rechnungshöfe im System der Dreiteilung der Staatsgewalt, 1961, S. 104 f.; Richter, DVBl. 1969, S. 67 ff. (71); Vogel, DVBl. 1970, S. 193 ff. (195). Siehe auch, Vogel/Kirchhof, BK, Art. 114 Rn. 173 ; Stern, Staatsrecht der Bundesrepublik Deutschland, Bd. II, 1980 § 34 IV 2; Fittschen, VerwArch 1992, S. 165 ff. (166 – Fn. 5).

309 Vgl. Härtig, DVBl. 1951, S. 292 ff.

310 Vgl. Bank, DöH 5, S. 67 ff.; ders., DöV 1962, S. 526 ff.; ders., DöH 7, S. 129 ff.; Härtig, DVBl. 1951, S. 394; Tiemann, Die staatsrechtliche Stellung der Finanzkontrolle des Bundes, 1974, S. 363 f. Rechtsvergleichend: Beran/Konvicka, Finanzkontrolle international gesehen, 1967, S. 16 ff. und 72 ff.; Frey/Serna, Rechnungshöfe: Die Sicht der neuen politischen Ökonomie, in: Engelhardt/Schulze/Thieme (Hrsg.), Stellung und Funktion der Rechnungshöfe im Wandel?, 1992, S. 105 ff. (106); Tiemann, Die staatsrechtliche Stellung der Finanzkontrolle des Bundes, 1974, S. 345 ff.

Gerichtliche Entscheidungen über die Tätigkeiten der Rechnungshöfe sind relativ selten. Die Rechtsprechung versteht die Rechnungshöfe grundsätzlich als Teil der Exekutive. Typisch hierzu ist der Beschluss des Oberverwaltungsgerichtes Sachsen-Anhalt vom 5. Juli 2002, nach dem es gerechtfertigt ist, den Rechnungshof „da (er) weder Gesetzgebungsorgan, noch Gericht ist ... als eine der Landesregierung gegenüber selbstständige oberste Landesbehörde" zu bezeichnen und „als Behörde i.S.d. § 99 Abs. 1 Satz 1 VwGO" anzusehen[311].

b) Inhalt und Bedeutung des Gewaltenteilungsprinzips

Aus der systematischen Stellung der grundgesetzlichen Vorschriften über die Rechnungsprüfung und den Bundesrechnungshof kann keine Schlussfolgerung für die betreffende umstrittene Problematik gezogen werden. Der Versuch einer eindeutigen Einordnung setzt zunächst eine Verdeutlichung des Inhalts und der Tragweite des Gewaltenteilungsprinzips voraus. Das ist erforderlich, um die verschiedenen vertretenen Ansichten zu überprüfen und in der Problematik der konkreten Zuordnung eine eigene Stellung zu nehmen.

aa) Die verfassungsrechtliche Grundlage

Die Verfassung selbst konstituiert die Gewaltenteilung als Prinzip, in dem Sinne, dass die Gewaltenteilung nicht in abstracto gilt, sondern sie inhaltlich durch die jeweilige verfassungsrechtliche Kompetenzordnung konkretisiert wird[312]. Die verfassungsrechtliche Grundlage des Gewaltenteilungsprinzips ist Art. 20 Abs. 2 GG, nach dem die Staatsgewalt vom Volk selbst und durch besondere Organe der Gesetzgebung, der vollziehenden Gewalt und der Rechtssprechung ausgeübt wird. Frühere deutsche Verfassungen folgten ebenfalls diesem Prinzip, hatten es aber nicht ausdrücklich benannt[313]. Die Gewaltenteilung wird entweder als eigen-

---

311 Beschluss des Oberverwaltungsgerichtes Sachsen-Anhalt vom 5. Juli 2002-9P 1/02, abgedruckt in: Heuer (Hrsg.), Kommentar zum Haushaltrecht, Stand Mai 2005, Teil IX/3.25. Vgl. auch den Beschluss des VGH Kassel vom 18.5.1993, in: NVwZ-RR 1994, S. 511 ff.: „Danach ist der Rechnungshof eine Behörde, d.h. ein Teil der Exekutive auf der Verwaltungsebene."; BayVerfGH, Entscheidung vom 22.5.1968, in: DöV 1968, S. 656 ff.; OVG Münster, Urt. vom 9.5.1978, in: DöV 1979, S. 682 ff.; VG Düsseldorf, Urt. vom 3.10.1980 (nicht rechtskräftig), in: NJW 1981, S. 1396 ff.

312 Vgl. Hesse, Grundzüge des Verfassungsrechts der Bundesrepublik Deutschland, 1999, S. 185 f.

313 Vgl. Maurer, Staatsrecht I, 2003, S. 378.

ständiges Verfassungsprinzip[314] oder als Bestandteil des Rechtsstaatsprinzips[315] verstanden. Nach dem BVerfG gilt das Gewaltenteilungsprinzip über Art. 28 Abs. 1 GG auch für die Bundesländer[316].

bb) Das traditionelle Verständnis

Die Staatslehre hat sich immer damit beschäftigt, wie Machtmissbrauch in der Machtsausübung wirksam begegnet werden kann. Mit dieser Frage haben sich in der Antike z.B. die Philosophen Platon und Aristoteles beschäftigt und im 17. und 18 JH die Naturrechtslehrer[317]. Von besonderer Bedeutung ist die Lehre Charles de Montesquies, der anknüpfend an die realen politischen Machtbeziehungen seiner Zeit zwischen den drei Funktionsbereichen Legislative, Exekutive und Jurisdiktion unterschied, und diese bestimmten Organen zuwies, nämlich erstere der Volksvertretung, zweitere dem Monarchen und letztere den Gerichten[318]. Seine Lehre wurde in Art. 16 der französischen Erklärung der Menschen- und Bürgerrechte aus dem Jahre 1789 verankert, nach dem ein Staat ohne Grundrechte und ohne Gewaltenteilung keine richtige Verfassung habe. Hintergrund bzw. Rechtfertigungsgrund des Gewaltenteilungsprinzips ist die Sicherung der politischen Freiheit des Einzelnen[319].

cc) Die heutige Fassung

Nach heutigem Verständnis der Gewaltenteilung im Rahmen des Grundgesetzes wird die vom Volke ausgehende, unteilbare Staatsgewalt nur der Ausübung nach durch besondere Organe dreigeteilt. Der Ausdruck „Gewaltenteilung“ umfasst heute, neben der Teilung der staatlichen Hauptfunktionen[320], d.h. Gesetzgebung, Vollziehung und Rechtsprechung, und deren Zuweisung an verschiedene Organe

---

314 So z.B. Hesse, Grundzüge des Verfassungsrechts der Bundesrepublik Deutschland, 1999, Rn. 476 ff.

315 So z.B. Schmidt-Aßmann, § 24 Rn. 46, in: HStR Bd. I, 1987.

316 BVerfGE 2, S. 307 ff. (319) und 34, S. 52 ff. (58).

317 Für die Entstehung und Entwicklung des Gewaltenteilungsprinzips siehe: Schambeck, Zur Idee und den heutigen Formen der Gewaltenteilung im Staat, in: Hengstschläger (Hrsg.), Der Staat und seine Ordnung, 2002, S. 141 ff.

318 Vgl. Maurer, Staatsrecht I, 2003, S. 375; Zippelius, Allgemeine Staatslehre, 2003, S. 323 ff.; Heun, Staatshaushalt und Staatsleitung, 1989, S. 86 ff.

319 Vgl. Rischer, Finanzkontrolle staatlichen Handelns, 1995, S. 127 (Fn. 748).

320 Diese Teilung muss die legitime verfassungsrechtliche Ordnung organisatorisch und funktionell gewährleisten. (sog. Funktionsgerechtigkeitslehre – BVerfGE 68, S. 1 ff. [86]).

(sog. Gewaltentrennung), hauptsächlich die gegenseitige Hemmung, Kontrolle und Begrenzung dieser Gewalten (sog. Gewaltenbalancierung)[321].

Das Grundgesetz enthält keine nähere Bestimmung über den Inhalt der drei Grundfunktionen. Aus dem Gesamtzusammenhang der demokratischen und rechtstaatlichen Ordnung des Grundgesetzes kann ihre Definition wie folgt dargestellt werden[322]: Unter Gesetzgebung ist die als Form politischer Willensbildung über grundlegende Fragen rechtsverbindliche Entscheidung zu verstehen, also die politische Gestaltung[323]; Vollziehung kann man als die Regierung und Verwaltung umfassende Form unmittelbaren staatlichen Tätigwerdens verstehen, wobei „Regierung" als oberste leitende staatliche Tätigkeit und „Verwaltung" als zweckbestimmte gestaltende Wahrnehmung öffentlicher Angelegenheiten zu begreifen ist (Planungs- und Entscheidungsfunktion)[324]. Rechtsprechung kann man als die nach den Maßstäben des Rechts in einem qualifizierten Verfahren zu treffende Entscheidung von Fällen durch einen unbeteiligten unabhängigen Dritten definieren[325]. Kurz gefasst kann man sagen, dass die „Gesetzgebung" Rechtsnormen setzt, die durch die „Exekutive" vollgezogen werden und am Maßstab derer (Normen) die Rechtsprechung über einzelne Rechtsstreitigkeiten unabhängig entscheidet.

Im Grundgesetz finden sich zahlreiche Überschneidungen der Funktionen und Einflussnahmen der einen Gewalt auf die beiden anderen (Gewaltenteilungsverflechtungen)[326]. Nach der Rechtsprechung des BVerfG sind solche Durchbrechungen systemimmanent; bedeutend ist, dass der Kernbereich einer jeden Gewalt gewahrt wird[327]. Deswegen kann man aus dem Gewaltenteilungsprinzip

---

321 Vgl. BVerfGE 7, S. 183 ff. (188); Zippelius, Allgemeine Staatslehre, 2003, S. 333; Rischer, Finanzkontrolle staatlichen Handelns, 1995, S. 125 f.; Stern, Staatsrecht der Bundesrepublik Deutschland, Bd. I, 1984, § 20 IV 3; Schmidt-Aßmann, Der Rechtsstaat, in: HStR I, 1987, S. 987 ff. (1011 f.); Horn, AöR 2002, S. 427 ff.

322 Zum folgenden vgl. Hesse, Grundzüge des Verfassungsrechts der Bundesrepublik Deutschland, 1999, Rn. 500 ff.; Zippelius, Allgemeine Staatslehre, 2003, S. 329.

323 Vgl. Groß, VerwArch 2004, S. 194 ff. (197).

324 Vgl. Tiemann, Die staatsrechtliche Stellung der Finanzkontrolle des Bundes, 1974, S. 310. Zum Kernbereich der Verwaltung siehe auch: Degenhart, NJW 1984, S. 2184 ff.

325 Vgl. Schmidt-Aßmann, § 24 Rn. 52, in: HStR Bd. I, 1987 und Grupp, Die Stellung der Rechnungshöfe in der Bundesrepublik Deutschland, 1972, S. 150-152. Siehe auch die Entscheidung des EuGH von 26 November 1999 (ANAS).

326 Vgl. Groß, VerwArch 2004, S. 194 ff. (198); Zippelius, Allgemeine Staatslehre, 2003, S. 332.

327 BVerfGE 3, S. 225 ff. (247); 7, S. 183 ff. (188); 34, S. 52 ff. (59). Vgl. aber Heun, Staatshaushalt und Staatsleitung, 1989, S. 89 ff.; Zippelius, Allgemeine Staatslehre, 2003, S. 333.

keinen Schluss von der Funktion auf das Organ, sondern nur vom Organ auf die Funktion ziehen[328].

dd) Abschließende Aufzählung der Funktionen?

Im Rahmen der zu untersuchenden Problematik ist eine Stellungnahme bezüglich der umstrittenen Frage, ob die in Art. 20 Abs. 2 GG genannten Funktionen nur Grund-, bzw. Hauptfunktionen oder abschließend aufgezählte Funktionen sind, besonders wichtig. Nach richtiger Meinung ist die Aufzählung der Funktionen in Art. 20 GG nicht abschließend, denn aus der Dreiteilung der Gewalten kann nicht zwingend eine strikte Gewaltentrennung abgeleitet werden, nach der jede einzelne materielle Funktion einem Teil der Staatsorganisation zugewiesen werden muss[329]. Nach einer Ansicht sind Ausnahmen vom Gewaltenteilungsprinzip zulässig[330]. Nach unserer Meinung ist aber Art. 20 Abs. 2 GG nicht nur eine ausnahmeoffene, sondern darüber hinaus eine durch die Vorschriften der Verfassung gestaltungsbedürftige Regelung.

Art. 20 GG enthält weder ein ausdrückliches Gebot der Gewaltentrennung, noch sagt er etwas über die Gewaltenbalancierung aus[331]. Nach richtiger Auffassung bezeichnet Art. 20 Abs. 2 GG nur „bestimmte Grundtypen der Art der Aufgabenerfüllung“ und enthält „keine abschließende Umschreibung der verfassungsmäßigen Funktionen, sondern lässt Raum für weitere (Funktionen)“[332]. Maßstab der Verwirklichung der Gewaltenteilung kann nur die konkrete Ausgestaltung durch die Verfassung sein. Aus dem Gewaltenteilungsprinzip ergibt sich nicht, dass jedes staatliche Organ in das Dreiteilungsschema zu pressen sei, da das Prinzip wohl als Grundsatz der Hemmung und Kontrolle der verschiedenen Gewalten und nicht als Schema angesehen werden muss[333]. Erst wenn man diese

328 Vgl. Tiemann B., DVBl. 1970, S. 954 ff. (957).

329 So aber Groß, VerwArch 2004, S. 194 ff. (197); Maunz, 114 Rn. 24, in: Maunz/Dürig/Herzog (Hrsg.), Grundgesetz, Loseblattkommentar, 2006; Schmidt-Aßmann, Der Rechtsstaat, in: HStR I, 1987, S. 987 ff. (1013), der aber die Existenz „atypischer Aufgabengruppen“ akzeptiert.

330 Vgl. Stern, Staatsrecht der Bundesrepublik Deutschland, Bd. II, 1980, § 34 IV 4 b.

331 Vgl. Sigg, Die Stellung der Rechnungshöfe im politischen System der Bundesrepublik Deutschland, 1983, S. 24 f.

332 Siehe zum folgenden: Hesse, Grundzüge des Verfassungsrechts der Bundesrepublik Deutschland, 1999, S. 210 ff.

333 Vgl. Stern, Staatsrecht der Bundesrepublik Deutschland, Bd. II, 1980, § 34 IV 4 b; ders., Die staatsrechtliche Stellung des Bundesrechnungshofes, in: Zavelberg (Hrsg.), Die Kontrolle der Staatsfinanzen, 1989, S. 11 ff. (41); Mayer, Die Erfolgskontrolle von Subventionen durch die Rechnungshöfe, 2001, S. 20 f.; Krebs, Ver-

Folgerungen annimmt, ist eine sachgerechte Einordnung der Rechnungshöfe in das System der Gewaltenteilung möglich.

c) Die Zuordnung der Rechnungshöfe

Ausgehend von der Prämisse, dass eine lückenlose Zuordnung aller staatlichen Handlungen zu einer der drei Funktionen nicht zwingend ist, versuchen wir im Folgenden zu untersuchen, inwieweit eine solche Einordnung der Rechnungshofkontrolle möglich ist.

aa) Zur Judikative

Nach einer älteren, heute nicht mehr vertretenen Auffassung gehören die Rechnungshöfe zur Judikative. Dieser Auffassung kann nicht gefolgt werden. Obwohl die Mitglieder der Rechnungshöfe richterliche Unabhängigkeit besitzen, sind sie keine Richter[334]. Ferner sind die Beanstandungen bzw. Entscheidungen der Rechnungshöfe nicht verbindlich. Das bedeutet, dass es hier an einem prägenden Merkmal der Rechtsprechung fehlt, nämlich an der verbindlichen Entscheidungsbefugnis[335]. Aus der systematischen Stellung des Bundesrechnungshofes im Grundgesetz kann ein weiteres Argument gegen die Einordnung der Rechnungshöfe in die rechtsprechende Gewalt gewonnen werden. Wäre nämlich der BRH als Gericht institutionalisiert, müsste sein Verfahren in Abschnitt IX des GG verankert werden[336].

bb) Zur Legislative

Die Rechnungshöfe sind auch nicht als Teil der Legislative einzustufen, da ihnen keine Gestaltungsbefugnis nach dem oben gegebenen Begriff zukommt, d.h. sie setzen keine Rechtsnormen, sondern vollziehen Gesetze[337]. Ferner ist die gleich-

---

wArch 1980, S. 77 ff. (83), der die strikte Anwendung des Dreierschemas als „Prokrustesbett“ bezeichnet.

334 Vgl. weiter oben Kap. B III 3.

335 Vgl. Krempel, Rechnungshöfe und Rundfunk-Beteiligungsunternehmen, 1996, S. 42; Groß, VerwArch 2004, S. 194 ff. (202); Tiemann, Die staatsrechtliche Stellung der Finanzkontrolle des Bundes, 1974, S. 298 ff.; Grupp, Die Stellung der Rechnungshöfe in der Bundesrepublik Deutschland, 1972, S. 148 ff.; Vogel/Kirchhof, BK, Art. 114 Rn. 174; BVerfGE 20, S. 56 ff. (96).

336 Vgl. Grupp, Die Stellung der Rechnungshöfe in der Bundesrepublik Deutschland, 1972, S. 149.

337 Vgl. Vogel/Kirchhof, BK, Art. 114 Rn. 174 und Groß, VerwArch 2004, S. 194 ff. (202).

zeitige Funktion des Bundesrechnungshofes als Selbstkontrolleinrichtung der Verwaltung nicht mit der Stellung als Legislativorgan[338] vereinbar. Schließlich kann der Rechnungshof aufgrund seiner eigenständigen verfassungsrechtlichen Verankerung und der richterlichen Unabhängigkeit seiner Mitglieder nicht als „Hilfsorgan" des Parlamentes (oder aller Gewalten) bezeichnet werden[339], was lediglich in dessen Interesse liegt[340].

cc) Zur Exekutive

Aufgrund der oben durchgeführten Analyse könnte man vertreten, dass die Rechnungshöfe zwangsläufig der exekutiven Funktion angehören (und ja im Bereich des ministerialfreien Raums), da die beiden anderen Gewalten ausscheiden[341]. Dieser Ansicht kann nicht bedenkenlos zugestimmt werden. Entscheidend ist letzlich, ob die Rechnungshöfe in der Exekutive *positiv* eingestuft werden können.

Für eine Zuordnung zur Exekutive sprechen sowohl Art. 1 Abs. 2 BRHG als auch die entsprechenden Ländervorschriften. Nach diesen Vorschriften ist der BRH bzw. Landesrechnungshof eine der Bundesregierung gegenüber selbstständige, nur dem Gesetz unterworfene Oberste Bundes- bzw. Landesbehörde. Gegen eine Zuordnung der Rechnungshöfe zur Exekutive bestehen jedoch mehrere Einwände. Die Rechnungshoftätigkeit kann weder als Regierungs-, noch als Verwaltungsfunktion angesehen werden, da es hierzu an der staatsleitenden Funktion (Regierung) und an den Merkmalen der Planungs- und Entscheidungsfindung (Verwaltung) fehlt. Entscheidend ist ferner die Heranführung der Institution der Rechnungshöfe an das Parlament, was dazu führt, dass die Rechnungshöfe ihrer ausschließlich exekutiven Tradition entwachsen sind[342].

---

338 Vgl. Krempel, Rechnungshöfe und Rundfunk-Beteiligungsunternehmen, 1996, S. 42.

339 Vgl. Siedentopf, 50 Jahre Bundesrechnungshof, Festvortrag, in: BRH (Hrsg.), Festakt im ehemaligen Plenarsaal des Deutschen Bundestages, 2000, S. 25 ff. (29); Grupp, Die Stellung der Rechnungshöfe in der Bundesrepublik Deutschland, 1972, S. 145; Tiemann, Die staatsrechtliche Stellung der Finanzkontrolle des Bundes, 1974, S. 319; Groß, VerwArch 2004, S. 194 ff. (202); Stern, Staatsrecht der Bundesrepublik Deutschland, Bd. II, 1980, § 34 IV 3; Sierig, Die Grenzen der staatlichen Finanzkontrolle, 1998, S. 42 f.; Kisker, § 89 Rn. 127, in: HStR Bd. IV, 1990. So aber, Brockmeyer, Art. 114 Rn. 9, in: Bleibtreu/Klein, Kommentar zum Grundgesetz, 2004.

340 Vgl. Wittrock, ZParl 1982, S. 209 ff. (216).

341 Vgl. Groß, VerwArch 2004, S. 197 ff. (202); Maunz, § 114 Rn. 24, in: Maunz/Dürig/Herzog (Hrsg.), Grundgesetz, Loseblattkommentar, 2006.

342 Vgl. Reger, VerwArch 1975, S. 195 ff. (195, 221).

d)Stellungnahme

Aus der vorherigen Analyse folgt im Ergebnis, dass die Rechnungshöfe keiner der drei Grundgewalten, d.h. Exekutive, Legislative oder Judikative, zugeordnet werden können[343]. Vielmehr können Elemente aller drei Staatsfunktionen „aufgespürt werden“[344]. Die Rechnungshöfe sind unabhängige zentrale Institutionen der öffentlichen Finanzkontrolle und haben eine Sonderstellung in der Gewaltenteilungsordnung[345]. Sie kontrollieren, d.h. sie prüfen oder beraten und berichten anhand bestimmter Maßstäbe unmittelbar zugunsten von Exekutive (Regierung und Verwaltung) und Legislative (Parlament) und mittelbar als Sachwalter für den Staatsbürger[346].

Aus der Tatsache, dass die von den Rechnungshöfen wahrzunehmende Kontrolle als Funktion der Entscheidung, deren Rationalisierung sie dient zu verstehen ist, ergibt sich, dass die Rechnungshöfe nicht „notwendig einer der drei traditionellen Staatsfunktionen zugeordnet werden“[347] müssen. Die Rechnungshöfe werden also „in den Dienst der Gewaltenteilung und –kontrolle, der 'checks and balances of power' gestellt, als „ein neutrales Gegengewicht zu dem parteienstaatlich durchdrungenen parlamentarischen Regierungssystem“[348]. Sie selbst werden aber keiner Gewalt zugeordnet. Diese Ansicht bereitet keine Systemwidrigkeit, sondern bestätigt und stärkt das Konzept der Gewaltenteilung, weil „erst die Existenz eines solchen sachkundigen Prüfungsorgans eine wirksamer Gewal-

---

343 Diese Stellungnahme entspricht der überwiegenden Meinung in der Literatur. Vgl. dazu, Tiemann, Die staatsrechtliche Stellung der Finanzkontrolle des Bundes, 1974, S. 338; Vogel/Kirchhof, BK, Art. 114 Rn. 174; Stern, Staatsrecht der Bundesrepublik Deutschland, Bd. II, 1980, § 34 IV 4 c; Kisker, § 89 Rn. 98, in: HStR Bd. IV, 1990; Müller, DVBl. 1994, S. 1276 ff. (1276), Rischer, Finanzkontrolle staatlichen Handelns, 1995, S. 125; Sierig, Die Grenzen staatlicher Finanzkontrolle, 1998, S. 40; Korthals, DöV 2002, S. 600 ff. (601); Kyrill-A.Schwarz, Art. 114 Rn. 47, in: von Mangoldt/Klein/Starck, Das Bonner Grundgesetz (Kommentar), 2001; Siekmann, § 114 Rn. 24, in: Sachs (Hrsg.), Grundgesetz Kommentar, 3. Auflage.

344 Stern, Staatsrecht der Bundesrepublik Deutschland, Bd. II, 1980, § 34 IV 4 b; Vgl. Peucker, DöV 1950, S. 424 („Mischform, die in sich Züge aller drei Gewalten vereinigt“).

345 Vgl. Glatfeld, Die Auswirkungen effizienzsteigender Maßnahmen in der öffentlichen Verwaltung unter besonderer Berücksichtigungen von Ausgliederungen bzw. Privatisierungen auf die Arbeit der Rechnungshöfe, 1997, S. 13 f.

346 Vgl. von Arnim, Finanzkontrolle in der Demokratie, in: Ders. (Hrsg.), Finanzkontrolle im Wandel, 1989, S. 39 ff. (44); Vogel/Kirchhof, BK, Art. 114 Rn. 19; Sigg, Die Stellung der Rechnungshöfe im politischen System der Bundesrepublik Deutschland, 1983, S. 27.

347 Krebs, Kontrolle in staatlichen Entscheidungsprozessen, 1984, S. 179.

348 Stern, Staatsrecht der Bundesrepublik Deutschland, Bd. II, 1980, § 34 IV 4 c.

tenbalance und -kontrolle im Verhältnis zwischen Exekutive und Legislative ermöglicht"[349]. Die Stellung der Rechnungshöfe in der Gewaltenteilungsordnung kann nur durch einen funktionalen Blickwinkel bestimmt werden, da sie als „institutionell verselbständigte Elemente des funktionengegliederten Verfassungsprozesses"[350] Aufgaben für mehrere Organe wahrnehmen.

2. Die staatsorganisatorische Stellung der Rechnungshöfe

a) Oberstes Staatsorgan

Eng verflochten mit der Frage der Einordnung in die Gewaltenteilungsordnung ist das Problem der staatsorganisatorischen Stellung der Rechnungshöfe. Art. 1 Abs. 2 BRHG sieht vor, dass der BRH eine oberste Bundesbehörde ist und als unabhängiges Organ der Finanzkontrolle nur dem Gesetz unterworfen ist. Hierdurch kann aber nicht festgelegt werden, wie der Rechnungshof staatsorganisatorisch in das geltende Verfassungssystem einzuordnen ist. Die Ablehnung einer Zuordnung zur Exekutive und die Tatsache, dass die Rechnungshofprüfung grundsätzlich staatsinternen Charakter[351] hat, verschärfen die betreffende Problematik noch.

Nach richtiger Meinung ist der BRH bei der Aufgabenerfüllung keine (Oberste) Bundesbehörde[352]. Das Prüfungsverfahren des BRH ist ein eigenständiges Verfahren. Ferner mangelt es in der Regel seinen Handlungen an Außenwirkung[353]. Deswegen kann der BRH bzw. die LRH in Anlehnung an die oben geäußerte These über die Einordnung des Rechnunghofs in der Gewaltenteilung, treffender als „Oberstes Staatsorgan" bezeichnet werden[354].

---

349 Vogel/Kirchhof, BK, Art. 114 Rn. 174; Tiemann, Die staatsrechtliche Stellung der Finanzkontrolle des Bundes, 1974, S. 322 ff. Übereinstimmend, Krebs, VerwArch 1980, S. 77 ff. (83) und Karehnke, DVBl. 1974, S. 921 f.; Jury, Der Rechnungshof vor Gericht, 2002, S. 252. Der Rechnungshof hat eine (nur) *ähnliche* Stellung wie andere sachkundige, unanhängige Kontrollorgane, wie z.B. der Ombudsmann und die Unabhängigen Regulierungsbehörde (Independent Regulatory Agencies). Vgl. dazu, Vogel/Kirchhof, BK, Art. 114 Rn. 175.

350 Krebs, Kontrolle in staatlichen Entscheidungsprozessen, 1984, S. 181.

351 Vgl. Haverkate, AöR 1982, S. 539 ff. (547, 549).

352 Vgl. Heuer § 1 BRHG, in: Ders.(Hrsg.), Kommentar zum Haushaltrecht, Stand Sept. 1986. Damit ist aber nicht zwangsläufig gesagt, dass der BRH keinen Verwaltungsakt setzen kann.

353 Siehe ausführlicher, Kap. D III dieser Arbeit.

354 Vgl. Stern, Staatsrecht der Bundesrepublik Deutschland, Bd. II, 1980, § 34 IV 5 a (β); Grupp, Parlamentarische Informationsverlangen über Prüfungen der Rech-

b) Status eines Verfassungsorgans?

Des Weiteren ist die damit zusammenhängende Frage zu stellen, ob dem BRH der Status eines Verfassungsorgans zuerkannt werden muss. Das BVerfG geht zutreffend davon aus, dass Verfassungsorgane jene Organe sind, deren „Entstehen, Bestehen und verfassungsmäßige Tätigkeit recht eigentlich den Staat konstituieren und seine Einheit sichern“[355]. Verfassungsorgane sind nur diejenigen Staatsorgane, die „nicht hinweggedacht werden, ohne dass der Staat seine spezifische Verfassungsstruktur ändert“[356].

Nach herrschender und richtiger Meinung[357] sind die Rechnungshöfe deswegen keine Verfassungsorgane, weil es ihnen „des gestaltenden Einflusses auf das aktuelle Verfassungsgeschehen ermangelt“[358]. Der BRH ist dementsprechend kein Verfassungsorgan, da er nicht unmittelbar an der staatlichen Willensbildung beteiligt ist und keine verbindlichen Entscheidungen treffen kann[359]. Die Rechnungshofkontrolle funktioniert nur unterstützend und hat keine rechtliche, sondern nur eine pragmatische Mitwirkung an der politischen Gestaltung. Das reicht aber tatsächlich nicht, um dem Rechnungshof die Qualität eines Verfassungsorgans zu geben[360]. Die Ablehnung des Status des Verfassungsorgans für einen Rechnungshof spielt aber keine entscheidende Rolle dafür, ob eine verfassungsrechtliche Streitigkeit angenommen wird oder nicht[361].

c)Beteiligungsberechtigung am Organstreitverfahren

Ebenso wenig folgt daraus, dass der Bundesrechnungshof sich nicht am Organstreit vor dem Bundesverfassungsgericht beteiligen darf. Nach Art. 93 Abs. 1

---

nungshöfe, in: Grupp/Hufeld (Hrsg.), Recht – Kultur – Finanzen, FS für Reinhard Mußgnug, 2005, S. 163 ff. (178).

355 JöR N.F., 1957, S. 194 ff. (198). Vgl. auch Krebs, VerwArch 1980, S. 77 ff. (84).

356 Goessl, Organstreitigkeiten innerhalb des Bundes, 1961, S. 96.

357 Vgl. Vogel/Kirchhof, BK, Art. 114 Rn.177; Maunz, § 114 Rn. 25, in: Maunz/Dürig/Herzog (Hrsg.), Grundgesetz, Loseblattkommentar, 2006; Krebs, Kontrolle in staatlichen Entscheidungsprozessen, 1984, S. 84; Stern, Staatsrecht der Bundesrepublik Deutschland, Bd. II, 1980, § 34 IV 5 a (β); Kisker, § 89 Rn. 128, in: HStR Bd. IV, 1990; Heintzen, Art. 114 Rn. 17, in: von Münch/Kunig (Hrsg.), GG-Kommentar, 2003.

358 OVG Münster, Urt. Vom 9.5. 1978, in: DoV 1979, S. 682 ff. Das Gericht erkennt die Bedeutung der Rechnungshofkontrolle an, die aber nur unterstützend funktioniert, da es an einer echten Mitwirkung an der politischen Gestaltung fehlt.

359 Vgl. VGH Kassel vom 18.5.1993, NVwZ-RR 1994, S. 511 ff.

360 Vgl. Kisker, § 89 Rn. 128, in: HStR Bd. IV, 1990.

361 Siehe dazu weiter unten Kap. D III der Arbeit.

Nr. 1 GG sind im Organstreit außer „obersten Bundesorganen" auch „anderen Beteiligten, die durch dieses Grundgesetz ... mit eigenen Rechten ausgestattet sind", parteifähig. Das ist beim BRH der Fall. Nach richtiger Auffassung[362] ist der BRH im Organstreitverfahren parteifähig, um Beeinträchtigungen seiner Befugnisse bzw. Rechte, wie z.B. seine Unabhängigkeit, von anderen Staatsorganen abzuwehren. Die abweichende Formulierung des Art. 63 BVerfGG kann diese Rechtslage nicht ändern, da die dort gemachte Aufzählung nicht als erschöpfend angesehen werden kann[363].

VII. Die institutionelle Garantie des Art. 114 Abs. 2 GG

Nach herrschender Meinung ist in Art. 114 Abs. 2 GG zum ersten Mal in der Verfassungsgeschichte eine institutionelle Verfassungsgarantie der Rechnungsprüfung und des Bundesrechnungshofes verankert[364]. Als erster hat *Weber* die verfassungsrechtliche Regelung als „institutionelle Verfassungsgarantie der Rechnungsprüfung" bezeichnet[365]. Danach war es insbesondere *Klein*, der die institutionelle Verfassungsgarantie der Rechnungsprüfung und des Rechnungshofs ausgebaut hat[366].

Unter dem heute allgemein anerkannten Begriff der institutionellen Garantie, der von *Carl Schmitt* entwickelt wurde und der als Instrument der Verfassungsauslegung dient, versteht man, dass durch verfassungsrechtliche Regelungen bestimmten Einrichtungen des öffentlichen Rechts ein besonderer Schutz gewährt

---

362 Vgl. Fittschen, VerwArch 1992, S. 165 ff. (190); Stern, Staatsrecht der Bundesrepublik Deutschland, Bd. II, 1980, § 34 IV 5 a (α); Kisker, § 89 Rn. 129, in: HStR Bd. IV, 1990; Vogel/Kirchhof, BK, Art. 114 Rn 179; Tiemann, Die staatsrechtliche Stellung der Finanzkontrolle des Bundes, 1974, S. 163 ff.; Müller, DVBl. 1994, S. (1277); Krebs, VerwArch 1980, S. 77 ff. (84); v. Mutius/Nawrath, Art. 114 Rn. 13, in: Heuer (Hrsg.), Kommentar zum Haushaltrecht, Stand Juni 1999. Im Ergebnis auch so: Urt. des VG Düsseldorf vom 3.10.1980, in: NJW 1981, S. 1396 ff.; Häußer, DöV 1998, S. 544 ff. Offengelassen: BVerfGE 92, S. 130 ff. (133) und VfGBbg 12/97, in DöV 1998, S. 200 ff. (200). Ablehnend, Maunz, § 114 Rn. 26, in: Maunz/Dürig/Herzog (Hrsg.), Grundgesetz, Loseblattkommentar, 2006.

363 Siehe dazu, BVerfGE 4, S. 27 ff.

364 Für die historische Entwicklung des Begriffes der institutionellen Garantien siehe: Rischer, Finanzkontrolle staatlichen Handelns, 1995, S. 138 ff.

365 Siehe Weber, DöH 1954, S. 36 ff.

366 Siehe Klein, Die institutionelle Verfassungsgarantie der Rechnungsprüfung, in: Bundesrechnungshof (Hrsg.), 250 Jahre Rechnungsprüfung, FS zur zweihundertfünfzigjährigen Wiederkehr der Errichtung der Preußischen Generalrechenkammer, 1964, S. 133 ff.; Vgl. auch, Huber, Die institutionelle Verfassungsgarantie der Rechnungsprüfung, in: FS f. Nikisch, 1958, S. 331 ff.

wird, um eine Beseitigung bzw. Abschaffung derselben durch den einfachen Gesetzgeber unmöglich zu machen[367]. Der Inhalt der verfassungsrechtlichen Verankerung der Rechnungsprüfung und des Bundesrechnungshofs kann wie folgt bestimmt werden.

1. Die Bestandsgarantie

Mit der institutionellen Garantie werden zunächst der Bestand und die Kontinuität des bestehenden Bundesrechnungshofes gewährleistet[368]. Insofern erweist sich Art. 114 Abs. 2 GG als eine substanz- und kontinuitätswahrende Bestimmung[369]. Die Bestandsgarantie bezieht sich auf „den" in Frankfurt errichteten „Bundesrechnungshof" und nicht auf „irgendeinen beliebigen Rechnungshof"[370]. Damit wird aber nicht der „status quo" der organisationsrechtlichen Ausgestaltung, sondern es werden nur die „typusbestimmenden Merkmale"[371] des BRH vor einem Zugriff des einfachen Gesetzgebers geschützt. In diesem Rahmen ist eine „personelle und sachliche Mindestausstattung" und eine „Mindestausrüstung an Befugnissen"[372] garantiert.

---

367 Vgl. Grupp, Die Stellung der Rechnungshöfe in der Bundesrepublik Deutschland, 1972, S. 166 f.; Stern, Die staatsrechtliche Stellung des Bundesrechnungshofes, in: Zavelberg (Hrsg.), Die Kontrolle der Staatsfinanzen, 1989, S. 11 ff. (24); Kyrill-A.Schwarz, Art. 114 Rn. 71, in: von Mangoldt/Klein/Starck, Das Bonner Grundgesetz (Kommentar), 2001, S. 2105.

368 Vgl. Vogel/ Kirchhof, BK, Art. 114 Rn. 164 ff.; Die staatsrechtliche Stellung des Bundesrechnungshofes, in: Zavelberg (Hrsg.), Die Kontrolle der Staatsfinanzen, 1989, S. 11 ff (25); Heuer, Art. 114 Rn. 18, in: Heuer (Hrsg.), Kommentar zum Haushaltrecht, Stand April 1988; Kyrill-Schwarz, Art. 114 Rn. 73, in: von Mangoldt/Klein/Starck, Das Bonner Grundgesetz (Kommentar), 2001, S. 2106; Siekmann, § 114 Rn. 26, in: Sachs (Hrsg.), Grundgesetz Kommentar, 3. Auflage.

369 Vgl. Stern, DöV 1990, S. 261 ff. (263).

370 Vgl. Klein, Die institutionelle Verfassungsgarantie der Rechnungsprüfung, in: Bundesrechnungshof (Hrsg.), 250 Jahre Rechnungsprüfung, FS zur zweihundertfünfzigjährigen Wiederkehr der Errichtung der Preußischen Generalrechenkammer, 1964, S. 133 ff. (135).

371 Siehe Stern, Die staatsrechtliche Stellung des Bundesrechnungshofes, in: Zavelberg (Hrsg.), Die Kontrolle der Staatsfinanzen, 1989, S. 11 ff (25).

372 Siehe Vogel/Kirchhof, BK, Art. 114 Rn. 167, 168.

2. Die funktionale Garantie

Die institutionelle Garantie des Art. 114 Abs. 2 GG erstreckt sich ferner auf die Erfüllung der Aufgaben des Bundesrechnungshofs (funktionale Verfassungsgarantie)[373]. Der Gesetzgeber darf die verfassungsrechtlich verbürgten Aufgaben, d.h. die Prüfung der vom Bundesfinanzminister vorgelegten Haushaltsrechnung sowie der Haushalts- und Wirtschaftsführung, nicht entziehen (Abwehrcharakter der institutionellen Garantie).

Kern der Garantie ist die Finanzkontrolle (i.e.S.), obwohl diese im Wortlaut der Vorschrift selbst nicht auftaucht[374]. Deswegen muss es sich bei der Prüfungstätigkeit um eine Kontrolltätigkeit handeln (und nicht um eine Mitentscheidung), die sich auf die Finanzwirtschaft des Staates bezieht. Der Begriff „Prüfung" muss daher im weiteren Sinne definiert werden. Darunter versteht man sowohl die nachträgliche Kontrolle (Prüfung i.e.S.), als auch die vorgängige Kontrolle, d.h. die rechnungsunabhängige Prüfung. In diesem Rahmen sind auch die Beratungstätigkeit und die Gutachtererstattung des Bundesrechnungshofs in die verfassungsrechtliche funktionale Garantie einzubeziehen, da sie heute als unabdingbaren Bestandteile einer modernen Rechnungshofkontrolle zu sehen sind[375].

Nach Artikel 114 Abs. 3 GG werden „im übrigen die Befugnisse des Bundesrechnungshofes durch Bundesgesetz geregelt". Daraus ergibt sich, dass der Gesetzgeber die bestehenden Aufgaben erweitern und konkretisieren darf und dem BRH neue Aufgaben übertragen darf [376], jedenfalls bis zu dem Grad, dass die Ausführung der verfassungsrechtlich zugewiesenen Aufgaben nicht beeinträchtigt wird. Auf jeden Fall müssen neue Aufgaben ihrer Art nach in den Zusammenhang der Rechnungshofkontrolle passen[377].

---

373 Zum folgenden vgl. Vogel/ Kirchhof, BK, Art. 114 Rn. 164 ff.; Stern, Die staatsrechtliche Stellung des Bundesrechnungshofes, in: Zavelberg (Hrsg.), Die Kontrolle der Staatsfinanzen, 1989, S. 11 ff. (25).

374 Vgl. Siekmann, § 114 Rn. 27, in: Sachs (Hrsg.), Grundgesetz Kommentar, 3. Auflage.

375 Vgl. Peucker, Grundfragen neuzeitlicher Finanzkontrolle, 1952, S. 21; Vogel, DVBl. 1970, S. 193 ff.; Reger, VerwArch 1975, S. 195 ff. (204); Welz, Parlamentarische Finanzkontrolle in den Bundesländern, 1982, S. 34; von Mutius, VVDStRL 1984, S. 186 ff.; Krebs, Kontrolle in staatlichen Entscheidungsprozessen, 1984, S. 172.

376 Vgl. Siekmann, § 114 Rn. 39, in: Sachs (Hrsg.), Grundgesetz Kommentar, 3. Auflage; Stern, DöV 1990, S. 263 ff.

377 Vgl. Stern, Die staatsrechtliche Stellung des Bundesrechnungshofes, in: Zavelberg (Hrsg.), Die Kontrolle der Staatsfinanzen, 1989, S. 11 ff (29). Siehe auch weiter unten Kap. C I 3.

Zusammenfassend lässt sich festhalten, dass der einfache Gesetzgeber nicht in den verfassungsrechtlichen garantierten Bestand und die verbürgten Aufgaben eingreifen kann. Sonstige Aufgaben und Befugnisse kann der Gesetzgeber hingegen entziehen. Neben diesen Gewährleistungen enthält die institutionelle Garantie des Art. 114 Abs. 2 auch noch „Hilfsgarantien", die nicht Selbstzweck sind, sondern nur der Erfüllung der Rechnungshofkontrolle dienen. Vor allem ist hier die Unabhängigkeit des Rechnungshofes und diejenige seiner Mitglieder zu nennen[378].

VIII. Heutige Funktion und Bedeutung der Rechnungshofkontrolle

1. Die Rechnungshöfe im Haushaltskreislauf

Der Gang des Haushalts in einem parlamentarischen Demokratiesystem wird als Haushaltszyklus bzw. Haushaltskreislauf bezeichnet[379]. Im zeitlichen Aspekt gibt es drei Hauptphasen, nämlich die Aufstellung, Beratung und Feststellung des Haushalts, zweitens der Vollzug des Haushalts und drittens die Kontrolle des Haushalts bis zur Entlastung der Regierung[380]. Die Rechnungshöfe üben durch die Wahrnehmung ihrer Befugnisse eine sehr wichtige Funktion im Haushaltszyklus aus, indem sie als ein wesentliches Element der dritten Phase fungieren. Institutionell ist der Haushaltskreislauf wie folgt konzipiert.

Nach Artikel 110 Abs. 1 GG müssen alle Einnahmen und Ausgaben eines Rechnungsjahres in einem Haushaltsplan aufgestellt werden. Dieser Haushaltsplan enthält das wirtschaftliche Konzept für zentrale Bereiche der Politik für den Zeitraum des von ihm geregelten Haushaltsjahres[381]. Der Haushaltsplan wird in der Regel als Jahreshaushalt zu Beginn eines jeden Rechnungsjahres vom Bun-

---

378 Vgl. Stern, Der verfassungsrechtliche Status der Rechnungshöfe des Bundes und der Länder, in: Böning/von Mutius (Hrsg.), Finanzkontrolle im repräsentativ-demokratischen System, 1990, S. 11 ff. (15); ders., Die staatsrechtliche Stellung des Bundesrechnungshofes, in: Zavelberg (Hrsg.), Die Kontrolle der Staatsfinanzen, 1989, S. 11 ff (33); ders., DöV 1990, S. 261 ff. (263). Vgl. auch Siekmann, § 114 Rn. 30, in: Sachs (Hrsg.), Grundgesetz Kommentar, 3. Auflage.

379 Vgl. Kisker, § 89 Rn. 30 in: HStR Bd. IV, 1990; Vogt, Staatliches Haushaltsrecht, in: Klein (Hrsg.), Lehrbuch des öffentlichen Finanzrechts, 1987, S. 151 ff.; Siedentopf, 50 Jahre Bundesrechnungshof, Festvortrag, in: BRH (Hrsg.), Festakt im ehemaligen Plenarsaal des Deutschen Bundestages, 2000, S. 25 ff. (31); Gröpl, Haushaltsrecht und Reform, 2001, S. 102 ff.

380 Vgl. Diederich u.a., Die diskreten Kontrolleure, 1990, S. 135.

381 BVerfGE 45, S. 1 ff. (32); 70, S. 324 ff. (355); 79, S. 311 ff. (328 f.); Vgl. Auch Arndt, JuS 1990, S. 343 ff. (344).

desfinanzminister aufgestellt und von der Bundesregierung im Parlament eingebracht[382] (erste Phase). Der Haushaltsplan ist kein materielles Gesetz und bedarf deshalb der Bewilligung durch das Haushaltsgesetz[383](zweite Phase). Das Haushaltsgesetz stellt die Ermächtigungsgrundlage für die entsprechende Betätigung der Verwaltung, nämlich die Ausführung des Haushaltsplans dar (dritte Phase). Nach dem Ablauf des entsprechenden Rechnungsjahres prüft der Rechnungshof die Rechnungslegung der Exekutive; Rechnungslegung bedeutet in diesem Zusammehang die Darstellung des Haushaltsvollzuges[384]. Das Parlament trifft, gestützt auf die Prüfungsergebnisse, d.h. den Bericht des Rechnungshofs, die endgültige Entscheidung über die Entlastung der Regierung (vierte Phase). Damit spielt die öffentliche Rechnungshofkontrolle eine zentrale Rolle für das gesamte Finanzsystem[385].

2. Die Rechnungshofkontrolle als Teil der öffentlichen Finanzkontrolle

Die Rechnungshofkontrolle ist Teil des umfassenden Finanzkontrollsystems, das durch Art. 114 GG angeordnet wird. Die Stellung und die Aufgaben der Rechnungshöfe wären ohne diese Einordnung nicht vollständig dargestellt. Beide Absätze des Art. 114 GG sind „aufeinander bezogen und bedingen einander“[386]. Sie bauen ein System der Finanzkontrolle aus, das jedoch weder abschließend noch inhaltlich vollständig ist. Insgesamt stellt sich die Finanzkontrolle als ein komplexes System von Prüfungsverfahren dar[387], das sich auf die Exekutive (Selbstkontrolle), auf Bundestag und Bundesrat (parlamentarische Finanzkontrolle) und auf den Bundesrechnungshof bzw. die Landesrechnungshöfe (Finanzkontrolle i.e.S. bzw. Rechnungshofkontrolle) verteilt.

Im Gegensatz zur externen Rechnungshofkontrolle nehmen die Verwaltungsbehörden selbst durch geeignete interne Kontrolleinrichtungen ebenfalls eine Fi-

382 Vgl. §§ 28 Abs. 1 und 29 Abs. 1 BHO/LHO.

383 Vgl. BVerfGE 38, S. 121 ff. (127) und 20, S. 56 ff. (90).

384 Vgl. BVerfGE 79, S. 311 ff. (327).

385 Vgl. Carl, JA 1991, S. 126 ff.; Glatfeld, Die Auswirkungen effizienzsteigender Maßnahmen in der öffentlichen Verwaltung unter besonderer Berücksichtigungen von Ausgliederungen bzw. Privatisierungen auf die Arbeit der Rechnungshöfe, 1997, S. 13.

386 Vgl. Stern, Staatsrecht der Bundesrepublik Deutschland, Bd. II, 1980, § 34 II 2.

387 Vgl. Heun, Staatshaushalt und Staatsleitung, 1989, S. 503; Degenhart, Kontrolle der Verwaltung durch Rechnungshöfe, in: VVDStRL 1996, S. 190 ff. (202); Stern, Staatsrecht der Bundesrepublik Deutschland, Bd. II, 1980, § 34 V 1.

nanzkontrolle vor[388]. Die verwaltungsinterne Kontrolle dient hauptsächlich den Bedürfnissen der Verwaltung. Für diese Selbstkontrolle ist der zuständige Finanzminister verantwortlich. Sie erfolgt als Nachprüfung durch übergeordnete Behörden oder den so genannten Haushaltsbeauftragten nach § 9 BHO/LHO[389].

Verbunden mit der Verantwortlichkeit der Regierung gegenüber dem Parlament ist eine ständige Rechenschaftspflicht der Regierung, die eine entsprechende parlamentarische Kontrolle ermöglicht[390]. Im Bereich der Haushaltswirtschaft wird die generelle Rechenschaftspflicht der Regierung durch Art. 114 GG konkretisiert[391]. Die Budgetbewilligung durch das Parlament im Rahmen des Art. 110 GG wäre bedeutungslos ohne eine entsprechende Kontrolle des Parlaments[392]. Als parlamentarische Kontrollorgane fungieren auf Grund ihrer Rolle im Entlastungsverfahren auch Bundestag und Bundesrat, die zu diesem Zweck Unterausschüsse bilden. Der Haushaltsausschuss ist ein Beratungsorgan, das am Entwurf des Haushaltsplans und an dessen Vollzug mitwirkt, während der Rechnungsprüfungsausschuss das parlamentarische Organ ist, welches den vollzogenen Haushaltsplan, d.h. die Rechnung, prüft, damit das Parlament den Entlastungsbeschluss fassen kann[393]. Im Bundesrat wird zu demselben Zweck der Finanzausschuss gebildet[394].

Die Finanzkontrolle durch die Rechnungshöfe stellt in erster Linie eine sachkundige Kontrollhilfe dar. Der Rechnungshof dient gleichzeitig „der exekutiven

388 Vgl. Kisker, § 89 Rn. 91, in: HStR Bd. IV, 1990; Vogel/Kirchhof, BK, Art. 114 Rn. 74; Stern, Staatsrecht der Bundesrepublik Deutschland, Bd. II, 1980, 34 V 2

389 Vgl. Sierig, Die Grenzen der staatlichen Finanzkontrolle, 1998, S. 28.

390 Vgl. Krebs, Kontrolle in staatlichen Entscheidungsprozessen, 1984, S. 153 ff.

391 Vgl. Heun, § 114 Rn. 9, in: Dreier (Hrsg.), Grundgesetz Kommentar, 2000; Kyrill-Schwarz, Art. 114 Rn. 6, in: von Mangoldt/Klein/Starck, Das Bonner Grundgesetz (Kommentar), 2001, S. 2069. – Durch die Rechnungslegungspflicht der Exekutive wird ihre Finanzgewalt mittelbar vom Volk legitimiert. Vgl. dazu, Vogel/Kirchhof, BK, Art. 114 Rn. 11.

392 Vgl. Maunz, § 114 Rn. 1, in: Maunz/Dürig/Herzog (Hrsg.), Grundgesetz, Loseblattkommentar, 2006; Kyrill-A.Schwarz, Art. 114 Rn. 1, in: von Mangoldt/Klein/Starck, Das Bonner Grundgesetz (Kommentar), 2001, S. 2067.

393 Vgl. §§ 54 und 94 der Geschäftsordnung des Deutschen Bundestages vom 02.07.1980, BGBl. I, S. 1237 ff.; Vgl. auch, Walther, Der Haushaltsausschuss des Deutschen Bundestages und der Bundesrechnungshof, in: Zavelberg (Hrsg.), Die Kontrolle der Staatsfinanzen, 1989, S. 145 ff.; Welz, Parlamentarische Finanzkontrolle in den Bundesländern, 1982, S. 167 ff.; Hofmann, Die Kontrolle der Regierung durch parlamentarische Rechnungsprüfung im deutschen Bundestag, 1970, S. 35 ff.; Birk, JA 1983, S. 563 (571); Tomuschat, Der Staat 1980, S.22 ff. (27 ff.); Diederich, u.a., Die diskreten Kontrolleure, 1990, S. 199 ff.

394 Vgl. § 11 der Geschäftsordnung des Deutschen Bundesrates vom 26.11.1993, BGBl. I, S. 2007 ff.

Selbstkontrolle und der parlamentarischen Fremdkontrolle"[395], indem er einerseits der Bundesregierung als der Spitze der Exekutive mitteilt, in welchen Bereichen Fehlverhalten bestehen, und andererseits den parlamentarischen Organen eine sachverständige Grundlage zur Wahrnehmung der Entlastungskontrolle gibt. Außerdem ist der Rechnungshof für die Wahrung der Interessen der Allgemeinheit tätig[396]. Schließlich verfügt er zwar nicht rechtlich, aber de facto noch über die Möglichkeit, das Verwaltungshandeln, insbesondere mit dem Ziel erhöhter Wirtschaftlichkeit, zu beeinflussen[397]. Die Rechnungshofkontrolle ist also ein Instrument staatlicher Sozialgestaltung und Wirtschaftslenkung[398].

3. Fortentwicklungen und Reformtendenzen

In neuerer Zeit haben Bedeutung und Notwendigkeit der Rechnungshofkontrolle aus einer Reihe von Gründen noch erheblich zugenommen. Als Beispiele sind u.a. zu nennen, die Ausweitung der Staatsaufgaben und -ausgaben bei knapper gewordenen öffentlichen Finanzmitteln, die Komplexität der Verwaltungsabläufe, die internationale Verflechtungen und nicht zuletzt die Zunahme der relevanten Gesetze und Verordnungen[399]. Neben dieser Zunahme sieht sich die Rechnungshoffinanzkontrolle heutzutage neuen Ideen, Modernisierungsanstößen und Reformmodellen in Staat und Haushalt gegenüber, wie z.B. der Flexibilisierung des Haushaltsrechts, der Internationalisierung und Liberalisierung der Wirtschaft und den Ausgliederungen im staatlichen Bereich (Privatisierung). Anlass für solchen Reformkonzeptionen ist die in der gegenwärtigen wissenschaftlichen Diskussion herrschende Meinung, dass dem erhöhten finanziellen Bedarf des Staates in der heutigen Zeit nicht nur mit den in der Vergangenheit üblichen Mitteln der

---

395 Stern, Staatsrecht der Bundesrepublik Deutschland, Bd. II, 1980, § 34 III 4 a.; Vgl. auch: Vogel/Kirchoff, BK, Art. 114 Rn. 140 f.; Kyrill-A.Schwarz, Art. 114 Rn. 95. in: von Mangoldt/Klein/Starck, Das Bonner Grundgesetz (Kommentar), 2001, S. 2118.

396 Vgl. Sierig, Die Grenzen der staatlichen Finanzkontrolle, 1998, S. 54.

397 Vgl. Grupp, DöV 1983, S. 661 ff.; Kirchhof, NVwZ 1983, S. 505 ff. (515); Hoffmann-Riem, DöV 1999, S. 221 ff. (223); Henneke (Hrsg.), Steuerung der kommunalen Aufgabenerfüllung durch Finanz- und Haushaltsrecht, 1996.

398 Vgl. Degenhart, VVDStRL 1996, S. 190 ff. (198).

399 Vgl. Friedmann, Die Effizienz der Tätigkeit der Rechnungshöfe, in: Zavelberg (Hrsg.), Die Kontrolle der Staatsfinanzen, 1989, S. 157 ff. (158); Scheuner, Verantwortung und Kontrolle in der demokratischen Verfassungsordnung, in: FS für Gebhard Müller, 1970, S. 398 ff.; Schulze-Fielitz, Kontrolle der Verwaltung durch Rechnungshöfe, in: VVDStRL 1996, S. 231 ff. (244); Blasius, DöV 1989, S. 298 ff. (299).

Kreditaufnahme oder mit Steuer- und Abgabenerhöhungen begegnet werden kann[400].

In diesem Rahmen versuchen wir im Folgenden einen kurzen Überblick über diese neuen Entwicklungen und ihre Ursachen zu geben, um anschließend zu sehen, inwieweit diese neue Tendenzen Auswirkungen auf die Rechnungshöfe und die Finanzkontrolle haben.

a) Das „Neue Steuerungsmodell"

Das Haushaltsrecht-Fortentwicklungsgesetz vom 22.12.1997[401] hat die BHO und das HGrG wesentlich verändert. Als Reformschwerpunkte sind die sog. Flexibilisierung durch die Erweiterung von Deckungsfähigkeiten und Übertragbarkeiten von Titeln sowie die Einführung der „Kosten-Leistungs-Rechnung" (§ 7 Abs. 3 BHO) anzusehen[402]. Die Erlassung dieses Gesetzes basierte auf einem Verwaltungsreformprojekt, das unter dem Namen „Moderner Staat, moderne Verwaltung" firmiert und von der Regierung am 1.12.1999 beschlossen wurde[403]. Hinter Reformprojekten dieser Art[404] stehen von Wissenschaftlern erarbeitete Reformkonzeptionen.

Die wissenschaftliche Literatur zielte darauf ab, die ökonomischen Defizite und die mangelhafte Optimierung des Handelns der öffentlichen Verwaltung durch den Einsatz von neuen Steuerungselementen zu beseitigen (sog. „Neues Steuerungsmodell")[405]. Das Konzept des „Neuen Steuerungsmodells" besteht grundsätzlich darin, die öffentliche Haushalts- und Wirtschaftsführung durch neuartige finanzwirtschaftliche Direktiven zu steuern und Finanz- und Sachverantwortung auf dezentraler Ebene zusammenzuführen[406].

---

400 Vgl. Müller, Perspektiven von Haushaltsreform und Finanzkontrolle, in: Ders. (Hrsg.), Haushaltreform und Finanzkontrolle, 1997, S. 13 ff. (19); Gröpl, Haushaltsrecht und Reform, 2001, S. 183 f. und 190 f.

401 BGBl. I, S. 3251.

402 Vgl. Engels, ZG 2001, S. 101 ff. (102); Hoffmann-Riem, DöV 1999, S. 221 ff. (223); Pünder, Haushaltsrecht im Umbruch, 2003, S. 218 ff.; Stern, Staatsrecht der Bundesrepublik Deutschland, Bd. II, 1980, § 50 III 7.

403 Vgl. Engels, ZG 2001, S. 101 ff. (102).

404 Der Bericht Nr. 5/1993 des Kommunalen Gemeinschaftsstelle (KGSt) kann als einer der ersten Ansätzen des „Neuen Steuerungsmodells" in Deutschland angesehen werden. Vgl. Püttner, Verwaltungslehre, 2000, S. 260 ff.

405 Oberbegriff des Neuen Steuerungsmodells ist das sog. Neue Verwaltungsmanagement („New Public Management", im angloamerikanischen Bereich). Vgl. dazu Gröpl, Haushaltsrecht und Reform, 2001, S. 244 (Fn. 90).

406 Als „Vorzeigemodell" für das Neues Steuerungsmodell wurde das Beispiel der niederländischen Stadt Tilburg betrachtet, die ein System nach dem Vorbild eines privatwirtschaftlichen Konzerns entwickelt hat. Zur Entstehung und Hintergrund des

Als Instrumente des Neuen Steuerungsmodells sind im einzelnen die Folgenden zu erörtern:

i) Die Ergänzung des kameralistischen Rechnungswesens durch die Kosten- und Leistungsrechnung; Im Rahmen einer Kosten- und Leistungsrechnung muss geprüft werden, ob und inwieweit staatliche Aufgaben oder öffentlichen Zwecken dienende wirtschaftliche Tätigkeiten durch Ausgliederung, Entstaatlichung oder Privatisierung nicht ebenso gut oder besser erfüllt werden können (§ 7 BHO).

ii) Der Abschluss von Zielvereinbarungen zwischen Exekutive und Legislative oder innerhalb der öffentlichen Verwaltung, im Rahmen des sogenannten Kontraktmanagements (Steuerung der Verwaltung durch vertragsähnliche Vereinbarungen, deren Gegenstand „Produkte", d.h. Leistungen sind)[407].

iii) Die Budgetierung der vom Haushaltsgesetzgeber organisierten Fachbereiche und die dezentrale Ressourcenverantwortung (den einzelnen Untereinheiten wird ein festes Budget zur Verfügung gestellt; zentrale Festlegung von Zielen – Leitung und dezentrale Verantwortung – größtmögliche Freiheit)[408].

iv) Die parlamentarische Steuerung erfolgt nicht mit Hilfe detaillierter Mittelvorgaben (Input-Steuerung), sondern im Mittelpunkt stehen das Leistungsergebnis und die zu liefernde Wirksamkeit des Verwaltungshandelns (Output-Orientierung)[409].

v) Das Controlling innerhalb der Verwaltung[410]: Zweck ist die politische und administrative Führung mit Informationen zu versorgen, um dadurch die Er-

---

Neuen Steuerungsmodells siehe ausführlicher: Dahm, Das Neue Steuerungsmodell auf Bundes- und Länderebene sowie die Neuordnung der öffentlichen Finanzkontrolle in der Bundesrepublik Deutschland, 2004, S. 30 ff.; Gröpl, Haushaltsrecht und Reform, 2001, S. 576; Hill, DöV 2001, S. 793 ff.

407 Vgl. Schmidt-Aßmann, Verwaltungskontrolle: Einleitende Problemskizze, in: Ders./ Hofmann-Riem (Hrsg.), Verwaltungskontrolle, 2001,S. 9 ff. (27 f.); Dahm, Das Neue Steuerungsmodell auf Bundes- und Länderebene sowie die Neuordnung der öffentlichen Finanzkontrolle in der Bundesrepublik Deutschland, 2004, S. 57 ff.; Pünder, DöV 1998, S. 63 ff.; Gröpl, Haushaltsrecht und Reform, 2001, S. 236 f. und 616 f.

408 Vgl. Munzert, DVP 1997, S. 10 ff. (11 f.); Kube, DöV 2000, S. 810 ff. (811).

409 Vgl. Gröpl, Haushaltsrecht und Reform, 2001, S. 576; Eichhorn, Innovative Konzepte für Prüfung und Organisation von Rechnungshöfen, in: Müller (Hrsg.), Haushaltsreform und Finanzkontrolle, 1997, S. 55 ff. (59 f.). Entsprechende Reformtendenzen bestehen auch für das Rechnungswesen. Siehe dazu, Lüder, DöV 2000, S. 836 ff.; Buschor, Das Rechnungswesen im New Public Management, in: Budäus/ Küpper/Streitferdt (Hrsg.), Neues öffentliches Rechnungswesen, FS für Klaus Lüder, S. 19 ff.

410 Vgl. Munzert, DVP 1997, S. 10 ff. (13); König, VOP 1990, S. 244 ff.; Lüder, Verwaltungscontrolling, in: von Arnim/Lüder (Hrsg.), Wirtschaftlichkeit in Staat und

ledigung der Verwaltungsaufgaben zu fördern, d.h. „um Planung, Steuerung und Kontrolle informationell zu koordinieren[411]. Hier muss betont werden, dass „Controlling“ und Kontrolle durch die Rechnungshöfe andere Zwecke verfolgen. Das interne Controlling unterstützt die Leitungsebene bei der Erfüllung der vorgegebenen Ziele, während die externe Finanzkontrolle (auch) das Führungsverhalten zugunsten der Exekutive und des Parlaments prüft[412]. Der Controller reicht weiter als der Berater im Rahmen der Rechnungshofkontrolle. Er verfolgt den Fortgang einer Maßnahme, ebenso wie ihre Umsetzung und informiert ohne zeitliche Grenzen[413].

b) Ausgliederung – Privatisierung

Als Auswege aus der fiskalischen Knappheit der Ressourcen werden Ausgliederungen und Privatisierungen angesehen[414]. Als weitere Motive und Ziele bei Privatisierungsfällen können die Folgenden angesehen werden[415]: Das Versagen der Bürokratie, die als Folge des Wettbewerbs Verbesserung der Qualität der Leistungen, die Effizienzsteigerung, die größere Flexibilität und die Beschränkung des Staates auf seine Kernaufgaben (sog. schlanker Staat[416]).

Wenn sich die öffentliche Hand zur Wahrnehmung öffentlicher Aufgaben, insbesondere im Falle von wirtschaftlicher Betätigung im Rahmen der Leistungsverwaltung[417], der Formen des Privatrechts bedient, spricht man von einer Organisationsprivatisierung bzw. einer formellen Privatisierung. Weitere Erschei-

---

Verwaltung, 1993, S. 209 ff.; Pünder, Haushaltsrecht im Umbruch, 2003, S. 380 ff.; Gröpl, Haushaltsrecht und Reform, 2001, S. 239 ff.

411 Vgl. von Gall/Wulle, DöV 2000, S. 845 ff. (853) und Gröpl, Haushaltsrecht und Reform, 2001, S. 579.

412 Vgl. Engels, ZG 2001, S. 101 ff. (115).

413 Zur Abgrenzung des „Controllings“ von der „Kontrolle“ siehe Gröpl, Haushaltsrecht und Reform, 2001, S. 579.

414 Vgl. zum folgenden: Schoch, DVBl. 1994, S. 962 ff.; Hoffmann-Riem, DöV 1999, S. 221 ff. (222); Glatfeld, Die Auswirkungen effizienzsteigender Maßnahmen in der öffentlichen Verwaltung unter besonderer Berücksichtigungen von Ausgliederungen bzw. Privatisierungen auf die Arbeit der Rechnungshöfe, 1997, S. 113 ff.

415 Vgl. Erbguth/Stollmann, DöV 1993, S. 798 ff. (802); Glatfeld, Die Auswirkungen effizienzsteigender Maßnahmen in der öffentlichen Verwaltung unter besonderer Berücksichtigungen von Ausgliederungen bzw. Privatisierungen auf die Arbeit der Rechnungshöfe, 1997, S. 95 ff.

416 Vgl. statt vieler Schuppert, DöV 1995, S. 761 ff. (764 ff.).

417 Vgl. Badura, Wirtschaftsverwaltungsrecht, in: Schmidt-Aßmann (Hrsg.), Besonderes Verwaltungsrecht, 1999, S. 219 ff. (269); Vollmöller, Die wirtschaftliche Betätigung der öffentlichen Hand, in: Schmidt/Vollmöler (Hrsg.), Kompendium Öffentliches Wirtschaftrecht, 2004, S. 139 ff. (141 f.).

nungsformen von Privatisierung ist die funktionelle und die materielle Privatisierung. Bei ersterer verbleibt die Aufgabenverantwortung beim Staat, lediglich der Vollzug der Aufgabe wird auf Private (als Erfüllungshilfe) übertragen. Wenn die Aufgabenverantwortung selbst übertragen wird, spricht man von einer materiellen Privatisierung bzw. Entstaatlichung. Unter Vermögensprivatisierung schließlich versteht man die Übertragung öffentlichen Eigentums auf Privatpersonen[418]. Selbstverständlich kommen auch zahlreiche Varianten und Zwischenformen in Betracht, wie zum Beispiel Teilprivatisierungen.

Wegen der Privatisierungstendenzen und der Verlagerungen innerhalb des öffentlichen Sektors[419] kann man insgesamt von einem Wandel der Rolle des Staates sprechen[420]. Der Staat wandelt sich vom Leistungs- zum Gewährleistungsstaat[421]. Der Staat kann zunehmend weniger als Produzent von öffentlichen Gütern und Leistungen angesehenen werden. Vielmehr überträgt er diese Aufgabe an Private bzw. den Markt und trägt lediglich die Verantwortung für die Organisation eines stabilen Rahmens[422]. Die Prinzipien der Gleichheit der Bürger bezüglich der Teilnahme an diesen Leistungen und der demokratischen Legitimation der Machtsausübung bleiben ständig Eckpfeiler solcher modernen Strukturen. Im Rahmen dieser Änderung wandelt sich einerseits die Funktion des Rechts, indem sich diese auf die verstärkte Nutzung von Final- und Aufgabenprogrammen sowie die Betonung von Konzeptionen, Prinzipien und Leitlinien hinverschiebt und andererseits wandelt sich die Binnenstruktur der Verwaltung, indem

---

418 Für die Erscheinungsformen bzw. Arten der Privatisierung siehe: Maurer, Allgemeines Verwaltungsrecht, 2004, S. 618 ff.; Di Fabio, JZ 1999, S. 585 ff.; Schuppert, DöV 1995, S. 761 ff. (767); Püttner, Verwaltungslehre, 2000, S. 46 f.

419 Siehe die grundlegende Arbeit von Schuppert, Die Erfüllung öffentlicher Aufgaben durch verselbstständigte Verwaltungseinheiten, 1981. Vgl. auch Püttner, Verwaltungslehre, 2000, S. 86 ff.

420 Vgl. Siekmann, Staat und Staatlichkeit am Ende des 20. JH, in: Burmeister (Hrsg.), Verfassungsstaatlichkeit, FS für Klaus Stern, 1997, S. 341 ff. (342); Engelhardt/Hegmann, Finanzkontrolle durch die Rechnungshöfe: Eine institutionenökonomische Interpretationsskizze zur Einführung, in: Engelhardt/Schulze/Thieme (Hrsg.), Stellung und Funktion der Rechnungshöfe im Wandel?, 1992, S. 15 ff. (17).

421 Vgl. Wieland, Neuere Entwicklungen im Bereich der öffentlichen Finanzkontrolle, in: Schmidt-Aßmann und Hofmann-Riem (Hrsg.), Verwaltungskontrolle, 2001, S. 59 ff. (60 f.); Schuppert, DöV 1995, S. 761 ff. (768).

422 Vgl. Hoffmann-Riem, Finanzkontrolle der Verwaltung durch Rechnungshof und Parlament, in: Schmidt-Aßmann und Hofmann-Riem (Hrsg.), Verwaltungskontrolle, 2001, S. 72 ff. (77) und ders., Effizienz als Herausforderung an das Verwaltungsrecht: Einleitende Problemskizze, in: Ders./Schmidt-Aßmann (Hrsg.), Effizienz als Herausforderung an das Verwaltungsrecht, 1998, S. 11 ff. (55); König, DöV 1998, S. 963 ff.

(v.a. durch das „Neue Steuerungsmodell“) Kooperationsmodelle mit den betroffenen Bürgern und innerhalb der Verwaltungsaufbaus selbst entstehen[423].

Nach der Erörterung der wichtigsten Entwicklungstendenzen ist zu untersuchen, welche Folgen solche Überlegungen für die Finanzkontrolle durch die Rechnungshöfe haben können[424].

c)Auswirkungen auf die Rechnungshofkontrolle

Alle Modernisierungsüberlegungen und die entsprechende Praxis entheben die Verwaltung nicht der Verpflichtung zum wirtschaftlichen Handeln und zur ordnungsgemäßen Mittelbewirtschaftung[425]. Die Tätigkeit der Rechnungshöfe wurde im Sinne einer neuen Methodenorientierung modifiziert, aber nicht grundlegend geändert, da die verfassungsmäßigen Kontrollmaßstäbe die selben bleiben[426]. Tendenzen dieses methodologischen Wandels als Reaktionen auf die geänderten Anforderungen der heutigen Zeit sind die folgenden[427]: von der Beleg- und Sparsamkeitsprüfung zur rechnungsunabhängigen Funktionsprüfung, von der Vollzugsprüfung zur Programmprüfung, von der Vollzugskritik zur Staatsaufgabenkritik, von der punktuellen zur prozesshaften Kontrolle, von der Vergangenheits- zur Zukunftsorientierung des Prüfungsauftrags. Mit anderen Worten, durch die Neustrukturierung des öffentlichen Sektors und den „Organisationswandel öffentlicher Aufgabenwahrnehmung“[428] wird das Kontrollsystem durch

423 Siehe dazu Hoffmann-Riem, DöV 1999, S. 221 ff. (222 f.).

424 Mangels ausreichender Erprobung in der Praxis sind die tatsächlichen Einwirkungen noch nicht völlig bekannt. Vgl. Sierig, Die Grenzen der staatlichen Finanzkontrolle, 1998, S. 83.

425 Vgl. Munzert, DVP 1997, S. 10 ff. (13).

426 Vgl. Engels, ZG 2001, S. 101 ff. (115); Hofmann-Riem, DöV 1999, S. 221 ff. (224 f.).

427 Siehe Diederich u.a., Die diskreten Kontrolleure, 1990, S. 215 ff.; Schultze-Fielitz, Kontrolle der Verwaltung durch Rechnungshöfe, in: VVDStRL 1996, S. 231 ff. (245 ff.). Vgl. auch, Zavelberg, Von der Rechnungsprüfung zur Finanzkotnrolle, in: v. Arnim (Hrsg.), Finanzkontrolle im Wandel, 1989, S. 17 ff.; Glatfeld, Die Auswirkungen effizienzsteigender Maßnahmen in der öffentlichen Verwaltung unter besonderer Berücksichtigungen von Ausgliederungen bzw. Privatisierungen auf die Arbeit der Rechnungshöfe, 1997, S. 236 ff.; Rundel, Von der Rechnungsprüfung zur Finanzkontrolle, in: Rechnungshof Baden-Württemberg (Hrsg.), Finanzkontrolle in Baden-Württemberg, 1987, S. 163 ff.; Dieckmann, DöV 1992, S. 893 ff.; Schuppert, Staatswissenschaft, 2003, S. 730 f.

428 Schuppert, Zur notwendigen Neubestimmung der Staatsaufsicht im verantwortungsleitenden Verwaltungsstaat, in: Ders. (Hrsg.), Jenseits von Privatisierung und „schlankem“ Staat, 1999, S. 326.

neue Orientierungen und durch Verlagerung der Kontrollschwerpunkte von Verfahrenskontrollen auf globale Ergebnis- und Systemkontrollen angepasst[429].

In diesem Zusammenhang ist notwendig die Personalstruktur der Rechnungshöfe zu verändern. Es muss in stärkerem Maße darauf geachtet werden, dass das Personal ein breites fachliches Spektrum abdeckt[430]. Ferner könnte die Controllingfunktion von den Rechnungshöfen durch eine entsprechende gesetzliche Regelung (nach Art. 114 Abs. 2 Satz 3 GG) übernommen werden; in diesem Fall muss sie sich aber ausschließlich auf die Informationsdarbietung beschränken[431]. Außerdem darf durch die Einführung neuer Methoden (wie der Budgetierung) der Hierarchiestrang, der die demokratische Legitimation gewährleistet, keinesfalls unterbrochen werden[432]. Ferner ist zu bemerken, dass der Rechnungshof heute durch die gestiegene Bedeutung der Beratungstätigkeit seine Doppelfunktion zugunsten von Parlament *und* Regierung intensiver wahrnimmt[433]. Schließlich folgt aus der Umorientierung der Rechnungshofarbeit eine Verstärkung des kooperativen Gedankens der Finanzkontrolle. Die Entwicklung sachbereichsspezifischer dialogischer Kontrollformen mit den geprüften bzw. betroffenen Stellen mit dem Ziel, Fehler zu vermeiden und den Aufwand aller Beteiligten zu verringern, ist als Ausprägung einer kooperativen Rechnungsprüfung anzusehen[434].

---

429 Vgl. Lüder, Verwaltungskontrolle aus sozial- und verwaltungswissenschaftlicher Perspektive, in: Schmidt-Aßmann und Hofmann-Riem (Hrsg.), Verwaltungskontrolle, 2001, S. 45 ff. (56 f.); Dahm, Das Neue Steuerungsmodell auf Bundes- und Länderebene sowie die Neuordnung der öffentlichen Finanzkontrolle in der Bundesrepublik Deutschland, 2004, S. 277 ff.

430 Vgl. Dahm, Das Neue Steuerungsmodell auf Bundes- und Länderebene sowie die Neuordnung der öffentlichen Finanzkontrolle in der Bundesrepublik Deutschland, 2004, S. 269.

431 Vgl. Gröpl, Haushaltsrecht und Reform, 2001, S. 580. Siehe aber, Wieland, Neuere Entwicklungen im Bereich der öffentlichen Finanzkontrolle, in: Schmidt-Aßmann und Hofmann-Riem (Hrsg.), Verwaltungskontrolle, 2001, S. 59 ff. (71).

432 Vgl. Grupp, DöV 1983, S. 661 ff. (664); Dahm, Das Neue Steuerungsmodell auf Bundes- und Länderebene sowie die Neuordnung der öffentlichen Finanzkontrolle in der Bundesrepublik Deutschland, 2004, S. 303.

433 Vgl. Gröpl, Haushaltsrecht und Reform, 2001, S. 581; Wieland, DVBl. 1999, S. 1470 ff. (1474); Hofmann-Riem, DöV 1999, S. 221 ff. (227).

434 Vgl. für den allgemeinen Tendenz zur Ausbildung kooperativer Verwaltungsstrukturen: Schultze-Fielitz, Kontrolle der Verwaltung durch Rechnungshöfe, in: VVDStRL 1996, S. 231 ff. (265). Vgl. auch Gößler, VBlBW 1995, S. 257 ff. (258); Schreiner, Finanzkontrolle als Instrument rationaler Haushaltsführung, in: v. Arnim/Littmann (Hrsg.), Finanzpolitik im Umbruch: zur Konsolidierung öffentlicher Haushalte, 1984, S. 234; Heuer, Wie kann die Rechnungshofkontrolle intensiviert werden?, in: v. Arnim (Hrsg.), Finanzkontrolle im Wandel, 1989, S. 111 ff. (126 f.); Lonhard, Rechnungshof 2000, in: Rechnungshof Baden-Württemberg (Hrsg.), Fi-

Als Ergebnis kann festgestellt werden, dass eine durchgreifende Reform auf gesetzlicher Ebene nicht erforderlich ist. Eine entsprechende Umorientierung des bestehenden rechtlichen und organisatorischen Instrumentariums reicht zur Anpassung an die neuen Umstände aus[435].

Alle Modernisierungsanstöße und insbesondere die zunehmende Verlagerung von Staatsaufgaben auf verselbständigte Verwaltungsträger oder private Einrichtungen wirft grundlegende theoretische Fragestellungen auf. Auf den Punkt gebracht: Jegliches staatliches Handeln ist sowohl materiell als auch personell auf das Volk als Legitimationsgeber zurückzuführen. Dem Demokratieprinzip entspricht traditionell als Idealtypus der Ausübung hoheitlichen Handelns eine streng hierarchische Struktur nach dem Vorbild der Ministerialverwaltung[436]. Der entscheidende Punkt ist aber nur die Durchgängigkeit des demokratischen Prinzips. Die demokratische Kontrolle der Verwaltung ist dadurch garantiert, dass die Verwaltung der Regierung untersteht und diese ihrerseits dem Parlament verantwortlich ist[437]. Die parlamentarische Kontrolle umfasst die Finanzkontrolle. Die Organisationsprivatisierungen und die sonstige Übertragung öffentlicher Aufgaben auf private Träger weisen im Hinblick auf diese parlamentarische Kontrolle entscheidende Defizite auf, da die Entscheidungsprozesse bei öffentlichen Aufgaben nur sehr unvollkommen mit Öffentlichkeitsbeteiligung ausgetragen werden[438]. Ferner besteht die Gefahr des Verlustes von parlamentarischer Kontrolle und der Abkoppelung der Verwaltungstätigkeit vom öffentlichen Interesse[439].

---

nanzkontrolle in Baden-Württemberg, Bd. II, 1987, S. 83 ff. (99); Zavelberg, Die Verwaltung 1995, S. 513 ff. (526).

435 Vgl. Engels, ZG 2001, S. 101 ff. (101); Sigg, Die Stellung der Rechnungshöfe im politischen System der Bundesrepublik Deutschland, 1983, S. 84. Vgl. Heuer, Die künftige Entwicklung des staatlichen Rechnungswesens aus der Sicht des Bundesrechnungshofes, in: Lüder, Staatliches Rechnungswesen in der BRD vor dem Hintergrund neuerer internationaler Entwicklungen, S. 149 ff.(163).

436 Vgl. Oebbecke, Weisungs- und unterrichtungsfreie Räume in der Verwaltung, 1986, S. 68 ff. und 74 ff; Czybulka, Die Legitimation der öffentlichen Verwaltung, 1989, S. 33 ff.

437 Vgl. zum folgenden Haverkate, Die Einheit der Verwaltung als Rechtsproblem, in: VVDStRL 1988, S. 218 ff.; Gusy, ZRP 1998, S. 265 ff.

438 Vgl. Heuer, DöV 1995, S. 85 ff. (90 f.).

439 Für die Vermeidung einer Emanzipation der Verwaltung vom öffentlichen Interesse, wenn sie sich privatrechtlicher Rechtsformen bedient vgl. (aus der Fülle der Literatur): Badura, Die Erfüllung öffentlicher Aufgaben und die Unternehmenszwecke bei der wirtschaftlichen Betätigung der öffentlichen Hand, in: Staatsrecht-Völkerrecht-Europarecht, FS für Schlochauer, 1981, S. 3 ff.; Berg, GewArch 1990, S. 225 ff.; Spannowsky, DVBl. 1992, S. 1072 ff.; ders., ZGR 1996, S. 400 ff.; Britz, VerwArch 2000, S. 418 ff.; Hösch, DöV 2000, S. 392 ff.; Mayen, DöV 2001, S. 110 ff.;

Schließlich sind auch die Koordinations- und die Steuerungsfunktion des Bundeshaushaltes gefährdet[440].

Im Rahmen unserer Untersuchung ist es wichtig, den folgenden Aspekt zu verdeutlichen, nämlich ob und inwieweit bei solcher Praxis eine Flucht aus dem Budget und zugleich eine Flucht aus dem Finanzkontrolle vorliegt. Tatsache ist, dass das Parlament durch die Rechnungshofkontrolle wichtige Informationen gewinnt und so erst in die Lage versetzt wird, die Verwaltung effektiv zu kontrollieren. Bedeutet das, dass irgendwelche Ausnahmen bzw. Freistellungen aus der öffentlichen Finanzkontrolle durch Rechnungshöfe die demokratische Kontrolle gefährden, also mittelbar die Funktion des parlamentarischen Demokratiesystems selbst verschlechtern? Ist eine solche Flucht aus der Finanzkontrolle zulässig? Inwiefern werden als Folge von Privatisierung Prüfungskapazitäten in den Rechnungshöfen freigesetzt? Führt die Privatisierung bzw. Ausgliederung zu prüfungsfreien Räumen? Die Auseinandersetzung mit solchen Fragen und der betreffenden Problematik zählen zum Inhalt des folgenden Kapitels.

Gersdorf, Öffentliche Unternehmen im Spannungsfeld zwischen Demokratie- und Wirtschaftlichkeitsprinzip, 2003; Becker, DöV 2004, S. 910 ff.

440 Vgl. ausführlich Puhl, Budgetflucht und Haushaltsverfassung, 1996, S. 3 ff. und 16 ff.

C. Umfang der Rechnungshofkontrolle

Die Zielrichtung dieser Arbeit orientiert sich an der Problematik, inwieweit irgendwelche Räume von der Rechnungshofkontrolle nicht erfasst werden, d.h., ob und inwiefern es prüfungsfreie Räume in der öffentlichen Finanzkontrolle durch Rechnungshöfe gibt[441]. Nach der Erörterung des allgemeinen Rahmens, in dem sich die Rechnungshofkontrolle bewegt, muss entsprechend der genannten Zielrichtung zunächst die prinzipielle Reichweite der Adressaten bzw. Objekte der Kontrolle („horizontale" Dimension) und anschließend die Dichte der Kontrolle („vertikale" Dimension) untersucht werden. Ausgangspunkt und Basis der weiteren Analyse stellen die anzuwendenden Verfassungsnormen dar. Der Kontrollumfang wird also grundsätzlich durch eine zielorientierte Auslegung des „sedes materiae" der Rechnungshoffinanzkontrolle bestimmt, nämlich des Artikels 114 GG.

I. Kontrollreichweite

1. Der Bund als verfassungsnotwendiger Adressat

Nach Art. 114 Abs. 2 Satz 1 GG prüft der Bundesrechnungshof die Rechnung sowie die Wirtschaftlichkeit und Ordnungsmäßigkeit der Haushalts- und Wirtschaftsführung und berichtet darüber jährlich der Bundesregierung, dem Bundestag und Bundesrat. Wie erörtert, enthält diese Vorschrift eine verfassungsrechtliche Garantie der Aufgaben und der Institution des Bundesrechnungshofes. Der Wortlaut lässt aber die Frage unbeantwortet, welche Rechnung und wessen Haushalts- und Wirtschaftsführung zu prüfen sind, d.h., welche Stellen zu kontrollieren sind. Die Antwort auf die Frage, wer durch den BRH geprüft wird, ergibt sich zunächst aus dem systematischen Zusammenhang mit Art. 114 Abs. 1 GG, nämlich bereits aus dem Hinweis auf die „Rechnung", die vom Bundesfinanzminister vorzulegen ist[442]. Nach eindeutigem Wortlaut umfasst die Rech-

441 Im Rahmen dieser Arbeit bleiben die räumlichen Grenzen der öffentlichen Finanzkontrolle außer analytischer Betracht. Siehe für diese Grenzen weiter oben Kap. B IV 5 b und weiter unten Kap. C III 7.

442 Nach Art. 114 Abs. 2 Satz 2 GG ist der Bericht des Bundesrechnungshofs der Bundesregierung, dem Bundestag und dem Bundesrat vorzulegen, also nur Bundesor-

nung „alle Einnahmen und Ausgaben sowie ... das Vermögen und die Schulden". Die Prüfung erstreckt sich also auf alle Bereiche, die von der Rechnungslegung erfasst werden[443]. Das deutet darauf hin, dass verfassungsobligatorisch das ganze Rechtssubjekt „Bund" geprüft wird.

Zu den Stellen, die vom Bundesrechnungshof geprüft werden müssen, gehören zunächst die Bundesregierung und die unmittelbare Bundesverwaltung, d.h. das Kanzleramt, die Ministerien und die Mittel- und Unterbehörden des Bundes[444]. An dieser Stelle muss betont werden, dass neben der Bundesexekutive, einschließlich des zum Bund gehörenden ministerialfreien Raums[445], auch der Bundestag, der Bundesrat (Bundeslegislative) und die Bundesgerichte noch zum Rechtssubjekt „Bund" gehören. Das bedeutet, dass sich der Kreis der vom Bundesrechnungshof zu prüfenden Stellen von Verfassungs wegen auch auf diese Einrichtungen erstreckt.

a) Sonderproblem: Sondervermögen und Bundesbetriebe

Nach einhelliger Meinung ist die Einbeziehung der Sondervermögen des Bundes in die Rechnungshoffinanzkontrolle durch Art. 114 Abs. 2 Satz 1 GG verfassungsrechtlich geboten[446]. Nach herrschender Meinung gilt dies auch für die Bundesbetriebe[447]. Sondervermögen im Sinne des Haushaltsrechts sind nur

---

ganen. Das kann zu dem Ergebnis führen, dass (nur) das Finanzgebaren des *Bundes* geprüft wird. Vgl. dazu Vogel/Kirchhof, BK, Art. 114 Rn. 108 und Kirchhof, Deutsche Rentenversicherung 1992, S. 369 ff. (371 ff.).

443 Vgl. von Mutius/Nawrath, Art. 114 Rn. 22, in: Heuer (Hrsg.), Kommentar zum Haushaltrecht, Stand Juni 1999; Puhl, Budgetflucht und Haushaltsverfassung, 1996, S. 330; Krempel, Rechnungshöfe und Rundfunkbeteiligungsunternehmen, 1996, S. 45; Maunz, § 114 Rn. 33, in: Maunz/Dürig/Herzog (Hrsg.), Grundgesetz, Loseblattkommentar, 2006; Behrendt, Die Prüfungstätigkeit des Bundesrechnungshofs außerhalb der unmittelbaren Bundsverwaltung, 2004, S. 5; Kisker, § 89 Rn. 117 in: HStR Bd. IV, 1990; Kempf, Flucht aus dem Haushalt, in: in: Rechnungshof Baden-Württemberg (Hrsg.), Finanzkontrolle in Baden-Württemberg, Band II, 1987, S. 59 ff. (65).

444 Vgl. Maunz, § 114 Rn. 33, in: Maunz/Dürig/Herzog (Hrsg.), Grundgesetz, Loseblattkommentar, 2006.

445 Vgl. Entschluss des BRH vom 16.12.1971, in: DöH 1971, S. 50 f.

446 Vgl. Vogel/Kirchhof, BK, Art. 114 Rn. 113 f.; Tiemann, Die staatsrechtliche Stellung der Finanzkontrolle des Bundes, 1974, S. 84; Puhl, Budgetflucht und Haushaltsverfassung, 1996, S. 331.

447 Vgl. Zavelberg, 275 Jahre Rechnungsprüfung in Deutschland, in: Ders. (Hrsg.), Die Kontrolle der Staatsfinanzen, 1989, S. 53; Vogel/Kirchhof, BK, Art. 114 Rn. 132; Kirchhof, NVwZ 1983, S. 505 ff. (514); Puhl, Budgetflucht und Haushaltsverfassung, 1996, S. 331 (Fn. 280).

rechtlich unselbständige abgesonderte Teile des Bundesvermögens, die durch das Gesetz entstanden und zur Erfüllung einzelner Aufgaben des Bundes bestimmt sind[448]. Vollrechtsfähige, abgesonderte Teile des Bundesvermögens stellen nach zutreffender Ansicht keine Sondervermögen dar[449]. Bundesbetriebe sind auch Einrichtungen ohne eigene Rechtspersönlichkeit, die nach kaufmännischen Grundsätzen Verwaltungsaufgaben erledigen[450]. Nach Art. 110 Abs. 1 Satz 2 GG brauchen bei Bundesbetrieben und Sondervermögen nur die Zuführungen oder Ablieferungen in der Rechnungslegung eingestellt zu werden. Diese Ausnahme von den Prinzipien der Vollständigkeit und der Einheit des Haushaltsplans hat nur dann einen eigentlichen Sinn, wenn die Einnahmen und Ausgaben dieser Einrichtungen solche des Bundes im Sinne von Art. 110 Abs. 1 Satz 1 GG sind. Das Finanzgebaren von Sondervermögen und Bundesbetrieben gehört also zur Haushalts- und Wirtschaftsführung des „Bundes"[451].

Nach herrschender Ansicht sind die Sondervermögen und Bundesbetriebe in der Vermögensrechnung des Bundes enthalten und deswegen gehört ihre Prüfung zu dem verfassungsmäßigen Kernbereich der Rechnungshofaufgaben, obwohl sie nicht vollständig in die Haushaltsrechnung einbezogen sind[452]. Die Begründung dieses Auslegungsergebnisses ist zumindest bedenklich[453]. Einerseits, weil unklar ist, was von Verfassungs wegen eigentlich zur Vermögensrechnung gehört. Ferner, weil sich gut vertreten ließe, dass auch juristisch selbständige Personen zum Bundesvermögen gehören und sie daher aus demselben Grund in der Vermögensrechnung des Bundes ausgewiesen werden sollten. Nach derselben (herrschenden) Ansicht erstreckt sich aber von Verfassungs wegen die Kontrollkompetenz des Bundesrechnungshofs nicht auf rechtlich selbständige Personen außerhalb der unmittelbaren Bundesverwaltung (Art. 114 Abs. 2 GG)[454]. Wäre nämlich eine Auslegung annehmbar, nach der die Sondervermögen von Verfassungs wegen als

---

448 Vgl. Nr. 2.1 der Vorl. VV zu § 26 BHO.

449 Vgl. Eibelshäuser/Wallis, § 113 BHO, in: Heuer (Hrsg.), Kommentar zum Haushaltrecht, Stand Januar 2001; Puhl, Budgetflucht und Haushaltsverfassung, 1996, S. 129; Kilian, Nebenhaushalte des Bundes, 1993, S. 170.

450 Nawrath, § 88 BHO Rn. 3, in: Heuer (Hrsg.), Kommentar zum Haushaltrecht, Stand Juni 1999.

451 Siehe Puhl, Budgetflucht und Haushaltsverfassung, 1996, S. 332.

452 Vgl. Vogel/Kirchhof, BK, Art. 114 Rn. 114 f.; v. Mutius/Nawrath, Art. 114 Rn. 22 und Nawrath, § 88 BHO Rn. 3, beide in: Heuer (Hrsg.), Kommentar zum Haushaltrecht, Stand Juni 1999. Dementsprechend hat § 113 BHO für eigenverwaltende Sondervermögen nur einen deklaratorischen Sinn.

453 Vgl. Puhl, Budgetflucht und Haushaltsverfassung, 1996, S. 332.

454 Vgl. Puhl, Budgetflucht und Haushaltsverfassung, 1996, S. 333 f.; Fischer-Menshausen, Art. 114 Rn. 15, in: von Münch/Kunig (Hrsg.), GG-Kommentar, 3. Auflage.

Gegenstand der Vermögensrechnung nach Art. 114 Abs. 1 GG angesehen würden[455], sollten auch die rechtlich selbständigen juristischen Personen, wenn sie zum Vermögen des Bundes zählen, Gegenstand der Vermögensrechnung sein.

Die ständige Praxis der Bundesorgane[456], die seit Inkrafttreten des GG stets eine ganz unvollständige Vermögensrechnung als (Neben-)Basis für die Entlastungsentscheidung akzeptieren, bestätigt diese Bedenken. Außerdem, tauchen i.d.R. die rechtsfähigen juristischen Personen des öffentlichen Rechts tatsächlich nicht in der Vermögensrechnung des Bundes auf[457]. Auf jeden Fall kann die Antwort auf unsere Fragestellung wegen der Unklarheiten bezüglich des Inhalts des Vermögens nicht durch eine entsprechende Einbeziehung der Sondervermögen in die Vermögensrechnung gewonnen werden.

Ungeachtet dieser argumentativen Bedenken ist im Ergebnis der herrschenden Meinung aus folgenden Gründen beizupflichten: Vor der Haushaltsreform waren die Sondervermögen und Bundesbetriebe nicht von Verfassungs wegen Gegenstand der Rechnungshofkontrolle, da sie keine Bestandteile der „Rechnung" sind[458]. Die durch die Haushaltsreform wahrgenommene Ausweitung des Prüfungsauftrags auf die „Haushalts- und Wirtschaftsführung" des Bundes bedeutet, dass der BRH das gesamte Finanzgebaren des Bundes prüft, einschließlich seiner rechtlich unselbständigen Einrichtungen, unabhängig davon, ob sie sich in der „Rechnung" (voll)niederschlagen oder nicht. Somit ist der Prüfungsauftrag des BRH vornehmlich zeitlich, jedoch auch inhaltlich innerhalb des Rechtssubjekts „Bund"[459] erweitert worden.

---

455 So, Vogel/Kirchhof, BK, Rn. 48. Nach ihrer Meinung müssen die Sondervermögen von Verfassungs wegen in die Vermögensrechnung einbezogen werden, da es sich nur um wirtschaftlich, nicht aber um rechtlich selbständige Teile des Bundesvermögens handelt. Anderenfalls, könnten Inhalt und Verbindlichkeit des Art. 114 GG beeinflusst werden. Dieses Argument kann aber auch für die rechtlich selbständigen Verwaltungseinheiten gelten.

456 Zur verfassungskonkretisierenden Staatspraxis als Auslegungskriterium siehe BVerfGE 62, S. 1 ff. (38).

457 Nach einer Ansicht sollte (gemäß § 6 des Entwurfes der Buchführung und Rechnungslegungsordnung für das Vermögen des Bundes) nur das Vermögen der öffentlichen „nicht-rechtsfähigen" Einrichtungen erfasst werden. Ob das von Verfassungs wegen zu folgern ist, ist jedoch nicht eindeutig. Siehe ausführlicher, Puhl, Budgetflucht und Haushaltsverfassung, 1996, S. 328 ff.

458 Die Rechnung umfasst verfassungsnotwendig nur die Einnahmen und Ausgaben des Bundes als Gebietskörperschafts. Das ergibt sich aus der Entstehungsgeschichte und dem Wortlaut des Art. 114 Abs. 1 GG. Siehe dazu v.a. Puhl, Budgetflucht und Haushaltsverfassung, 1996, S. 289 ff.

459 Es muss betont werden, dass diese inhaltliche Erweiterung nur innerhalb des Bundes stattfindet. Das folgt für die (rechtlich unselbständigen) Sondervermögen und Bundesbetriebe bereits aus Art. 110 Abs. 2 GG. Zusätzlich kann diese Folgerung

Die Prüfung umfasst also verfassungsnotwendig die Sondervermögen und Bundesbetriebe und zwar nicht nur die Zuführungen an sie und ihre Ablieferungen an den Bundeshaushalt, sondern ihre gesamte Finanzgebaren[460]. Anderenfalls würde diese Prüfung nur eine Formalität darstellen[461]. Die Einbeziehung der Sondervermögen und Bundesbetriebe als „integrale Bestandteil(e) des Auftrags zur Prüfung der Haushalts- und Wirtschaftsführung des Bundes“[462] in § 88 Abs. 1 BHO und § 42 Abs. 1 HGrG, deren Entstehung in zeitlichem Zusammenhang mit der Neufassung des Art. 114 GG steht, kann als Bestätigung des Auslegungsergebnisses angesehen werden.

Die hier vertretene Ansicht gilt für Sondervermögen und Bundesbetriebe, die von der unmittelbaren Bundesverwaltung bewirtschaftet werden (sog. eigenverwaltende Sondervermögen und Bundesbetriebe). Ein anderes Auslegungsergebnis muss für diejenigen Sondervermögen und Bundesbetriebe gelten, die von rechtlich selbständigen Einrichtungen bewirtschaftet werden (sog. fremdverwaltete oder Zweck- bzw. Treuhandvermögen). Wegen der Eigenartigkeit der Gründe gelten für diesen Fall mutatis mutandis die Ausführungen bezüglich der bundesunmittelbaren juristischen Personen.

b) Der Grundsatz der Lückenlosigkeit der Prüfung

Das Ziel einer möglichst lückenlosen Prüfung hat in der Haushaltsreform von 1969 eine zentrale Rolle gespielt[463]. Das Lückenlosigkeitsprinzip, eines der leitenden Prinzipien der damaligen Verfassungsänderung, ergibt sich aus dem Wortlaut des Art. 114 Abs. 2 Satz 1 GG[464], wonach der Rechnungshof die Rechnung sowie die Wirtschaftlichkeit und die Ordnungsmäßigkeit der Haushalts- und

---

aus dem Wortlaut von Art. 114 Abs. 1 GG gezogen werden; gerade die Verbindung „sowie“ und die Tatsache, dass die Prüfungsmaßstäbe einmal genannt werden, deuten, dass das Prüfungsobjekt gemeinsam ist, d.h. der Bund. Siehe dazu Kap. C I 2 b.

460 So aber Vogel/Kirchhof, BK, Art. 114 Rn. 132.

461 So, Heuer, Art. 114 GG Rn. 51, in: Heuer (Hrsg.), Kommentar zum Haushaltrecht, Stand 1990. Vgl. dazu auch weiter unten Kap. C III 10 b und C III 11 c der Arbeit.

462 Siehe Puhl, Budgetflucht und Haushaltsverfassung, 1996, S. 334.

463 Das Lückenlosigkeitsprinzip wurde bereits vor dieser Haushaltsreform entwickelt. Siehe dazu, Weber, DöH 1954, S. 27 ff. (36 ff.); Huber, Die institutionelle Verfassungsgarantie der Rechnungsprüfung, in: FS f. Nikisch, 1958, S. 331 ff. (347 ff.); Piduch, DöV 1965, S. 334 ff.; Gotham, Der Umfang der Prüfungskompetenz der Rechnungshöfe, 1969, S. 48 ff.; Lange, Verfassungsrechtliche Probleme im Zusammenhang mit Rechnungsprüfung und Rechnungshof, 1967, S. 100 ff.

464 Vgl. Reger, VerwArch 1975, S. 195 ff. (238).

Wirtschaftsführung (des Bundes) prüft[465]. Art. 114 GG bildet ein Ganzes, und deshalb kann aus dem in Abs. 1 normierten Gebot einer lückenlosen Rechnungslegung („über *alle* Einnahmen“) die Lückenlosigkeit der Rechnungsprüfung abgeleitet werden[466]. Nach dem Bericht des Haushaltsauschusses, ist nach der Neufassung des Art. 114 GG die Zulassung prüfungsfreier Räume beim Bund nicht (mehr) statthaft[467]. Daraus ergibt sich, dass dieses Prinzip selbst Verfassungsrang hat[468]. Das Prinzip wurde ferner ausdrücklich in den entsprechenden erlassenen Gesetzen (HGrG und BHO / LHO) normiert[469].

Das Verbot prüfungsfreier Räume gilt unabhängig davon, ob und wie Einnahmen und Ausgaben des Bundes im Bundeshaushalt veranschlagt sind[470]. Alle mittelbar oder unmittelbar finanzwirksamen Tätigkeiten des Bundes unterliegen also der Prüfung durch den Bundesrechnungshof.

Es muss betont werden, dass das Prinzip nicht selbst kompetenzbegründet ist[471]. Erst wenn ein Adressat aufgrund anderer Vorschriften der Prüfung unterstellt wird, können bei diesem Kontrollunterworfenen alle (finanzwirksamen) Gegenstände lückenlos geprüft werden. Dabei unterstützt der Grundsatz der Lükkenlosigkeit die schon bestehenden verfassungsrechtlichen Kompetenzen, indem

---

465 Dieser umfassende Prüfungsauftrag kann ebenfalls als „Generalauftrag“ bezeichnet werden. Siehe dazu, Tiemann, Die staatsrechtliche Stellung der Finanzkontrolle des Bundes, 1974, S. 75 ff. und Stern, Staatsrecht der Bundesrepublik Deutschland, Bd. II, 1980, § 34 III 2 b.

466 Vgl. Reger, VerwArch 1975, S. 319 ff. (343); Heintzen, Art. 114 Rn. 21, in: von Münch/Kunig (Hrsg.), GG-Kommentar, 2003. Hier muss erwähnt werden, dass eine Unvollständigkeit der Haushaltsrechnung nicht die Prüfungszuständigkeit des BRH begrenzen kann. Siehe dazu, Puhl, Budgetflucht und Haushaltsverfassung, 1996, S. 331 (Fn. 273).

467 Siehe schriftlichen Bericht des Haushaltsauschusses zu BT Drs. V/4378, V/4379, S. 7. Vgl. auch Kyrill-A. Schwarz, Art. 114 in: von Mangoldt/Klein/Starck, Das Bonner Grundgesetz (Kommentar), 2001, S. 2093 f.; Munzert, DVP 1997, S. 10 ff. (13); v. Arnim, DVBl. 1983, S. 664 ff. (664); Heun, Staatshaushalt und Staatsleitung, 1989, S. 506; Schulze-Fielitz, Kontrolle der Verwaltung durch Rechnungshöfe, in: VVDStRL 1996, S. 231 ff. (241); Heun, § 114 Rn. 23, in: Dreier (Hrsg.), Grundgesetz Kommentar, 2000; Zavelberg, 275 Jahre Rechnungsprüfung in Deutschland, in: ders. (Hrsg.), Die Kontrolle der Staatsfinanzen, 1989, S. 53.

468 Haverkate, Die Einheit der Verwaltung als Rechtsproblem, VVDStRl 46 (1988), S. 217 ff. (231).

469 Gemäß §§ 42 Abs. 1 HGrG und 88 Abs. 1 prüft der BRH die *gesamte* Haushalts- und Wirtschaftsführung des Bundes.

470 Die Prüfung erstreckt sich auf das gesamte Finanzgebaren des Bundes, einschließlich der sog. „Selbstbewirtschaftungsmitteln“. Siehe dazu, Puhl, Budgetflucht und Haushaltsverfassung, 1996, S. 346.

471 Vgl. Krempel, Rechnungshöfe und Rundfunk-Beteiligungsunternehmen, 1996, S. 51; Puhl, Budgetflucht und Haushaltsverfassung, 1996, S. 334 (Fn. 294).

er den Umfang der verfassungsrechtlichen Zuständigkeit des Bundesrechnungshofs bezeichnet. Das bedeutet, dass ihm kein Bereich seiner Zuständigkeit von anderen staatlichen Organen entzogen werden darf, insbesondere nicht vom Gesetzgeber im Rahmen des Gesetzesvorbehalts des Artikels 114 Abs. 2 Satz 3 GG[472].

Wegen der begrenzten sachlichen und persönlichen Kapazitäten wäre eine Verpflichtung des Bundesrechnungshofes, seine Prüfung auch tatsächlich lückenlos wahrzunehmen, praktisch unmöglich. Dementsprechend sehen § 42 Abs. 3 HGrG und § 89 Abs. 2 BHO vor, dass der Rechnungshof „nach seinem Ermessen die Prüfung beschränken und Rechnungen ungeprüft lassen kann"[473].

Festzustellen ist, dass durch das Lückenlosigkeitsprinzip selbst keine zusätzlichen Kompetenzen geschaffen werden können; deswegen kann aus diesem Prinzip keine Schlussfolgerung für oder gegen die Einbeziehung eines Rechtssubjekts in den verfassungsrechtlichen Kreis der Kontrolladressaten gezogen werden[474].

2. Rechtssubjekte außerhalb der unmittelbaren Bundesverwaltung als Objekte der Kontrolle nach Art. 114 Abs. 2 Satz 1 GG?

a) *Darstellung der Problematik*

Nach dem Ergebnis der bisherigen Untersuchung ist die unmittelbare Bundesverwaltung einschließlich der rechtlich unselbständigen Sondervermögen und Betriebe des Bundes kraft Verfassung Adressaten bzw. Objekte der Bundesrechnungshoffinanzkontrolle. Zur Bundesverwaltung, die übertragene Verwaltungsaufgaben erledigt und (deswegen) vom Bund errichtet und bewirtschaftet wird, gehören aber auch rechtlich selbständige Organisationen in Form von Körperschaften, Anstalten und Stiftungen des öffentlichen Rechts, die dem Bund unmittelbar unterstehen (bundesunmittelbare juristische Personen des öffentlichen

---

472 Vgl. Vogel/Kirchhof, BK, Art. 114 Rn. 125; Krempel, Rechnungshöfe und Rundfunk-Beteiligungsunternehmen, 1996, S. 51 f.; v.Mutius/Nawrath, Art. 114 Rn. 10, in: Heuer (Hrsg.), Kommentar zum Haushaltrecht, Stand Juni 1999; Reger, VerwArch 1975, S. 319 ff. (343 f.).

473 Vgl. v.Mutius/Nawrath, Art. 114 Rn. 10, in: Heuer (Hrsg.), Kommentar zum Haushaltrecht, Stand Juni 1999; Reger, VerwArch 1975, S. 195 ff. (242); Krebs, Kontrolle in staatlichen Entscheidungsprozessen, 1984, S. 182 f.

474 Das gilt, obgleich das Lückenlosigkeitsprinzip die Tendenz des Verfassungsgesetzgebers für eine Ausdehnung der Rechnungshofkontrolle verdeutlicht. Vgl. hierzu, Puhl, Budgetflucht und Haushaltsverfassung, 1996, S. 334.

Rechts)[475]. Zusätzlich, gehören zur Bundesverwaltung juristische Personen des privaten Rechts, wenn die öffentliche Hand eine zumindest beherrschende Stellung hat oder wenn jene als Beliehene funktionieren[476].

Diese vom Rechtssubjekt „Bund“ rechtlich selbständige, nicht der unmittelbaren Bundesverwaltung angehörenden „externen“ Stellen finden in der Rechnung nur soweit Niederschlag, wie sie im Haushaltsplan einbezogen werden, d.h. nur durch die entsprechenden Zuführungen oder Ablieferungen (§ 26 Abs. 3 BHO). Alle genannten juristischen Personen sind aus dem Haushalt ausgegliedert, insoweit sie über einen eigenen Haushalt verfügen, und nicht oder zumindest nicht vollständig im Bundeshaushalt veranschlagt werden[477]. Außerhalb der unmittelbaren Bundesverwaltung, jedoch innerhalb der öffentlichen Verwaltung, stehen auch Selbstverwaltungsträger. Typischerweise wird hier die Form der Körperschaft des öffentlichen Rechts angewandt. Diese Selbstverwaltungsträger vertreten die Interessen ihrer Mitglieder[478].

Umstritten ist, ob diese außerhalb der unmittelbaren Bundesverwaltung eingeordneten Stellen, d.h. die sog. „mittelbare“ Bundesverwaltung, in den verfassungsobligatorischen Adressatenkreis der Rechnungshofkontrolle einzubeziehen sind. Im Kern der Problematik steht, ob die haushaltsrechtlich selbständigen juristischen Personen, die sog. „Haushaltstrabanten des Bundes“[479], die sich nicht (vollständig) in der Rechnung niederschlagen, von Verfassungs wegen durch den BRH geprüft werden müssen.

Nach herrschender Ansicht erstreckt sich die Kontrolle der Rechnung sowie der Haushalts- und Wirtschaftsführung nach Art. 114 Abs. 2 GG nicht auf diese

---

475 Als *Körperschaft* des öffentlichen Rechts ist eine mit öffentlichrechtlichem Status ausgestatteten Typus eines rechtsfähigen, mitgliedschaftlich verfassten Verbands zu bezeichnen, der die Funktion der Erfüllung im öffentlichen Interesse liegender Aufgaben im eigenen Namen und in eigener Verantwortlichkeit hat. Die öffentliche *Anstalt* ist ein Bestand von sachlichen und persönlichen Mitteln, in der Hand der öffentlichen Verwaltung, die einen öffentlichen Zweck dauernd dient. Sie hat Benutzer, die gebotenen Leistungen empfangen. Die *Stiftung* ist eine rechtsfähige Organisation zur Verwaltung eines vom Stifter zweckgebundenen übergebenen Bestands an Vermögenswerten. Siehe ausführlicher, Maurer, Allgemeines Verwaltungsrecht, 2004, S. 599 ff.; Knöpfle, Die Zuständigkeit der Rechnungshöfe für die Prüfung der Körperschaften des öffentlichen Rechts, 1988, S. 13 ff.

476 Vgl. Behrendt, Die Prüfungstätigkeit des Bundesrechnungshofs außerhalb der unmittelbaren Bundsverwaltung, 2004, S. 5.

477 Vgl. Kilian, Nebenhaushalte des Bundes, 1993, S. 167 ff.; Puhl, Budgetflucht und Haushaltsverfassung, 1996, S. 37 ff., 538.

478 Vgl. Knöpfle, Die Zuständigkeit der Rechnungshöfe für die Prüfung der Körperschaften des öffentlichen Rechts, 1988, S. 16 f.

479 So, Puhl, Budgetflucht und Haushaltsverfassung, 1996, S. 338.

juristische Personen des öffentlichen und privaten Rechts[480]. Eine Gegenmeinung geht aber davon aus, dass aus Art. 114 Abs. 2 GG, ausgelegt im Lichte des Demokratieprinzips (20 Abs. 2 GG)[481], oder aufgrund einer teleologischen Ausdehnung des Wortlauts dieser Vorschrift[482], eine verfassungsunmittelbare Prüfungszuständigkeit des Bundesrechnungshofes auch für solche rechtsfähigen Verwaltungsträger abgeleitet werden kann. Um eine eigene Stellung zu nehmen, müssen wir diese Problematik anhand des klassischen Instrumentariums der Verfassungsauslegung untersuchen[483].

b) Wortlaut, Systematik und Entstehungsgeschichte von Artikel 114 Abs. 2 Satz 1 GG

Die Stellung des Artikels 114 Abs. 2 GG im X. Abschnitt des GG deutet an, dass es um die Rechnungshofkontrolle des Bundes geht[484]. Aus der systematischen Stellung der Vorschrift kann aber kein entscheidender Auslegungshinweis bezüglich der hier zu untersuchenden Problematik gewonnen werden, da die haushaltsverfassungsrechtlichen Regelungen keinen einheitlichen Gegenstand haben und der Anwendungsbereich jeder Norm selbständig zu beurteilen ist[485]. Die Systematik der Vorschrift selbst zwingt also nicht zu einer bestimmten Schlussfolgerung.

---

480 Vgl. Vogel, DVBl. 1970, S. 193 ff. (198); Tiemann, Die staatsrechtliche Stellung der Finanzkontrolle des Bundes, 1974, S. 83; Vogel/Kirchhof, BK, Art. 114 GG Rn. 130 ff.; Krempel, Rechnungshöfe und Rundfunk-Beteiligungsunternehmen, 1996, S. 45; v. Mutius/Nawrath, Art. 114 Rn. 22, in: Heuer (Hrsg.), Kommentar zum Haushaltrecht, Stand Juni 1999; Kempf, Flucht aus dem Haushalt, in: in: Rechnungshof Baden-Württemberg (Hrsg.), Finanzkontrolle in Baden-Württemberg, Band II, 1987, S. 59 ff. (68); Siekmann, § 114 Rn. 29, in: Sachs (Hrsg.), Grundgesetz Kommentar, 3. Auflage.

481 Haverkate, Prüfungsfreie Räume – Welche Türen in der öffentlichen Verwaltung bleiben dem Rechnungshof verschlossen?, in: Zavelberg (Hrsg.), Die Kontrolle der Staatsfinanzen, 1989, S. 197 ff. (219 f.)

482 Maunz, § 114 Rn. 35 ff., in: Maunz/Dürig/Herzog (Hrsg.), Grundgesetz, Loseblattkommentar, 2006.

483 Dem Auslegungsziel dienen die Auslegung nach dem Wortlaut der Norm (grammatische Auslegung), ihrem Zusammenhang (systematische Auslegung), ihrem Zweck (teleologische Auslegung) und den Gesetzesmaterialien und ihrer Entstehungsgeschichte (historische Auslegung). Die Verfassungsinterpretation muss immer objektiv sein. Vgl. Hesse, Grundzüge des Verfassungsrechts der Bundesrepublik Deutschland, 1999, S. 20 ff.

484 Vgl. Kirchhof, Deutsche Rentenversicherung 1992, S. 369 ff. (371).

485 Vgl. Behrendt, Die Prüfungstätigkeit des Bundesrechnungshofs außerhalb der unmittelbaren Bundsverwaltung, 2004, S. 13.

Wichtige Ansatzpunkte könnten aus der historischen Auslegung abgeleitet werden[486]. Die Prüfung der „Wirtschaftsführung“ kann nicht als Ausweitung der Aufgabenzuweisung des Bundesrechnungshofes auf weitere Prüfungsobjekte verstanden werden, die nicht der parlamentarischen Rechnungslegung unterliegen. Das ergibt sich deutlich aus der Entstehungsgeschichte. Durch die Einfügung der Formulierung „sowie die Haushalts- und Wirtschaftsführung“ beabsichtigte der Verfassungsgesetzgeber klarzustellen, dass die dem Bundesrechnungshof obliegende Prüfung, nicht erst einsetzt, wenn der Bundesminister der Finanzen die Rechnung gelegt hat. Er wollte nämlich eine gegenwartsnahe Prüfung ermöglichen und die Prüfung des Bundesrechnungshofs auch auf Verwaltungsvorgänge ausweiten, die noch nicht in einer förmlichen Rechnung Niederschlag gefunden haben. Eine gegenständliche Erweiterung auf rechtlich selbständige, außerhalb des Rechtssubjekts „Bund“, stehende Stellen, war nicht bezweckt. Aus der Entstehungsgeschichte der Norm ist abzuleiten, dass der Verfassungsgeber durch die Neufassung von Art. 114 Abs. 2 Satz 1 GG nicht das Prüfungsobjekt der Rechnungsprüfung ändern wollte[487]. Es verbleibt noch die entscheidende Auslegung des Wortlauts.

Auf den ersten Blick scheint der Wortlaut des Artikels 114 Abs. 2 Satz 1 GG für unsere Fragestellung wenig ergiebig, da der Adressat der Rechnungshofkontrolle nicht ausdrücklich erwähnt wird[488]. Art. 114 GG ist aber als Ganzes anzuschauen. Er bezieht sich unmittelbar nur auf den Bund als Gebietskörperschaft. Das ergibt sich für die „Rechnung“ aus dem Zusammenhang mit Art. 114 Abs. 1 GG[489]. Der Wortlaut der Vorschrift ermöglicht eine Lesart, bei der sich die Kontrolle der Rechnung und diejenige der Haushalts- und Wirtschaftsführung auf dasselbe Prüfungsobjekt beziehen[490]. Gerade das Verbindungswort „sowie“ und

486 Das Bundesverfassungsgericht hat ausdrücklich festgelegt, dass: „Der Entstehungsgeschichte einer Vorschrift (kommt) für deren Auslegung nur insofern Bedeutung zu, als sie die Richtigkeit der ... ermittelten Auslegung bestätigt oder *Zweifel behebt, die auf dem angegebenen Weg allein nicht ausgeräumt werden können*“: BVerfGE 1, S. 299 ff. (312).

487 Mit der Ausnahme der rechtlich *un*selbständigen Sondervermögen. Siehe dazu weiter oben Kap. C I 1 a.

488 Übereinstimmend, Behrendt, Die Prüfungstätigkeit des Bundesrechnungshofs außerhalb der unmittelbaren Bundsverwaltung, 2004, S. 7; Puhl, Budgetflucht und Haushaltsverfassung, 1996, S. 339; Kirchhof, Deutsche Rentenversicherung 1992, S. 369 ff. (370); Krempel, Rechnungshöfe und Rundfunk-Beteiligungsunternehmen, 1996, S. 45.

489 Siehe ausführlicher weiter oben Kap. C I 1.

490 Mit demselben Ausgangspunkt kommt aber Behrendt zu einem anderen Ergebnis: Behrendt, Die Prüfungstätigkeit des Bundesrechnungshofs außerhalb der unmittelbaren Bundsverwaltung, 2004, S. 7.

die Tatsache, dass die Prüfungsmaßstäbe nur einmal genannt werden, deuten darauf hin, dass das Prüfungsobjekt gemeinsam ist, nämlich der Bund[491]. Der Verfassungsgesetzgeber könnte die schon vor der Haushaltsreform bestehende Problematik[492] lösen, wenn er die juristischen Personen „expressis verbis" in den Verfassungstext einbezöge[493].

Die gesetzlichen Vorschriften des HGrG und der Bundeshaushaltsordnung könnten aufgrund des zeitlichen Zusammenhangs mit der GG-Änderung als eine Art „authentischer" Interpretation angesehen werden[494], obwohl ein unmittelbarer Rückschluss auf den Inhalt des Grundgesetzes methodologisch recht problematisch ist. Im Gegensatz zu den rechtlich unselbständigen Sondervermögen, die als integraler Bestandteil des Auftrags zur Prüfung der Haushalts- und Wirtschaftsführung des Bundes in § 88 Abs. 1 BHO und § 42 Abs. 1 HGrG verankert werden, sehen das HGrG und die Bundeshaushaltsordnung für die juristischen Personen des öffentlichen und privaten Rechts eine grundsätzlich allgemeine (i.d.S. einer „lückenlosen") Kontrolle durch den BRH, in einem *gesonderten* Teil dieser Gesetze durch eine nur *entsprechende* Anwendung der Regelungen die für den Bund gelten. Allerdings muss bemerkt werden, dass tatsächlich aus der Struktur der Gesetze selbst kein entscheidendes Argument gewinnt werden kann, da auf jeden Fall sinnvoll erscheint, gesonderte Teile für verschiedene Rechtssubjekte zu formulieren.

---

491 Eine Ausweitung des Bedeutungsgehalts nicht nur auf zeitliche, sondern auch auf inhaltliche Komponenten (jedenfalls nur innerhalb des Bundes) steht nicht gegen dem Willen des Verfassungsgesetzgebers.

492 Vor der heutigen verfassungsrechtlichen Regelung herrschte die Meinung, dass die juristischen Personen des öffentlichen Rechts nicht unmittelbar von Verfassungs wegen unmittelbar in der Rechnungshofkontrolle einbezogen wurden. Siehe dazu, Huber, Die institutionelle Verfassungsgarantie der Rechnungsprüfung, in: FS für Nikisch, 1958, S. 331 ff. (347 f.); Klein, Die institutionelle Verfassungsgarantie der Rechnungsprüfung, in: Bundesrechnungshof (Hrsg.), 250 Jahre Rechnungsprüfung, FS zur zweihundertfünfzigjährigen Wiederkehr der Errichtung der Preußischen Generalrechenkammer, 1964, S. 133 ff. (144 f.). Für eine Darstellung des einfachen Rechts bis zur Haushaltsreform siehe ausführlich: Krempel, Rechnungshöfe und Rundfunk-Beteiligungsunternehmen, 1996, S. 80 ff.; Puhl, Budgetflucht und Haushaltsverfassung, 1996, S. 341 ff.

493 Wie z.B. Art. 56 der Landessatzung für Schleswig-Holstein, zitiert von Puhl, Budgetflucht und Haushaltsverfassung, 1996, S. 344 – Fn. 354.

494 Vgl. Puhl, Budgetflucht und Haushaltsverfassung, 1996, S. 344; Behrendt, Die Prüfungstätigkeit des Bundesrechnungshofs außerhalb der unmittelbaren Bundesverwaltung, 2004, S. 14.

c) Stellungnahme

Das Ergebnis des bisherigen Auslegungsversuchs des Artikels 114 Abs. 2 Satz 1 GG lässt sich wie folgt zusammenfassen: Adressat der verfassungsobligatorischen Rechnungshofkontrolle ist der *Bund* mit allen seinen Organen und (zumindest rechtlich unselbständigen) Einrichtungen, und ihr Gegenstand ist die gesamte Haushalts- und Wirtschaftsführung unabhängig davon, ob und wie sie in der Rechnung veranschlagt wird. Wenn man unter der Bezeichnung „Bund" nur die rechtlich unselbstständigen Einrichtungen versteht, dann könnte das dazu führen, dass der einfache Gesetzgeber, im Rahmen des Art. 114 Abs. 2 Satz 3 GG, vollkommene Entscheidungsfreiheit dahingehend besitzt, ob und inwieweit die rechtsfähigen Einrichtungen des Bundes einer Kontrolle durch den Bundesrechnungshof unterliegen. Es hinge also die Anwendung des für die unmittelbare Bundesverwaltung geltenden Lückenlosigkeitsprinzips davon ab, ob und inwiefern der einfache Gesetzgeber staatliche Aufgaben von unmittelbaren Bundesorganen an selbständig rechtsfähige Verwaltungsträger, d.h. die mittelbare Bundesverwaltung, überträgt[495]. In diesem Zusammenhang muss die Zweckrichtung bzw. das Telos der verfassungsrechtlichen Norm nicht unberücksichtigt bleiben.

Zweck der Rechnungshofkontrolle nach Art. 114 Abs. 2 GG ist es, die parlamentarische Budgetfunktion und die Selbstkontrolle der Exekutive zu unterstützen, um insgesamt den Schutz des „staatlichen" Vermögens zu gewährleisten[496]. Nach zutreffender Ansicht[497] ergibt sich aus diesem Zweck, dass sich die Rechnungsprüfung durch den Bundesrechnungshof auch auf alle staatlichen Verwaltungsträger, einschließlich der mittelbaren Verwaltung, erstrecken muss, soweit ihr Finanzgebaren mit dem Bundeshaushalt i.e.S. verschränkt ist. Diese These geht tatsächlich in die zutreffende Richtung und wird durch die folgende Analyse ausführlicher begründet und erweitert werden.

Nach der ständigen Rechtsprechung des Bundesverfassungsgerichts sind die verschiedenen Verfassungsbestimmungen nicht isoliert zu betrachten. Ausgehend von der inneren Einheit der Verfassung sind sie in einem logisch-teleologischen

---

495 Vgl. Haverkate, Prüfungsfreie Räume – Welche Türen in der öffentlichen Verwaltung bleiben dem Rechnungshof verschlossen?, in: Zavelberg (Hrsg.), Die Kontrolle der Staatsfinanzen, 1989, S. 197 ff. (220).

496 Vgl. dazu Stern, Staatsrecht der Bundesrepublik Deutschland, Bd. II, 1980, § 34 III 4 a; Krempel, Rechnungshöfe und Rundfunk-Beteiligungsunternehmen, 1996, S. 48; Lange, Kontrollauftrag der Rechnungshöfe hinsichtlich demokratischen Institutionen, in; Böning/von Mutius (Hrsg.), Finanzkontrolle im repräsentativ-demokratischen System, 1990, S. 83 ff. (86); siehe auch weiter oben Kap. B VIII 2.

497 Vgl. dazu Maunz, § 114 Rn. 35, in: Maunz/Dürig/Herzog (Hrsg.), Grundgesetz, Loseblattkommentar, 2006.

Sinnzusammenhang zu begreifen[498]. Demgemäss ist die Rechnungsprüfung nach Artikel 114 Abs. 2 Satz 1 GG im Lichte bzw. unter der „Ausstrahlungswirkung" des Demokratieprinzips zu interpretieren[499]. Aus dem Demokratieprinzip leitet sich das rechtlich-verbindliche[500] Gebot von der wirksamen demokratischen Legitimation einer jeden Ausübung von Staatsgewalt, d.h. der ganzen Verwaltung, ab. Diese Legitimation kann sowohl durch Steuerung, also durch parlamentarische verhaltensbestimmende Normen, als auch durch Kontrolle gesichert werden. Die Kontrolle ist wegen der Eigenartigkeit des Sachbereichs (öffentliche Finanzen bzw. staatliche Haushalts- und Wirtschaftsführung) von besonderer Bedeutung[501]. Die parlamentarische Finanzkontrolle ist als unabdingbares Element der demokratischen Kontrolle der staatlichen Finanzgebarens zu betrachten[502]. Zusammenfassend ist festzuhalten, dass das demokratische Prinzip für die Ausübung staatlicher (Finanz-) Gewalt der parlamentarischen (Finanz-) Kontrolle bedarf.

Zu den Trägern, deren (Finanz-) Handeln als Ausübung von Staatsgewalt im Sinne von Art. 20 Abs. 2 GG anzusehen ist, gehören mit Ausnahme der Reli-

---

498 Siehe dazu BVerfGE 1, S. 14 ff. (32); 19, S. 206 ff. (220). Vgl. auch Knöpfle, Die Zuständigkeit der Rechnungshöfe für die Prüfung der Körperschaften des öffentlichen Rechts, 1988, S. 50.

499 Vgl. Haverkate, Haverkate, Prüfungsfreie Räume – Welche Türen in der öffentlichen Verwaltung bleiben dem Rechnungshof verschlossen?, in: Zavelberg (Hrsg.), Die Kontrolle der Staatsfinanzen, 1989, S. 197 ff. (220).

500 Das Demokratieprinzip ist ein rechtsverbindlicher Grundsatz der Verfassung. Deswegen kann von diesem Prinzip selbst oder in Verbindung mit anderen Normen des Grundgesetzes unmittelbare verfassungsrechtliche Konsequenzen abgeleitet werden. Ein allgemeines grundgesetzliches Staatsziel ist nichts inhaltsleer, sondern kann die Verfassungsauslegung nach der zutreffenden Richtung orientieren. Vgl. dazu Tiemann, Die staatsrechtliche Stellung der Finanzkontrolle des Bundes, 1974, S. 217. Siehe aber, Krempel, Rechnungshöfe und Rundfunk-Beteiligungsunternehmen, 1996, S. 85; Behrendt, Die Prüfungstätigkeit des Bundesrechnungshofs außerhalb der unmittelbaren Bundsverwaltung, 2004, S. 9 und 18.

501 Die parlamentarische Steuerung wird ferner durch die prinzipielle Weite der gesetzlich gesetzten Handlungsmaßstäbe erschwert. Deswegen ist die Kontrolle hier besonders wichtig. Vgl. dazu Kirchhoff, NVwZ 1983, S. 505 ff. (513).; Edinger, Privatisierung und parlamentarische Verantwortung, ZG 2000, S. 132 ff. (136 f.); Puhl, Budgetflucht und Haushaltsverfassung, 1996, S. 348; Dreier, Hierarchische Verwaltung im demokratischen Staat, 1991, S. 140.

502 Die parlamentarische Kontrolle ist auch als Bestandteil des von Verfassung vorgesehenen parlamentarischen Budgetrechts anzusehen. Vgl. insbesondere Puhl, Budgetflucht und Haushaltsverfassung, 1996, S. 347 f.; Kyrill-A.Schwarz, Art. 114 in: von Mangoldt/Klein/Starck, Das Bonner Grundgesetz (Kommentar), 2001, S. 2093.

gionsgesellschaften[503] alle öffentlich-rechtliche Verwaltungseinheiten[504]. Auch diejenigen „Körperschaften des öffentlichen Rechts, an denen der Staat in keiner Hinsicht finanziell interessiert ist“[505], üben staatliche Gewalt im Sinne von Art. 20 Abs. 2 GG aus. Alle juristischen Personen des öffentlichen Rechts sind selbst ein „Stück Staat“, da die Grundlage ihrer Entstehung, Organisation und Aufgabenstellung ein staatlicher – hoheitlicher Akt ist, der dauernde Bedingung für ihre Existenz und Tätigkeit ist[506]. Die juristischen Personen des öffentlichen Rechts sind unmittelbar mit dem staatlichen Finanzgebaren verschränkt, da ihr Vermögen entweder durch eine unmittelbare staatliche Finanzierung oder mittelbar durch die verliehene hoheitliche Befugnis zur Erhebung von Beiträgen, Abgaben oder Gebühren entsteht[507].

Alle privat-rechtliche Organisationseinrichtungen, die allein von der öffentlichen Hand getragen werden, gehören ebenfalls zu den Trägern der (Finanz-) Gewalt, da sie Privatrechtssubjekte, aber, aufgrund der Tatsache, dass ihr Vermögen aus staatlichen Mitteln stammt, keine privaten Rechtssubjekte sind[508]. Hierunter fallen Personenvereinigungen, Stiftungen, Kapitalgesellschaften usw., deren Finanzierung allein aus staatlichen Mitteln erfolgt. In dem Falle von „gemischtwirtschaftlichen“ Einrichtungen (insbesondere Unternehmen) übt nur die beteiligte öffentliche Hand und nicht das ganze Subjekt Staatsgewalt aus[509].

Die öffentlich-rechtlich oder privatrechtsförmig organisierte mittelbare Verwaltung, deren Finanzgebaren mit dem Bundeshaushalt stets verschränkt ist, ist nicht als getrenntes Behördensystem anzusehen, sondern als integraler Bestand-

503 Siehe Art. 140 GG und BVerfGE 42, 312 (321) – ständige Rechtsprechung.

504 Eingeschlossen sind die Träger von Selbstverwaltungskörperschaften und zwar auch dann, wenn sie Grundrechtsträger sind. Zum folgenden vgl. Schmidt-Aßmann, AöR 1991, S. 329 ff. (342 ff.); Puhl, Budgetflucht und Haushaltsverfassung, 1996, S. 163 ff.

505 Bank, AöR 80, S. 261 ff. (266 f.).

506 Vgl. statt vieler, Maurer, Allgemeines Verwaltungsrecht, 2004, S. 524 ff.

507 Vgl. auch die Analyse von Krempel, Rechnungshöfe und Rundfunk-Beteiligungsunternehmen, 1996, S. 92 ff.

508 Vgl. Kluth, Grenzen kommunaler Wettbewerbsteilnahme, 1988, S. 19.

509 Deswegen sind nur die staatlichen Organe als Objekte der parlamentarischen Finanzkontrolle anzusehen. Insoweit umfasst der unmittelbare Anwendungsbereich der Rechnungsprüfung die sog. Betätigungsprüfung i.S.v. § 91 Abs. 1 Nr. 3 BHO. Vgl. Degenhart, Kontrolle der Verwaltung durch Rechnungshöfe, in: VVDStRL 1996, S. 190 ff (221); Tiemann, Die staatsrechtliche Stellung der Finanzkontrolle des Bundes, 1974, S. 63 f.; Maunz, § 114 Rn. 36, in: Maunz/Dürig/Herzog (Hrsg.), Grundgesetz, Loseblattkommentar, 2006.

teil der öffentlichen Staatsverwaltung[510]. Alle diese Träger staatlicher Gewalt unterliegen also der parlamentarischen Finanzkontrolle.

Aufgrund der Vielfalt und Komplexität des staatlichen Finanzgebarens stellt eine objektive, unabhängige und sachverständige Rechnungsprüfung die Voraussetzung für eine wirksame parlamentarische Finanzkontrolle dar[511]. Wegen des Demokratieprinzips ist die Reichweite der Adressaten der Rechnungsprüfung nach Art. 114 Abs. 2 Satz 1 GG genauso weit zu ziehen wie die der parlamentarischen Finanzkontrolle. Aus der vorherigen Analyse ergibt sich, dass die parlamentarische Finanzkontrolle alle Verwaltungsträger umfasst, unabhängig davon, ob sie zum Rechtssubjekt „Bund i.e.S." gehören oder rechtlich verselbständigt sind. Neben der unmittelbaren parlamentarischen Kontrolle der Regierung erstreckt sich die parlamentarische Finanzkontrolle auch auf alle der Regierung untergeordneten Verwaltungsträger, die Finanzgewalt ausüben[512], gleichgültig, ob sie als unmittelbare oder mittelbare Verwaltung organisiert werden[513]. Die Regierung bleibt immer, zumindest durch die Rechtsaufsicht, parlamentarisch verantwortlich und dementsprechend bleibt das Parlament gegenüber dem Volk für die gesamte, d.h. die budgetäre und die außerbudgetäre Haushalts- und Wirtschaftsführung des Staates verantwortlich. Wenn der Gesetzgeber eine rechtsfähige Einrichtung begründet, ist diese nur eine Organisationsform staatlichen Handelns. Von der bloßen Wahl der Verwaltungsform kann aber nicht abhängig

---

510 Vgl. Knöpfle, Die Zuständigkeit der Rechnungshöfe für die Prüfung der Körperschaften des öffentlichen Rechts, 1988, S. 53 f. Er sagt zutreffend: „Für die Erhaltung ihrer (der juristischen Personen) Funktionsfähigkeit ist ein rechtmäßiges und solides finanzwirtschaftlichen Handelns unerlässlich, weshalb der Staat auch hierauf zu achten hat"(staatsorganisationsrechtliche Gründe).

511 Vgl. BT-Drs. V/3605, S. 13. Siehe auch, Kap. B I 2 und B VIII 2 dieser Arbeit.

512 Vgl. ausführlicher, Brosius-Gersdorf, Deutsche Bundesbank und Demokratieprinzip, 1997, S. 44 ff.; Emde, Die demokratische Legitimation der funktionalen Selbstverwaltung, 1991, S. 66 ff.

513 Nach richtiger Meinung ist die Entlastungsentscheidung des Parlaments nicht nur auf Sachverhalten erschöpft, die ausschließlich in der Rechnung Niederschlag finden. Die Bundesregierung trägt Verantwortung gegenüber das Parlament auch für die mangelhafte Wahrnehmung der Aufsichtbefugnisse bezüglich der mittelbaren Bundesverwaltung. Nach richtiger Meinung gehört auch dieser Bereich zum parlamentarischen Entlastungsverfahren. Vgl. ausführlicher Puhl, Budgetflucht und Haushaltsverfassung, 1996, S. 356; Behrendt, Die Prüfungstätigkeit des Bundesrechnungshofs außerhalb der unmittelbaren Bundsverwaltung, 2004, S. 8: „(wegen der) Informationsfunktion (des Berichts) ... könnte den Bericht sich auf jene finanziellen Umstände beziehen, für welche die Adressaten (des Berichts) zuständig und verantwortlich sind."

sein, ob eine sachkundige Rechnungsprüfung verfassungsrechtlich zwingend ist oder nicht[514].

Als zusätzlicher verfassungsrechtlicher Ansatzpunkt einer Verfassungspflicht zur Rechnungshofkontrolle der mittelbaren Bundesverwaltung kommt Art. 14 GG in Betracht. Im Rahmen des „Haushaltsverfassungsrechts" geht es letztlich um das treuhänderische Geld der Steuerzahler, nämlich des Souveräns[515]. Um dem Garantiegehalt des Art. 14 GG gerecht zu werden, muss nicht nur die Abgabenerhebung, sondern auch deren Verwendung hinreichend legitimiert sein. Das bedeutet, dass auch aus dem objektiv-rechtlichen Gehalt von Art. 14 GG eine verfassungsrechtliche Pflicht zur Kontrolle der Ordnungsmäßigkeit und Wirtschaftlichkeit der *gesamten* Verwaltung abgeleitet und bestätigt werden kann[516].

Zusammenfassend ergibt sich aus der „in complexu" Auslegung von Artikel 114 Abs. 2 GG i.V.m. Artikel 20 Abs. 2 GG (Demokratieprinzip) und der daraus abgeleiteten Unzulässigkeit von Umgehungen durch gesetzliche oder verwaltungsrechtliche Organisationsentscheidungen, dass neben der unmittelbaren auch die mittelbare Bundesverwaltung verfassungsrechtich zwingend vom Bundesrechnungshof geprüft werden muss[517]. Dieses Ergebnis entspricht der eigenstän-

---

514 Vgl. Haverkate, Prüfungsfreie Räume – Welche Türen in der öffentlichen Verwaltung bleiben dem Rechnungshof verschlossen?, in: Zavelberg (Hrsg.), Die Kontrolle der Staatsfinanzen, 1989, S. 197 ff. (220) und Schulze-Fielitz, Kontrolle der Verwaltung durch Rechnungshöfe, in: VVDStRL 1996, S. 231 ff. (254).

515 Vgl. Selmer, Die Verwaltung 1990, S. 1 ff. und von Arnim, Wirtschaftlichkeit als Rechtsprinzip, 1988, S. 72 f. Siehe auch, Munzert, VOP 1991, S. 14 ff. (16) und Feit, Statement in Podiumsdiskussion für „Autonome Einrichtungen", in: von Arnim (Hrsg.), Finanzkontrolle im Wandel, 1989, S. 285 ff. (286 f.).

516 Vgl. auch Gersdorf, Öffentliche Unternehmen im Spannungsfeld zwischen Demokratie- und Wirtschaftlichkeitsprinzip, 2000, S. 477 ff., 515: „Das Wirtschaftlichkeitsprinzip ist ... Bestandteil der abgabenrelevante Grundrechte in ihrer objektivrechtlichen Ausprägung als Organisations- und Verfahrensgarantien".

517 In die gleiche Richtung: Maunz, § 114 Rn. 33 ff., in: Maunz/Dürig/Herzog (Hrsg.), Grundgesetz, Loseblattkommentar, 2006; Behrendt, Die Prüfungstätigkeit des Bundesrechnungshofs außerhalb der unmittelbaren Bundsverwaltung, 2004, S. 5 ff.; Haverkate, Die Einheit der Verwaltung als Rechtsproblem, VVDStRl 46 (1988), S. 217, (231 ff.); derselbe, Prüfungsfreie Räume – Welche Türen in der öffentlichen Verwaltung bleiben dem Rechnungshof verschlossen?, in: Zavelberg (Hrsg.), Die Kontrolle der Staatsfinanzen, 1989, S. 197 ff. (219 f.); Tiemann, Die staatsrechtliche Stellung der Finanzkontrolle des Bundes, 1974, S. 218; Knöpfle, Die Zuständigkeit der Rechnungshöfe für die Prüfung der Körperschaften des öffentlichen Rechts, 1988, S. 50 ff.; derselbe, Finanzkontrolle und Selbstverwaltung juristischer Personen des öffentlichen Rechts, in: Bayerischer Oberster Rechnungshof (Hrsg.), Dem Staat in die Kasse geschaut, 1987, S. 107 ff. (108); Selmer, Die Verwaltung 1990, S. 1 ff.; Ossenbühl, Rundfunkfreiheit und Rechnungsprüfung, 1984, S. 49; Gröpl, Haushaltsrecht und Reform, 2001, S. 574; Heuer, Statement in Podiumsdis-

digen Auslegung, v.a. dem Zweck, von Art. 114 Abs. 2 GG und dem objektiven Garantiegehalt von Art. 14 GG[518].

Nach einer Meinung ist nur eine analoge Anwendung des Kerngehalts von Artikel 114 Abs. 2 GG auf die mittelbare Bundesverwaltung möglich (verfassungsrechtliche Analogie)[519]. Obwohl *Puhl* im Kern die Richtigkeit der oben erwähnten Argumentation anerkennt, findet er, dass sie ebenso gut durch Art. 114 Abs. 2 Satz 3 GG gewährleistet werden könnte. Ferner, dass auf jeden Fall nur die „effektive demokratische Kontrolle der Nebenhaushalten" verfassungsobligatorisch ist, was aber dazu führt, dass auch andere unabhängige Prüfungsorgane diesem Ziel dienen können. Dem Auslegungsergebnis ist nach Anwendung aller Auslegungskriterien zu ermitteln. Das Wortlaut und insbesondere die „ratio" des Art. 114 Abs. 2 Satz 1 GG, wie sie vom Demokratieprinzip geprägt ist, führt nicht zu einer nur analoge, sondern zu einer vollen Anwendung der Norm.

Ferner, eine nur *punktuelle* Einbeziehung der mittelbaren Bundesverwaltung durch eine entsprechende verfassungsrechtliche Pflicht des einfachen Gesetzgebers (Gesetzgebungsauftrag nach Art. 114 Abs. 2 Satz 3 GG) würde m.E. den Zweck der Rechnungsprüfung und den eigentlichen Inhalt der Norm verfälschen, da ihre Erfüllung, die von unerlässlicher Bedeutung für die effektive Verwirklichung des Demokratieprinzips ist, letztlich von der jeweiligen „ad hoc" Entscheidung des einfachen Gesetzgebers abhängen würde. Im Gegenteil entspricht eine *pauschale* Einbeziehung der mittelbaren Bundesverwaltung den rechtsstatlichen Grundsätze der Rechtsklarheit und -sicherheit zugunsten des Demokratieprinzips. Schließlich entspricht das hier gezogene Auslegungsergebnis der finanzpolitischen Vorstellungen des Verfassungsgesetzgebers der Haushaltsreform von 1969; er beabsichtigte, die (auch von Art. 109 Abs. 3 GG angestrebte) *Homogenität* des rechtlichen Rahmens des Haushaltsgebarens von Körperschaften des öffentlichen Rechts zu erstellen[520].

Art. 114 Abs. 2 GG kann und muss sowohl für die unmittelbare, als auch für die mittelbare Bundesverwaltung unmittelbar und voll-inhaltlich angewendet werden. Für die weitere Untersuchung ist dementsprechend festzuhalten, dass der

---

kussion für „Autonome Einrichtungen", in: Finanzkontrolle im Wandel, 1989, S. 285 ff. (289).

518 Im Gegensatz dazu würde eine Prüfung *nur* der Zuführungen oder Ablieferungen (Art. 26 Abs. 3 BHO/LHO) nur eine Formalität darstellen, die mit dem eigentlichen Zweck von Art. 114 GG, dem Demokratieprinzip und dem Garantiegehalt von Art. 14 GG nicht vereinbar wäre.

519 So, Puhl, Budgetflucht und Haushaltsverfassung, 1996, S. 329 ff. (354). Vgl. Kirchhoff, Deutsche Rentenversicherung 1992, S. 369 ff.

520 Vgl. Knöpfle, Die Zuständigkeit der Rechnungshöfe für die Prüfung der Körperschaften des öffentlichen Rechts, 1988, S. 52 ff.

gesamte Bund i.w.S., d.h. einschließlich der bundesunmittelbaren juristischen Personen des öffentlichen Rechts und der privatrechtsförmig organisierten mittelbaren Verwaltung, von Verfassungs wegen Adressat der Bundesrechnungshoffinanzkontrolle ist.

3. Der Auftrag zur gesetzlichen Kompetenzerweiterung und ihre Schranken (Art. 114 Abs. 2 Satz 3 GG)

Artikel 114 Abs. 2 GG sieht in Satz 3 vor: „Im übrigen werden die Befugnisse des Bundesrechungshofes durch Bundesgesetz geregelt". Im Verfassungsgesetzgebungsverfahren wurden verschiedene Formulierungen vorgeschlagen, z.B. könnten dem BRH „weitere Aufgaben" oder „weitere Aufgaben und Befugnisse" übertragen werden, die sich aber nicht durchgesetzt haben[521]. Wegen dieses Wortlauts wurde vertreten, dass neue Zuständigkeiten bzw. Befugnisse nur hinsichtlich der schon nach Art. 114 Abs. 2 Satz 1 GG bestehenden Aufgaben gesetzlich begründet werden könnten[522].

Der Rechtsausschuss begründet die Formulierung dieser Vorschrift wie folgt: „Der Gesetzesvorbehalt des Satzes 3 lässt zu, dem Bundesrechnungshof weitergehende Befugnisse durch Bundesgesetz einzuräumen. Unter Befugnissen im Sinne dieses Satzes sind sowohl neue – im Grundgesetz nicht vorgesehene – Aufgaben als auch Regelungen zu verstehen, die nähere Einzelheiten der Zuständigkeiten des Rechnungshofes aus den Sätzen 1 und 2 betreffen. Damit soll ermöglicht werden, dass ohne verfassungsrechtliche Zweifel durch einfaches Bundesgesetz dem Rechnungshof Zuständigkeiten und Aufgaben übertragen werden, die er entweder bisher bereits aus Tradition, kraft Übertragung durch einfache Gesetze oder auf Grund von Vereinbarungen selbst oder durch seinen Präsidenten ... ausgeübt hat. Andererseits hat es dem Parlament dann auch in der Hand, eine entsprechende Begrenzung dieser Befugnisse vorzusehen"[523].

Die zur Zeit der Haushaltsreform geläufige terminologische Unterscheidung zwischen Aufgaben und Befugnissen spiegelt sich in diesen Ausführungen nicht wider[524]. Auf der anderen Seite ist aber deutlich, dass der Begriff „Befugnis"

---

521 Siehe, Reger, VerwArch 1975, S. 319 ff. (344 f.).

522 So Knöpfle, Kontrolle autonomer Einrichtungen, in v. Arnim, Finanzkontrolle im Wandel, 1989, S. 259 ff. (260 ff. – Fn. 4); Leisner, Staatliche Rechnungsprüfung Privater, 1990, S. 106; Behrendt, Die Prüfungstätigkeit des Bundesrechnungshofs außerhalb der unmittelbaren Bundsverwaltung, 2004, S. 12.

523 Siehe Bericht des Rechtsauschusses zu BT-Drs. V/3605, S. 13.

524 Kritisch dazu, Reger, VerwArch 1975, S. 319 ff. (345). Vgl. auch, Puhl, Budgetflucht und Haushaltsverfassung, 1996, S. 409.

nicht eng verstanden werden muss. Durch die Neufassung des Art. 114 Abs. 2 Satz 3 GG beabsichtigte der Verfassungsgesetzgeber die Erweiterung des Tätigkeitsbereiches des Bundesrechungshofes über die schon durch Art. 114 Abs. 2 Satz 1 und 2 GG begründeten Aufgaben hinaus[525].

Aus dem Wortlaut der Vorschrift können unmittelbar keine sachlichen Grenzen der Kompetenzerweiterung abgeleitet werden. Einigkeit besteht aber darüber, dass sich solche Grenzen aus der verfassungsrechtlichen Stellung der Rechnungshoffinanzkontrolle ergeben[526]. Der einfache Gesetzgeber darf die verfassungsunmittelbar festgeschriebenen Aufgaben dem Umfang und dem Inhalt nach nicht in wesentlichem Maße beeinträchtigen. Er kann Regelungen treffen, die die Gewichtung nicht wesentlich zu Lasten der Hauptaufgaben verschieben[527]. Andernfalls könnten solche Regelungen negativ auf die Prüfungsfähigkeit des Bundesrechnungshofes bezüglich seiner Verfassungsaufgaben auswirken, insbesondere deshalb, weil seine sachlichen und personellen Kapazitäten begrenzt sind. In diesem Rahmen muss die Grundregelung des § 89 Abs. 2 BHO beachtet werden, wonach der BRH nach seinem Ermessen dir Prüfung beschränken und Rechnungen ungeprüft lassen kann.

Aus der besonderen Stellung des Bundesrechnungshofs in der verfassungsrechtlichen Ordnung ergibt sich, dass ständig seiner verfassungsrechtlich gebotenen Eigentümlichkeit Rechnung getragen werden muss, insbesondere der Unabhängigkeit und Lückenlosigkeit[528]. Hauptsächlich müssen die ihm neu übertragenen Aufgaben einen Zusammenhang mit seinen notwendigen Pflichtaufgaben aufweisen[529]. Ein berechtigtes Kontrollinteresse sei nach dem Bundesverwaltungsgericht überall dort anzuerkennen, „wo öffentliche Mittel im öffentlichen Interesse auf juristische Personen übertragen worden ist“[530]. Nach zutreffender

---

525 So, die herrschende Meinung in Literatur und Rechtsprechung. Vgl. BVerwGE 74, S. 58 ff. (60 f.); Maunz, Art. 114 Rn. 64 f., in: Maunz/Dürig/Herzog (Hrsg.), Grundgesetz, Loseblattkommentar, 2006; Puhl, Budgetflucht und Haushaltsverfassung, 1996, S. 410; Kirchhof, Deutsche Rentenversicherung 1992, S. 369 ff. (374); Vogel/ Kirchhof, BK, Art. 114 Rn. 210.

526 Vgl. Krempel, Rechnungshöfe und Rundfunk-Beteiligungsunternehmen, S. 47.

527 Vgl. Reger, VerwArch 1975, S. 319 ff. 344; Vogel/Kirchhof, BK, Art. 114 Rn. 185; Stern, Die staatsrechtliche Stellung des Bundesrechnungshofes, in: Zavelberg (Hrsg.), Die Kontrolle der Staatsfinanzen, 1989, S. 11 ff. (28 f.); Puhl, Budgetflucht und Haushaltsverfassung, 1996 S. 411 ff.; Behrendt, Die Prüfungstätigkeit des Bundesrechnungshofs außerhalb der unmittelbaren Bundsverwaltung, 2004, S. 15 ff.

528 Vgl. Puhl, Budgetflucht und Haushaltsverfassung, 1996, S. 412.

529 Vgl. Maunz, Art. 114 Rn. 65, in: Maunz/Dürig/Herzog (Hrsg.), Grundgesetz, Loseblattkommentar, 2006; Stern, Die staatsrechtliche Stellung des Bundesrechnungshofes, in: Zavelberg (Hrsg.), Die Kontrolle der Staatsfinanzen, 1989, S. 11 ff. (29).

530 BverwGE 74, S. 58 ff. (61).

Ansicht müssen die Kontrollkompetenzen des Bundesrechnungshofes „so weit reichen, wie es diese Funktion der Rechnungshofentscheidung fordert, andererseits aber auch insoweit beschränkt sein“[531]. Die Kontrollkompetenz „richtet sich somit nach der Verantwortung für die zu prüfende Aufgabe, also nach der Aufgabenkompetenz“[532]. Wenn der Zweck der Rechnungshofkontrolle, d.h. der Schutz des öffentlichen Vermögens, eine solche Kontrolle nicht mehr rechtfertigen kann, dann liegen dort die Grenzen einer gesetzlichen Übertragung neuer Aufgaben. Die Kontrollkompetenzen des Bundesrechnungshofes können soweit reichen, wie seine Hilfsfunktion für finanzrelevante Entscheidungen von Regierung und Parlament dies erfordert.

Wenn es um das Finanzgebaren staatlicher Stellen geht, ist die Kontrollkompetenz der gesamten Bundesverwaltung schon von Verfassungs wegen geboten, unabhängig davon, ob diese öffentlich-rechtlich oder privatrechtlich organisiert ist. Geht es um das Finanzgebaren von Privaten, die nicht allein von der öffentlichen Hand getragen werden, d.h. keine staatlichen Stellen sind, dann existiert der notwendige Zusammenhang mit der staatlichen Haushaltswirtschaft, wenn sie zweckgebundene öffentliche Finanzmittel verwalten. Das ist insbesondere dann der Fall, wenn es um Zuwendungen und Zuschüsse aus dem Bundeshaushalt geht. Es besteht nämlich ein öffentliches Interesse an der Einhaltung der die Zuwendung begleitenden Voraussetzungen, was dazu führt, dass eine staatliche Rechnungsprüfung rechtfertigt werden kann[533]. Ein solcher Zusammenhang besteht auch, wenn der Staat eine Garantieverpflichtung übernimmt, bei der eine zukünftige finanzielle Betroffenheit wahrscheinlich ist[534]. Das gilt unabhängig davon, ob der Staat eine Rückforderung beanspruchen kann[535], weil auch im Falle des Fehlens eines solchen Anspruchs immer ein öffentliches Interesse besteht, „Er-

531 Krebs, Kontrolle in staatlichen Entscheidungsprozessen, 1984, S. 189 f.; vgl. auch Blasius/Stadtmann, DöV 2002, S. 12 ff. (15).

532 Reger, VerwArch 1975, S. 195 ff. (197). Vgl. auch Vogel/Kirchhof, BK, Art. 114 Rn. 110: „Eine Zuständigkeit des BRH ist dagegen ausgeschlossen, ... soweit ein finanzwirtschaftliches Verhalten weder staatlichen Behörden zuzurechen ist noch staatlich verfügbare Mittel verwendet“; Krempel, Rechnungshöfe und Rundfunk-Beteiligungsunternehmen, 1996, S. 47 ff.: „Wo die staatliche Finanzverantwortung endet, findet demnach auch die staatliche Finanzkontrolle ihre Grenzen“; Stober/Kluth, Zur Rechnungsprüfung von Kammern, 1989, S. 61 ff.; Vogel, DVBl. 1970, S. 193 ff. (200).

533 Vgl. statt vieler Puhl, Budgetflucht und Haushaltsverfassung, 1996, S. 413 f.; anders, Leisner, Staatliche Rechnungsprüfung Privater, 1990, S. 105 f.

534 Siehe z.B. §§ 55 Abs. 1 HGrG, 91 Abs. 3, 104 Abs. 1 Nr. 1 BHO. Vgl. Heuer, DöV 1986, S. 516 ff. (517); Kempf, Flucht aus dem Haushalt, in: in: Rechnungshof Baden-Württemberg (Hrsg.), Finanzkontrolle in Baden-Württemberg, Band II, 1987, S. 59 ff. (74 f.).

535 So aber, Kirchhof, Deutsche Rentenversicherung 1992, S. 369 ff. (372 ff.)

kenntnisse für einen künftig wirtschaftlichen Einsatz solcher Mittel zu gewinnen"[536]. Eine Prüfungszuständigkeit des Bundesrechnungshofs kann auch für den seltenen Fall der Bewirtschaftung von bundesfremden öffentlichen Mitteln (z.B. von Landeserträgen wie der Biersteuer) gesetzlich begründet werden[537].

Schließlich können die notwendigen Aufgaben des Bundesrechnungshofes durch einfaches Gesetz nicht beschränkt, beschnitten oder beeinträchtigt werden. Die grundgesetzliche Verweisung auf ein konkretisierendes Ausführungsgesetz kennzeichnet zwar den Inhalt des Art. 114 Abs. 2 Satz 1 GG als einschränkbar[538], diese Einschränkung kann aber nur im Rahmen des Verfassungskontextes stattfinden. Ausnahmen sind also verfassungsrechtlich anzunehmen, nur insoweit sie Ausnahmen bleiben, die einem anderen gleichrangigen Zweck dienen, und nur wenn die Prinzipien der Einheit der Verfassung und der praktischen Konkordanz berücksichtigt worden sind. Sofern also die lückenlose Kontrolle des gesamten Bundes i.w.S. zum verfassungsmäßigen Kernbereich der Kompetenz des BRH gehört, kann grundsätzlich *nur* der letzte für die öffentliche Finanzkontrolle in diesem Bereich zuständig sein.

4. Die Adressaten – Objekte der Rechnungshofkontrolle nach Gesetzesrecht

Der Bundesgesetzgeber hat die Kontrollbefugnisse des Bundesrechnungshofs entsprechend der verfassungsrechtlichen Aufgabenzuweisung in dem Haushaltsgrundsätzegesetz und der Bundeshaushaltsordnung geschaffen. Im Folgenden wird kurz dargestellt, wie die gesetzliche Aufgabenzuweisung hinsichtlich der Kontrollobjekte gegliedert worden ist.

a) Staatliche Stellen

aa) Unmittelbare Bundesverwaltung

Nach §§ 42 HGrG und 88 BHO wird die gesamte Haushalts- und Wirtschaftsführung des Bundes einschließlich seiner *Sondervermögen und Betriebe* vom Bundesrechnungshof geprüft. Adressat der Kontrolltätigkeit des BRH ist also die *Bundesregierung* und die *gesamte unmittelbare Bundesverwaltung*, d.h. das Kanzleramt, die Ministerien und die Mittel- und Unterbehörden des Bundes, un-

536 Puhl, Budgetflucht und Haushaltsverfassung, 1996, S. 414.
537 Vgl. Vogel/Kirchhof, BK, Art. 114 Rn. 136.
538 Vgl. Piduch, DöV 1965, S. 334 ff. (336).

abhängig davon, ob sie im *ministerialfreien Raum* stehen oder nicht[539]. Neben der Bundesexekutive gehören zum „Bund" auch der Bundestag, der Bundesrat (Bundeslegislative) und die Bundesgerichte. Schließlich sind dazu die nichtrechtsfähigen Einrichtungen des Bundes, nämlich die Sondervermögen und Bundesbetriebe, wie z.B. das ERP-Sondervermögen, die Deutsche Bundespost, die Bundesdruckerei und die Bundesmonopolverwaltung für Branntwein zu zählen[540].

bb) Mittelbare Bundesverwaltung

Nach § 111 Abs. 1 BHO prüft der Bundesrechnungshof die Haushalts- und Wirtschaftsführung der *bundesunmittelbaren juristischen Personen des öffentlichen Rechts.* Diese Terminologie ist auf die entsprechende Bezeichnung des Artikels 87 Abs. 2 Satz 1 GG zurückzuführen[541]. Mit dem Begriff „bundesunmittelbar" wird nur besagt, dass diese Rechtsträger unmittelbar dem Bund und nicht einem Bundesland unterstehen[542]. Der BRH prüft also alle juristische Personen des öffentlichen Rechts, die „aufgrund des Errichtungsaktes oder im Rahmen eines entsprechenden organisatorischen Änderungsaktes ausdrücklich als „bundesunmittelbar" bezeichnet oder sonst der Aufsicht eines Bundesministeriums bzw. der Bundesregierung unterstellt worden sind"[543]. Der Kreis der betroffenen juristischen Personen ist groß und umfasst Körperschaften (z.B. Sozialversicherungsträger, Berufskammern und Kreditinstitute), Anstalten und Stiftungen (insbesondere im Sozial- und Kulturbereich) des öffentlichen Rechts[544].

Als Sonderfall dieser Kategorie sieht Art. 112 Abs. 2 BHO vor, dass *Unternehmen* in der Rechtsform einer bundesunmittelbaren juristischen Person des öf-

539 Vgl. Tiemann, Die staatsrechtliche Stellung der Finanzkontrolle des Bundes, 1974, S. 88; Blasius, VR 1990, S. 407 ff. (411).

540 Vgl. Puhl, Budgetflucht und Haushaltsverfassung, 1996, S. 85 f.

541 Vgl. Behrendt, Die Prüfungstätigkeit des Bundesrechnungshofs außerhalb der unmittelbaren Bundsverwaltung, 2004, S. 22; Tiemann, Die staatsrechtliche Stellung der Finanzkontrolle des Bundes, 1974, S. 101 f.

542 Vgl. Art. 87 GG Rn. 66, in: Maunz/Dürig/Herzog (Hrsg.), Grundgesetz, Loseblattkommentar, 2006.

543 Siehe Eibelshäuser/Wallis, § 105 BHO Rn. 4, in: Heuer (Hrsg.), Kommentar zum Haushaltrecht, Stand Dezember 1998. Vgl. auch Knöpfle, Die Zuständigkeit der Rechnungshöfe für die Prüfung der Körperschaften des öffentlichen Rechts, 1988, S. 75; Puhl, Budgetflucht und Haushaltsverfassung, 1996, S. 359.

544 Siehe ausführlicher, Eibelshäuser/Wallis, § 105 BHO Rn. 4, in: Heuer (Hrsg.), Kommentar zum Haushaltrecht, Stand Januar 2001; Kilian, Nebenhaushalte des Bundes, 1993, S. 398 ff.; Puhl, Budgetflucht und Haushaltsverfassung, 1996, S. 86 ff.

fentlichen Rechts unabhängig von der Höhe der Beteiligung des Bundes durch den Bundesrechnungshof zu prüfen sind. Ferner, sieht Art. 112 Abs. 1 BHO für die *Sozialversicherungsträger* eine Sonderregelung vor, wonach sie nur dann geprüft werden, wenn sie auf Grund eines Bundesgesetzes vom Bund Zuschüsse erhalten haben oder eine Garantieverpflichtung des Bundes gesetzlich begründet ist. Gemäß § 111 Abs. 2 BHO können *Ausnahmen* von Absatz 1 zugelassen werden, sofern kein erhebliches finanzielles Interesse des Bundes besteht.

Juristische Personen des öffentlichen Rechts im Sinne von *§ 55 Abs. 1 HGrG* (grundsätzlich aus dem Bereich der mittelbaren Landesverwaltung) können nach dieser Vorschrift nur dann geprüft werden, wenn sie aufgrund eines Gesetzes vom Bund Zuschüsse erhalten, wenn eine Garantieverpflichtung des Bundes gesetzlich begründet ist oder die Prüfung mit Zustimmung des Bundesrechnungshofes in der Satzung vorgesehen ist [545]. Im Gegensatz dazu gehören *die Religionsgesellschaften* in Form von Körperschaften des öffentlichen Rechts nicht zu dieser Kategorie, da sie nicht Bestandteil der mittelbaren Staatsverwaltung sind (Art. 140 GG i.V.m. Art. 137 Weimarer Verfassung)[546].

b) Private Stellen

Als Vorbemerkung muss erörtert werden, dass (wie bereits erwähnt) auch juristische Personen des privaten Rechts Teil der mittelbaren Bundesverwaltung sind, soweit sie allein von der öffentlichen Hand getragen werden. Die Kontrollkompetenz des Bundesrechnungshofs bezüglich solcher privatrechtlichen Stellen ist verfassungsrechtlich notwendig. Geht es um private Stellen, die nicht allein von der öffentlichen Hand getragen werden, dann kann der Gesetzgeber auch diese in die Kontrolle einbeziehen, soweit ein Zusammenhang mit der staatlichen Haushaltswirtschaft besteht (v.a. wenn sie zweckgebundene öffentliche Finanzmittel verwalten)[547].

aa) Kontrolle „von“ juristischen Personen des privaten Rechts

Der Bundesrechnungshof prüft nach Art. 104 Abs. 1 BHO die Haushalts- und Wirtschaftsführung der juristischen Personen des privaten Rechts, wenn sie auf Grund eines Gesetzes vom Bund Zuschüsse erhalten oder eine Garantieverpflichtung des Bundes gesetzlich begründet ist oder sie vom Bund verwaltet wer-

545 Siehe hierzu auch § 91 Abs. 1 BHO.

546 Vgl. statt vieler, Eibelshäuser/Wallis, § 105 BHO Rn. 5, in: Heuer (Hrsg.), Kommentar zum Haushaltrecht, Stand Dezember 1998.

547 Siehe ausführlicher weiter oben Kap. C I 3.

den oder eine entsprechende Vereinbarung mit dem BRH besteht oder in ihrer Satzung mit Zustimmung des Bundesrechnungshofes eine Prüfung durch ihn vorgesehen ist.

bb) Kontrolle „bei" juristischen Personen des privaten Rechts

α) Beteiligungsverwaltung

Der Bund soll sich an der Gründung eines Unternehmens in einer Rechtsform des privaten Rechts oder an einem bestehenden Unternehmen in einer solchen Rechtsform nur unter bestimmten Voraussetzungen beteiligen, die die eingesetzten öffentlichen Mittel „schützen". Nach Art. 65 BHO muss grundsätzlich ein wichtiges Interesse des Bundes vorliegen, der vom Bund angestrebte Zweck darf nicht besser und wirtschaftlicher auf andere Weise erreicht werden, die Einzahlungsverpflichtung des Bundes muss auf einen bestimmten Betrag begrenzt sein und der Bund einen angemessenen Einfluss haben. Dementsprechend sieht § 92 BHO die Prüfung dieser staatlichen Betätigung bei solchen privatrechtlichen juristischen Personen vor. Der Bundesrechnungshof prüft die Betätigung des Bundes unter Beachtung kaufmännischer Grundsätze.

β) „Zuwendungsempfänger"

Der Bundesrechnungshof ist berechtigt, bei privatrechtlichen Stellen zu prüfen, an denen der Bund unmittelbar oder mittelbar mit Mehrheit beteiligt ist, die nicht im Wettbewerb stehen, bestimmungsgemäß ganz oder überwiegend öffentliche Aufgaben erfüllen oder diesem Zweck dienen und hierfür Haushaltsmittel oder Gewährleistungen des Bundes erhalten. Leiten diese Stellen die Mittel an Dritte weiter, so kann der Bundesrechnungshof auch bei diesen prüfen (§ 91 Abs. 1 Ziffer 4 BHO). Die Prüfung erstreckt sich auf die gesamte Haushalts- und Wirtschaftsführung. Wenn es sich um ein Unternehmen handelt, erfolgt die Prüfung unter Beachtung kaufmännischer Grundsätze (§ 91 Abs. 4 BHO).

II. Kontrolldichte

Die Problematik der „prüfungsfreien Räume" erstreckt sich zum einen horizontal auf die schon erörterte Reichweite der Finanzkontrolle, zum anderen vertikal auf die Intensität bzw. Dichte der Rechnungshofkontrolle. Im Folgenden untersuchen wir zwei sich überschneidende Fragestellungen, nämlich die Kontrolldichte im Rahmen der Prüfung am verfassungsrechtlichen Maßstab der Wirtschaftlichkeit und die Grenzen der Wirtschaftlichkeitsprüfung im Bereich von Entscheidungen bzw. Maßnahmen, die aufgrund politischer Maßstäbe gefällt worden sind.

1. Vertretbarkeitskontrolle im Rahmen der Wirtschaftlichkeitsprüfung?

Wie schon erwähnt, ist die Anwendung des für die Rechnungshöfe bindenden Verfassungsmaßstabs der Wirtschaftlichkeit kompliziert und anspruchsvoll. Nach einer Auffassung hätte der Rechnungshof von einer Beanstandung abzusehen, wenn das überprüfte Finanzgebaren wirtschaftlich noch vertretbar sei[548]. Eine solche Zurückhaltung ist aber nach zutreffender Ansicht rechtlich nicht geboten[549]. Entscheidend ist, dass sich, weder aus den Verfassungs-, noch aus den einfachen Haushaltsrechtsvorschriften eine beschränkte Kontrollkompetenz im Sinne einer Vertretbarkeitskontrolle ergibt.

Eine solche Vertretbarkeitskontrolle findet wegen des Gewaltenteilungsprinzips bei der verwaltungsgerichtlichen Überprüfung der Umsetzung unbestimmter Rechtsbegriffe mit Beurteilungsspielraum statt[550]. Die Verwaltungsgerichtsbarkeit hat die Einschätzungsprärogative der Exekutive im Rahmen der Vertretbarkeit zu respektieren, weil die „Aufgabe der Verwaltung von Verfassungs wegen ihre Sache ist und nicht die der strikt von ihr getrennten rechtsprechenden Gewalt“[551]. Die Rechnungshöfe, die das gesamte finanzrelevante staatliche Handeln am Maßstab der Wirtschaftlichkeit kontrollieren, entziehen sich einer eindeutigen Einordnung in das herkömmliche System der Gewaltenteilung. Deswegen sind die für die gerichtliche Kontrolle bestehenden rechtlichen Restriktionen nicht auf die Finanzkontrolle durch Rechnungshöfe übertragbar[552]. Die tatsächliche Zu-

---

548 Vgl. Vogel, DVBl. 1970, S. 193 ff.; Vogel/Kirchhof, BK, Art. 114 GG Rn. 105; Fischer-Menshausen, Art. 114 GG Rn. 117, in: von Münch/Kunig (Hrsg.), GG-Kommentar, 2003; Sigg, Die Stellung der Rechnungshöfe im politischen System der Bundesrepublik Deutschland, 1983, S. 54 f.

549 Vgl. Grupp, DöV 1983, S. 661 ff. (664); Krebs, Kontrolle in staatlichen Entscheidungsprozessen, 1984, S. 200 f.; Kisker, NJW 1983, S. 2167 ff.; Blasius, DöV 1988, S. 819 ff. (827 f.).

550 Vgl. dazu, Bullinger, JZ 1984, S. 1001 ff.; Bachof, JZ 1955, S. 97 ff.; Haverkate, Rechtsfragen des Leistungsstaats, 1983, S. 115 ff. und 247 ff.

551 Siehe, Selmer, Wirtschaftlichkeitskontrolle und Grundrechtsschutz: Rechtswissenschaftliche Analysen in sensitiven Prüfungsbereichen, in: Engelhardt/Schulze/Thieme (Hrsg.), Stellung und Funktion der Rechnungshöfe im Wandel?, 1992, S. 67 ff. (73).

552 Vgl. Jury, Der Rechnungshof vor Gericht, 2002, S. 244; Kisker, § 89 Rn. 113 in: HStR Bd. IV, 1990; ders., NJW 1983, S. 2167 ff. (2168 f.); Degenhart, Kontrolle der Verwaltung durch Rechnungshöfe, in: VVDStRL 1996, S. 190 ff. (206); v. Arnim, Wirtschaftlichkeit als Rechtsprinzip, 1988, S. 112 ff.; Sierig, Die Grenzen der

rückhaltung der Rechnungshöfe bei der Wirtschaftlichkeitskontrolle ist letztlich ein anderes, jedenfalls nicht rechtliches Problem[553].

2. *Finanzkontrolle bei politischen Entscheidungen*

a) *Die „traditionelle" Ansicht*

Nach einer weit verbreiteten These unterliegen politische Entscheidungen nicht der Prüfung der Rechnungshöfe. Nach dieser traditionellen Ansicht aus der Praxis kann der Rechnungshof im Rahmen der Wirtschaftlichkeitskontrolle die Ziele der politischen Entscheidungen nicht kritisieren[554]. Der BRH hat in seinem jährlichen Bericht immer wieder deutlich gemacht, dass nur die Voraussetzungen oder Auswirkungen der politischen Entscheidungen zu kontrollieren sind. Er sagt treffend: „Politische Bewertungen und entsprechende Entscheidungen unterliegen nicht der Beurteilung durch den Bundesrechnungshof. Prüfungserkenntnisse, die die Voraussetzungen oder Auswirkungen derartiger Entscheidungen betreffen, können aber eine Überprüfung durch die zuständigen Stellen gerechtfertigt erscheinen lassen; insoweit hält es der Bundesrechnungshof für geboten, hierüber zu berichten"[555].

Der Kernpunkt dieser Problemstellung liegt vornehmlich in der Wirtschaftlichkeitskontrolle und betrifft nicht die Rechtmäßigkeits- oder Ordnungsmäßig-

---

staatlichen Finanzkontrolle, 1998, S. 300, der zutreffend bemerkt, dass das „political self restraint" keine rechtlich fassbare und kontrollierbare Größe ist und aus diesem Grund nicht angenommen werden kann. Vgl. dazu, auch Battis, DöV 1976, S. 721 ff. (726).

553 Vgl. Selmer, Wirtschaftlichkeitskontrolle und Grundrechtsschutz: Rechtswissenschaftliche Analysen in sensitiven Prüfungsbereichen, in: Engelhardt/Schulze/Thieme (Hrsg.), Stellung und Funktion der Rechnungshöfe im Wandel?, 1992, S. 67 ff. (74): eine solche Zurückhaltung „dort angebracht (werden kann), wo mangelnde Erfahrung und unzureichende Erkenntnisfähigkeit dies nahe legen".

554 Vgl. Sauer/Blasius, DVBl. 1985, S. 548 ff. (549); Kyrill-Schwarz, Art. 114 Rn. 87 in: von Mangoldt/Klein/Starck, Das Bonner Grundgesetz (Kommentar), 2001, S. 2114; Vaitl, BayVBl. 1995, S. 581 ff.; Schreiner, Finanzkontrolle als Instrument rationaler Haushaltsführung, in: v. Arnim/Littmann (Hrsg.), Finanzpolitik im Umbruch: zur Konsolidierung öffentlicher Haushalte, 1984, S. 232; Tiemann, Die staatsrechtliche Stellung der Finanzkontrolle des Bundes, 1974, S. 140 f.; Glaser-Galion, Der Bundesrechnungshof als unabhängiges Kontrollorgan in der Bundesrepublik Deutschland, 1980, S. 85 und 142 ff..

555 Siehe z.B. BT-Drucks. 8/3238, S. 3; 9/38, S. 4; Vgl. auch Mayer, Die Erfolgskontrolle von Subventionen durch die Rechnungshöfe, 2001, S. 58; Blasius, VR 1990, S. 407 ff. (408).

keitskontrolle. Unbestritten bleibt die tatsächliche politische Wirkung der Rechnungshoftätigkeit, die von der hier erörterten Fragestellung zu trennen ist[556].

b) Begrifflichkeit

Unter einer „politischen Entscheidung“ ist eine solche zu verstehen, die „aufgrund politischer Maßstäbe gefällt wird“[557], d.h. wertungsoffene ist. Als typisches Beispiel sind diejenigen Entscheidungen anzusehen, die durch Parlament und Regierung, d.h. von politisch verantwortlichen Instanzen getroffen werden, und die richtungsweisend Staat und Gesellschaft steuern[558].

c) Politische Entscheidung als zulässiger Kontrollgegenstand

Der Rechnungshof hat das Recht (und die Pflicht) *jede* Entscheidung zu kritisieren, die das Finanzgebaren des Bundes bestimmt, d.h. auch die sog. politischen Entscheidungen. Die Kontrollfunktionen des Bundesrechnungshofs dürfen nicht nur auf eine der Teilgewalten bezogen werden, da Prüfungsgegenstand nach Art. 114 Abs. 2 GG die Haushalts- und Wirtschaftsführung des Bundes sind. Neben der Entscheidungen der Exekutive, die die Gesetze vollzieht, muss der BRH also auch die Gesetze selbst kontrollieren, da der Gesetzgeber die finanziellen Auswirkungen des staatlichen Handelns entscheidend bestimmt[559]. Dies gilt auch für die entsprechenden Entscheidungen der Exekutive (Regierung und Verwaltung[560]), wenn sie aufgrund verfassungsrechtlicher oder einfach-gesetzlicher Ermächtigung einen Entscheidungsspielraum für eigene politische Wertungen

---

556 Vgl. Sierig, Die Grenzen der staatlichen Finanzkontrolle, 1998, S. 104.

557 Siehe von Arnim, Wirtschaftlichkeit als Rechtsprinzip, 1988, S. 107; Rischer, Finanzkontrolle staatlichen Handelns, 1995, S. 314.

558 Vgl. Degenhart, Kontrolle der Verwaltung durch Rechnungshöfe, in: VVDStRL 1996, S. 190 ff. (195 und 206); Kisker, Rechnungshof und Politik, in: v. Arnim (Hrsg.), Finanzkontrolle im Wandel, 1989, S. 217; Sierig, Die Grenzen der staatlichen Finanzkontrolle, 1998, S. 300; Blasius, DöV 1988, S. 819 ff. (825); Jakobs-Woltering, NVwZ 1995, S. 561 ff. (561).

559 Vgl. Degenhart, Kontrolle der Verwaltung durch Rechnungshöfe, in: VVDStRL 1996, S. 190 ff. (205 f.) und Leisner, Staatliche Rechnungsprüfung Privater, 1990, S. 27 ff.

560 Ebenso, Sierig, Die Grenzen der staatlichen Finanzkontrolle, 1998, S. 113:„Der politische Gehalt einer Entscheidung ändert sich nicht allein deshalb, weil sie auf einer unteren Verwaltungsebene getroffen wird“.

hat[561]. Tatsächlich gibt es praktisch keine politisch wertfreien Bereiche staatlichen Handelns mit Wirtschaftsbezug[562].

d) Demokratische Legitimation des Rechnungshofes

Es wurde die These vertreten, dass die Rechnungshöfe über keine demokratische Legitimation verfügen und deswegen politische Entscheidungen des Parlaments und der Exekutive nicht der Rechnungshofkontrolle unterlägen, da alle Staatsgewalt der demokratischen Legitimation bedarf[563]. Der BRH besitzt aber institutionelle und funktionelle demokratische Legitimation durch seine institutionelle Verankerung in der Verfassung[564]. Alle Einrichtungen, die vom Verfassungsgeber geschaffen wurden und denen Funktionen zugewiesen worden sind, haben demokratische Legitimation. Die Verfassung ist legitimiert durch das Volk als unmittelbaren Verfassungsgeber[565]. Ferner verfügen die Mitglieder des Bundesrechnungshofs über personelle demokratische Legitimation durch die periodischen Wahlen seiner Mitglieder im Rahmen eines Verfahrens, an dem sowohl das Parlament als auch die Regierung teilnehmen.

In diesem Zusammenhang ist vielmehr zu betonen, dass die Rechnungshöfe selbst keine politischen Entscheidungen treffen, um eine entsprechende Legitimation zu benötigen. Grundsätzlich müssen dem Gebot unmittelbarer demokratischer Legitimation nur hoheitliche Handlungen mit Leitungsfunktion unterliegen müssen[566]. Die Wirtschaftlichkeitskontrolle verdrängt aber nicht die Verantwortung der Entscheidungsträger, sondern zwingt sie durch die Veröffentlichung der Prüfungsergebnisse faktisch zur zukunftsorientierten[567] Rationalisierung bzw.

561 Vgl. Selmer, Wirtschaftlichkeitskontrolle und Grundrechtsschutz: Rechtswissenschaftliche Analysen in sensitiven Prüfungsbereichen, in: Engelhardt/Schulze/Thieme (Hrsg.), Stellung und Funktion der Rechnungshöfe im Wandel?, 1992, S. 67 ff. (75).

562 Der Haushaltsplan selbst ist „eine wirtschaftliche Grundentsatzentscheidung für zentrale Bereiche der Politik", BVerfGE 70, S. 324 ff. (355).

563 Vgl. Sigg, Die Stellung der Rechnungshöfe im politischen System der Bundesrepublik Deutschland, 1983, S. 54; Sauer/Blasius, DVBl. 1985, S. 548 ff. (552 – Fn. 37).

564 Vgl. v. Arnim, Wirtschaftlichkeit als Rechtsprinzip, 1988, S. 110 ff.; ders., Wirtschaftlichkeit als Kontrollmaßstab des Rechnungshofs, in: Zavelberg (Hrsg.), Die Kontrolle der Staatsfinanzen, 1989, S. 259 ff. (275 f.).

565 Vgl. Böckenförde, Die verfassungsgebende Gewalt des Volkes – Ein Grenzbegriff des Verfassungsrechts, 1986.

566 Vgl. Sierig, Die Grenzen der staatlichen Finanzkontrolle, 1998, S. 117 (Fn. 449).

567 Vgl. Selmer, Wirtschaftlichkeitskontrolle und Grundrechtsschutz: Rechtswissenschaftliche Analysen in sensitiven Prüfungsbereichen, in: Engelhardt/Schulze/

Rechtfertigung der Entscheidung. Der Rechnungshof erarbeitet dementsprechend ein sachkundiges, rechtlich sanktionsloses Prüfungsergebnis; er trägt aber nicht die Verantwortung für die daraus abgeleitete Entscheidung[568].

e) Zum eigentlichen Inhalt der Kontrolle politischer Sachverhalte

Der Rechnungshof kann im Rahmen der Wirtschaftlichkeitskontrolle auch die politisch festgelegten Ziele kritisieren. Obwohl die Grenze zwischen politischen und unpolitischen Elementen einer Maßnahme nicht immer scharf gezogen werden kann[569], kann der Zweck einer politischen Entscheidung zum Bestandteil der entsprechenden Bewertung gemacht werden. Die Prüfung des optimalen Verhältnisses zwischen Mittel und Zweck ist im Rahmen der Wirtschaftlichkeitskontrolle vorzunehmen. Der Zweck einer Entscheidung ist für den Rechnungshof grundsätzlich eine vorgegebene feste Größe. Wenn sich aber nach der Kontrolle ein unwirtschaftliches Verhältnis zwischen Zweck und Mittel ergibt, dann darf (und muss) der Rechnungshof als sachkundige Institution seine Meinung bezüglich beider Bestandteilen seiner Bewertung äußern[570].

Thieme (Hrsg.), Stellung und Funktion der Rechnungshöfe im Wandel?, 1992, S. 67 ff. (75).

568 Vgl. Diekmann, Auf dem Weg zu neuen Ufern? Zum Stand der Erfolgskontrolluntersuchungen bei Rechnungshöfen, in: Engelhardt/Schulze/Thieme (Hrsg.), Stellung und Funktion der Rechnungshöfe im Wandel?, 1992, S. 43 ff. (52); Degenhart, Kontrolle der Verwaltung durch Rechnungshöfe, in: VVDStRL 1996, S. 190 ff. (212).

569 Vgl. Schulze-Fielitz, Kontrolle der Verwaltung durch Rechnungshöfe, in: VVDStRL 1996, S. 231 ff. (263 – Fn. 188); Krebs, Kontrolle in staatlichen Entscheidungsprozessen, 1984, S. 203; v. Arnim, Wirtschaftlichkeit als Rechtsprinzip, 1988 S. 108.

570 Diese Feststellung wird für die parlamentarische Entscheidungen bzw. Gesetzen durch mehrere einfach-gesetzliche Vorschriften bestätigt, wie z.B. Art. 6 Abs. 1 HGrG, Art. 7 Abs. 1 BHO (die Grundsätze der Wirtschaftlichkeit und Sparsamkeit verpflichten auch den Gesetzgeber), Art. 88 Abs. 2 BHO (Recht des BRH zur Beratung des Parlaments) und Art. 27 Abs. 2 BHO (der Rechnungshof nimmt zu den Voranschlägen für den Entwurf der Haushaltspläne Stellung). Vgl. auch § 6 Abs. 2 PO-BRH: „Der Bundesrechnungshof kann Gesetzesänderungen empfehlen, wenn er über Erkenntnisse verfügt, dass bestehende Gesetze zu vom Gesetzgeber nicht gewünschten Auswirkungen führen oder führen können. Dies gilt auch, wenn die Ziele des Gesetzgebers wirtschaftlicher erfüllt werden können". Es wäre sachlich paradox, dem Rechnungshof eine Beratung des Parlaments aufzugeben und ihm andererseits eine (begrenzte) kritische Prüfung von Gesetzen zu verbieten. Vgl. Krebs, Kontrolle in staatlichen Entscheidungsprozessen, 1984, S. 202; Eickenboom/Heuer, DöV 1985, S. 997 ff. (1000 f.).

Je grundsätzlicher allerdings die Zwecke sind, desto weniger werden sie einer rationalen Kontrolle zugänglich sein[571]. Eine eigene sachliche Stellungnahme bezüglich der Zielrichtung, im Sinne eines eigenen (prototypischen) politischen Vorschlages kann der Rechnungshof im Rahmen der Wirtschaftlichkeitrsprüfung nicht äußern, weil die festgesetzten Ziele für den Rechnungshof immer fest sein müssen. Das bedeutet, dass bei der Prüfung von politischen Entscheidungen der Legislative und Exekutive allein die demokratisch legitimierten Staatsorgane über eine entsprechende verfassungsrechtliche Kompetenz für eine solche Zielsetzung bzw. Stellungsnahme verfügen[572].

Diese These wird anhand des folgenden Beispiels geklärt. Im Rahmen einer Kontrolle über eine staatliche Förderung darf der Rechnungshof prüfen, ob die festgelegte Zweckbestimmung mit dem Einsatz der Haushaltsmittel erreichbar ist. Mit anderen Worten kann der Rechnungshof die Wirksamkeit des Mitteleinsatzes prüfen. Ferner darf er die Erforderlichkeit des Zweckes selbst prüfen und über eine entsprechende Reform berichten. Seine Kompetenz wird durch das Wirtschaftlichkeitsprinzip nur insofern eingeschränkt, als er nicht beanstanden darf, dass die verwendeten Mittel statt für das vorhandene Projekt besser zu einem anderen Zweck eingesetzt werden sollten.

Dieses Auslegungsergebnis bringt kein nennenswertes Risiko der Politisierung der Rechnungshöfe bzw. ihres Hineindrängens in die Rolle von allgemeinen Politikberatern mit sich. Die Tätigkeit der Rechnungshöfe gewährleistet einen „sorgfältigen Umgang mit staatlichen Ressourcen“[573]. Die eigentliche Macht der Rechnungshöfe besteht in nichts anderem als in der Überzeugungskraft ihrer Argumente[574]. Zusammenfassend haben wir die Schlussfolgerung, dass der Rechnungshof auch politische, d.h. wertungsoffene Entscheidungen auf die Maßstäbe

571 Vgl. Greifeld, Der Rechnungshof als Wirtschaftlichkeitsprüfer, 1981, S. 70.

572 An dieser Stelle muss bemerkt werden, dass dieses Auslegungsergebnis nur den eigentlichen Inhalt bzw. die Grenzen der *Wirtschaftlichkeits*prüfung als solche betrifft. Seine Bestandskraft hinsichtlich der parlamentarischen Gesetze kann aber durch andere Gesichtspunkte verdrängt werden. Siehe hierzu die Ausführungen hinsichtlich der politischen Erforderlichkeit von Maßnahmen der Parlamentsfraktionen weiter unten Kap. B III 2 b (bb) dieser Arbeit.

573 Mit Rücksicht auf sein Ansehen vermeidet jede Rechnungshof, sich durch unbedachte Ausflüge in die Politik zu blamieren. Vgl. Kisker, § 89 Rn. 113 in: HStR Bd. IV, 1990; ders., Rechnungshof und Politik, in: von Arnim (Hrsg.), Finanzkontrolle im Wandel, 1989, S. 216.

574 Vgl. für eine realbezogene Betrachtung der Problematik Diederich u.a., ZParl 1984, S. 479 ff. (485).

von Wirtschaftlichkeit und Sparsamkeit kontrollieren darf. Verwehrt ist ihm lediglich die Äußerung eigener politischer Zielsetzungen[575].

III. Kasuistische Darstellung problematischer Einzelfälle

Mit der bisherigen Analyse versuchten wir, aus der komplexen Normstruktur des Grundgesetzes, des Haushaltsgrundsätzegesetzes und der Bundeshaushaltsordnung die Grundregelungen bezüglich der Reichweite und der Dichte bzw. Tiefe der Finanzkontrolle durch den Bundesrechungshof hervorzuheben. Auf der Basis dieser Analyse versuchen wir im Folgenden, ausführlich die in Literatur oder Rechtsprechung erörterten Fälle zu untersuchen, die mit der Problematik der „prüfungsfreien Räume" zu tun haben. Mit anderen Worten, wir untersuchen, wo im geltenden Gesetzesrecht sich Probleme zeigen, und ob es eigentlich für den BRH „verschlossene Türen" gibt[576]. In diesem Rahmen wird die Vereinbarkeit der jeweiligen gesetzlichen Bestimmungen mit der Verfassungsnorm des Artikels 114 Abs. 2 GG untersucht werden.

1. Justiz

Das Bundesverfassungsgericht (Art. 94 GG), die obligatorischen Bundesgerichte, d.h. Bundesgerichtshof, Bundesverwaltungsgericht, Bundesfinanzhof, Bundesarbeitsgericht und Bundessozialgericht (Art. 95 GG), und die fakultativen Bundesgerichte (insbesondere das Bundesdisziplinargericht und das Bundespatentgericht) zählen als Einrichtungen des Bundes zum Kreis der Stellen, die vom Bundesrechnungshof verfassungsobligatorisch geprüft werden[577]. Der Haushaltsgesetzgeber weist dem Gericht als einheitlichem Subjekt Finanzmittel zu. Die Personal- und Sachausgaben der Justiz schlagen sich im öffentlichen Haushalt nieder und unterliegen in vollem Umfang dem Budgetrecht des Parlaments[578].

---

575 Vgl. § 6 Abs. 1 PO-BRH: „Sofern das Ergebnis einer Prüfung des Bundesrechnungshofes politische Entscheidungen berührt, soll er deutlich machen, dass er sich einer *eigenen* politischen Bewertung enthält und auf die Information und Beratung der Berichtsempfänger beschränkt".

576 Vgl. Haverkate, Prüfungsfreie Räume – Welche Türen in der öffentlichen Verwaltung bleiben dem Rechnungshof verschlossen?, in: Zavelberg (Hrsg.), Die Kontrolle der Staatsfinanzen, 1989, S. 197 ff. (198).

577 Vgl. Franz, Prüfungen des Bundesrechnungshofes bei den Gerichten des Bundes, in: Schulze-Fielitz (Hrsg.), Fortschritte der Finanzkontrolle in Theorie und Praxis: zum Gedenken an Ernst Heuer, Die Verwaltung 2000, S. 75 ff. (75).

578 Vgl. Blasius/Stadtmann, DöV 2002, S. 12 ff. (13)

Obwohl allgemein anerkannt ist, dass die Gerichte als Einrichtungen des Bundes grundsätzlich der Finanzkontrolle durch den BRH unterstellt sind, wurde für den Kernbereich der Justiz, d.h. die Rechtsprechung, eine Ausnahme gemacht. Aufgrund der verfassungsrechtlichen Verankerung der richterlichen Unabhängigkeit in Sachfragen wird in Kommentaren zu Art. 114 GG angenommen[579], dass die Rechtsprechung von der Rechnungshofkontrolle auszunehmen sei. Im Gegensatz dazu wird die exekutiv wirkende Justizverwaltung ohne Problem in die Kontrolle einbezogen. Um eine eigene Stellung zu nehmen, ist zunächst eine begriffliche Klärung der relevanten Begriffe notwendig.

a) Begriffliche Vorbemerkungen

Unter „richterlicher Unabhängigkeit“[580] versteht man, dass der Richter bezüglich seiner richterlichen Tätigkeit weisungsfrei ist. Er ist nur dem Gesetz unterworfen und muss Entscheidungen nur nach eigener Überzeugung treffen[581]. Die richterliche Unabhängigkeit gewährleistet die Neutralität des Richters und die Objektivität der Rechtsprechung, ist also kein Selbstzweck, sondern ermöglicht eine von sachfremden Einflüssen freie Rechtsprechung[582]. Anderen staatlichen Gewaltträgern ist es dementsprechend verwehrt, Weisungen und sonstigen unmittelbare und mittelbare Einwirkungen jeder Art wahrzunehmen, wie z.B. Empfehlungen, Ratschläge, Anregungen und Bitten.

Die Gerichte des Bundes erledigen grundsätzlich drei Aufgabenkreise: Als unbeteiligte unabhängige Dritte treffen sie in einem qualifizierten Verfahren verbindliche Entscheidungen für Einzelfälle nach rechtlichen Maßstäben (Rechtsprechung)[583]; sie nehmen selbst verwaltungsmäßige Aufgaben wahr, die aus politisch-historischen Gründen den klassischen Verwaltungsbehörden entzogen worden sind (Justizverwaltung) und sie führen Aufgaben durch, die typisch für die ganze Verwaltung sind und der Sicherstellung des „Gerichtsbetriebs“ dienen (Gerichtsverwaltung)[584]. Auffällig ist, dass nur die Rechtsprechung und nicht die

---

579 Siehe Vogel/Kirchhof, BK, Art. 114 GG Rn. 128; Maunz, § 114 Rn. 33, in: Maunz/Dürig/Herzog (Hrsg.), Grundgesetz, Loseblattkommentar, 2006; v.Mutius/Nawrath, Art. 114 Rn. 34, in: Heuer (Hrsg.), Kommentar zum Haushaltrecht, Stand Juni 1999; Siekmann, § 114 Rn. 29, in: Sachs (Hrsg.), Grundgesetz Kommentar, 3. Auflage. Vgl. auch Krebs, Kontrolle in staatlichen Entscheidungsprozessen, 1984, S. 201 (Fn. 216).

580 Siehe dazu Art. 97 Abs. 1 GG und § 25 des Deutschen Richtergesetzes.

581 Vgl. Blasius/Stadtmann, DöV 2002, S. 12 ff. (14).

582 Papier, NJW 2001, S. 1089 ff. (1090).

583 Vgl. weiter oben Kap. B VI 1 b (cc).

584 Vgl. Franz, Prüfungen des Bundesrechnungshofes bei den Gerichten des Bundes, in: Schulze-Fielitz (Hrsg.), Fortschritte der Finanzkontrolle in Theorie und Praxis:

Verwaltungsangelegenheiten der Gerichte von der Verfassungsgarantie der richterlichen Unabhängigkeit erfasst werden. Entscheidend ist also, was tatsächlich zur Rechtsprechung gehört.

Konkrete Grenzen zwischen den verschiedenen Funktionen der Gerichte werden von der Literatur nicht eindeutig gezogen[585]. Tatsache ist, dass fast alle gerichtlichen Maßnahmen in Zusammenhang mit der Aufgabe der Rechtsprechung stehen und dass sie ihrer objektiven Verwirklichung dienen. Die rechtsprechende Natur einer Tätigkeit strahlt auf alle damit in Zusammenhang stehenden Maßnahmen aus. Die eigentliche Qualität dieser Maßnahmen muss aber geachtet werden, da anderenfalls die „Gefahr" einer fast uferlosen Ausdehnung der Rechtsprechungstätigkeit bestünde, was dazu führen könnte, dass die Unabhängigkeitsgarantie für fast allen Aufgaben der Justiz gälte. Deswegen gehören zur Rechtsprechung grundsätzlich all jene Handlungen, die mit der Rechtsfindung in einem (nur) unmittelbaren Zusammenhang stehen, d.h. Tätigkeiten, die die richterliche Entscheidung vorbereiten (z.B. Terminbestimmung, Ladung, Sitzung), die während des Prozesses wahrgenommen werden (Sachverständige und Zeugen vernehmen, Sitzungspolizei) und die nach der Entscheidung stattfinden (Entscheidungsberichtigung)[586].

b)Die richterliche Unabhängigkeit als Kontrollrestriktion

Auf der anderen Seite ist bereits geklärt, dass der Bundesrechnungshof keine Exekutivbefugnisse hat. Er kann durch seinen Bericht nur kritisieren, beraten und empfehlen. Der Bericht hat keine rechtliche Bindungswirkung. Das bedeutet, dass aus diesem Bericht keine unmittelbaren rechtlichen Sanktionen abgeleitet werden können. Trotzdem stellen diese Äußerungen eine tatsächliche Einwirkung „sonstiger Art" dar, da sie die sachliche richterliche Unabhängigkeit beeinträchtigen können. Die Unabhängigkeitsgarantie wird schon durch den bösen Schein eines „Eingriffs" gefährdet[587]. Deswegen ist nach zutreffender Ansicht die Fi-

---

zum Gedenken an Ernst Heuer, Die Verwaltung 2000, S. 75 ff. (76). Diese Aufgaben sind häufig personell und organisatorisch verflechtet. Auf jeden Fall ist eindeutig, dass das Gericht haushaltsmäßig als ein Ganzes zu betrachten ist. Dementsprechend leitet der BRH seine Prüfungsankündigungen an die Gerichte und nicht an einzelnen Richter bzw. Funktionsträger innerhalb des Gerichts weiter.

585 Vgl. Franz, Die Verwaltung 2000, S. 75 ff. (78).

586 Vgl. Blasius/Stadtmann, DöV 2002, S. 12 ff. (14); Franz, Die Verwaltung 2000, S. 75 ff. (79); Papier, NJW 1990, S. 8 ff.

587 Siehe VerfGH NW, NJW 1999, S. 1243 ff. (1246).

nanzkontrolle durch den BRH als mittelbare Einwirkung auf die richterliche Unabhängigkeit einzustufen[588].

Das deutet darauf hin, dass zwischen zwei verfassungsrechtlich geschützten Rechtspositionen, konkret der Garantie der Unabhängigkeit der Justiz (Art. 97 Abs. 1 GG) und der Kompetenz des Bundesrechnungshofes zur lückenlosen Finanzkontrolle des Bundes (Art. 114 Abs. 2 Satz 1 GG), ein Spannungsverhältnis bzw. eine Konfliktlage besteht, die so zu lösen ist, dass „nicht eine der widerstreitenden Rechtspositionen bevorzugt und maximal behauptet wird, sondern alle einen möglichst schonenden Ausgleich erfahren“[589]. Mit anderen Worten, Anhaltspunkt für die Lösung des bestehenden Konflikts ist das Prinzip der „praktischen Konkordanz“, die in engem Zusammenhang mit dem Prinzip der Einheit der Verfassung steht. Alle Verfassungsnormen sind so auszulegen, dass Widersprüche zu anderen Verfassungsnormen vermieden werden und sie sind so einzuordnen, dass jede von ihnen Wirklichkeit gewinnt. Wo es, wie in unserem Falle, zu Kollisionen kommt, stellt das Prinzip der „praktischen Konkordanz“ die Aufgabe der Optimierung. Für beide Rechtsgüter müssen verhältnismäßige Grenzen gezogen werden, damit beide zu optimaler Wirksamkeit gelangen können. Eine vorschnelle Güterabwägung oder eine abstrakte Wertabwägung eines Rechtsguts auf Kosten des anderen darf nicht stattfinden[590].

Im konkreten Fall deutet das Prinzip der „praktischen Konkordanz“ darauf hin, dass der BRH nicht diejenigen Maßnahmen bzw. Entscheidungen der Justiz als Gegenstände kontrollieren darf, die das Gericht als Spruchkörper im konkreten gerichtlichen Prozess wahrnimmt. Der von der Unabhängigkeitsgarantie geschützte Kernbereich der Rechtsprechung ist also nicht vom Bundesrechnungshof zu prüfen. Das gilt u.a. für gerichtliche Zwischenentscheidungen, Beweisbeschlüsse, die Terminierungspraxis, Zeugen- und Sachverständigenentscheidungen, prozessuale Maßnahmen und für die gerichtlichen Entscheidungen selbst.

Wenn der Gegenstand der Prüfung kein konkretes Verfahren ist, besteht hingegen keine Gefahr der Manipulation bzw. Beeinträchtigung der Richter und deswegen kann eine Rechnungshofkontrolle (insbesondere in Form von Querschnittsprüfung) uneingeschränkt stattfinden. Ferner ist unzweifelhaft, dass Maßnahmen im Bereich der Gerichts- und Justizverwaltung grundsätzlich nicht von der Unabhängigkeitsgarantie erfasst werden und insofern Gegenstand der Rechnungshofkontrolle sein können. Kurz gefasst könnte man sagen: keine Finanzkontrolle durch den Rechnungshof nur dann, wenn die Unabhängigkeit der Rich-

---

588 Ebenso, Blasius/Stadtmann, DöV 2002, S. 12 ff. (14) und Franz, Die Verwaltung 2000, S. 75 ff. (86 f.).

589 BVerfGE 93, S. 1 ff. (21).

590 Vgl. Hesse, Grundzüge des Verfassungsrechts der Bundesrepublik Deutschland, 1999, S. 27 f.

ter betroffen sein könnte[591]. Die Einbeziehung der jeweiligen gerichtlichen Maßnahmen ist also am Maßstab dieses Ergebnisses zu entscheiden. Dies gilt ebenso für Mischfälle. Hierbei erscheint im Gegensatz zu einer pauschalen Kategorisierung eine individuelle-kasuistische Betrachtung sachgerechter, damit eine Lösung des Abgrenzungsproblems zwischen Rechtsprechung und Verwaltung gefunden werden kann[592].

Abschließend sind einige typische Beispiele aus der Praxis der Rechnungshöfe darzustellen, um die hier vertretene These zu verdeutlichen[593]. Der Rechnungshof darf die Personalausgaben für Richter prüfen, da solche Prüfungen nur die äußere Ordnung richterlicher Arbeit betreffen. Ferner darf er die (verwaltungsrechtliche) Tätigkeit des Vertreters der Staatskasse bezüglich der Abrechnung der Einnahmen und Ausgaben der Justiz prüfen. Im Gegensatz dazu darf keine Finanzkontrolle bei konkreten gerichtlichen Entscheidungen über die Beauftragung von Dolmetschern und Sachverständigen durchgeführt werden. Vergleichende Prüfungen, die über den Einzelfall hinausgehen, und nur abstrakt und anonymisiert durchgeführt werden, verletzen hingegen den Kern der richterlichen Unabhängigkeit nicht und sind deswegen als zulässig (und besonders fruchtbar für die Verbesserung der inneren Organisation der Gerichte selbst) anzusehen[594].

2. Parlamentarische Fraktionen

§ 50 Abs. 1 AbgG[595] sieht ausdrücklich vor, dass die Bundestagsfraktionen einen Anspruch auf Geld- und Sachleistungen aus dem Bundeshaushalt zur Erfüllung ihrer Aufgaben haben[596]. Der Bundesrechnungshof ist dementsprechend nach § 53 Abs. 1 AbgG verpflichtet, die Verwendung der den Fraktionen zur Verfügung gestellten Geld- und Sachleistungen zu überprüfen. Der Gesetzgeber hat mit diesen Regelungen eine seit langem umstrittene Fragestellung gelöst, nämlich diejenige, ob, mit welcher Begründung und in welcher Weise eine Finanzkon-

591 Vgl. Blasius/Stadtmann, DöV 2002, S. 12 ff. (16).
592 Vgl. Franz, Die Verwaltung 2000, S. 75 ff. (79).
593 Siehe ausführlicher, Blasius/Stadtmann, DöV 2002, S. 12 ff. (16 ff.).
594 Vgl. Heintzen, Art. 114 Rn. 31, in: von Münch/Kunig (Hrsg.), GG-Kommentar, 2003.
595 AbgG vom 21.2.1996 (BGBl. I S.326), zuletzt geändert durch Gesetz vom 16.2.2002 (BGBl. I S. 459).
596 Die Fraktionsfinanzierung ist als Teil der Parlamentsfinanzierung anzusehen. Vor dem AbgG finanzierten sich die Fraktionen fast ausschließlich durch monatliche Beitragszahlungen ihrer Mitglieder nach den Regelungen der Fraktionsgeschäftsordnungen. Vgl. Hölscheidt, DöV 2000, S. 712 ff. (712).

trolle der Fraktionen wahrgenommen werden könnte[597]. Hierbei geht es allerdings um Regelungen, die nur aus Gründen der Rechtsklarheit notwendig waren[598], da der Bundesrechnungshof verfassungsobligatorisch die Haushalts- und Wirtschaftsführung des gesamten Rechtssubjekts „Bund", einschließlich des Bundestages überprüft. Unter der Voraussetzung, dass die Fraktionen zum Gesetzgebungsorgan gehören und nicht als rechtlich eigenständige Einrichtungen einzustufen sind, sind sie also schon von Verfassungs wegen vom Bundesrechnungshof zu kontrollieren.

a) Die Rechtsstellung der Fraktionen

Seit dem so genannten „Wüppesahl"- Urteil des Bundesverfassungsgerichts ist vollständig geklärt, dass die Fraktionen „mit staatlichen Zuschüssen finanziert werden (dürfen), weil sie als ständige Gliederungen des Bundestages der „organisierten Staatlichkeit" eingefügt sind"[599]. Diese Ausführung entspricht der herrschenden und ganz zutreffenden Meinung, dass die Fraktionen selbständige Organteile des Parlaments mit partieller Rechtsfähigkeit und begrenzter Organisationsautonomie sind[600]. Die Verleihung der Rechtsfähigkeit „auf Abruf"[601] nach § 46 Abs. 1 AbgG und die Aussage des Absatzes 3 desselben Artikels, dass die Fraktionen „nicht Teil der öffentlichen Verwaltung" sind, ändern an dieser Einordnung nichts[602].

Aus der Bezeichnung „rechtsfähige Vereinigungen im Deutschen Bundestag" ergibt sich nur, dass die Fraktionen klagen und selbst verklagt werden können. Insofern ist nur anzunehmen, dass sie privatrechtlichen Vereinigungen gleichzustellen sind (verfassungskonforme Auslegung). Aus dieser nur partiellen und

597 Wegen der finanzwirksamen Expansion der Fraktionstätigkeiten und des massiven Anstiegs der staatlichen Finanzierung war diese Fragestellung von besonderer praktischen Bedeutung. Vgl. Heuer, Kontrollauftrag gegenüber den Fraktionen, in: Böning/v. Mutius (Hrsg.), Finanzkontrolle im repräsentativ-demokratischen System, 1990, S. 107 ff.; von Arnim, Staatliche Fraktionsfinanzierung ohne Kontrolle, 1987, S. 50 ff.; Müller, NJW 1990, S. 2046 ff.

598 Vgl. Linde, Fraktionsfinanzierung in der parlamentarischen Demokratie, 2000, S. 212.

599 Urteil des BVerfG vom 13.6.1989, in: DVBl. 1989, S. 820 ff. Siehe auch BVerfGE 20, S. 56 ff. (104); 62, S. 194 ff. (202)

600 Vgl. etwa Maunz, Art. 40 Rn. 14, in: Maunz/Dürig/Herzog (Hrsg.), Grundgesetz, Loseblattkommentar; 2006; v. Arnim, ZRP 1988, S. 83 ff. (89); Schmidt-Benz, ZRP 1992, S. 283; Müller, NJW 1990, S. 2046 ff.

601 Meyer, GVBl. 1993, S. 106 zitiert von Becker, ZG 1996, S. 261 ff. (263 – Fn. 9); Vgl. auch § 54 AbgG (jede Fraktion hört mit dem Ende des jeweiligen Bundestags auf zu existieren, unterliegt nämlich dem Diskontinuitätsprinzip).

602 Vgl. Becker, ZG 1996, S. 261 ff. (262 f.).

zeitgebundenen Rechtsfähigkeit können jedoch keine weiteren Konsequenzen gezogen werden[603]. § 46 Abs. 3 AbgG verdeutlicht nur, dass „Fraktionen ... (nicht) Teile der Verwaltungsorganisation des Staates (seien) oder entsprechend wie Behörden der Exekutive und der Justiz zu behandeln (sind)“[604]. Die Fraktionen können als eigenständige Größe außerhalb des Parlaments nicht existieren und tätig werden („Vereinigungen *im* Deutschen Bundestag“). Das bedeutet, dass sie integrale Gliederungen des Parlaments sind und deswegen zum „Bund“ selbst gehören[605].

Auf jeden Fall müssen die Fraktionen als Gliederungen eines Organs haushaltsrechtlich dem Organ gleichgestellt werden, dem sie eingegliedert sind[606]. Deswegen umfasst „der verfassungsrechtliche Prüfungsauftrag des Bundesrechnungshofes ... die Rechtmäßigkeit und Wirtschaftlichkeit der Verwendung von Fraktionszuschüssen in gleicher Weise und nach den gleichen verfassungsrechtlichen und haushaltsrechtlichen Maßstäben wie bei anderen Etatmitteln“[607]. Verfassungsrechtliche Grundlage für die Rechnungsprüfung von Bundestagsfraktionen ist Art. 114 Abs. 2 Satz 1 GG und einfachgesetzlich, schon vor § 53 Abs. 2 AbgG, §§ 88 Abs. 1 BHO und 42 Abs. 1 HGrG. Adressaten der Prüfungsanordnung sind die Fraktionen selbst[608].

---

603 Ebenso, Maurer, Allgemeines Verwaltungsrecht, 2004, S. 438 und Becker, ZG 1996, S. 261 ff. (262). Vgl. auch Schmidt-Bens, ZRP 1992, S. 281 ff. (282 f.), der die Bezeichnung „Vereinigungen“ des Bayerischen Fraktionsgesetzes für verfassungswidrig hält.

604 BT-Drs. 12/6067, S. 10.

605 Vgl. BVerfGE 62, S. 194 ff. (202) und Urteil des Verfassungsgerichtshofs Rheinland-Pfalz vom 19. August 2002, abgedruckt in: Haushaltsrechtliche Gerichtsentscheidungen, Teil IX/2.10, Heuer (Hrsg.), Kommentar zum Haushaltrecht, Stand Mai 2005. A.A. Schneider, Die Finanzierung der Parlamentsfraktionen als staatliche Aufgabe, 1997, S. 98 ff.

606 Vgl. Heuer, Kontrollauftrag gegenüber den Fraktionen, in: Böning/v. Mutius (Hrsg.), Finanzkontrolle im repräsentativ-demokratischen System, 1990, S. 107 ff. (108 f.); Knöpfle, Kontrolle autonomer Einrichtungen, in v. Arnim, Finanzkontrolle im Wandel, 1989, S. 259 ff. (259); Müller, NJW 1990, S. 2046 ff. (2046); Becker, ZG 1996, S. 261 ff. (263); Hölscheidt, DöV 2000, S. 712 ff. (714 f. uns 719 f.).

607 Aus dem Kontext der Entscheidung (Urteil des BVerfG vom 13.6.1989, in: DVBl. 1989, S. 820 ff.) ergibt sich, dass das BVerfG den Begriff Zuschuss „untechnisch“ verwendet. Deswegen können aus dieser Bezeichnung keine Rückschlüsse auf die haushaltsrechtliche Zuordnung dieser Finanzmittel gezogen werden. So aber, Schneider, Die Finanzierung der Parlamentsfraktionen als staatliche Aufgabe. 1997, S. 186 ff.

608 Vgl. Heuer, Kontrollauftrag gegenüber den Fraktionen, in: Böning/v. Mutius (Hrsg.), Finanzkontrolle im repräsentativ-demokratischen System, 1990, S. 107 ff. (113).

b) Die Ausgestaltung der Rechnungshofkontrolle

Der Bundesrechnungshof prüft die Ordnungsmäßigkeit und Wirtschaftlichkeit der Rechnung der Fraktionen, d.h. (insbesondere) die ordnungsmäßige und wirtschaftliche Verwendung der Geld- und Sachleistungen aus dem Bundeshaushalt. Nach dem BVerfG ist „der Bundesrechnungshof ... verpflichtet die ordnungsgemäße Verwendung der Fraktionszuschüsse im Sinne ausschließlichen Einsatzes für die Arbeit der Fraktionen regelmäßig nachzuprüfen, Verstöße gegen die Zweckbindung sowie die Wirtschaftlichkeit und sonstige Ordnungsmäßigkeit der Mittelverwendung aufzudecken und zu beanstanden, gegebenenfalls Abhilfevorschläge zu unterbreiten und Beanstandungen in den jährlichen Prüfungsbericht aufzunehmen“[609].

Die Ordnungsmäßigkeitsprüfung umfasst hauptsächlich die Beachtung der Zulässigkeit staatlich finanzierter Fraktionsarbeit[610]. Die „Fraktionszuschüsse“ dienen ausschließlich der Finanzierung derjenigen Tätigkeiten der Fraktionen, die ihnen laut Verfassung, der Geschäftsordnung des Bundestages und dem Abgeordnetengesetz obliegen[611]. Fraktionszuschüsse können nicht für die gleichen Zwecke verwendet werden, für die der einzelne Abgeordnete seine Amtsausstattung erhält, wie z.B. Kontakt zu Wählern oder Öffentlichkeitsarbeit im Wahlkreis[612]. Ferner ist eine Verwendung von Fraktionsfinanzmitteln für Tätigkeiten

609 Urteil des BVerfG vom 13.6.1989, in: DVBl. 1989, S. 820 ff. (825).

610 Vgl. Müller, Die Fraktionszuschüsse, Rechnungshof Baden-Württemberg (Hrsg.), Finanzkontrolle in Baden-Württemberg, 1987, S. 125 ff. (129).

611 Siehe § 50 Abs. 4 GG und Urteil des BVerfG vom 13.6.1989, in: DVBl. 1989, S. 820 ff. (ebenso, BVerfGE 20, S. 56 ff. 105): „Die Fraktionszuschüsse dienen ausschließlich der Finanzierung von Tätigkeiten des Bundestages, die den Fraktionen nach Verfassung und Geschäftsordnung obliegen. Die Fraktionen steuern und erleichtern in gewissem Grade die parlamentarische Arbeit, ... indem sie insbesondere eine Arbeitsteilung unter ihren Mitgliedern organisieren, gemeinsame Initiativen vorbereiten und aufeinander abstimmen sowie eine umfassende Information der Fraktionsmitglieder unterstützen. Auf diese Weise fassen sie unterschiedliche politische Positionen zu handlungs- und verständigungsfähigen Einheiten zusammen. Die Fraktionszuschüsse sind *für die Finanzierung dieser der Koordination dienenden Parlamentsarbeit bestimmt und insoweit zweckgebunden.*“.

612 Vgl. den Urteil des BVerfG vom 13.6.1989, in: DVBl. 1989, S. 820 ff. (825); „Im Falle des fraktionslosen Abgeordneten fehlt es an einem solchen Koordinationsbedarf und dementsprechend auch an einem Anspruch auf finanzielle Gleichstellung. Sollte ein Teil der Fraktionszuschüsse für die gleichen Zwecke verwendet werden, für die der Abgeordnete eine Amtsausstattung (§12 AbgG) erhält, so müsste diese Verwendung ... durch den Bundesrechnungshof beanstandet werden“. Siehe dazu, Müller, NJW 1990, S. 2046 ff. (2047 f.).

der die Fraktionen tragenden Parteien ebenfalls unzulässig (Verbot der verdeckten Parteienfinanzierung – § 50 Abs. 4 Satz 2 AbgG)[613].

aa) Öffentlichkeitsarbeit

Hauptanwendungsfall von § 50 Abs. 4 Satz 2 AbgG und wichtiger Kontrollgegenstand der Rechnungsprüfung bei Fraktionen ist die sog. Öffentlichkeitsarbeit. Die Fraktionen können die Öffentlichkeit über ihre Tätigkeit informieren (§ 47 Abs. 3 AbgG). Als Öffentlichkeitsarbeit können all jene Maßnahmen bezeichnet werden, „mit denen die Fraktionen den Zweck verfolgen, der Allgemeinheit mit Hilfe von Wort, Bild und Ton Informationen über Ergebnisse ihres politischen Handelns in der Vergangenheit oder über zukünftige Handlungsziele zu vermitteln“[614]. Die Öffentlichkeitsarbeit der Fraktionen darf nur „Information über vergangene, gegenwärtige oder bevorstehende Tätigkeiten der Fraktionen“ erteilen und ist von der Parteiwerbung immer zu unterscheiden[615], obwohl eine scharfe Trennung zwischen Fraktionsaufgaben und denjenigen der Parteien nicht möglich ist[616]. Darüber hinaus muss die Öffentlichkeitsarbeit der Fraktionen den Grundsatz beachten, dass sich der Prozess der Meinungs- und Willensbildung vom Wahlvolk zu den Staatsorganen und nicht umgekehrt vollzieht[617].

613 Vgl. Heuer, Kontrollauftrag gegenüber den Fraktionen, in: Böning/v. Mutius (Hrsg.), Finanzkontrolle im repräsentativ-demokratischen System, 1990, S. 107 ff. (111); Becker, ZG 1996, S. 261 ff. (264); Hölscheidt, DöV 2000, S. 712 ff. (715 f.). Siehe auch § 25 Abs. 1 Satz 2 PartG, wonach die Parteien nicht Spenden von Fraktionen annehmen dürfen.

614 Linde, Fraktionsfinanzierung in der parlamentarischen Demokratie, 2000, S. 159. Vgl. auch Hölscheidt, DöV 2000, S. 712 ff. (715 ff.)

615 Deswegen ist eine Öffentlichkeitsarbeit in der zeitlichen Nähe von Wahlen auf ein Minimum zu reduzieren. Vgl. ausführlicher Linde, Fraktionsfinanzierung in der parlamentarischen Demokratie, 2000, S. 163 ff. Vgl. auch die Entscheidung des LRH BW vom 2.11.1993 und die Bemerkungen 1994 des LRH Schleswig-Holstein, beide abgeruckt, in: Engels, Teil VIII/8.2 und 8.3, Heuer (Hrsg.), Kommentar zum Haushaltrecht, Stand Dezember 2004.

616 Vgl. Urteil des Verfassungsgerichtshofs Rheinland-Pfalz vom 19. August 2002, abgedruckt in: Haushaltsrechtliche Gerichtsentscheidungen, Teil IX/2.10, Heuer (Hrsg.), Kommentar zum Haushaltrecht, Stand Mai 2005, S. 3.

617 Vgl. Urteil des BVerfGE vom 21. April 1966, S. 98; Schneider, Die Finanzierung der Parlamentsfraktionen als staatliche Aufgabe, 1997, S. 165.

bb) Die „politische Erforderlichkeit" von Fraktionsmaßnahmen als Kontrollrestriktion

§ 53 Abs. 2 AbgG sieht in Satz 1 vor, dass bei der Prüfung die Rechtsstellung und die Aufgaben der Fraktionen zu beachten sind, und in Satz 2, dass die politische Erforderlichkeit einer Maßnahme der Fraktionen nicht Gegenstand der Prüfung ist. Die Fraktion, definiert als Zusammenfassung einer Vielzahl von Abgeordneten, verfügt über eine Autonomie, die aus der in Art. 38 GG garantierten Freiheit des Mandats abgeleitet wird[618]. Wie bereits oben dargelegt, darf der Rechnungshof „politische Entscheidungen" auf den Maßstab der Wirtschaftlichkeit hin kontrollieren. Verwehrt ist ihm nur die Äußerung eigener politischer Zielsetzungen. Der Rechnungshof äußert in jedem Falle sachverständig und teilt das rechtlich sanktionslose Prüfungsergebnis bzw. Kontrollbericht mit[619]. Die kontrollierten Stellen, in unserem Falle die in Fraktionen organisierten Abgeordneten, sind diejenigen, die die Verantwortung für die jeweilige Entscheidung tragen. Die Argumentation des Bundesrechnungshofs stellt also keinen klassischen „Eingriff"[620] dar.

Die Wirtschaftlichkeitskontrolle des Bundesrechnungshofes kann aber als eine faktische mittelbare Beeinträchtigung bzw. „Belastung" der Fraktionsautonomie bzw. der Gewissenfreiheit der Abgeordneten angesehen werden. Insofern stellt die Fraktionsautonomie eine verfassungsrechtliche Gegenposition dar[621]. Die Tatsache, dass der Rechnungshof keine eigene Stellung bezüglich der politischen Problematik bzw. dem Ziel der Fraktionsentscheidung nimmt[622], spielt

618 Vgl. Papier, BayVBl. 1998, S. 513 ff. (518); Schneider, Die Finanzierung der Parlamentsfraktionen als staatliche Aufgabe, 1997, S. 106 f.

619 Die meisten Fraktionsgesetze sehen Sanktionsmöglichkeiten für den Fall einer Zweckverfehlung von Geldern vor. Die Entscheidung wird vom jeweiligen Parlamentspräsident getroffen; nur er trägt die entsprechende Verantwortung. Siehe ausführlicher, Linde, Fraktionsfinanzierung in der parlamentarischen Demokratie, 2000, S. 223 ff.

620 Hierbei handelt es sich um verfassungsrechtliche Kompetenzen. Die Garantie des freien Mandats ist keine grundrechtsähnliche Position. Deswegen wird der Begriff „Eingriff" nicht in eigentlichem Sinne bzw. untechnisch verwendet.

621 Vgl. Becker, ZG 1996, S. 261 ff. (267 ff.); Hölscheidt, DöV 2000, S. 712 ff. (720 f.); Papier, BayVBl. 1998, S. 513 ff. (523).

622 An dieser Stelle muss bemerkt werden, dass das Verhältnismäßigkeitsprinzip im Verhältnis staatlicher Organe und ihrer Kompetenzen nicht unmittelbar anwendbar ist. Vgl. dazu BVerfGE 81, S. 310 ff. (338); Degenhart, Staatsrecht I, 2002, Rn. 404. Trotzdem ist auch eindeutig, dass kollidierende Rechtspositionen durch die Anwendung der Prinzipien der praktischen Konkordanz und der Organtreue in schonenden Ausgleich zu bringen sind. Vgl. dazu BVerfGE 45, S. 1 ff. (39) und Degenhart, Die Verwaltung 2000, S. 55 ff. (72).

hierbei nicht die entscheidende Rolle. Entscheidend ist vielmehr, dass der Kernbereich der Gewissensfreiheit des Art. 38 GG eine nur gewissensgesteuerte Definitionsmacht über das Gemeinwohl garantiert. Diese Tatsache führt zu dem Ergebnis, dass die Wirtschaftlichkeitskontrolle im konkreten Fall einen unzulässigen „Eingriff" im Kernbereich einer anderen Verfassungsposition darstellt. § 53 Abs. 2 Satz 2 AbgG ist also eine zulässige gesetzliche „Vermittlung" zwischen kollidierendem Verfassungsrecht[623]. Auf diese Weise wird der gebotene Ausgleich zwischen den beiden einschlägigen Verfassungsvorschriften befriedigend gewährleistet. Zusammenfassend stellt § 53 Abs. 2 Satz 2 AbgG nur die „Nachzeichnung einer verfassungsrechtlichen Schranke der Rechnungsprüfungsbefugnis dar"[624].

Aufgrund dieser Schranke ist der Bericht des Bundesrechnungshofes nicht als eine Art Bedrohung für die freie politische Gestaltung anzusehen, sondern als ein wertvolles Hilfsinstrument für jede Fraktion und jeden Abgeordnete, sich zukünftig eine eigene politische Meinung zu bilden.

cc) Nicht-staatliche Fraktionsfinanzierung

Eine überwiegende („de facto" voll-) staatliche Finanzierung der parlamentarischen Aufgaben der Fraktionen ist unumstritten[625]. Inwieweit eine nichtstaatliche Finanzierung zulässig ist und bejahdehnfalls, „zu welchen Zwecken und aus welchen Mitteln (diese) zuzugestehen ist"[626], ist aber noch nicht geklärt. Im Rahmen dieser Arbeit soll erörtert werden, dass die Zuordnung der Fraktionen zum Bund darauf hin deutet, dass auch die Zuordnung aller ihrer Mittel zum Finanzbedarf des Bundes gehört[627]. Unabhängig davon, ob Mittel oder Vermögensgegenstände aus privaten Spenden oder von Fraktionsmitgliedern stammen, erstreckt sich die Zweckbindung der staatlichen Fraktionsmittel auch auf diese.

---

623 Vgl. Heintzen, Art. 114 Rn. 30, in: von Münch/Kunig (Hrsg.), GG-Kommentar, 2003.

624 Vgl. Becker, ZG 1996, S. 261 ff. (268): „Insgesamt bleibt festzuhalten, dass auch nach der letztgenannten Ansicht in der Literatur die Ausklammerung der Nachprüfung „politischer Erforderlichkeit" einer Maßnahme der Fraktionen aus dem Prüfungsprogramm des Bundesrechnungshofs durch § 53 Abs. 2 Satz 2 AbgG nur die Nachzeichnung einer verfassungsrechtlichen Schranke der Rechnungsprüfungsbefugnis darstellt".

625 Vgl. Müller/Albrecht, DVBl. 2000, S. 1315 ff. (1316 f.); Müller, NJW 1990, S. 2046 ff. (2048).

626 Müller/Albrecht, DVBl. 2000, S. 1315 ff. (1317).

627 Vgl. Müller, NJW 1990, S. 2046 ff. (2046) und Heuer, Kontrollauftrag gegenüber den Fraktionen, in: Böning/v. Mutius (Hrsg.), Finanzkontrolle im repräsentativdemokratischen System, 1990, S. 107 ff. (109).

Das bedeutet, dass die Verwendung dieser Finanzmittel allein für die anerkannten Zwecke der Fraktionstätigkeit zulässig ist[628]. Die Verwendung auch nichtstaatlicher Mittel muss deswegen einer Kontrolle durch den Rechnungshof unterliegen. Die sachliche Nähe der Fraktionen zu den Parteien, die entsprechenden gebotenen Transparenzgründe, die Notwendigkeit, Umgehungsfällen zu vermeiden und das Lückenlosigkeitsprinzip verstärken die Richtigkeit dieser These[629].

3. Exekutive

a) Geheimhaltungsbedürftige Angelegenheiten

Der Bundesrechnungshof prüft die gesamte Haushalts- und Wirtschaftsführung des Bundes. Einschränkungen sind nur zulässig, wenn es um ein Rechtsgut geht, das ebenfalls Verfassungsrang hat[630]. Als ständige Praxis wird allgemein anerkannt[631], dass zum einen die Bundesregierung bei der Ausübung ihrer Budgetinitiative das Geheimschutzinteresse bezüglich bestimmter Ausgaben feststellen

---

628 Vgl. v. Arnim, Staatliche Fraktionsfinanzierung ohne Kontrolle, 1987, S. 39 f. und 63; Schneider, Die Finanzierung der Parlamentsfraktionen als staatliche Aufgabe, 1997, S. 155.

629 Nach § 52 Abs. 2 Nr. 1 AbgG gliedert sich die Rechnung in Geldleistungen nach § 50 Abs. 1 AbgG und sonstigen Einnahmen. Dementsprechend können die nicht staatlichen Finanzmittel in der Rechnungslegung der Fraktionen erfasst werden. Schon vor dem AbgG wurde die Auffassung vertreten, dass für „eigene Mittel" eine gesonderte Buchführung bestehen müsste und dass die fehlende Spezialisierung in der Rechnungslegung bedenklich ist. Siehe dazu, Heuer, Kontrollauftrag gegenüber den Fraktionen, in: Böning/v. Mutius (Hrsg.), Finanzkontrolle im repräsentativ-demokratischen System, 1990, S. 107 ff. (111); Linde, Fraktionsfinanzierung in der parlamentarischen Demokratie, 2000, S. 204 f.; Schmidt-Bens, ZRP 1992, S. 281 ff. (283); Hölscheidt, DöV 2000, S. 712 ff. (720). In der Praxis befassen sich die Rechnungshöfe i.d.R. nicht mit den nichtstaatlichen Einnahmen. Siehe dazu kritisch Müller/Albrecht, DVBl. 2000, S. 1315 ff. (1318) und Linde, Fraktionsfinanzierung in der parlamentarischen Demokratie, 2000, S. 215.

630 Vgl. Heintzen, Art. 114 Rn. 29, in: von Münch/Kunig (Hrsg.), GG-Kommentar, 2003.

631 Wegen der ständigen Praxis der Bundesorgane und der entsprechenden Rechtsprechung des Bundesverfassungsgerichts untersuchen wir im Rahmen dieser Arbeit nicht die eventuellen Zweifel an der verfassungsrechtlichen Zulässigkeit von Einrichtungen, wie Nachrichtendienste und Geheimfonds. (Vgl. dazu etwa BVerfGE 67, S. 100 ff. (134 ff.); kritisch Heinig, Das Budget, 1949, S. 554 f.) Obwohl diese Praxis verfassungsrechtlich nicht ganz unbedenklich ist, entscheidend ist letztlich, dass das (Finanz)gebaren solcher Einrichtungen und die sog. Geheimfonds nicht völlig vom parlamentarischen (Budget)kontrolle ausgeschlossen werden können. Dazu gleich im Text.

kann, und dass zum anderen der Bundestag derjenige ist, der darüber endgültig entscheidet[632]. Zur Zeit sind als geheimhaltungsbedürftig sowohl die Wirtschaftspläne der drei Nachrichtendienste einzustufen, d.h. des Bundesnachrichtendienstes, des Bundesamtes für Verfassungsschutz und des Militärischen Abschirmdienstes, als auch die Geheimfonds des Auswärtigen Amtes und des Bundeskanzlers. Der Gesetzgeber hat in § 10 BHO die in verschiedenen Gesetzen bestehenden Regelungen über die parlamentarische Bewilligung geheimer Ausgaben und ihre Kontrolle zusammengefasst[633].

Wenn es um Ausgaben geht, deren Verwendung geheim zu halten ist[634], kann der Haushaltsplan bestimmen, dass die Rechnungshofprüfung durch das zuständige Kollegium unter Mitwirkung des Präsidenten (oder, wenn dessen Stelle nicht besetzt ist, des Vizepräsidenten) oder allein durch den Präsidenten (oder den Vizepräsidenten) vorgenommen wird. Die ordentliche Zuständigkeit der Senate entfällt durch Haushaltsvermerk (§ 10 Abs. 1 BHO i.V.m. § 19 Nr. 1 oder 2 BRHG). Sofern diese Stellen Feststellungen treffen, die die Entlastung betreffen können, sollte mangels ausdrücklicher Regelung § 97 Abs. 4 BHO (Bemerkungen zu geheim zu haltenden Angelegenheiten) entsprechende Anwendung finden. Dementsprechend sind Adressaten des Berichts: der Präsident des Bundestages und des Bundesrates sowie der Bundeskanzler und das Bundesministerium der Finanzen.

Aus zwingenden Gründen des Geheimschutzes kann der Bundestag ausnahmsweise die Bewilligung von Ausgaben, die nach geheimzuhaltenden Wirtschaftsplänen bewirtschaftet werden sollen, im Haushaltsgesetzgebungsverfahren von der Billigung der Wirtschaftspläne durch ein Vertrauensgremium abhängig machen (§ 10 Abs. 2 Satz 1 BHO)[635]. Speziell für die Wirtschaftspläne der Nach-

632 Vgl. charakteristisch BVerfGE 67, S. 136 ff.; Hähnlein/Endell/Jahnz, DöV 1998, S. 305 ff. (312).

633 Für die Entstehung von § 10 BHO siehe ausführlich, Dommach, § 10 BHO Rn. 1, in: Heuer (Hrsg.), Kommentar zum Haushaltrecht, Stand Mai 2004. Die Problematik der Geheimfonds und die zusammehängende Fragestellung der „prüfungsfreien Räumen" bestand auch unter der Geltung des RHO (§ 89), vgl. dazu Piduch, DöV 1965, S. 334 ff.; Wittrock, Die Verwaltung 1988, S. 277 ff. (279 f.).

634 Nach § 19 BRHG können neben Ausgaben auch Einnahmen, geprüft werden, wenn diese für geheim zu haltende Ausgaben bestimmt sind.

635 Das Vertrauensgremium besteht aus bis zu fünf Mitgliedern des Haushaltsausschusses und wird vom Bundestag in entsprechender Anwendung von § 4 Abs. 2 und 3 des Gesetzes über die parlamentarische Kontrolle nachrichtendienstlicher Tätigkeit des Bundes vom 11. April 1978 (BGBl. I S. 453) für die Dauer der Wahlperiode gewählt. Nach dem BVerfG, verletzt die Bildung eines solchen Gremiums weder das Budgetrecht des Parlaments noch die Mitwirkungsrechte der parlamentarischen Minderheit (BVerfGE 70, S. 324 ff.).

richtendienste gilt, dass diese immer vom Bundesministerium der Finanzen dem Vertrauensgremium zur Billigung vorzulegen sind, soweit der Bundestag nichts anderes beschließt (§ 10 Abs. 2 Satz 2 BHO)[636]. In diesen Fällen unterliegen sowohl die Rechnungen zu diesen Wirtschaftsplänen als auch die Haushalts- und Wirtschaftsführung der entsprechenden Einrichtungen der Kontrolle durch ein Dreierkollegium des Bundesrechnungshofs, das das Vertrauensgremium, das Parlamentarische Kontrollgremium sowie die zuständige oberste Bundesbehörde und das Bundesministerium der Finanzen über das Ergebnis seiner Kontrolle unterrichtet (§ 10 Abs. 3 BHO i.V.m. § 19 Satz 1 Nr. 1 BRHG). Das Kollegium des Bundesrechnungshofs kann ferner seine Bemerkung nach § 97 Abs. 4 BHO äußern.

Wie bereits dargelegt, sind Unabhängigkeitsgarantie und Kollegialverfassung des Bundesrechnungshofs nicht zwingend miteinander gekoppelt[637]. Deswegen ist die gesetzliche Regelung für eine nur vom Präsidenten des Bundesrechnungshofs wahrgenommene Prüfung verfassungsrechtlich zulässig. Im Übrigen schaffen nach herrschender und zutreffender Meinung die obigen Regelungen keinen prüfungsfreien Raum. Es handelt sich nämlich in Bezug auf den Prüfungsumfang und die parlamentarische Budgetkontrolle nicht um eine Ausnahme, sondern nur um eine verfassungsrechtlich zulässige Regelung eines besonderen Verfahrens der Prüfung für besondere Gegenstände[638]. Die Verkürzung des Kreises der Prüfenden sowie der Empfänger des Berichtes kann zusammenfassend als ein verfassungskonformer Kompromiss angesehen werden.

---

636 Nach derselben Vorschrift können der Vorsitzende des Parlamentarischen Kontrollgremiums, sein Stellvertreter und ein beauftragtes Mitglied an den Sitzungen des Vertrauensgremiums mitberatend teilnehmen. Bei den Sitzungen zur Beratung der Wirtschaftspläne der Dienste und deren Vollzug gilt dies auch für die Mitglieder des Parlamentarischen Kontrollgremiums.

637 Siehe dazu weiter oben Kap. B III 2, 3.

638 Vgl. dazu v. Mutius/Nawrath, Art. 114 Rn. 10, in: Heuer (Hrsg.), Kommentar zum Haushaltrecht, Stand Juni 1999; Zavelberg, 275 Jahre Rechnungsprüfung in Deutschland, in: Ders. (Hrsg.), Die Kontrolle der Staatsfinanzen, 1989, S. 43 ff. (54); Dommach, § 10 BHO, in: Heuer (Hrsg.), Kommentar zum Haushaltrecht, Stand Mai 2004; Hähnlein/Endell/Jahnz, DöV 1998, S. 305 ff.; Kisker, § 89 Rn. 119, in: HStR Bd. IV, 1990; Maunz, § 114 Rn. 33, in: Maunz/Dürig/Herzog (Hrsg.), Grundgesetz, Loseblattkommentar, 2006; Kyrill-A.Schwarz, Art. 114 in: von Mangoldt/Klein/Starck, Das Bonner Grundgesetz (Kommentar), 2001, S. 2096; Vogel/Kirchhof, BK, Art. 114 Rn. 126; Heintzen, Art. 114 Rn. 29, in: von Münch/Kunig (Hrsg.), GG-Kommentar, 2003.

b) Der Kernbereich exekutiver Eigenverantwortung

Nach einhelliger Meinung[639] leitet sich aus dem Gewaltenteilungsprinzip ein für die anderen beiden Gewalten untastbarer Kernbereich exekutiver Eigenverantwortung ab. Damit die politische Gestaltungsaufgabe effektiv erfüllt werden kann, braucht die Regierung einen Freiraum, in dem eine offene Aussprache möglich ist, und Legislative und Judikative keine Ausforschung tätigen können. Mit andern Worten, es handelt sich um Vorbehaltsbereiche (im Sinne von Initiativ-, Beratungs- und Handlungsbereichen) von exekutiver Letztverantwortung aufgrund effektiver Kompetenzwahrnehmung[640]. Dazu gehört z.B. „die Willensbildung der Regierung selbst, sowohl hinsichtlich der Erörterungen im Kabinett als auch bei der Vorbereitung von Kabinetts- und Ressortentscheidungen, die sich vornehmlich in ressortübergreifenden und -internen Abstimmungsprozessen vollzieht"[641]. Die Kontrollrestriktion des Parlaments erstreckt sich grundsätzlich auf noch nicht abgeschlossene Vorgänge[642], ist aber auch im Falle von bereits abgeschlossenen Vorgängen möglich[643].

Wie bereits oben dargelegt, werden die Rechnungshöfe zu keiner der drei Grundgewalten, d.h. Exekutive, Legislative oder Judikative, zugeordnet. Sie haben vielmehr eine Sonderstellung in der Gewaltenteilungsordnung. Entscheidend ist aber, dass Kernbereiche von Letztverantwortung nur im Verhältnis zwischen den Gewalten, wie vor allem zwischen Regierung und Parlament, wirken. Deswegen, stellt die Wahrnehmung der Finanzkontrolle durch den Rechnungshof

---

639 Vgl. Maurer, Der Verwaltungsvorbehalt, in: VVDStRL 1985, S. 135 ff. (146 ff.); Degenhart, NJW 1984, S. 2184 ff.; (aus der Rechtsprechung:) BVerfGE 9, S. 268 ff. (281); 68, S. 1 ff. (87); 90, 286 ff. (389); BVerfGE 67, S. 100 ff. (139): „Solche Gründe können sich insbesondere aus dem Gewaltenteilungsgrundsatz ergeben. Die Verantwortung der Regierung gegenüber Parlament und Volk ... setzt notwendigerweise einen ‚Kernbereich exekutiver Verantwortung' voraus, der einen auch von parlamentarischen Untersuchungsausschüssen grundsätzlich nicht ausforschbaren Initiativ-, Beratungs- und Handlungsbereich einschließt".

640 Ein solcher Verantwortungsvorbehalt für die Exekutive i.w.S. ist aber umstritten. Siehe dazu, Degenhart, Die Verwaltung 2000, S. 55 ff. (67).

641 BVerfGE 67, S. 100 ff. (139). Vgl. Degenhart, Die Verwaltung 2000, S. 55 ff. (65 f.).

642 Vgl. Degenhart, Staatsrecht I, 2002, Rn. 479; von Mutius/Nawrath, Art. 114 Rn. 32, in: Heuer (Hrsg.), Kommentar zum Haushaltrecht, Stand Juni 1999.

643 Siehe dazu, BVerfGE 67, S. 100 ff. (139): „Die Kontrollkompetenz des Bundestages erstreckt sich demnach grundsätzlich nur auf *bereits abgeschlossene* Vorgänge. Sie enthält nicht die Befugnis, in laufende Verhandlungen und Entscheidungsvorbereitungen einzugreifen. Aber auch bei *abgeschlossenen Vorgängen sind Fälle möglich*, in denen die Regierung aus dem Kernbereich exekutiver Eigenverantwortung geheimzuhaltende Tatsachen mitzuteilen nicht verpflichtet ist.

kein eigentliches Übergreifen einer Teilgewalt in den Kernbereich einer anderen Gewalt dar. Tatsächlich ist der Rechnungshof nicht berechtigt, Maßnahmen zu ergreifen, die als „Eingriff" gegenüber den Organen der drei Gewalten angesehen werden könnten[644]. Wäre die Rechnungshofkontrolle als ein mittelbarer Eingriff zu betrachten, dann könnte nur das „Wie" der Kontrolle, jedenfalls nicht das „Ob" infrage stehen[645].

Das bedeutet, dass nach dem Lückenlosigkeitsprinzip grundsätzlich alle finanzwirksamen Vorgänge überprüfbar sind. Soweit es sich um noch nicht abgeschlossene Vorgänge handelt, ist deutlich, dass eine „Mitverwaltung" immer einen unzulässigen „Eingriff"[646] in den verfassungsrechtlichen Kompetenzbereich der Exekutive bedeutet[647]. Handelt es sich aber um abgeschlossene Vorgänge, dann sind diese als Gegenstände „prüfungsfähig", soweit sie finanzwirksame Auswirkungen haben. In diesem Fall gelten bezüglich der Kontrolldichte für den Rechnungshof die üblichen Restriktionen. Das heisst, dass der BRH auch hier politische Entscheidungen auf die Maßstäbe von Wirtschaftlichkeit und Sparsamkeit kontrollieren darf. Verwehrt ist ihm nur die Äußerung eigener politischer Zielsetzungen. Tatsache ist allerdings, dass wegen der Grundsätzlichkeit der Zwecke der Bereich der Gubernative einer rationalen Kontrolle wenig zugänglich ist[648].

c) Ministerialfreie Verwaltung

aa) Der Typus der „Ministerialfreiheit"

Jede staatliche Tätigkeit im Bereich der Exekutive untersteht in der Regel einem mit Weisungsbefugnis ausgestatteten Minister, der innerhalb seines Ressorts die Exekutivgewalt leitet und diese dem Parlament gegenüber zu verantworten hat[649]. Die demokratische Kontrolle über die Verwaltung ist dadurch gewährleistet, dass die Verwaltung der Regierung untersteht und die Regierung ihrerseits dem Par-

644 Vgl. Jury, Der Rechnungshof vor Gericht, 2002, S. 246.

645 Vgl. Franz, Die Verwaltung 2000, S. 87 ff. (91).

646 Wir verwenden diesen Begriff nur untechnisch, da das Verhältnis zwischen Entscheidungsträger nicht unmittelbar in den Kriterien von „Freiheit und Eingriff" zu erfassen ist.

647 Siehe dazu weiter oben Kap. B IV 1 b. Vgl. auch Degenhart, Die Verwaltung 2000, S. 55 ff. (71); von Mutius/Nawrath, Art. 114 Rn. 32, in: Heuer (Hrsg.), Kommentar zum Haushaltrecht, Stand Juni 1999.

648 Vgl. Greifeld, Der Rechnungshof als Wirtschaftlichkeitsprüfer, 1981, S. 70.

649 Vgl. Fichtmüller, AöR 1966, S. 297; Müller, JuS 1985, S. 497 ff. (497).

lament verantwortlich ist[650]. Die Leitungsbefugnis des Ministers umfasst das Recht (und die Pflicht), der nachgeordneten Stelle Weisungen zu erteilen und sich vollständig von ihr unterrichten zu lassen[651].

Ministerialfreiheit bedeutet Freistellung von Einzelfachweisungen, was (nur) zur entsprechenden „Freiheit" von parlamentarischer Kontrolle führt[652]. Diese „Parlamentsfreiheit" ist nicht total, sondern nur partiell, zumindest, insoweit sie durch gewisse bestehende Kontrollrechte der Exekutive (z.B. Rechtsaufsicht) mittelbar eingeschränkt wird[653], und insofern, als die Errichtung und Beseitigung dieses ministerialfreien Raums immer auf parlamentarischen Entscheidungen beruhen. Mit anderen Worten verfügt das Parlament über weitere Einfluss- und Kontrollbefugnisse, die eine Kontrolle über die Regierung und die von der Regierung unmittelbar beaufsichtigte Staatsverwaltung immer gewährleisten. Ministerialfreiheit bedeutet also grundsätzlich Weisungsfreiheit, nicht aber (totale) Ressort- oder Parlamentsfreiheit[654].

Tatsache ist, dass als erforderliches und hinreichendes Element ministerialfreier Räume allein die Einzelfachweisungsfreiheit gilt[655]. Der Anwendungsbereich der ministerialfreien Räume ist aber nicht vollständig geklärt, nämlich dahingehend, ob sie nur Erscheinungsformen der unmittelbaren oder auch der mittelbaren Verwaltung umfasst. Nach überwiegender Ansicht stellt die mittelbare Verwaltung keinen Sonderfall des ministerialfreien Raums dar, da ihre Ministe-

650 Vgl. Haverkate, Die Einheit der Verwaltung als Rechtsproblem, VVDStRl 46 (1988), S. 217 ff. (223); Dreier, Hierarchische Verwaltung im demokratischen Staat, 1991, S. 131 ff.; Brosius-Gersdorf, Deutsche Bundesbank und Demokratieprinzip, 1997, S. 30 ff.; Urteil des BVerfG vom 27. April 1959 – Die Verwaltung untersteht mittelbar der parlamentarischen Kontrolle, soweit die Regierung verantwortlich für sie durch verbindliche Weisungen und/oder (mindestens) rechtliche Aufsicht ist.

651 Weisung ist die verbindliche Äußerung einer Verhaltenserwartung durch eine übergeordnete Einheit gegenüber einer untergeordneten Einheit. Vgl. ausführlicher, Oebbecke, Weisungs- und unterrichtungsfreie Räume in der Verwaltung, 1986, S. 6 ff. und 239. Für die Weisungsabhängigkeit, siehe Gersdorf, Öffentliche Unternehmen im Spannungsfeld zwischen Demokratie- und Wirtschaftlichkeitsprinzip, 2000, S. 187 ff., 505.

652 Vgl. Klein, Die verfassungsrechtliche Problematik des ministerialfreien Raums, 1974, S. 58 ff.; Müller, JuS 1985, S. 497 ff. (498), m.w.N.

653 Vgl. Müller, JuS 1985, S. 497 ff. (498).

654 Vgl. Krebs, Kontrolle in staatlichen Entscheidungsprozessen, 1984, S. 147; Jestaedt, Demokratieprinzip und Kondominialverwaltung, 1993, S. 110 f.; Dreier, Hierarchische Verwaltung im demokratischen Staat, 1991, S. 136.

655 Vgl. Jestaedt, Demokratieprinzip und Kondominialverwaltung, 1993, S. 104; Emde, Die demokratische Legitimation der funktionalen Verwaltung, 1991, S. 357; Fichtmüller, AöR 1966, S. 297 ff. (298); Klein, Die verfassungsrechtliche Problematik des ministerialfreien Raums, 1974, S. 66; Müller, JuS 1985, S. 497 ff. (498).

rialfreiheit keinen Ausnahmecharakter hat. Sie unterliegt von vorneherein und generell keiner Weisung, sondern nur einer (begrenzten) Staatsaufsicht. Dementsprechend können nur Träger der unmittelbaren Bundesverwaltung als Erscheinungsformen der Ministerialfreiheit angesehen werden, wie etwa die staatlichen Prüfungsämter und Ausschüsse, das Bundesausgleichsamt, der Bundespersonalausschuss, der Bundesbeauftragte für Datenschutz, die Bundesprüfungsstelle für jugendgefährdende Schriften u.s.w.[656].

Die Gegenmeinung geht davon aus, dass die Zuordnung von Verwaltungsräumen zur unmittelbaren oder mittelbaren Staatsverwaltung nicht selten austauschbar ist, da diese Zuordnung maßgeblich von verwaltungspolitischen, -praktischen, und -ökonomischen Gesichtspunkten abhängt[657]. Deswegen vermag eine Beschränkung der Rechtsfigur des ministerialfreien Raumes auf die unmittelbare Verwaltung nicht zu überzeugen. Dementsprechend, sind z.B. der Rundfunk, die Hochschulen und die Deutsche Bundesbank als ministerialfreie Räume zu betrachten[658].

Im Rahmen unserer Untersuchung braucht aber diese Fragestellung nicht endgültig entschieden zu werden. Nach unserer Betrachtungsweise ist lediglich wichtig, dass die gesamte Verwaltung grundsätzlich immer einer parlamentarischen Kontrolle unterliegen muss, gleichgültig, ob sie unmittelbar oder mittelbar ist[659]. Entscheidend ist, dass nur eine spezielle verfassungsrechtliche Legitimation die Abkoppelung eines Raums von demokratischer Kontrolle (Art. 20 Abs. 2 GG) rechtfertigen kann (Prinzip der praktischen Konkordanz)[660], da unserer

---

656 Vgl. Fichtmüller, AöR 1966, S. 297 ff.; Loening, DVBl. 1954, S. 173 ff.; Oebbekke, Weisungs- und unterrichtungsfreie Räume in der Verwaltung, 1986, S. 44 ff.; Müller, JuS 1985, S. 497 ff. (498); Jestaedt, Demokratieprinzip und Kondominialverwaltung, 1993, S. 104.

657 Vgl. BVerfGE 10, S. 89 ff. (102, 104); Klein, Die verfassungsrechtliche Problematik des ministerialfreien Raums, 1974, S. 108; Jestaedt, Demokratieprinzip und Kondominialverwaltung, 1993, S. 107.

658 Hauptvertreter dieser Ansicht ist Klein, Die verfassungsrechtliche Problematik des ministerialfreien Raums, 1974. Vgl. auch, Haverkate, Die Einheit der Verwaltung als Rechtsproblem, VVDStRl 46 (1988), S. 217 ff. (223); Brosius-Gersdorf, Deutsche Bundesbank und Demokratieprinzip, 1997, S. 104 f.

659 Damit ist nicht gesagt, dass das Ministerialsystem lückenlos ist oder sein muss. Vom Ministerialsystem kann abgewichen werden, wenn ein nach der Verfassungsstruktur relevanter Grund vorliegt *und* die Gesamtleitung der Politik durch die Regierung unter der Kontrolle des Parlaments unberührt bleibt. Vor allem stellt die Selbstverwaltung kein Bruch der demokratischen Kontrolle dar. Vgl. Füchtmüller, AöR 1966, S. 329; Haverkate, Verfassungslehre, 1992, S. 382 ff.

660 Vgl. Stern, Staatsrecht der Bundesrepublik Deutschland, Bd. II, 1980, § 35; Haverkate, Die Einheit der Verwaltung als Rechtsproblem, VVDStRL 46 (1988), S. 217

Meinung nach die parlamentarische Kontrolle grundsätzlich kein Äquivalent hat[661]. Im Gegensatz dazu ist die Verleihung einer Autonomie zur „Sicherung der Sachlichkeit“[662] keine hinreichende Begründung, da bei der Ausübung staatlicher Gewalt immer das Gebot der Sachlichkeit gilt[663].

bb) Rechnungshofkontrolle im Rahmen der ministerialfreien Verwaltung

Aus dem Sinn des Artikels 114 Abs. 1 GG ergibt sich, dass die gesamte finanzwirtschaftliche Betätigung des Bundes im Entlastungsverfahren zu behandeln ist. Bei dem der Kontrolle unterworfenen „Bund“ müssen alle finanzwirksamen Gegenstände „lückenlos“ geprüft werden[664]. Die jeweilige Ausnahme von der Ministerialgebundenheit ist selbst nicht als eine Gegenposition anzusehen, die den verfassungsrechtlichen Kontrollumfang beschränken könnte. Obwohl der „ministerialfreie“ Verwaltungsträger „unabhängig“ (im Sinne einer Weisungsfreiheit) ist, gehört er noch immer zum Rechtssubjekt Bund. Das Fehlen von Weisungen kann keine Konsequenzen für die objektive Reichweite der Rechnungshofkontrolle haben. Die Haushalts- und Wirtschaftsführung der ministerialfreien Bundesverwaltung geht selbst in die Rechnung des Bundesfinanzministers nach Art. 114 Abs. 1 GG ein[665]. Ferner sind auch die weisungsfreien Räume bestimmten Ressorts zugeordnet[666]. Der Vorzug *aller* Teile des vom Parlament festgestellten Haushaltsplans muss ihm gegenüber im Entlastungsverfahren verantwortet werden[667]. Nach alledem ist deutlich geworden, dass der Bundesrech-

---

ff. (224); Oebbecke, Weisungs- und unterrichtungsfreie Räume in der Verwaltung, 1986, S. 241.

661 Vgl. Klein, Die verfassungsrechtliche Problematik des ministerialfreien Raums, 1974, S. 219.

662 Siehe Püttner, Die öffentlichen Unternehmen, 1985, S. 226.

663 Die folgenden Ausführungen betreffen diejenige ministerialfreien Räume, die zur unmittelbaren Bundesverwaltung einzustufen sind. Für die ministerialfreien Räume in Form der mittelbaren Verwaltung (wenn sie als solche bezeichnet werden können) wird bereichsspezifisch weiter unten in dieser Arbeit ausgeführt.

664 Es sei denn andere Verfassungsgüter können eine Beschränkung dieses Prinzips rechtfertigen, wie z.B. das öffentliche Geheimhaltungsgebot.

665 Vgl. v. Mutius/Nawrath, Art. 114 Rn. 3, in: Heuer (Hrsg.), Kommentar zum Haushaltrecht, Stand Juni 1999 und Schrenk, § 101 Rn. 1 BHO, in: Heuer (Hrsg.), Kommentar zum Haushaltrecht, Stand August 2003.

666 Vgl. Oebbecke, Weisungs- und unterrichtungsfreie Räume in der Verwaltung, 1986, S. 31 ff. und 240.

667 So auch die Begründung der Entscheidung des BRH vom 16.2.1971, in: DöH 1971, S. 50 f.; Vgl. Müller, JuS 1985, S. 497 ff. (505 f.).

nungshof ebenso verpflichtet ist, „über wesentliche Feststellungen im ministerialfreien Raum Bemerkungen aufzustellen“[668].

Die Kontrollzuständigkeit des Bundesrechnungshofs erstreckt sich also auf alle in die Organisation des Bundes eingegliederten Verwaltungen, unabhängig davon, ob sie der Leitung eines Ministers unterstehen oder dem sog. ministerialfreien Raum zuzuordnen sind[669]. Ministerialfreie Räume sind nicht „per se“ prüfungsfreie Räume. Für den Inhalt der Prüfung gilt dasselbe Verfahren und für deren Dichte gelten dieselben Maßstäbe und Restriktionen wie beim sonstigen Bund. Das bedeutet, dass die Kontrolle zumindest den „Kern“ der speziellen verfassungsrechtlichen Position zu beachten hat, die normalerweise den sachlichen Grund darstellt, warum der konkrete „Raum“ von der demokratisch-parlamentarischen Kontrolle „abgekoppelt“ wird.

4. Rechnung des Bundesrechnungshofes

Als Einrichtung des Bundes[670] unterliegt der Bundesrechnungshof verfassungsobligatorisch der parlamentarischen Finanzkontrolle. Seine Unabhängigkeit wird durch eine solche Einbeziehung keinesfalls eingeschränkt[671]. Dementsprechend sehen § 47 Abs. 2 HGrG und § 101 BHO vor, dass die Rechnung des Bundesrechnungshofes von den gesetzgebenden Körperschaften, d.h. dem Bundestag und dem Bundesrat, geprüft wird, und diese auch die Entlastung erteilen. Eine Selbstkontrolle wäre tatsächlich wegen des Fehlens der für die Finanzkontrolle immanenten Distanz system- und letztlich sinnwidrig[672]. Vielmehr ist eine solche Kontrolle aus einem alt hergebrachten System der Finanzkontrolle abzuleiten, in dem der Rechnungshof sich nicht selbst prüft[673]. Die frühere Regelung (§ 88 Abs. 4 RHO), wonach der Bundesrechnungshofpräsident diese Aufgabe wahrnahm, war unbefriedigend[674].

---

668 Entscheidung des BRH vom 16.2.1971, in: DöH 1971, S. 51.

669 Entscheidung des BRH vom 16.2.1971, in: DöH 1971, S. 50 f.; Siehe auch Reger, VerwArch 1975, S. 195 ff. (239 – Fn. 131).

670 Vgl. § 1 BRHG: „oberste Bundesbehörde“.

671 Vgl. Tiemann, Die staatsrechtliche Stellung der Finanzkontrolle des Bundes, 1974, S. 224 f.

672 Vgl. Glaser-Galion, Der Bundesrechnungshof als unabhängiges Kontrollorgan in der Bundesrepublik Deutschland, 1980, S. 83; Tiemann, Die staatsrechtliche Stellung der Finanzkontrolle des Bundes, 1974, S. 79.

673 Vgl. Schrenk, § 101 Rn. 1 BHO, in: Heuer (Hrsg.), Kommentar zum Haushaltsrecht, Stand August 2003.

674 Kritisch dazu, Piduch, DöV 1965, S. 334 ff.

Die Rechnung des Bundesrechnungshofs ist im Bundeshaushaltsplan enthalten. Dementsprechend ist sie in die Jahresrechnung einzubeziehen, die vom Bundesfinanzminister vorgelegt wird. Nach zutreffender Auffassung muss die Entlastung gesondert durch einen speziellen Abschlussakt erteilt werden, da das Prüfungsverfahren besonders ist[675]. Diese Entlastungsentscheidung ist jedenfalls in zeitlichem Zusammenhang mit dem ordentlichen (d.h. nach § 114 BHO) Entlastungsverfahren zu treffen[676].

Gegenstand der betreffenden Kontrolle durch die parlamentarischen Organe ist nach ausdrücklichem Wortlaut des Artikels 101 BHO nur die Rechnung des Bundesrechnungshofs. Das bedeutet, dass sich die Prüfung in erster Linie auf die Verwaltungsangelegenheiten des BRH bezieht[677]. Die Entlastungsorgane prüfen, ob sich der Bundesrechnungshof an die Gesetze und den festgelegten Haushaltsplan gehalten hat. Die dem BRH verfassungsrechtlich zugewiesenen Aufgaben, die dieser mit sachlicher Unabhängigkeit wahrnimmt, kommen nicht in Betracht, da die Finanzkontrolle der parlamentarischen Organe in sich eine Grenze hat. Das bedeutet, dass eine konkrete Prüfungstätigkeit oder die nach eigenem Ermessen getroffene Entscheidung, ein Objekt nicht zu kontrollieren, einer Kontrolle durch die Entlastungsorgane nicht unterworfen werden kann[678]. Auf jeden Fall muss die Kontrolle den Kern der Unabhängigkeitsgarantie unangetastet lassen. In der Praxis ist § 101 BHO von geringer Bedeutung, da eine Aussprache über die Rechnung des BRH im Parlament nicht üblich ist; die Entlastung wird regelmäßig einstimmig erteilt[679].

---

675 Vgl. Schrenk, § 101 Rn. 2 BHO, in: Heuer (Hrsg.), Kommentar zum Haushaltsrecht, Stand August 2003; BT-Drs. V/4738, 4739, S. 7: „ist für die Rechnung des Rechnungshofes gesondert Entlastung zu erteilen".

676 Vgl. v. Mutius/Nawrath, Art. 114 Rn. 3 und Schrenk, § 101 Rn. 4 BHO in: Heuer (Hrsg.), Kommentar zum Haushaltrecht.

677 Für diesen Zweck bestand bis Ende 1997 eine Prüfungsstelle, die die Verwaltungsbereiche des BRH vorprüfte. Siehe dazu ausführlicher, Schrenk, § 101 Rn. 3 BHO, in: Heuer (Hrsg.), Kommentar zum Haushaltsrecht, Stand August 2003.

678 Es ist nicht zu verkennen, dass die „Entlastungskontrolle" eine (nur) *politische* Kontrolle darstellt.

679 Der Beschluss des Bundestags schreibt fest, dass der Bundesrechnungshof mit der Vorlage der Rechnung für das Haushaltsjahr (...) in der Drucksache (.../...) seine Verpflichtung nach § 101 BHO nachgekommen ist und dass für diese Rechnung gemäß § 101 BHO Entlastung erteilt wird. Siehe dazu, Schrenk, § 101 Rn. 4 BHO, in: Heuer (Hrsg.), Kommentar zum Haushaltsrecht, Stand August 2003.

5. Gesetzliche Freistellungen

a) Fälle von geringerer Bedeutung

Der Bundesrechnungshof hat eine verfassungsrechtlich festgeschriebene Kompetenz: Der gesamte Bund, einschließlich der bundesunmittelbaren juristischen Personen des öffentlichen Rechts, ist verfassungsrechtlich zwingend Objekt der Bundesrechnungshoffinanzkontrolle. Grundsätzlich darf kein Bereich seiner Zuständigkeit von anderen staatlichen Organen und insbesondere vom Gesetzgeber im Rahmen des Gesetzesvorbehalts des Artikels 114 Abs. 2 Satz 3 GG entzogen werden. Der BRH muss aber nicht auch tatsächlich alle Kontrollunterworfene kontrollieren. Aufgrund seiner begrenzten sachlichen und persönlichen Kapazitäten wäre eine Verpflichtung des Bundesrechnungshofes seine Prüfung auch tatsächlich lückenlos wahrzunehmen, praktisch unmöglich. Wie bereits oben dargelegt, kann er seine Prüfung nach eigenem Ermessen beschränken und Rechnungen ungeprüft lassen (§ 89 Abs. 2 BHO). Der Bundesrechnungshof hat lediglich seine Prüfungsgegenstände so auszuwählen, dass die Prüfungsergebnisse einen möglichst repräsentativen Überblick über die seinen Prüfungsbefugnissen unterliegenden Bereiche zulassen. Von besonderer Bedeutung sind Prüfungen, die sich mit finanziell bedeutsamen Sachverhalten befassen.

Für bundesunmittelbare juristische Personen des öffentlichen Rechts kann das zuständige Bundesministerium im Einvernehmen mit dem Bundesministerium der Finanzen und dem Bundesrechnungshof Ausnahmen von der Rechnungsprüfung zulassen, sofern kein erhebliches finanzielles Interesse des Bundes besteht (§ 111 Abs. 2 BHO und § 48 Abs. 1 HGrG)[680]. Diese Ausnahmeregelung ist nicht als verfassungswidrig anzusehen, da eine verfassungskonforme Auslegung der Norm auffindbar ist[681].

Die Vorschrift des § 111 Abs. 2 BHO ist nur eine Kann-Vorschrift, die der Exekutive, d.h. dem Bundesfinanzminister und dem jeweils zuständigen Bundesminister, *und* dem Bundesrechnungshof ein Handlungs- und Beurteilungsermessen bezüglich des Bestehens oder Fehlens eines erheblichen finanziellen Interesses des Bundes gibt[682]. Die drei beteiligten Stellen müssen diese Voraussetzung selbständig beurteilen. Entscheidend ist aber die Rolle des Bundesrech-

680 Spezialgesetzliche Ausnahmeregelungen sollte es grundsätzlich nicht geben, „weil die Normierung einheitlicher Prüfungsvorschriften ein wesentliches Anliegen der Haushaltsreform bedeutet“ (BT-Drs. V/4378,4379, S. 16). Vgl. Puhl, Budgetflucht und Haushaltsverfassung, 1996, S. 360 – Fn. 442.

681 Vgl. BVerfGE 64, S. 229 ff. (242).

682 Vgl. Eibelshäuser/Wallis, § 111 Rn. 8 BHO, in: Heuer (Hrsg.), Kommentar zum Haushaltrecht, Stand Januar 2001.

nungshofes, da es sich hier in erster Linie um sein eigenes Kontrollinteresse handelt[683]. Wenn das Einvernehmen des BRH nicht vorliegt, dann ist die Entscheidung des zuständigen Bundesministers hinsichtlich einer Ausnahmeregelung schwebend unwirksam[684]. Durch diese notwendige Mitwirkung des Bundesrechnungshofs ist seine Zuständigkeit verfassungsrechtlich nicht in unzulässiger Weise beeinträchtigt. Wie er seine Prüfung nach eigenem Ermessen beschränken und Rechnungen ungeprüft lassen kann (§ 89 Abs. 2 BHO), so kann er auch für die Zukunft Rechnungen ungeprüft lassen, soweit sie nicht von erheblichem finanziellen Interesse sind. Der Bundesrechnungshof beschränkt durch seine selbständige Verzichtsentscheidung seinen zukünftigen Prüfungsumfang, indem er von vorneherein (die Rechnungen) bestimmte(r) Rechtsträger von seiner Prüfung ausschließt, welche er aus dem gleichen Grund, d.h. dem Fehlen von finanziellen Interessen, nicht in seine zukünftige Prüfung einbeziehen würde[685]. Vor der Entscheidung über die Herausnahme einer juristischen Person sollte zunächst eine Prüfung durch den Rechnungshof erfolgen, die das Fehlen des Interesses bestätigt[686].

Erforderliche Voraussetzung für die Verfassungskonformität der untersuchten Vorschrift ist die obligatorische Stellung jeder Befreiung unter Widerrufsvorbehalt (§ 49 VwVfG)[687]. Immer dann, wenn der Bundesrechnungshof die Voraussetzungen für sein Einvernehmen nicht mehr als gegeben ansieht und es dementsprechend verlangt, muss der zuständige Bundesminister diesen Vorbehalt ein-

---

683 Die Beurteilung des finanziellen Interesses bei § 111 und § 105 BHO kann unterschiedlich ausfallen. Vgl. Eibelshäuser/ Wallis, § 105 Rn. 10 BHO, in: Heuer (Hrsg.), Kommentar zum Haushaltrecht, Stand Januar 2001; Kempf, Flucht aus dem Haushalt, in: Rechnungshof Baden-Württemberg (Hrsg.), Finanzkontrolle in Baden-Württemberg, Band II, 1987, S. 59 ff. (69).

684 Vgl. Wolff, Verwaltungsrecht II, 2000, § 77 V c.

685 Die edukatorischen Vorwirkungen einer nur potentiellen aber tatsächlich nicht erforderlichen Prüfung haben deswegen eine nur geringe, jedenfalls nicht rechtliche, Bedeutung. Siehe aber, Puhl, Budgetflucht und Haushaltsverfassung, 1996, S. 361. Tatsache ist, dass die beide Regelungen, d.h. § 89 und 111 BHO, nicht identisch sind. Deswegen ist ein Widerrufsvorbehalt zugunsten des Bundesrechungshofs immer notwendig. Dazu gleich im Text.

686 Vgl. Richter, DöH 1972, S. 242 ff. (249).

687 Nach allgemeiner Auffassung ist dies *nur* zweckmäßig. Vgl. etwa Eibelshäuser/ Wallis, § 111 Rn. 9 BHO, in: Heuer (Hrsg.), Kommentar zum Haushaltrecht, Stand Januar 2001; Puhl, Budgetflucht und Haushaltsverfassung, 1996, S. 362; Kempf, Flucht aus dem Haushalt, in: in: Rechnungshof Baden-Württemberg (Hrsg.), Finanzkontrolle in Baden-Württemberg, Band II, 1987, S. 59 ff. (69). Nach der hier vertretenen Auffassung ist dies *verfassungsrechtlich geboten*. Diese (verfassungskonforme) Auslegung stützt sich auf den Wortlaut der Vorschrift: „im Einvernehmen ... mit dem BRH“.

setzen. Aufgrund der Sonderstellung und der Unabhängigkeit des Bundesrechnungshofs ist es auch ausreichend, wenn es vorgesehen wird, dass allein der BRH wirksam den Widerruf gegenüber der juristischen Person erklärt[688]. Anderenfalls würde die verfassungsrechtliche Zuständigkeit des Bundesrechnungshofes, alle bundesunmittelbaren juristischen Personen des öffentlichen Rechts zu prüfen, unzulässig beschränkt, da das Fehlen finanziellen Interesses vonseiten des Bundes keinen hinreichenden verfassungsrechtlichen Grund für eine entsprechende Ausnahme darstellt[689]. Durch diese Auslegung kann die obige Norm als verfassungskonform eingestuft werden. Die von der Exekutive erlassenen Verwaltungsakte, die auf einer solchen verfassungskonformen gesetzlichen Freistellungsermächtigung beruhen, sind also selbst nicht als „Eingriffe" in die strikte Gesetzesbindung und die Unabhängigkeit des Bundesrechnungshofs anzusehen und sie sind folglich nicht als verfassungswidrig einzustufen[690].

Ein finanzielles Interesse des Bundes im Sinne von § 111 Abs. 2 BHO liegt grundsätzlich bei allen bundesunmittelbaren juristischen Personen des öffentlichen Rechts vor. Entscheidend ist, ob dieses Interesse als „erheblich" bezeichnet werden kann. Das kann für die ähnlichen Gründe verneint werden, nach denen der Bundesrechnungshof sich von einer Prüfung nach § 89 Abs. 2 BHO enthalten würde. Wenn z.B. die juristische Person nur mit einem geringen Haushaltsvolumen arbeitet (quantitatives Kriterium)[691] oder wenn eine anderweitige ausreichend wirksame unabhängige Kontrolle besteht, die der Zweckrichtung der Rechnungsprüfung entspricht (qualitatives Kriterium)[692]. Der Status einer sog. formellen Körperschaft oder die „Ausrüstung" einer Körperschaft mit nur begrenzten hoheitlichen Befugnissen, kann nicht „a priori" mit dem Nichtbestehen von finanziellem Interesse gleichgesetzt werden, da auch solche Körperschaften

688 Vgl. Eibelshäuser/ Wallis, § 111 Rn. 9 BHO, in: Heuer (Hrsg.), Kommentar zum Haushaltrecht.

689 Vgl. dazu weiter oben Kap. C I 2 c.

690 Die Streitfrage, ob die Entscheidung über die Freistellung von der Rechnungshofprüfung nur vom Gesetzgeber zu treffen ist oder auch der Exekutive übertragen werden darf, kann also dahinstehen. Übrigens, traten durch § 119 Abs. 2 BHO alle damals bestehenden gesetzlichen Ausnahmen außer Kraft. Vgl. dazu, Huber, Die institutionelle Verfassungsgarantie der Rechnungsprüfung, in: FS f. Nikisch, 1958, S. 331 ff. (348 f.); Piduch, DöV 1965, S. 334 ff.

691 Vgl. Bank, AöR 80, S. 261 ff. (266 f.); Eibelshäuser/Wallis, § 111 Rn. 8 BHO, in: Heuer (Hrsg.), Kommentar zum Haushaltrecht; Patzig, Haushaltsrecht des Bundes, Loseblattkommentar, § 105 Rn. 5 BHO, 1981.

692 Vgl. Haverkate, Prüfungsfreie Räume – Welche Türen in der öffentlichen Verwaltung bleiben dem Rechnungshof verschlossen?, in: Zavelberg (Hrsg.), Die Kontrolle der Staatsfinanzen, 1989, S. 197 ff. (219 f.); Puhl, Budgetflucht und Haushaltsverfassung, 1996, S. 361 f.

des öffentlichen Rechts zum verfassungsnotwendigen Prüfungsumfang gehören[693]. Ferner ist das erhebliche finanzielle Interesse des Bundes nicht schon deshalb zu verneinen, weil der Rechtsträger keine Mittel oder Garantien erhalten hat; sondern es ist immer dann zu bejahen, wenn die aus einer eventuellen Prüfung gewonnenen Ergebnisse für den gesamten Bund wichtig sein können[694].

b) Freistellung von Altfällen

Nach § 111 Abs. 2 Satz 2 BHO bleiben die „nach bisherigem Recht zugelassenen Ausnahmen (von der Rechnungshofkontrolle) unberührt". Hierbei geht es um Ausnahmen, die nur durch Verwaltungsakt zugelassen werden, da Ausnahmen von der Rechnungsprüfung aufgrund eines Gesetzes nach dem 1.1.1970 außer Kraft traten (§ 119 Abs. 2 BHO). Diese Bestimmung hat heute nur noch begrenzte praktische Bedeutung, da es sich hierbei nur um die Deutsche Beamten-Versicherung[695] und berufsständischen Körperschaften (Bundesrechtsanwaltskammer, Bundesnotarkammer, Patentanwaltskammer, Rechtsanwaltskammer beim Bundesrechnungshof und Wirtschaftsprüferkammer)[696] handelt[697].

Die Wirksamkeit der durch Verwaltungsakt zugelassenen Ausnahmen war vor der Haushaltsreform von 1969 umstritten. Diese Frage kann nunmehr dahinstehen[698], soweit im Einzelfall festgestellt werden kann, dass jede Freistellung nach altem Recht rechtmäßig war. Auf jeden Fall müssen diese Ausnahmen verfassungskonform auch weiterhin gelten[699]. Das bedeutet, dass der Bundesrechnungshof verfassungsnotwendig über eine Widerrufsmöglichkeit verfügt, wenn nach eigenem Ermessen ein erhebliches finanzielles Interesse des Bundes in Betracht kommt. Schließlich, muss erwähnt werden, dass eine Ausnahmebestim-

693 Vgl. Eibelshäuser/Wallis, § 105 Rn. 11 BHO, in: Heuer (Hrsg.), Kommentar zum Haushaltrecht. Anders, Knöpfle, Die Zuständigkeit der Rechnungshöfe für die Prüfung der Körperschaften des öffentlichen Rechts, 1988, S. 73 f.

694 Siehe dazu, Eibelshäuser/ Wallis, § 111 Rn. 8 BHO, in: Heuer (Hrsg.), Kommentar zum Haushaltrecht. Auf jeden Fall kann kein Bagatellevorbehalt aus Art.114 GG oder dem Demokratieprinzip abgeleitet werden.

695 Vgl. Puhl, Budgetflucht und Haushaltsverfassung, 1996, S. 364.

696 Siehe dazu, § 7 Abs. 2 Beiträge-Gesetz und § 4 Abs. 1 Kriegskontrollgesetz.

697 Vgl. Eibelshäuser/ Wallis, § 111 Rn. 8 BHO, in: Heuer (Hrsg.), Kommentar zum Haushaltrecht.

698 Vgl. Eibelshäuser/ Wallis, § 111 Rn. 10 BHO, in: Heuer (Hrsg.), Kommentar zum Haushaltrecht.

699 Vgl. Puhl, Budgetflucht und Haushaltsverfassung, 1996, S. 365: „Ein für die Zukunft wirksamer Vertrauensschutz staatlicher Nebenhaushalte in verfassungswidrig erteilte Prüfungsfreistellungen kommt jedenfalls nicht in Betracht".

mung sich nur auf § 111 BHO erstreckt und Prüfungskompetenzen aus anderen Vorschriften (wie z.B. § 55 HGrG, § 112 Abs. 1 oder § 91 BHO) nicht betrifft.

c) Sozialversicherungsträger als Freistellungsfall

aa) Verfassungsmäßigkeit von § 112 Abs. 1 BHO

Nach § 112 Abs. 1 Satz 1 BHO ist „auf die bundesunmittelbaren Träger der gesetzlichen Krankenversicherung, der sozialen Pflegeversicherung, der gesetzlichen Unfallversicherung und der gesetzlichen Rentenversicherung einschließlich der Alterssicherung der Landwirte nur § 111 anzuwenden, und zwar nur dann, wenn sie auf Grund eines Bundesgesetzes vom Bund Zuschüsse erhalten oder eine Garantieverpflichtung des Bundes gesetzlich begründet ist". Diese Sonderregelung stellt fest, dass die als bundesunmittelbare juristische Personen des öffentlichen Rechts organisierten Träger der gesetzlichen Krankenversicherung, Unfallversicherung, Rentenversicherung und der sozialen Pflegeversicherung von der Anwendung der haushaltsrechtlichen Vorschriften der BHO freigestellt sind[700].

Nach dem Willen des historischen Gesetzgebers war diese Ausnahme erforderlich, „um die Einheitlichkeit des Rechts der Sozialversicherung für bundesunmittelbare und landesunmittelbare Träger nicht zu durchbrechen. Das Haushaltsrecht der Sozialversicherungsträger sollte daher im Rahmen des Rechts der Sozialversicherung neu geregelt werden"[701]. Dementsprechend wurden gemeinsame haushaltsrechtliche Regelungen für den Bund und die Länder in das Vierte Buch des Sozialgesetzbuches aufgenommen[702]. Das Haushaltsrecht der Sozialversicherungsträger sollte die Vorschriften des Haushaltsgesetzgebers soweit wie möglich berücksichtigen. So werden die Regelungen im SGB IV ergänzt durch die Verordnung über das Haushaltswesen in der Sozialversicherung vom 21.12.1977[703], die Sozialversicherungs-Rechnungsverordnung vom

700 Siehe für die gesetzlichen Krankenkassen: §§ 143 ff. SGB V; soziale Pflegeversicherung: §§ 46 f. SGB XI; gesetzliche Unfallversicherung: §§ 114 SGB VII; gesetzliche Rentenversicherung: §§ 127, 132, 136 SGB VI.

701 Siehe Begründung des Regierungsentwurfes zur Haushaltsreform, BT-Drs. V/3040, S. 68. Vgl. Beschluss des BVerwG vom 18.9.1995: „das aus Gründen des öffentlichen Wohls erforderliche Maß an Homogenität des rechtlichen Rahmens für das Haushaltsgebaren gewährleisten und seine Überwachung sichern. Für die Bestimmung des § 112 BHO, die unter bestimmten Voraussetzungen die bundesunmittelbaren Träger der gesetzlichen Rentenversicherung den juristischen Personen i.S. des § 111 Abs. 1 BHO gleichgestellt, gilt Entsprechendes".

702 Siehe §§ 67 ff. SGB IV.

703 SVHV, BGBl. I, S. 3147.

15.7.1999[704] und die Allgemeine Verwaltungsvorschrift über das Rechnungswesen in der Sozialversicherung vom 15.7.1999 (SRVwV). Eine einheitliche Regelung bezüglich der externen Finanzkontrolle durch Rechnungshöfe wurde jedoch nicht geschaffen, so dass § 112 Abs. 1 BHO weiter anzuwenden ist. Demgemäss kann der Bundesrechnungshof die Haushalts- und Wirtschaftsführung eines bundesunmittelbaren Sozialversicherungsträgers nur dann prüfen, wenn dieser Träger gesetzlich geregelte Zuschüsse erhält oder dem Bund eine gesetzliche[705] Garantie verpflichtet[706].

Nach Art. 87 Abs. 2 Satz 1 GG werden als bundesunmittelbare Körperschaften des öffentlichen Rechts diejenigen sozialen Versicherungsträger geführt, deren Zuständigkeitsbereich sich über das Gebiet eines Landes hinaus erstreckt. Für die anderen Sozialversicherungsträger der Länder gilt also § 112 BHO nicht, was jedoch nicht bedeutet, dass diese prüfungsfrei bleiben. Soweit der Bund landesunmittelbaren Sozialversicherungsträgern Zuschüsse oder Garantien gewährt, gilt § 55 Abs. 1 HGrG. Wegen der Identität von Normzielen und Tatbeständen ist das Prüfungsverfahren analog zu § 112 Abs. 1 BHO auszugestalten[707]. § 55 HGrG gilt aber unmittelbar auch für den Bundesbereich, was dazu führt, dass ein Prüfungsverzicht nach § 111 Abs. 2 BHO[708] nicht als zulässig angesehen werden kann[709].

---

704 SVRV, BGBl. 1999 I, S. 1627.

705 Eine abstrakte Gewährleistung oder eine bloße Ermächtigung zur gesetzlichen Zuschussleistung reicht für die Anwendung des § 112 i.V.m. § 111 BHO nicht aus. Die Begründung der Zuschussgewährung oder die Übernahme von Garantieverpflichtung muss nur durch Gesetz begründet werden. Vgl. Karehnke, DöH 1977, S. 175 ff. (177) und Eibelshäuser/Wallis, § 112 Rn. 3 BHO, in: Heuer (Hrsg.), Kommentar zum Haushaltrecht.

706 Die tatsächliche Aktualisierung der Garantie ist nicht erforderlich. Vgl. Kirchhof, Deutsche Rentenversicherung 1992, S. 369 ff. (383); Piduch, Bundeshaushalt, § 112 Rn. 2; Eibelshäuser/ Wallis, § 112 Rn. 3 BHO, in: Heuer (Hrsg.), Kommentar zum Haushaltrecht; Heuer, Grenzen von Prüfungs- und Erhebungsgrenzen, in: Zavelberg (Hrsg.), Die Kontrolle der Staatsfinanzen, 1989, S. 181 ff. (183).

707 Vgl. Kirchhof, Deutsche Rentenversicherung 1992, S. 369 ff. (384); Eibelshäuser/Wallis, § 55 HGrG Rn. 1, in: Heuer (Hrsg.), Kommentar zum Haushaltrecht, Stand Januar 2001; Heuer, Grenzen von Prüfungs- und Erhebungsgrenzen, in: Zavelberg (Hrsg.), Die Kontrolle der Staatsfinanzen, 1989, S. 181 ff. (189).

708 Art. 111 Abs. 2 BHO: „Für bundesunmittelbare juristische Personen des öffentlichen Rechts kann das zuständige Bundesministerium im Einvernehmen mit dem Bundesministerium der Finanzen und dem Bundesrechnungshof Ausnahmen von Absatz 1 zulassen, soweit kein erhebliches finanzielles Interesse des Bundes besteht. Die nach bisherigem Recht zugelassenen Ausnahmen bleiben unberührt".

709 Vgl. Eibelshäuser/Wallis, § 55 HGrG Rn. 1 und § 112 BHO Rn. 6, in: Heuer (Hrsg.), Kommentar zum Haushaltrecht; Puhl, Budgetflucht und Haushaltsverfassung, 1996, S. 366 (Fn. 467).

Der Kreis der bundesunmittelbaren Sozialversicherungsträger umfasst u.a. über 200 länderübergreifende Krankenversicherungsträger, die LVA Oldenburg-Bremen, die Bundesversicherungsanstalt für Angestellte, landwirtschaftliche Alterskassen und die Bundesknappschaft[710]. Aus diesem großen Kreis über, nimmt der Bund insbesondere für die Träger der Rentenversicherung und der Unfallversicherung gesetzliche Zuschussgewährungen und Garantieverpflichtungen[711]. Für die Krankenversicherungsträger gilt das im Regelfall nicht, und insofern unterliegen diese Träger grundsätzlich nicht der Rechnungshofkontrolle[712]. Für die übrigen bundesunmittelbaren juristischen Personen im Bereich der Sozialversicherung ist aber § 111 BHO in vollem Umfang anwendbar[713]. Dementsprechend unterliegen die Bundesanstalt für Arbeit (§ 367 SGB III)[714] und die Versorgungsanstalt des Bundes und der Länder (VBL)[715] der Kontrolle durch den BRH.

Auf die Verbände und Arbeitsgemeinschaften der in § 112 Abs. 1 Satz 1 BHO genannten Sozialversicherungsträger ist unabhängig von ihrer Rechtsform § 111 anzuwenden, wenn Mitglieder dieser Verbände und Arbeitsgemeinschaften der Prüfung durch den Bundesrechnungshof unterliegen (§ 112 Abs. 1 Satz 2

---

710 Eine Übersicht der bundesunmittelbaren Sozialversicherungsträger befindet sich in der jeweiligen Vorbemerkung zu Kap. 1107 im Bundeshaushalt und im Ausgabe des BMI: „Die nichtministerielle Bundesverwaltung". Vgl. Eibelshäuser/Wallis, § 112 Rn. 3 BHO, in: Heuer (Hrsg.), Kommentar zum Haushaltrecht und Puhl, Budgetflucht und Haushaltsverfassung, 1996, S. 366 (Fn. 465); Tiemann, Die staatsrechtliche Stellung der Finanzkontrolle des Bundes, 1974, S. 106 (Fn. 201); Kilian, Nebenhaushalte des Bundes, 1993, S. 186 ff.

711 Für die entsprechenden Rechtsgrundlagen, siehe Puhl, Budgetflucht und Haushaltsverfassung, 1996, S. 366 und Eibelshäuser/Wallis, § 112 Rn. 4 BHO, in: Heuer (Hrsg.), Kommentar zum Haushaltrecht.

712 Siehe aber, BSGE 52, S. 294 ff. (297): Die Leistung des Bundes als Arbeitgeber an seine Betriebskrankenkasse stellt einen Zuschuss dar, unabhängig davon, ob der Zuschuss dem Haushalt der Betriebskrankenkasse zufließt.

713 Vgl. Tiemann, Die staatsrechtliche Stellung der Finanzkontrolle des Bundes, 1974, S. 106

714 Vgl. OVG Mecklenburg-Vorpommern vom 29.9.1993 (abgedruckt in: Heuer, Kommentar, Teil IX/3.10): „Die Bundesanstalt für Arbeit fällt unter § 111 Abs. 1 BHO, da sie nach Art. 87 Abs. 2 GG i.V.m. § 189 Abs. 1 AFG eine bundesunmittelbare rechtsfähige Körperschaft des öffentlichen Rechts ist". – Bis zum 31.12.1997 galt als Spezialvorschrift § 223 AFG, der ausdrücklich eine Prüfung durch den BRH vorsah. Vgl. auch Eibelshäuser/Wallis, § 105 Rn. 13 BHO, in: Heuer (Hrsg.), Kommentar zum Haushaltrecht, Stand Dezember 1998; Puhl, Budgetflucht und Haushaltsverfassung, 1996, S. 366 und 368; Heuer, Grenzen von Prüfungs- und Erhebungsgrenzen, in: Zavelberg (Hrsg.), Die Kontrolle der Staatsfinanzen, 1989, S. 181 ff. (189); Kilian, Nebenhaushalte des Bundes, 1993, S. 454 ff.

715 Vgl. ausführlicher, Puhl, Budgetflucht und Haushaltsverfassung, 1996, S. 366 (Fn. 470); Kilian, Nebenhaushalte des Bundes, 1993, S. 474 f.

BHO). Verbände sind Zusammenschlüsse mehrerer Sozialversicherungsträger mit gemeinsamer Aufgabenstellung, die unterschiedliche Organisationsformen aufweisen[716]. Aus dem Wortlaut der Vorschrift ergibt sich, dass weder die Rechtsform dieser Verbände noch die Tatsache, dass sie selbst keine Zuschüsse erhalten, entscheidend ist. Wegen des Zwecks der Vorschrift (§ 112 Abs.1 BHO zielt nur auf eine Erweiterung der Kontrollzuständigkeit des Bundesrechnungshofes und nicht auf deren Beschränkung ab[717]) und der Notwendigkeit einer verfassungskonformen Auslegung der Vorschrift sind Verbände in der Rechtsform einer bundesunmittelbaren juristischen Person des öffentlichen Rechts bereits durch § 111 BHO erfasst[718]. Das bedeutet, dass sich die eigentliche Wirkung des § 112 Abs. 1 Satz 2 BHO nur auf *privatrechtlich* organisierte Verbände erstreckt. Durch eine andere Auslegung würde für öffentlich-rechtliche Verbände ohne prüfungsunterworfene Mitglieder eine verfassungsrechtlich unzulässige Prüfungslücke entstehen[719]. Entsprechend dem Zweck der Norm ist auch nicht erforderlich, dass *alle* Verbandsmitglieder der Kontrolle des BRH untestellt werden[720].

Nach § 112 Abs. 1 Satz 3 BHO finden für sonstige Vereinigungen auf dem Gebiet der Sozialversicherung alle Vorschriften der BHO, d.h. einschließlich des § 111, keine Anwendung. Zu den sonstigen Vereinigungen zählen die Kassenärztlichen und Kassenzahnärztlichen Bundesvereinigungen nach §§ 77 ff. SGB V[721]. Auf jeden Fall kann der BRH aber nach § 91 BHO prüfen, da es hierbei nur um eine Prüfung „bei" diesen Vereinigungen und nicht „von" ihnen geht[722].

716 Vgl. z.B. § 18f SGB IV und 207 ff. SGB V. Die Verbände der Sozialversicherungsträger sind nicht selbst Sozialversicherungsträger. Die meisten solcher Verbände sind als eingetragene Vereine organisiert und nur wenige als Körperschaften des öffentlichen Rechts. Vgl. dazu Puhl, Budgetflucht und Haushaltsverfassung, 1996, S. 367.

717 Vgl. BT-Drs. V/4378,4379, S. 16, zitiert von *Puhl* Budgetflucht und Haushaltsverfassung, 1996, (Fn. 473).

718 Ein Prüfungsverzicht nach § 111 Abs. 2 BHO ist dann möglich, wenn die Voraussetzungen dieser Ausnahmeregelung gegeben sind. Vgl. etwa, Eibelshäuser/Wallis, § 112 Rn. 2 und 6 BHO, in: Heuer (Hrsg.), Kommentar zum Haushaltrecht.

719 Vgl. Puhl, Budgetflucht und Haushaltsverfassung, 1996, S. 367.

720 Vgl. Eibelshäuser/Wallis, § 112 Rn. 5 BHO, in: Heuer (Hrsg.), Kommentar zum Haushaltrecht.

721 Vgl. Puhl, Budgetflucht und Haushaltsverfassung, 1996, S. 367; Eibelshäuser/Wallis, § 112 Rn. 5 BHO, in: Heuer (Hrsg.), Kommentar zum Haushaltrecht; Patzig, Haushaltsrecht des Bundes, Loseblattkommentar, § 112 BHO Rn. 1, 1981.

722 Vgl. Eibelshäuser/Wallis, § 112 Rn. 5 BHO, in: Heuer (Hrsg.), Kommentar zum Haushaltrecht. Im Allgemeinen gilt die *entsprechende* Anwendung des § 91 BHO über § 111, soweit es um die Prüfung der Haushalts- und Wirtschaftsführung gemäß § 112 Abs. 1 Satz 1 BHO geht. Der Begriff „Bundesverwaltung" in § 91 BHO, ist durch die jeweilige juristische Person des öffentlichen Rechts zu ersetzen. Das ist

Zusammenfassend kann man die Schlussfolgerung ziehen, dass § 112 Abs. 1 BHO grundsätzlich drei Bereiche von der Rechnungshofkontrolle freistellt, d.h. (im Regelfall) die bundesunmittelbaren Krankenversicherungsträger, die Pflegekassen und die Kassenärztlichen und Kassenzahnärztlichen Bundesvereinigungen. Die Freistellung dieser Sozialversicherungsträger ist verfassungswidrig, da alle bundesunmittelbaren juristischen Personen des öffentlichen Rechts von Verfassungs wegen Adressaten der Bundesrechnungshoffinanzkontrolle sind, es sei denn, dass das einheitliche Haushaltsrecht im Rahmen des Sozialversicherungsrechts eine Prüfung durch den Rechnungshof vorsieht.

Entgegen der gesetzlichen Ermächtigung des § 78 SGB IV, der die Regelung einer externen Rechnungsprüfung nach den Grundsätzen des für Bund und Länder geltenden Haushaltsrechts und unter Berücksichtigung der Besonderheiten der Sozialversicherung angeordnet hat, unterliegen nach § 31 SVHV die Kranken- und Pflegeversicherungsträger nur einer „internen Rechnungsprüfung", die eine Innenrevision ohne die für eine effektive Finanzkontrolle gebotene Unabhängigkeit des Kontrolleurs darstellt[723]. Außerhalb dieses Rahmens üben nur die Aufsichtsbehörde der Sozialversicherung, d.h. das Bundesversicherungsamt, eine Art „externer Finanzkontrolle" aus. Diese sind aber auch für eine eventuelle Beanstandung des Haushaltsplans der Sozialversicherungsträger zuständig (fehlende Distanz)[724]. Entsprechendes gilt schließlich für die Kassenärztlichen und Kassenzahnärztlichen Bundesvereinigungen.

Die internen Kontrollen durch Organe von Selbstverwaltungsträgern oder durch die Aufsichtsbehörde können nicht als wirksames Mittel für die Verfolgung der Zweckrichtung der Finanzkontrolle betrachtet werden. Im Gegensatz zur externen Rechnungshofkontrolle gewährleisten solche internen Prüfungen nicht die für eine effektive Finanzkontrolle notwendige und verfassungsrechtlich gebotene Distanz zwischen Kontrolleur und Kontrollierten (Unabhängigkeit der Rechnungshöfe)[725]. Auf jeden Fall ersetzen alle diese Prüfungen keinesfalls die eigenständige, verfassungsrechtlich gebotene Finanzkontrolle durch den Bundes-

---

vom Zweck des Schutzes des öffentlichen Vermögens geboten. Siehe dazu: Beschluss des BVerwG vom 18.9.1995; OVG Mecklenburg-Vorpommern vom 29.9.1993; Beschluss des Bayerischen Verwaltungsgerichts München vom 6.4.1998 (alle abgedruckt in: Heuer, Kommentar, Teil IX).

723 Siehe ausführlicher, Kirchhof, Deutsche Rentenversicherung 1992, S. 369 ff. (381 ff.); kritisch dazu, Puhl, Budgetflucht und Haushaltsverfassung, 1996, S. 369 ff. m.w.N. Vgl. auch Gilbert, Aufgaben der Rechnungsprüfung bei den Rentenversicherungsträgern, in: Verband Deutscher Rentenversicherungsträger (Hrsg.), Der Rechnungsprüfer in der Rentenversicherung, 1978, S. 1 ff.

724 Siehe dazu § 88 SGB I, § 274 SGB und § 46 Abs. 6 SGB XI.

725 Vgl. Knöpfle, Die Zuständigkeit der Rechnungshöfe für die Prüfung der Körperschaften des öffentlichen Rechts, 1988, S. 88 f.

rechnungshof[726]. Soweit der Bundesrechungshof die Sozialversicherungsträger verfassungsobligatorisch prüft, erstreckt sich diese Kontrolle auf ihre gesamte Haushalts- und Wirtschaftsführung und nicht nur auf die Verwendung der Zuschüsse oder die Aktualisierung einer Garantie[727].

Im Ergebnis ist die Freistellung dieser Sozialversicherungsträger von der Finanzkontrolle durch den Bundesrechnungshof nicht mit den verfassungsrechtlichen Anforderungen zu vereinbaren[728]. Tatsächlich gibt es keinen sachlichen Grund für die Annahme einer verfassungsrechtlich zulässigen Finanzkontrollausnahme, es sei denn das Selbstverwaltungsrecht der Sozialversicherungsträger könnte als unüberwindbare (verfassungsrechtliche) Grenze betrachtet werden.

bb) Spannungsverhältnis zwischen Rechnungshofkontrolle und Selbstverwaltungsrecht der Sozialversicherungsträger?

Das Selbstverwaltungsrecht der Sozialversicherungsträger ist nicht verfassungsrechtlich garantiert, da Art. 87 Abs. 2 GG nur die Organisation der Sozialversicherung nach dem Typus der mittelbaren Verwaltung feststellt[729]. Nach § 29 SGB IV sind die Träger der Sozialversicherung (sog. Versicherungsträger) rechtsfähige Körperschaften des öffentlichen Rechts mit Selbstverwaltung. Das bedeutet, dass die Versicherungsträger ihre Aufgaben im Rahmen des Gesetzes und des sonstigen für sie maßgebenden Rechts in eigener Verantwortung erfüllen.

Die Staatsaufsicht im Bereich der Selbstverwaltung ist (normalerweise) auf die Rechtsaufsicht beschränkt. Die Freiheit von fachlicher Beaufsichtigung ist ein

726 Vgl. Urteil des BayVGH vom 16.2.1995 (nicht rechtskräftig), in: BayVBl. 1995, S. 592 ff. (594 f.).

727 Vgl. Eibelshäuser/Wallis, § 112 BHO Rn. 6 und § 55 HGrG Rn. 7, in: Heuer (Hrsg.), Kommentar zum Haushaltrecht; Kirchhof, Deutsche Rentenversicherung, 1992, S. 369 ff. (383).

728 Vgl. Friedmann, Die Effizienz der Tätigkeit des Bundesrechnungshofes aus der Sicht des Parlaments und seiner Ausschüsse, in: Zavelberg (Hrsg.), Die Kontrolle der Staatsfinanzen, 1989, S. 157 (171); Haverkate, Prüfungsfreie Räume – Welche Türen in der öffentlichen Verwaltung bleiben dem Rechnungshof verschlossen?, in: Zavelberg (Hrsg.), Die Kontrolle der Staatsfinanzen, 1989, S. 197 ff. (217 ff.); Beschlussempfehlung und Bericht des Haushaltsausschusses vom 19.6.1985 (Prüfung bei den gesetzlichen Krankenkassen sollte mit anderen Gesetzesvorhaben entschieden werden); Eickenboom/Heuer, DöV 1985, S. 997 ff. (1002). Im Ergebnis ebenso, Puhl, Budgetflucht und Haushaltsverfassung, 1996, S. 373.

729 Vgl. BVerfGE 21, S. 362 ff. (371); Kirchhof, Deutsche Rentenversicherung, 1992, S. 369 ff. (386); Schnapp, Die Selbstverwaltung in der Sozialversicherung, in: v. Mutius (Hrsg.), Selbstverwaltung im Staat der Industriegesellschaft, 1983, S. 881 ff. (891).

wesentliches Merkmal der Selbstverwaltung[730]. Jede Selbstverwaltungsgarantie wird aber immer im Rahmen der Gesetzesordnung gewährleistet. Das gilt insbesondere für die nur einfach-gesetzlich garantierte Selbstverwaltung, deren Inhalt und Tragweite allein der Gesetzgeber bestimmt[731]. Die für die selbstverwaltenden Sozialversicherungsträger verfassungsrechtlich obligatorische Rechnungshofkontrolle wird durch entsprechende Gesetzesregelungen konkretisiert. Das bedeutet, dass der Träger einfach-gesetzlichen Selbstverwaltungsrechts nicht „per se" von externer Kontrolle ausgenommen sein kann[732]. Das gilt vielmehr für den Fall, dass die Kontrolle als verfassungsnotwendige Kompetenz anzusehen ist. Das Selbstverwaltungsrecht selbst führt also nicht zu einem prüfungsfreien Raum („Ob" der Kontrolle). Obwohl nur einfachgesetzlich gewährleistet, ist diese Selbstverwaltungsgarantie aber auf jeden Fall vom Bundesrechnungshof zu respektieren bzw. berücksichtigen („Wie" der Kontrolle)[733].

Eine mögliche „Verletzung des Selbstverwaltungsrechts"[734] kann in der Sachverhaltsermittlung, insbesondere in dem Verlangen von Unterlagen, in der Feststellung der Prüfungsergebnisse am Maßstab der Wirtschaftlichkeit und letztlich in der Veröffentlichung des Finanzkontrollberichts angesehen werden. Zunächst muss betont werden, dass der Bundesrechnungshof nur eine sachkundige Auffassung bezüglich des Finanzgebarens der Sozialversicherungsträger äußert, die in einem rechtlich sanktionslosen Prüfungsergebnis mitgeteilt wird[735]. Die bloße Prüfung und die Darstellung eines sanktionslosen Ergebnisses verlangen vom Sozialversicherungsträger nicht mehr, „als dass er sich einem rationalen Dialog über die Art und Weise seiner Aufgabenerfüllung stellt"[736]. Eine unabhängige Finanzkontrolle ist nicht der „verlängerte Arm des Staates", sondern „Voraussetzung für

---

730 Vgl. Knöpfle, Kontrolle autonomer Einrichtungen, in v. Arnim (Hrsg.), Finanzkontrolle im Wandel, 1989, S. 259 ff. (265); Beschluss des BVerwG vom 17.1.1961, in: DVBl. 1961, S. 449 ff.

731 Vgl. Knöpfle, Die Zuständigkeit der Rechnungshöfe für die Prüfung der Körperschaften des öffentlichen Rechts, 1988, S. 79 ff.

732 Die unitarische Finanz- und Haushaltsverfassung gilt auch für die Selbstverwaltungsträger und deswegen können keine „Freiräume prüfungsresistenter Finanzautonomie geben". Siehe dazu, Degenhart, Kontrolle der Verwaltung durch Rechnungshöfe, in: VVDStRL 1996, S. 190 ff. (215). Vgl. auch, Eibelshäuser/Wallis, § 111 BHO Rn. 4, in: Heuer (Hrsg.), Kommentar zum Haushaltrecht; Kyrill-A.Schwarz, Art. 114 in: von Mangoldt/Klein/Starck, Das Bonner Grundgesetz (Kommentar), 2001, S. 2121.

733 Vgl. Bank, DöH 1966-1967, S. 204 ff. (218).

734 Hier geht es eigentlich um eine „Abwehrposition kompetenzrechtlicher Provenienz".

735 Vgl. Knöpfle, Kontrolle autonomer Einrichtungen, in v. Arnim (Hrsg.), Finanzkontrolle im Wandel, 1989, S. 259 ff. (267).

736 Vgl. Puhl, Budgetflucht und Haushaltsverfassung, 1996, S. 370.

sinnvolle Wahrnehmung demokratisch-parlamentarischer Kontrolle der Selbstverwaltung und zugleich Voraussetzung für eine lebendigere Demokratie innerhalb der selbstverwaltenden Einheiten“[737].

Soweit es um die „Zulässigkeit“ der Wirtschaftlichkeitskontrolle geht, hat das Bundessozialgericht geklärt, dass der Sozialversicherungsträger nicht mit Erfolg sein Selbstverwaltungsrecht gegen die Prüfung der Haushalts- und Wirtschaftsführung durch den Bundesrechnungshof geltend machen kann. Das Bundessozialgericht besagte: „zwar ist einzuräumen, dass die Prüfung der Haushalts- und Wirtschaftsführung auch in den Bereich eingreift, der gegen Maßnahmen der Aufsichtsbehörde geschützt ist, eben in den Ermessensbereich. Denn Maßstab der Prüfung ist nicht nur die Rechtmäßigkeit, sondern auch die Zweckmäßigkeit“, die „im Vordergrund“ steht[738]. Wenn also dem Versicherungsträger Mittel der Allgemeinheit zur Verfügung gestellt werden, wird auch der Ermessensbereich der Selbstverwaltungsträger überprüft.

Obwohl diese Entscheidung in die zutreffende Richtung geht, muss aus Gründen der Klarheit eingewendet werden, dass die Prüfungsmaßstäbe „Wirtschaftlichkeit – Sparsamkeit“ eigentlich nicht mit den Aufsichtmaßstäben „Rechtmäßigkeit – Zweckmäßigkeit“ vergleichbar sind. Die Prüfungsdichte kann nicht entsprechend der Grenzen bzw. der Qualität der Aufsicht beschränkt werden, da der BRH die Prüfung sowohl für die Exekutive, d.h. die Aufsichtsbehörde, als auch für das Parlament wahrnimmt. Aufsicht und Rechnungshofkontrolle haben „unterschiedliche Zielrichtung und Reichweite“[739]. Wie bereits oben dargestellt, hat das Wirtschaftlichkeitsprinzip einen eigenen Inhalt, und die Rechnungshofkontrolle stellt ein eigenständiges Rechtsinstitut dar[740].

Die Wirtschaftlichkeitsprüfung kann selbst wegen des Fehlens von unmittelbaren rechtlichen Folgen nicht als unmittelbarer „Eingriff“ in die Autonomie des Sozialversicherungsträgers angesehen werden. Hier kann aber eine faktische mittelbare Beeinträchtigung angesehen werden. In diesem Falle stellt die Wirtschaftlichkeitsprüfung einen verhältnismäßigen „Eingriff“ dar, soweit der Rechnungshof nicht eine eigene (prototypische) Stellung bezüglich der Zielrichtung

---

737 Haverkate, Prüfungsfreie Räume – Welche Türen in der öffentlichen Verwaltung bleiben dem Rechnungshof verschlossen?, in: Zavelberg (Hrsg.), Die Kontrolle der Staatsfinanzen, 1989, S. 197 ff. (218).

738 BSGE 52, S. 294 ff.; vgl. auch OVG Mecklenburg-Vorpommern vom 29.9.1993 (abgedruckt in: Heuer, Kommentar, Teil IX/3.10).

739 BayVGH, Urteil vom 16.2.1995, in: BayVbl. 1995, S. 592 ff. (595).

740 Vgl. dazu Degenhart, Kontrolle der Verwaltung durch Rechnungshöfe, in: VVDStRL 1996, S. 190 ff. (215); Knöpfle, Kontrolle autonomer Einrichtungen, in v. Arnim (Hrsg.), Finanzkontrolle im Wandel, 1989, S. 259 ff. (267); ders., Die Zuständigkeit der Rechnungshöfe für die Prüfung der Körperschaften des öffentlichen Rechts, 1988, S. 79 ff.; Puhl, Budgetflucht und Haushaltsverfassung, 1996, S. 425.

der Entscheidung bzw. Maßnahme des Sozialversicherungsträgers nimmt. Auf diese Weise wird die (nur) *einfachgesetzliche* Selbstverwaltung ausreichend respektiert[741].

Etwaige Bedenken können durch eine in die gleiche Richtung gehende Ausgestaltung der verfassungsgebotenen Rechnungshofkontrolle ausgeräumt werden. In diesem Rahmen kann der BRH alle Unterlagen verlangen, die er zur Erfüllung seiner Aufgaben für erforderlich hält. Er kann für diesen Zweck eine Frist zur Übersendung oder Vorlegung bestimmen. Dem Bundesrechnungshof und seinen Beauftragten sind die erbetenen Auskünfte zu erteilen. Auf die Erfüllung dieser Rechtspflicht hat die Rechtsaufsichtsbehörde des Sozialversicherungsträgers hinzuwirken[742].

Zusammenfassend lässt sich festhalten, dass die Prüfung des Bundesrechnungshofs nicht das Selbstverwaltungsrecht der Sozialversicherungsträger verletzt, sondern seine Eigenverantwortlichkeit stärkt. Deswegen stellt es keine unüberwindbare Grenze für die Rechnungshofkontrolle dar.

6. Handwerkskammer

Im Rahmen der mittelbaren Bundesverwaltung gibt es zahlreiche Einrichtungen „einer Selbstverwaltung der Wirtschaft“[743] in der Form von Körperschaften des öffentlichen Rechts, wie z.B. die Industrie- und Handelskammern, die Handwerkskammern und die Landwirtschaftskammern[744]. Diese Kammern haben grundsätzlich die Aufgabe, die Interessen der zu ihnen gehörenden Personengruppe (ihres Bezirks) zu vertreten, auf die Förderung des von ihnen vertretenen Wirtschaftsbereichs hinzuwirken und die Disziplinierung ihrer Mitglieder zu gewährleisten[745]. Die Besonderheiten der Rechnungshofkontrolle dieser Kammern

---

741 Vgl. auch die Ausführungen bezüglich der Handwerkskammern weiter unten Nr. 6 dieses Kapitels.

742 Vgl. BSGE 52, S. 294 ff. und Eibelshäuser/Wallis, § 112 BHO Rn. 6, in: Heuer (Hrsg.), Kommentar zum Haushaltrecht, Stand Januar 2001. Eingeschlossen ist m.E. auch die sog. vorläufige Jahresrechnung, da es hierbei um eine abgegrenzte, selbständig bewertbare Entscheidung geht. Die Kontrolle dieser vorläufigen Rechnung ist keine „Mitentscheidung“ des BRH. Anderer (einschränkenden) Ansicht ist Kirchhof, Deutsche Rentenversicherung, 1992, S. 369 ff. (390 ff.).

743 Vgl. Badura, Wirtschaftsverwaltungsrecht, in: Schmidt-Aßmann (Hrsg.), Besonderes Verwaltungsrecht, 1999, S. 262 ff.

744 Vgl. Maurer, Allgemeines Verwaltungsrecht, 2004, S. 600.

745 Vgl. Brohm, Selbstverwaltung in wirtschafts- und berufsständischen Kammern, in: v. Mutius (Hrsg.), Selbstverwaltung im Staat der Industriegesellschaft, 1983, S. 777 ff. (782 f.); Papenfuß, Die personellen Grenzen der Autonomie öffentlich-rechtlicher Körperschaften, 1991, S. 62-65.

werden hier am Beispiel der Handwerkskammern dargestellt werden, da die Kontrolle der Handwerkskammern (§§ 90 ff. HwO) durch die Rechnungshöfe eine seit lange umstrittene Fragestellung war. Für die übrigen Wirtschaftskammern gelten „mutatis mutandis" die folgenden Ausführungen ebenfalls.

Das Bundesverwaltungsgericht hat durch seine Entscheidung vom 11.4.1995[746] eindeutig festgestellt, dass die Haushalts- und Wirtschaftsführung der Handwerkskammern (in Bayern) der Prüfung durch den Rechnungshof unterliegt. Aus der Begründung der Entscheidung sind für die Zielrichtung unserer Arbeit insbesondere die folgenden Schwerpunkte zu erörtern[747]: Rechtsgrundlage der Prüfung einer Handwerkskammer ist gerade § 111 BayHO, da diese eine landesunmittelbare juristische Person des öffentlichen Rechts ist[748]. Art. 105 LHO, wonach juristische Personen, die ein auf einem besonderen Gesetz beruhendes Haushaltsrecht haben, von der Geltung der Art. 105 ff. (genauer der §§ 106-110 und §§ 1-87 BHO) ausgenommen sind, bezieht sich nicht auf § 111 LHO. Vielmehr besteht auf landesrechtlicher Ebene keine durch Gesetz (oder aufgrund eines Gesetzes) anderweitige Regelung.

Die Anwendung des § 111 LHO ist auch nicht kraft Bundesrechts ausgeschlossen. Die §§ 105 und 106 HwO und die entsprechenden Satzungsbestimmungen können nicht als *abschließende bundesrechtliche Regelungen* angesehen werden, da diese Vorschriften keine externe Rechnungsprüfung, sondern nur eine interne Prüfung der Jahresrechnung vorsehen[749]. Diese Finanzkontrolle ist weder identisch noch gleichartig mit der Rechnungshofkontrolle, da sie einen anderen

746 Abgedruckt in: DVBl. 1995, S. 1091 ff.

747 Die Begründung der Entscheidung erstreckt sich auch auf die folgenden Punkte: i) der Gesetzgeber beabsichtigte nicht *abschließend* die Organisation des Handwerks durch die HwO zu regeln. Im Gegenteil hat er zulässigerweise gewählt die Prüfung der Haushalts- und Wirtschaftsführung allgemein im HGrG vorzuschreiben; ii) aus dem *Schweigen* der HwO kann nicht die Folgerung gezogen werden, dass die Handwerkskammern von der Prüfung auszunehmen sind, da es einer ausdrücklichen gesetzlichen Regelung nur bedarf, wenn die Prüfung ausgeschlossen sein soll.

748 Die Prüfung gemäß § 91 BayHO war in concreto für erledigt erklärt. Siehe BayVGH, Urteil vom 23.7.1992 (nicht rechtskräftig), in: BayVBl. 1992, S. 655 ff. (655).

749 Das gilt auch hinsichtlich § 12 Abs. 1 Nr. 7 des Gesetzes zur vorläufigen Regelung der Industrie und Handelskammern (BGBl. 1956 I, S. 920); diese Regelung sieht ebenso eine interne Kontrolle vor. Vgl. Stackmann, DVBl. 1996, S. 414 ff. (416). Vgl. aber, Fröhler/Kormann, GewArch 1984, S. 1 ff.; dieselbe, Haushaltsaufsicht über die Handwerkskammern – eine erweiterte Rechtsaufsicht?, 1983; Kopp, Die Aufsicht über den Haushalt und das Finanzgebaren der Handwerkskammern, 1992, S. 14 ff.

Zweck verfolgt[750]. Diese Aussage des BVerwG geht in die richtige Richtung, denn die internen Prüfungen gewährleisten nicht die für eine effektive Kontrolle notwendige und verfassungsrechtlich garantierte Distanz zwischen Kontrolleur und Kontrolliertem. Entscheidend ist m.E. lediglich, dass nach der Haushaltsreform von 1969 keine prüfungsfreien Räume mehr statthaft sind, und für alle öffentlichen Haushalte in Bund und Ländern einheitliche Grundsätze gelten sollen[751].

Das BVerwG hat ferner begrüßenswert eindeutig festgestellt, dass die *Aufsichtsgrenzen* nicht den Prüfungsgrenzen entsprechen. Die Aufsicht, die nur eine Rechtsaufsicht und keine Zweckmäßigkeits- bzw. Fachaufsicht ist, „umfasst den Schutz der Mitglieder, des Verbandes und der Verbandsinteressen, der Rechtsordnung und der Staatsinteressen gegenüber einem schädigenden Verhalten der Verbandsleitung“[752]. Die Rechnungshofkontrolle ist eine eigenständige, von der Rechtsaufsicht unabhängige, eigenen Regeln folgende Tätigkeit. Die Rechnungshöfe sind nicht als Hilfsorgane der Aufsichtsbehörde einzustufen, da sie selbständige, nur dem Gesetz unterworfene oberste Staatsorgane sind. Deswegen, fällt die Rechnungshofkontrolle nicht unter den Begriff der „Aufsicht“, sondern stellt einen eigenständigen Vorgang dar[753].

Als Ergebnis bleibt festzuhalten, dass der zuständige (Landes-) Rechnungshof dafür zuständig ist, das Finanzgebaren der Handwerkskammern zu prüfen. Wie schon zu Beginn des Abschnitts erörtert worden ist, verfügen diese Kammern über ein *Selbstverwaltungsrecht*. Das BVerwG hat eindeutig darauf hingewiesen, dass die Selbstverwaltung der Handwerkskammern „nicht von Verfassungs we-

---

750 Vgl. BVerwG, Urteil vom 28.2.1986 (E 74, S. 58 ff.). Nach der eindeutigen Feststellung der Entscheidung von 11.4.1995 ändert an der inneren Natur dieser Prüfung nichts, dass die Kammern diese Prüfung einer unabhängigen Stelle außerhalb ihrer Organisation zu übertragen haben.

751 Vgl. Stackmann, DVBl. 1996, S. 414 ff. (415) und Stober/Kluth, Zur Rechnungsprüfung von Kammern, 1989, S. 41 ff. Die spezialgesetzlichen Ausnahmen sprechen nur *für* die allgemeine Prüfungsbefugnis der Rechnungshöfe, wie § 48 HGrG und die auf ihm beruhenden Haushaltsordnungen dies bestimmen. Im konkreten Fall besteht diese Problematik nicht, da der HwO keine solche Ausnahmeregelung enthält. A.A. Eyermann, GewArch 1994, S. 441 ff. (443). Ausnahmeregelungen sind nur dann gültig, wenn sie als verfassungskonform eingestuft werden können. Für die Voraussetzungen der Verfassungskonformität gilt im Kern die Analyse hinsichtlich der „Freistellungen von geringer Bedeutung“ weiter oben Kap. C III 5 a.

752 Vgl. Kopp, Die Staatsaufsicht über die Handwerkskammern, 1992, S. 43; Brohm, Selbstverwaltung in wirtschafts- und berufsständischen Kammern, in: v. Mutius (Hrsg.), Selbstverwaltung im Staat der Industriegesellschaft, 1983, S. 777 ff.

753 Vgl. Stackmann, DVBl. 1996, S. 414 ff. (417); Stober/Kluth, Zur Rechnungsprüfung von Kammern, 1989, S. 75. Anders, Fröhler/Kormann, Haushaltsaufsicht über die Handwerkskammern – eine erweiterte Rechtsaufsicht?, 1983, S. 43.

gen, sondern nur einfachgesetzlich eingeräumt" ist[754]. Deswegen steht diese „unter dem Vorbehalt der näheren Ausgestaltung durch andere gesetzliche Regelungen". Solche Regelungen sind §§ 48 HGrG und 111 LHO, die eine Finanzkontrolle durch den zuständigen Rechnungshof vorsehen. Vielmehr verfügt der Rechnungshof m.E. darüber hinaus eindeutig über eine eigenständige verfassungsrechtliche Grundlage, d.h. die entsprechenden zu Art. 114 GG landesverfassungsrechtlichen Vorschriften.

Obwohl nur einfach-gesetzlich, ist diese Selbstverwaltung zu respektieren bzw. berücksichtigen[755]. Sieht man in der Rechnungshofkontrolle eine nur faktische mittelbare Beeinträchtigung, dann ist diese nicht unverhältnismäßig, wenn sie nicht den „Kernbereich" der Selbstverwaltung berührt[756]. Hier muss berücksichitgt werden, dass die Rechnungshofkontrolle keine unmittelbar verbindlichen Anordnungen gegenüber der Körperschaft treffen kann und so besteht eigentlich nicht (zumindest nicht unmittelbar) die Gefahr der Fremdbestimmung. Aus diesen Gründen müssen die Selbstverwaltungsträger nicht befürchten, dass die Maßstäbe der Prüfung diesen Selbstverwaltungsbereich „a priori" nicht ausreichend beachten[757]. Nach zutreffender Meinung ist die Rechnungshofkontrolle nicht als Bedrohung für die Selbstverwaltung zu betrachten, sondern letztlich als Mittel zu ihrer Stärkung. Durch eine externe Kontrolle werden die zuständigen Organe von einer unabhängigen Stelle über wichtige Aspekte des Haushalts- und Wirtschaftsgebarens unterrichtet und werden dadurch erst in die Lage versetzt, „unvoreingenommen der Sache dienliche Entscheidungen zu treffen"[758].

Schließlich werden *Grundrechte* der Handwerkskammern durch die Rechnungshofprüfung nicht verletzt. Das BVerwG hat zwar die Fragestellung offen gelassen, ob die Handwerkskammern als juristische Personen des öffentlichen Rechts über Art. 19 Abs. 3 GG überhaupt Grundrechtsträger sein können. Nach der Rechtsprechung des Bundesverfassungsgerichts können juristische Personen des öffentlichen Rechts nur dann in den Schutzbereich der Grundrechte einbezogen werden, wenn ihre Bildung und Betätigung Ausdruck der freien Entfaltung natürlicher Personen ist[759]. In Anlehnung an diese Rechtsprechung stellte das

754 Siehe §§ 90 ff. HwO.

755 Vgl. Schäfer, Die Kontrolle der öffentlichen Ausgaben im Freistaat Bayern, 1991, S. 189.

756 So, BVerwG, Urteil vom 11.4.1995, in: DVBl. 1995, S. 1091 ff.

757 Vgl. BayVGH, Urteil vom 23.7.1992 (nicht rechtskräftig), in: BayVBl. 1992, S. 655 ff. (655 und 657): „ die externe Prüfung stellt ... ein Korrelat dar„ (zur Beitragserhebung und Zwangsmitgliedschaft) und „(es) wäre zunächst eine Umsetzung der in der Prüfung gewonnenen Erkenntnisse in einer (rechts-) aufsichtliche Maßnahme notwendig", um Rechtsverletzungen festgestellt zu werden.

758 Stackmann, DVBl. 1996, S. 414 ff. (416).

759 Siehe BVerfGE 21, S. 362 ff. (369) und 68, S. 193 ff. (206).

BVerwG zutreffend fest, dass die Handwerkskammern Grundrechtsträger sein können, soweit sie die gemeinsamen berufsständischen und wirtschaftlichen Interessen der in ihnen zusammengeschlossenen Handwerker wahrnehmen, und dass die in Betracht kommenden Abwehrrechte nicht weitergehen können als diejenigen, die einer privaten Person zustehen[760].

Grundsätzlich[761] wird durch die Rechnungshofprüfung weder die Vereinigungsfreiheit (Art. 9 Abs. 1 GG) noch die Berufsfreiheit (Art. 12 GG) in unzulässiger Weise eingeschränkt[762]. Falls in der Prüfung der Haushalts- und Wirtschaftsprüfung ein nur mittelbarer Eingriff in die Berufsausübung gesehen werden könnte, beruht er jedenfalls (zumindest) auf gesetzlicher Grundlage, dient vernünftigen Zwecken des Gemeinwohls und ist nicht unzumutbar, sofern die Prüfung nicht in den laufenden Betrieb der Handwerkskammern eingreift. Kein Eingriff besteht auch hinsichtlich der allgemeinen Handlungsfreiheit (Art. 2 Satz 1 GG), da sie nur innerhalb der verfassungsmäßigen Ordnung gewährleistet ist. Schließlich kann sich die geprüfte Kammer mit dem Hinweis auf andere ungeprüfte Einrichtungen nicht auf eine Verletzung des Gleichheitssatzes berufen, da als sachlicher Grund angeführt werden kann, dass unvermeidlich ist, dass eine Einrichtung als erste der Prüfung unterzogen wird[763].

7. Kommunale Selbstverwaltung

Obwohl die räumlichen Grenzen der Rechnungshofkontrolle, die sich aus dem föderativen Aufbau des Staates ableiten, nicht Gegenstand dieser Untersuchung sind, ist des Sachzusammenhangs wegen im Folgenden die Fragestellung zu beleuchten, ob und inwiefern Kommunen als Objekte der Rechnungshofkontrolle einzustufen sind. Zunächst bedarf es einer kurzen Besinnung darauf, was man mit dem Begriff „kommunale Selbstverwaltung“ versteht, und insbesondere, welche ihre verfassungsrechtliche Stellung ist.

---

760 Vgl. BVerwGE 90, S. 88 ff. (95).

761 Selbstverständlich sind die folgenden Bemerkungen nur allgemeine Aussagen, da nur unter Berücksichtigung der Umständen des Einzelfalls die Verletzung eines Grundrechts festgestellt werden kann.

762 Vgl. Knöpfle, Die Zuständigkeit der Rechnungshöfe für die Prüfung der Körperschaften des öffentlichen Rechts, 1988, S. 96.

763 Das gilt vielmehr, wenn dieser Hinweis sich auf Einrichtungen anderer Bundesländer orientiert. Vgl. Stackmann, DVBl. 1996, S. 414 ff. (417).

a) Die verfassungsrechtliche Stellung der Kommunen (Art. 28 Abs. 2 GG)

Wie bereits dargelegt, liegt ein Fall „mittelbarer Verwaltung“ dann vor, wenn der Staat seine Verwaltungsaufgaben durch rechtlich selbständigen Organisationseinheiten erfüllt. Die mittelbare Verwaltung stützt sich häufig auf das Prinzip der Selbstverwaltung, im Sinne der eigenverantwortlichen Erfüllung von öffentlichen Aufgaben durch eigene Organe[764]. Die Gemeinden nehmen als Körperschaften des öffentlichen Rechts im Rahmen der mittelbaren Verwaltung eine Sonderstellung ein; ihre Bezeichnung als Träger mittelbarer Verwaltung wird nur bedingt gerecht[765]. Die Gemeinden stellen neben Bund und Ländern, die dritte Ebene im Verwaltungsaufbau der Bundesrepublik Deutschland dar (vertikale Gewaltenteilung). Sie stehen jedoch nicht als autonomer Teil der Gesellschaft dem Staat gegenüber, sondern sind Bestandteile der Hierarchie der öffentlichen Verwaltung, da das einheitliche Monopol des Staates erfordert, dass die gesamte öffentliche Gewalt nur aus ihm abgeleitet werden kann[766]. Somit ist das Finanz- und Haushaltsrecht auf eine „gegliederte Einheit angelegt“[767].

Nach Artikel 28 Abs. 2 GG muss den Gemeinden das Recht gewährt werden, alle Angelegenheiten der örtlichen Gemeinschaft im Rahmen der Gesetze in eigener Verantwortung zu regeln. Das Recht der Selbstverwaltung erstreckt sich auch auf die Gemeindeverbände, aber nur „im Rahmen ihres gesetzlichen Aufgabenbereiches“. Entsprechende Gewährleistungen enthalten die Länderverfassungen. Damit ist die Institution der kommunalen Selbstverwaltung verfassungsrechtlich garantiert. Nach der eindeutigen Rechtsprechung des BVerfG besteht die Aufgabe der Selbstverwaltung in der „Aktivierung der Beteiligten für ihre eigenen Angelegenheiten, die die in der örtlichen Gemeinschaft lebendigen Kräfte des Volkes zur eigenverantwortlichen Erfüllung öffentlicher Aufgaben der engeren Heimat zusammenschließt mit dem Ziel, das Wohl der Einwohner zu fördern und die geschichtliche und heimatliche Eigenart zu wahren“[768].

Nach richtiger Auffassung enthält Art. 28 Abs. 2 Satz 1 GG nicht nur eine institutionelle Garantie, sondern verankert ein subjektives Recht der Gemeinden,

764 Vgl. dazu Vogelgesang/Lübking/Ulbrich, Kommunale Selbstverwaltung, 2005, S. 35. Für den Begriff der Selbstverwaltung im allgemeinen Sinn siehe: Papenfuß, Die personellen Grenzen der Autonomie öffentlich-rechtlicher Körperschaften, 1991, S. 19 ff.

765 Vgl. Maurer, Allgemeines Verwaltungsrecht, 2004, S. 574.

766 Vgl. BVerfGE 78, S. 344 ff. (348) und 61, S. 82 ff. (104): die Gemeinden bilden keine rechtliche Zusammenfassung ihrer Einwohner mit grundrechtsgleichen Rechten gegenüber dem Staat. Vgl. auch Hösch, DöV 2000, S. 393 ff. (393).

767 Vgl. Müller, NVwZ 1993, S. 334 ff. (335).

768 BVerfGE 11, S. 266 ff. (275 f.).

das durch Art. 93 Abs. 1 Nr. 4b GG und Art. 106 V-VIII GG ergänzt wird[769]. Nach herrschender Meinung, sind aber die Gemeinden als Träger öffentlicher Gewalt nicht als Grundrechtsträger einzustufen[770]. Im Übrigen verfügen die Gemeinden über verschiedene Finanzierungsquellen. Ihre Einnahmen beruhen entweder auf öffentlich-rechtlicher Basis, z.B. Einnahmen aus Steuern, Gebühren, Beiträgen, Finanzzuweisungen usw. oder auf privatrechtlicher Basis, z.B. Einnahmen aus Mieten, Verkaufserlöse und Kredite[771]. Die Selbstverwaltungsgarantie umfasst auch die Grundlagen der finanziellen Eigenverwaltung.

Wichtig für die weitere Analyse ist, dass die kommunale Selbstverwaltung nur „im Rahmen der Gesetze" abgesichert ist. Das bedeutet, dass (begrenzende bzw.) einschränkende staatliche Regelungen verfassungsmäßig sind, wenn und soweit sie die folgenden Voraussetzungen erfüllen: i) dass sie durch Gesetz oder aufgrund eines Gesetzes erfolgen, ii) den „Kernbereich"[772] der Selbstverwaltung, d.h. den Bereich, demgegenüber es keine begrenzenden gleich- oder höherwertigen Rechtsgüter gibt, ungetastet lassen und iii) außerhalb des Kernbereichs, in dem der Gesetzgeber eine „Einschätzungsprärogative" hat, das Verhältnismäßigkeitsprinzip berücksichtigen[773].

---

769 Vgl. statt vieler Maurer, Allgemeines Verwaltungsrecht, 2004, S. 576.

770 Vgl. BVerfGE 21, S. 362 ff. (370) und 61, S. 82 ff. (101). Siehe aber BayVerfGH 27, S. 82 ff. (86); Knöpfle, Die Zuständigkeit der Rechnungshöfe für die Prüfung der Körperschaften des öffentlichen Rechts, 1988, S. 106 ff.

771 Vgl. ausführlicher, Schmidt-Aßmann/Röhl, Kommunalrecht, in: Schmidt-Aßmann (Hrsg.), Besonderes Verwaltungsrecht, 2005, S. 103 ff. und Vogelgesang/Lübking/Ulbrich, Kommunale Selbstverwaltung, 2005, S. 269 ff.; Henneke (Hrsg.), Steuerung der kommunalen Aufgabenerfüllung durch Finanz- und Haushaltsrecht, 1996.

772 Die Kernbereichsgarantie (Wesengehaltsgarantie) schützt das „Essentiale" einer Einrichtung, das man aus einer Institution nicht entfernen kann, ohne deren Struktur und Typus zu verändern. Siehe dazu, Schmidt-Aßmann/Röhl, Kommunalrecht, in: Schmidt-Aßmann (Hrsg.), Besonderes Verwaltungsrecht, 2005, S. 23 m.w.N.; Oebbecke, Weisungs- und unterrichtungsfreie Räume in der Verwaltung, 1986, S. 155 ff. Vgl. auch Vogelgesang/Lübking/Ulbrich, Kommunale Selbstverwaltung, 2005, S. 40 f.

773 Vgl. Hesse, Grundzüge des Verfassungsrechts der Bundesrepublik Deutschland, 1999, S. 202 f.; Maurer, Allgemeines Verwaltungsrecht, 2004, S. 577; Vogelgesang/Lübking/Ulbrich, Kommunale Selbstverwaltung, 2005, S. 40 f.; BVerfGE 1, S. 167 ff. (174 ff.); 76, S. 107 ff. (118); 79, S. 127 ff. (150); BVerwGE, in: VBlBW 1984, S. 204 ff.

b) Finanzkontrolle von Gemeinden

aa) Die Prüfungskonzeptionen

Wegen der Fülle von Wechselwirkungen, Abhängigkeiten und Verflechtungen der kommunalen Mittel mit den Finanzmitteln der anderen Glieder des föderativen Systems hat die Finanzkontrolle der Kommunen eine besonders wichtige praktische Bedeutung[774]. Für die Gemeinden und Gemeindeverbände kann nach zutreffender Meinung wegen der Zweistufigkeit der Finanzverfassung eine unmittelbare Prüfungszuständigkeit des Bundesrechnungshofes nicht begründet werden. Auf jeden Fall ist unzweifelhaft, dass sie als „Stellen außerhalb der Bundesverwaltung“ im Sinne von § 91 BHO betrachtet werden können, wenn sie Bundesmittel für bestimmte Zwecke bewirtschaften[775].

Auf Länderebene ist die Finanzkontrolle jedoch nicht entsprechend der Bedeutung der Kommunen innerhalb der öffentlichen Finanzwirtschaft geregelt[776]. Vielmehr bestehen von Gemeinde zu Gemeinde unterschiedliche Gestaltungsformen. Mit Ausnahme der Verfassung von Schleswig-Holstein, wonach der Landesrechnungshof verfassungsobligatorisch die Haushalts- und Wirtschaftsführung der kommunalen Körperschaften zu überwachen hat (Art. 56 LV), gibt es in den übrigen Bundesländern keinen entsprechenden eindeutigen Verfassungsauf-

774 Vgl. Klappstein, Momentaufnahme der kommunalen Finanzkontrolle, in: Nolte (Hrsg.), Kontrolle im verfassten Rechtsstaat, 2002, S. 89 ff. (90); v. Mutius, Kontrollbedarf und Instrumentarium der Rechnungshöfe in der dezentralisierten Staatsorganisation, in: Böning u.a. (Hrsg.), Finanzkontrolle im föderativen Staat, 1982, S. 29 ff.; Müller, NVwZ 1993, S. 334 ff. (335).

775 Vgl. Vogel/Kirchhof, BK, Art.114 Rn. 131; Maunz, § 114 Rn. 38, in: Maunz/Dürig/Herzog (Hrsg.), Grundgesetz, Loseblattkommentar, 2006; Urteil des BVerwG vom 6. März 2002, abgedruckt in: Heuer (Kommentar), Teil IX/3.24: „Mit Stellen „außerhalb der Bundesverwaltung“ sind folglich – neben juristischen Personen des Privatrechts ...- speziell Landesbehörden gemeint. Aus Sinn und Zweck des § 91 BHO ergibt sich ... (dass) die Vorschrift dient der Verwirklichung des haushaltsrechtlichen Prinzips, dass es keine „prüfungsfreien Räume“ geben soll. In § 91 Abs. 1 Satz 1 BHO hat der Bundesgesetzgeber seinen Willen bekundet, diese Finanzkontrolle nicht an den Verbandsgrenzen enden zu lassen“. Diese Betätigungsprüfung zählt zum verfassungsrechtlich zugewiesenen Kernbereich der Rechnungshofkontrollfunktionen. Vgl. dazu, Degenhart, Kontrolle der Verwaltung durch Rechnungshöfe, in: VVDStRL 1996, S. 190 ff. (220); von Mutius/Nawrath, Art. 114 Rn. 31, in: Heuer (Hrsg.), Kommentar zum Haushaltrecht, Stand Juni 1999; Maunz, § 114 Rn. 37, in: Maunz/Dürig/Herzog (Hrsg.), Grundgesetz, Loseblattkommentar, 2006; Heintzen, Art. 114 Rn. 34, in: von Münch/Kunig (Hrsg.), GG-Kommentar, 2003.

776 Vgl. Zavelberg, Von der Rechnungsprüfung zur Finanzkontrolle, in: v. Arnim (Hrsg.), Finanzkontrolle im Wandel, 1989, S. 17 ff. (25).

trag. Vielmehr bestehen für die Gemeinden und andere kommunale Körperschaften gesetzliche Befreiungen von der Rechnungshofkontrolle[777].

Grundsätzlich wird zwischen der örtlichen und der überörtlichen Prüfung unterschieden[778]. Unter örtlicher Prüfung versteht man die interne Kontrolle bzw. Revision, die von eigenen Rechnungsprüfungsämtern durchgeführt wird. Für die überörtliche Prüfung gibt es unterschiedliche Modelle: Rechnungshöfe mit uneingeschränkter oder beschränkter auf den Präsidenten bezogener Prüfungszuständigkeit, rechtlich selbständige, unabhängige Kontrollorgane in der Form von Körperschaften oder Anstalten des öffentlichen Rechts oder staatliche Prüfungsbehörden mit Zuständigkeit für das ganze Land. Von Interesse für unsere Betrachtungsweise ist, dass die Rechnungshöfe nicht immer in die Finanzkontrolle einbezogen sind[779].

Nach einer Ansicht stünde verfassungsrechtlich „nichts entgegen, auch die Prüfung der Gemeinden den Rechnungshöfen zu übertragen"[780]. Hierbei sollten jedoch zwei Punkte berücksichtigt werden. Zum einen ist eindeutig, dass die Gemeinden nicht als typische landesunmittelbare juristische Personen des öffentlichen Rechts angesehen werden können. Wie schon dargelegt wurde, ist ihre Bezeichnung als Träger mittelbarer Verwaltung nur bedingt gerechtfertigt, da sie neben Bund und Ländern die „dritte" (jedoch nicht autonome) Ebene im Verwaltungsaufbau der Bundesrepublik Deutschland darstellen. Zum anderen muss betont werden, dass die Entscheidungen der Gemeinden über Einnahmen und Ausgaben als Verfügungen über öffentliche Mittel anzusehen sind[781]. Der Versuch diese beiden Erwägungen in Einklang zu bringen führt zu folgendem Ergeb-

777 Vgl. Kempf, Flucht aus dem Haushalt, in: Rechnungshof Baden-Württemberg (Hrsg.), Finanzkontrolle in Baden-Württemberg, Band II, 1987, S. 59 ff. (69).

778 Zum folgenden vgl. ausführlicher, Siedentopf/Grunwald, Die kommunale Rechnungsprüfung, 1977; Klappstein, Momentaufnahme der kommunalen Finanzkontrolle, in: Nolte (Hrsg.), Kontrolle im verfassten Rechtsstaat, 2002, S. 89 ff. (97); ders., Kommunale Selbstverwaltung und Finanzkontrolle, in: v. Mutius (Hrsg.), Selbstverwaltung im Staat der Industriegesellschaft, 1983, S. 479 ff. (487 ff.).

779 Soweit es sich um die sog. „alten" Länder handelt, gilt das nur in Schleswig-Holstein und Rheinland-Pfalz. In allen „neuen" Länder (mit Ausnahme von Thüringen) sind Rechnungshöfe für die überörtliche Rechnungsprüfung zuständig. Siehe dazu, Rechnungshof Schleswig-Holstein (Hrsg.), Grundlagen der Finanzkontrolle und der öffentlichen Haushaltswirtschaft in Schleswig-Holstein, 1992; Beismann, VerwArch 1994, S. 586 ff. (600 f.); Müller, NVwZ 1993, S. 334 ff. (335 ff.).

780 Siehe Vogel, DVBl. 1970, S. 193 ff. (198).

781 Art. 28 Abs. 1 Satz 2 GG erfordert die demokratische Rückkopellungsprozess auch bei der Wahrnehmung öffentlicher Aufgaben durch kommunale Gebietskörperschaften. Vgl. dazu v. Mutius, Kann die Finanzkontrolle dazu beitragen, die Funktionsfähigkeit der Demokratie zu stärken?, in: Böning/von Mutius (Hrsg.), Finanzkontrolle im repräsentativ-demokratischen System, 1990, S. 161 ff. (162).

nis. Aufgrund der besonderen staatsrechtlichen Stellung der Kommunen[782] erscheint eine unmittelbare Anwendung der verfassungsnotwendigen Prüfungskompetenz des Landesrechnungshofs nicht möglich. Deswegen ist eine (zumindest) entsprechende Anwendung der jeweiligen landesverfassungsrechtlichen Grundsätze der Rechnungshofkontrolle unerlässlich. Das bedeutet, dass die Finanzkontrolle der kommunalen Selbstverwaltung die folgenden Voraussetzungen erfüllen muss: sachliche und persönliche Unabhängigkeit der Kontrolleure, Sachverständigkeit, Kontinuität und Publizität der Prüfungsergebnisse[783].

Soweit es um die örtliche Prüfung geht, besteht kein Zweifel, dass die Unabhängigkeit der kontrollierenden Organe nicht hinreichend gewährleistet ist, da die Prüfungsämter in die organisatorische Verwaltung der Kommunen eingegliedert sind[784]. Dasselbe gilt aber auch hinsichtlich der überörtlichen Prüfung, wenn diese nicht von Rechnungshöfen, sondern von selbständigen Körperschaften durchgeführt wird. Wenn sich solche Kontrolleinrichtungen überwiegend aus Beiträgen ihrer kommunalen Mitglieder finanzieren, wie z.B. im Falle des Bayerischen Kommunalen Prüfungsverbandes[785], kann tatsächlich ihre Unabhängigkeit nicht befriedigend gewährleistet werden. Ferner kann eine überörtliche Rechnungsprüfung durch solche Einrichtungen nicht der verfassungsrechtlichen Anforderungen gerecht werden, wenn die Zulässigkeit einer Wirtschaftlichkeitskontrolle, die Zeitnähe der Prüfung und die Publizität der Prüfungsergebnisse nicht durch entsprechende Regelungen gewährleistet sind[786].

Aus diesen Gründen wäre eine unmittelbare Unterwerfung aller Gemeinden unter die Finanzkontrolle der Rechnungshöfe wünschenswert. Eine Rechnungs-

---

782 Die Kommunen verfeinern „die gegliederte Demokratie nach unten" (BVerfGE 52 S. 95 ff. [111 f.]). Vgl. auch BVerfGE 83, S. 37 ff. (54). Wenn die Kommunen als Teil der mittelbaren Verwaltung eingestuft werden könnten, dann bestünde die Rechnungshofkompetenz unmittelbar aus den entsprechenden landesverfassungsrechtlichen Vorschriften.

783 Vgl. Müller, NVwZ 1993, S. 334 ff. (335); Klappstein, Momentaufnahme der kommunalen Finanzkontrolle, in: Nolte (Hrsg.), Kontrolle im verfassten Rechtsstaat, 2002, S. 89 ff. (96); Wallmann, DVBl. 2000, S. 1185 ff. (1186).

784 Vgl. Siedentopf/Grunwald, Die kommunale Rechnungsprüfung, 1977, S. 27 ff.; Klappstein, Momentaufnahme der kommunalen Finanzkontrolle, in: Nolte (Hrsg.), Kontrolle im verfassten Rechtsstaat, 2002, S. 89 ff. (99 f.); Zavelberg, Von der Rechnungsprüfung zur Finanzkontrolle, in: v. Arnim (Hrsg.), Finanzkontrolle im Wandel, 1989, S. 17 ff. (26); Müller, NVwZ 1993, S. 334 ff. (336).

785 Vgl. für den Bayerischen Kommunalen Prüfungsverband, Schäfer, Die Kontrolle der öffentlichen Ausgaben im Freistaat Bayern, 1992, S. 188 und 229 ff.

786 Vgl. Zavelberg, Von der Rechnungsprüfung zur Finanzkontrolle, in: v. Arnim (Hrsg.), Finanzkontrolle im Wandel, 1989, S. 17 ff. (28); Klappstein, Momentaufnahme der kommunalen Finanzkontrolle, in: Nolte (Hrsg.), Kontrolle im verfassten Rechtsstaat, 2002, S. 89 ff. (101).

hofprüfung hätte u.a. den Vorteil des Vergleichs. Die Rechnungshöfe haben ein „breiteres Prüfungswissen aufgrund von Vergleichsobjekten“[787]. Querschnittsprüfungen ermöglichen vergleichende Ergebnisse, die ihrerseits zu allgemein gültigen Handlungsempfehlungen führen können, was im Interesse der Kommunalaufsicht und insbesondere der Kommunen selbst liegt.

bb) Kommunale Selbstverwaltung und Finanzkontrolle

Nach einer Meinung muss sich die überörtliche Prüfung durch Rechnungshof (und die Prüfung nach § 91 BHO/LHO) im Hinblick auf Art. 28 GG nur auf die Gesetzmäßigkeit bzw. Rechtmäßigkeit des Finanzgebarens und Wirtschaftsführung der Gemeinden beschränken. Anderenfalls sei aufgrund der inhaltlich nicht zu begrenzenden Weite des Wirtschaftlichkeitsmaßstabs die verfassungsrechtlich gewährleistete Eigenverantwortlichkeit der Gemeinden im Bereich ihrer Selbstverwaltungsaufgaben verletzt[788]. Dieser Ansicht ist aus den folgenden Gründen nicht zuzustimmen.

Wie bereits oben dargestellt, ist die kommunale Selbstverwaltung nur „im Rahmen der Gesetze“ abgesichert. Durch eine Rechnungshofkontrolle wird nicht in die Einrichtungsgarantie und die Garantie des Aufgabenbereichs der Kommunen eingegriffen[789]. Außerdem stellt die Finanzkontrolle ein „aliud“ im Vergleich zur Kommunalaufsicht dar und deswegen ist eine Beschränkung nur auf eine Rechtsaufsicht nicht erforderlich[790].

Eine Wirtschaftlichkeitskontrolle durch Rechnungshöfe stellt keinen unmittelbaren Eingriff in den Kernbereich des Selbstverwaltungsrechts im Sinne der Eigenverantwortlichkeit dar, da der Rechnungshof keine unmittelbar verbindli-

---

787 Zavelberg, Von der Rechnungsprüfung zur Finanzkontrolle, in: v. Arnim (Hrsg.), Finanzkontrolle im Wandel, 1989, S. 17 ff. (27). Vgl. auch Klappstein, Momentaufnahme der kommunalen Finanzkontrolle, in: Nolte (Hrsg.), Kontrolle im verfassten Rechtsstaat, 2002, S. 89 ff. (103); Müller, NVwZ 1993, S. 334 ff. (336 ff.); Wallmann, DVBl. 2000, S. 1185 ff. (1188).

788 Vgl. Vogel, DVBl. 1970, S. 193 ff. (198); Tiemann, Die staatsrechtliche Stellung der Finanzkontrolle des Bundes, 1974, S. 113 ff.; Lange, Kontrollauftrag der Rechnungshöfe hinsichtlich demokratischer Institutionen, in: Böning/von Mutius (Hrsg.), Finanzkontrolle im repräsentativ-demokratischen System, 1990, S. 83 ff. (87 und 103 f.); Wieland, DVBl. 1999, S. 1470 ff.; Reger, VerwArch 1975, S. 319 ff. (352 f.).

789 Vgl. Mayer, Die Erfolgskontrolle von Subventionen durch die Rechnungshöfe, 2001, S. 71.

790 Für das Verhältnis zwischen der Kommunalaufsicht und der Selbstverwaltungsgarantie, siehe: Groth, Kontrolle kommunaler Verwaltungstätigkeit, in: Nolte (Hrsg.), Kontrolle im verfassten Rechtsstaat, 2002, S. 48 ff. und Ruffert, VerwArch 2001, S. 27 ff. (30 ff.).

chen Anordnungen gegenüber den Kommunen trifft[791]. Hierin könnte jedoch ein faktischer mittelbarer „Eingriff" gesehen werden[792].

Die Rechnungshofkontrolle stellt, wie die kommunale Selbstverwaltungsgarantie, ein verfassungsrechtliches „Rechtsgut" dar oder zumindest werden durch diese hinreichende Gründe des Gemeinwohls verfolgt. Wichtig für einen in concreto schonenden Ausgleich zwischen diesen beiden verfassungsrechtlichen Kompetenzen ist letztlich, dass der „Kernbereich" der Selbstverwaltung unangetastet bleibt. Das bedeutet, dass der Rechnungshof Beurteilungen nicht prüfen darf, wenn diese zum Kern des Autonomiebereiches und der Kompetenzverantwortung der kommunalen Körperschaft gehören. Dies gilt insbesondere bei Entscheidungen hinsichtlich der Zielsetzung und der Angemessenheit des Mitteleinsatzes. Die Rechnungsprüfung muss, wegen dieses ebenfalls verfassungsrechtlich abgesicherten Freiraums, die Auswahl fachlicher Entscheidungskomponenten annehmen[793]. Im Übrigen ist die Rechnungshofkontrolle verfassungsmäßig, wenn sie durch ein hinreichend bestimmtes Gesetz (z.B. LHO) erfolgt.

Eine Prüfung unter Berücksichtigung der verfassungsrechtlichen fachlichen Autonomie der kommunalen Körperschaften ist also keineswegs beschränkt. Unter Zugrundelegung dieser Beschränkung wird die kommunale Autonomie ausreichend respektiert und weiter gestärkt, indem der Rechnungshof seine Prüfungsergebnisse in erster Linie an die Kommunen selbst weiterleitet, „um die Möglichkeit einer Selbstkorrektur zu eröffnen"[794].

8. Universitäten – Forschungseinrichtungen

Die Rechnungshofkontrolle erfasst alle Bereiche der öffentlichen Verwaltung und deswegen auch die Haushalts- und Wirtschaftsführung der staatlichen Hochschulen. Im Folgenden wird untersucht, in welchem Verhältnis die verfassungsrechtlich gewährleistete Wissenschaftsfreiheit der staatlichen Hochschulen bzw. Universitäten und die ebenfalls verfassungsrechtlich notwendige Rechnungsprü-

---

791 Vgl. Schäfer, Die Kontrolle der öffentlichen Ausgaben im Freistaat Bayern, 1991, S. 187 f.

792 Vgl. Jury, Der Rechnungshof vor Gericht, 2002, S. 208.

793 Vgl. Behrendt, Die Prüfungstätigkeit des Bundesrechnungshofs außerhalb der unmittelbaren Bundsverwaltung, 2004, S. 126 ff.

794 Vgl. Wallmann, DVBl. 2000, S. 1185 (1186 ff.); Klappstein, Kontrollauftrag gegenüber der kommunalen Selbstverwaltung, in: Böning/von Mutius (Hrsg.), Finanzkontrolle im repräsentativ-demokratischen System, 1990, S. 125 ff. (128). Klappstein hebt die Notwendigkeit der Kontrolle der Kommunalfraktionen hervor. Dazu gelten mutatis mutandis die Ausführungen hinsichtlich der Bundestagsfraktionen.

fung zueinander stehen. Unter Hochschulen sind nach § 1 Hochschulrahmengesetz (HRG) zu verstehen: die Universitäten, die Pädagogischen Hochschulen, die Kunsthochschulen, die Fachhochschulen und die sonstigen Einrichtungen des Bildungswesens, die nach Landesrecht staatliche Hochschulen sind. Nach § 2 desselben Gesetzes dienen die Hochschulen im Rahmen des demokratischen und sozialen Rechtsstaates durch Forschung, Lehre, Studium und Weiterbildung den Wissenschaften und den Künsten. Die folgenden Ausführungen betreffen im wesentlichen die staatlichen Universitäten als „Prototyp der wissenschaftlichen Hochschule", da an ihnen grundsätzlich wissenschaftliche Forschung betrieben wird[795].

a) Die Universität als wissenschaftsfördernde juristische Person des öffentlichen Rechts

aa) Der Rechtsstatus der Universitäten

Die Universitäten sind in der Regel[796] Körperschaften des öffentlichen Rechts und zugleich staatliche Einrichtungen, die über das Recht der Selbstverwaltung im Rahmen der Gesetze verfügen[797]. Die Qualifizierung der Universitäten als Körperschaften des öffentlichen Rechts, d.h. als landesunmittelbare juristische Personen des öffentlichen Rechts, verdeutlicht, dass sie aus der staatlichen Hierarchie ausgegliedert sind, obwohl sie die staatliche Aufgabe der Pflege von Wissenschaft und Forschung wahrnehmen. Die Tatsache, dass sie zugleich als staatliche Einrichtungen typisiert werden, bringt nach zutreffender Meinung zum Ausdruck, dass es auch Bereiche gibt, in denen das Selbstverwaltungsrecht nicht umfassend gilt[798]. Wenn also die Universität staatliche Angelegenheiten erledigt, ist eine weitergehende Aufsicht vorzusehen. Die Körperschaft Universität hat letztlich einen geringeren Selbstverwaltungsraum als andere Körperschaften[799].

795 Vgl. Sierig, Die Grenzen der staatlichen Finanzkontrolle, 1998, S. 144 und Kühne, DöV 1997, S. 1 ff. (2).

796 Ausnahmsweise können Universitäten auch in anderer Rechtsform errichtet werden (§ 58 Abs. 1 Satz 2 HRG).

797 Siehe dazu § 58 Abs. 1 HRG. Das Hochschulrahmengesetz wurde aufgrund von Art. 75 Abs. 1 Nr. 1 a GG erlassen; BGBl I 1976, S. 185 ff. (Neugefasst durch Bek. v. 19.1.1999 I 18; zuletzt geändert durch Art. 1 G v. 27.12.2004).

798 Vgl. Sierig, Die Grenzen der staatlichen Finanzkontrolle, 1998, S. 148.

799 Diese Formulierung verdeutlicht den Unterschied zwischen staatlichen und hochschuleigenen Aufgaben. Vgl. § 58 Abs. 2 HRG und ausführlicher, Thieme, Deutsches Hochschulrecht, 1986, Rn. 107; Sierig, Die Grenzen der staatlichen Finanzkontrolle, 1998, S. 148 f.; v. Mangoldt, Universität und Staat, 1979, S. 5 f.

bb) Die Wissenschaftsfreiheit und ihre Schranken (Art. 5 Abs. 3 GG)

Die Freiheit von Forschung und Lehre wird durch Art. 5 Abs. 3 GG verfassungsrechtlich gewährleistet[800]. Wissenschaft als Oberbegriff für Forschung und Lehre ist all das, was nach Inhalt und Form als ernsthafter, planmäßiger Versuch zur Ermittlung der Wahrheit anzusehen ist[801]. Die Garantie des Art. 5 Abs. 3 GG umfasst den gesamten Wissenschaftsprozess. Geschützt werden zum einen die Verhaltensweisen, Methoden und Entscheidungen beim Auffinden von Erkenntnissen und ihrer Deutung bzw. Bewertung (Forschung), zum anderen die Weitergabe bzw. Verbreitung durch Veröffentlichung oder Lehre, einschließlich der methodischen Ausgestaltung der Lehrveranstaltungen[802].

Die Wissenschaftsfreiheit stellt sich grundsätzlich als Abwehrrecht gegen staatliche Eingriffe dar, das von dem einzelnen Wissenschaftler beansprucht werden kann, d.h. vornehmlich von Hochschulprofessoren, wissenschaftlichen Mitarbeiter und Studenten. Nach allgemeiner Auffassung sind die Universitäten als Körperschaften durch Art. 19 Abs. 3 GG ebenfalls Grundrechtsträger der Wissenschaftsfreiheit, da die geschützte Tätigkeit ihrem Lebensbereich zuzuordnen ist[803].

Ferner ist es heute allgemein anerkannt, dass Art. 5 Abs. 3 GG die institutionelle Garantie der Universität selbst enthält[804]. Als Ausprägung dieser Garantie ist das Recht der akademischen Selbstverwaltung anzusehen[805]. Nach richtiger Meinung besteht diese Autonomie nur hinsichtlich der sog. akademischen Angelegenheiten. Sie umfasst die Satzungsgewalt und die Kompetenz der eigenver-

---

800 Die Landesverfassungen enthalten entsprechende Regelungen, wie z.B. Art. 20 LV BW und Art. 60 Abs. 1 LV Hessen. Siehe dazu, Rupp, Hochschulische Selbstverwaltung, in: v. Mutius (Hrsg.), Selbstverwaltung im Staat der Industriegesellschaft, 1983, S. 918 ff.

801 BVerfGE 35, S. 79 ff. (113).

802 BVerfGE 47, S. 327 ff. (367).

803 Ständige Rechtsprechung des BVerfG: BVerfGE 15, S. 256 ff. (262); 39, S. 302 ff. (314); 68, 193 ff. (207); 75, S. 192 ff. (196). Vgl. auch Manssen, Staatsrecht II, 2004, Rn. 82; Pieroth/Schlink, Grundrechte-Staatsrecht II, 2002, Rn. 150 ff.; Starck, Art. 5 Abs. 3 GG Rn. 370, in: von Mangoldt/Klein/Starck, Das Bonner Grundgesetz (Kommentar), 2001

804 Die institutionelle Garantie ist aber nicht als Bestandsgarantie der *einzelnen* Universität anzusehen. Vgl. dazu Scholz, Art. 5 Abs. 3 GG Rn. 132 ff., in: Maunz/Dürig/Herzog (Hrsg.), Grundgesetz, Loseblattkommentar, 2006; Sierig, Die Grenzen der staatlichen Finanzkontrolle, 1998, S. 152; Kühne, DöV 1997, S. 1 ff. (9); Bethge, Art. 5 Rn. 216, in: Sachs (Hrsg.), Grundgesetz Kommentar, 2002.

805 Vgl. BVerfGE 61, S. 82 ff. (103); BVerwGE 8, S. 170 ff. (172). Von der Literatur vgl. Karpen, Wissenschaftsfreiheit und Hochschulfinanzierung, 1983, S. 18; Sierig, Die Grenzen der staatlichen Finanzkontrolle, 1998, S. 152.

antwortlichen und weisungsfreien Wahrnehmung aller mit Wissenschaft unmittelbar zusammenhängenden Maßnahmen bzw. Entscheidungen durch eigene Organe[806]. Als Korrelat dieser Selbstverwaltung ist die staatliche Aufsicht anzusehen, die aber nicht den Beurteilungsaspekt einer Hochschulaufgabe beeinflussen darf (§ 59 HRG – Rechtsaufsicht). Alle Maßnahmen, die mit der *Staatsaufgabe* der Wissenschafts*pflege* zu tun haben, d.h. die Personal- und Finanzhoheit, fallen nicht unter diese Autonomie. In diesem Bereich üben die Universitäten staatliche Aufgaben aus[807].

Als weitere Komponente des Art. 5 Abs. 3 GG erkennt die ständige Rechtsprechung des Bundesverfassungsgerichts die objektive Wertentscheidung an, nach der der Staat als grundrechtsverpflichteter Adressat „zum Schutz und zur Pflege von Wissenschaft, Forschung und Lehre verpflichtet sei“[808]. Der Staat muss geeignete organisatorische und finanzielle Maßnahmen treffen, da erst durch einen solchen Schutz und eine entsprechende Förderung die freie wissenschaftliche Betätigung überhaupt ermöglicht wird[809]. Der Einzelne hat ein Teilhaberecht, das der Förderungs- und Ausgestaltungspflicht des Staates entspricht[810].

Die Wissenschaftsfreiheit ist keiner Schranke unterworfen. Das bedeutet, dass eine Einschränkung des Schutzbereiches nur durch andere Grundrechte, grundrechtsähnliche Positionen, sonstige Verfassungsprinzipien und -institutionen, also nur durch andere verfassungsrechtlich geschützte Rechtspostitonen bzw. Rechtsgüter erfolgen kann[811]. Im Falle einer Kollision zwischen verfassungsrechtlichen Positionen muss „nach Maßgabe der grundgesetzlichen Wertordnung und unter Berücksichtigung der Einheit dieses grundlegenden Wertsystems“ der

806 Man kann zwischen „inneren“ – akademischen und „äußeren“ (Ermöglichung von Forschung und Lehre durch Führung der Personal- und Wirtschaftsverwaltung) Angelegenheiten unterscheiden (sog. „dualistische Modell“). Die Organe der Universität sind aber die gleichen (sog. „Einheitsverwaltung“). Vgl. dazu, Karpen, Hochschulfinanzierung zwischen Staatsverwaltung und Selbstverwaltung, in: Ders. (Hrsg.), Hochschulfinanzierung in der BRD, 1989, S. 23 ff.; Sierig, Die Grenzen der staatlichen Finanzkontrolle, 1998, S. 155 ff.; Volle, Die Finanzverfassung einer alten Universität, in: Die Finanzverfassung der wissenschaftlichen Hochschulen, Fortbildungsprogramm für die Wissenschaftsverwaltung, Materialien Nr. 60, 1994, S. 3 ff.

807 So, Sierig, Die Grenzen der staatlichen Finanzkontrolle, 1998, S. 158. A.A. Karpen, Die Verwaltung 1986, S. 230 ff. (237).

808 BVerfGE 35, S. 79 ff. (114).

809 BVerfGE 35, S. 79 ff. (132 ff.).

810 BVerfGE 35, S. 79 ff. (116).

811 Vgl. Manssen, Staatsrecht II, 2004, Rn. 417.

Konflikt durch Verfassungsauslegung gelöst werden[812]; mit anderen Worten muss jede Lösung im Rahmen des Prinzips der praktischen Konkordanz gefunden werden. Auf jeden Fall kommt der Wissenschaftsfreiheit nicht „schlechthin Vorrang“ zu[813].

cc) Hochschulfinanzierung und Universitätsautonomie

Mit Ausnahme von Berlin[814] haben die Universitäten keinen eigenen Haushaltsplan, sondern werden als gesonderte Kapitel im Haushaltsplan des jeweiligen Landes aufgeführt[815]. Die Hochschulfinanzierung wird fast ausschließlich vom Staat getragen[816]. Die ausnahmsweise Grundrechtsträgerschaft stellt kein Hindernis für die Zuordnung des Finanzgebarens der Universitäten zum staatlichen Bereich dar[817].

Tatsache ist, dass ohne eine entsprechende finanzielle Unterstützung Forschung und Lehre gar nicht durchgeführt werden könnten. Jede finanzielle Entscheidung des Staates hat stets Auswirkungen im Bereich von Forschung und Lehre. Der Bereich der Finanzen untersteht grundsätzlich dem Staat insofern, als die Entscheidung über die Höhe der bereitzustellenden Mittel allein Sache des Haushaltsgesetzgebers ist[818]. Die interne Entscheidung der Universitäten über die konkrete Verteilung dieser Mittel fällt jedoch in den Bereich der Universitätsau-

---

812 BVerfGE 47, S. 327 ff. (369). Vgl. auch BVerfGE 39, S. 1 ff. (43) und Hesse, Grundzüge des Verfassungsrechts der Bundesrepublik Deutschland, 1999, Rn. 72.

813 BVerfGE 47, S. 327 ff. (369).

814 Vgl. Sierig, Die Grenzen der staatlichen Finanzkontrolle, 1998, S. 159.

815 Ein anderer Themenkreis stellt die detaillierte oder globale Zuweisung der Mittel dar; siehe dazu weiter oben Kap. B. VIII 3 a und speziell für den Hochschulbereich, Harms, Probleme der Hochschulfinanzverfassung aus der Sicht eines Landesrechnungshofs, in: Die Finanzverfassung der wissenschaftlichen Hochschulen, Fortbildungsprogramm für die Wissenschaftsverwaltung, Materialien Nr. 60, 1994, S. 99 ff. (104 ff.); Selmayr, Steuerung und Kontrolle der Universität zur Jahrtausendwende, in: Arbeitsgruppe Fortbildung im Sprecherkreis der deutschen Universitätskanzler (Hrsg.), Universität und Rechnungshof im Umbruch, Fortbildungsprogramm für die Wissenschaftsverwaltung, 2001, S. 7 ff. (10).

816 Nur ein geringer Teil der Finanzierung stammt aus Drittmitteln. Siehe ausführlicher, Karpen, Wissenschaftsfreiheit und Hochschulfinanzierung, 1983, S. 12 und 39 f. und ders., Hochschulfinanzierung zwischen Staatsverwaltung und Selbstverwaltung, in: ders. (Hrsg.), Hochschulfinanzierung in der BRD, 1989, S. 26 ff.

817 Vgl. Puhl, Budgetflucht und Haushaltsverfassung, 1996, S. 46; Starck, Art. 5 Abs. 3 GG Rn. 359, in: von Mangoldt/Klein/Starck, Das Bonner Grundgesetz (Kommentar), 2001.

818 Der Gesetzgeber hat einen erheblichen Gestaltungsspielraum. Siehe dazu, BVerfGE 66, S. 155 ff. (177).

tonomie, zumindest dann, wenn diese Entscheidungen wissenschaftliche Aspekte betreffen. Deswegen ist die Bemerkung zutreffend, dass „grundsätzlich unter Berücksichtigung der Wertungen des Art. 5 Abs. 3 GG das Selbstverwaltungsrecht der Hochschulen nicht zwangsläufig dort enden kann, wo finanzielle Fragen beginnen“[819].

Außerdem stehen den Universitäten Vorschlagsrechte zu den Haushaltsplänen der Länder zu[820]. Diese Mitwirkung bei der Aufstellung der Haushaltspläne kann zurecht als Selbstverwaltungsangelegenheit betrachtet werden[821]. Zusammenfassend steht der Universität auch im Bereich der Finanzen ein Selbstverwaltungsrecht zu. Der Schutzbereich des Art. 5 Abs. 3 GG erstreckt sich auch auf diesen Bereich, sofern die finanziellen Entscheidungen der Universität von wissenschaftlichen Gesichtspunkten abhängen.

b) Die Universität als Objekt der Rechnungshofkontrolle

Die Universitäten sind der Landesaufsicht unterstellt und deswegen als landesunmittelbare juristischen Personen des öffentlichen Rechts anzusehen. Als Teil der mittelbaren Verwaltung sind sie (entsprechend dem Ergebnis dieser Untersuchung für den Bundesrechungshof) verfassungsobligatorische Objekte bzw. Adressaten der Kontrolle durch die Landesrechnungshöfe[822]. Der Gesetzgeber hat auf einfach-gesetzlicher Ebene diese verfassungsrechtliche Regelung grundsätzlich durch § 111 Abs. 1 LHO konkretisiert. Außerdem müssen die Universitäten wie die sonstigen Verwaltungsträger die verfassungsrechtlichen Prinzipien der Wirtschaftlichkeit und Sparsamkeit beachten, da sie als „zugleich staatliche Einrichtungen“ weitergehend in die Bindungen des Haushaltsrechts einbezogen sind[823]. Gegenstand der Prüfung sind grundsätzlich die – durch den staatlichen

819 Sierig, Die Grenzen der staatlichen Finanzkontrolle, 1998, S. 159 ff.

820 Vgl. Karpen, Hochschulfinanzierung zwischen Staatsverwaltung und Selbstverwaltung, in: Ders. (Hrsg.), Hochschulfinanzierung in der BRD, 1989, S. 37. f

821 Vgl. Thieme, Deutsches Hochschulrecht, 1986, Rn. 414.

822 Grundsätzlich unterliegen die Universitäten der Kontrolle durch den Landesrechnungshof. Der BRH hat bei den bundeseigenen Universitäten der Bundeswehr (in Hamburg und München) eine originäre Kompetenz zur Prüfung. Vgl. Sommerer, Art und Weise der Prüfung in der BRD, in: Wirtschaftlichkeitskontrolle an Hochschulen, Fortbildungsprogramm für die Wissenschaftsverwaltung, Materialien Nr. 23, S. 21 ff. (24 f.); Müller, Grundlagen, in: Karpen (Hrsg.), Hochschulfinanzierung in der BRD, 1989, S. 41 ff. (48 f).

823 Siehe § 7 LHO und (frühere) § 4 Abs. 2 Nr. 7 HRG (bestmögliche Nutzung der Hochschuleinrichtungen). Vgl. auch Karpen, Zur Problematik von Wirtschaftlichkeitskontrollen im Hochschulbereich, in: Engelhardt/Schulze/Thieme (Hrsg.), Stellung und Funktion der Rechnungshöfe im Wandel?, 1992, S. 86 ff. (87); Starck,

Haushaltsplan zugewiesenen – Finanzmittel, einschließlich der Mittel der Deutschen Forschungsgemeinschaft[824].

Zwar sind die Rechnungshöfe in keiner der Teilstaatsgewalten eingeordnet, üben sie jedoch als staatliche Organe hoheitliche Befugnisse aus. Deswegen sind sie als Hoheitsträger durch Art. 1 Abs. 3 GG an die Grundrechte gebunden[825]. Grundrechtsberechtigt sind neben den Universitätsmitgliedern und den Universitäten, auch wissenschaftsfördernde Einrichtungen, wie die Stiftung Volkswagenwerk oder die Deutsche Forschungsgemeinschaft[826].

Der Staat hat die Pflicht, die Wissenschaft durch entsprechende Maßnahmen zu fördern und zu schützen. Das bedeutet aber nicht, dass die Rechnungshofkontrolle als Ausgestaltung des Grundrechts der Wissenschaftsfreiheit betrachtet werden kann[827]. Voraussetzung einer Ausgestaltung ist, dass die organisatorische gesetzliche Maßnahme entweder zum Schutz „des grundrechtlich gesicherten Freiheitsraums (als) unerlässlich“ eingestuft werden kann[828], oder sie eine nähere gesetzliche Beschreibung bzw. Definierung des grundrechtlichen Schutzbereiches darstellt[829]. Artikel 111 LHO erfüllt unmittelbar jedoch keines der beiden Kriterien, da es lediglich die verfassungsrechtlichen Kontrollbefugnisse der Rechnungshöfe weiter konkretisiert.

Die Rechnungshofkontrolle des Finanzgebarens der Universität stellt auch keinen „klassischen“ unmittelbaren Eingriff in den Wissenschaftsbereich dar, da die Rechnungshöfe kaum rechtliche Sanktions- und Durchsetzungsmöglichkeiten

---

Art. 5 Abs. 3 GG Rn. 336, in: von Mangoldt/Klein/Starck, Das Bonner Grundgesetz (Kommentar), 2001; Degenhart, Kontrolle der Verwaltung durch Rechnungshöfe, in: VVDStRL 1996, S. 190 ff. (220).

824 Auch die sog. Drittmitteln, z.B. die aus der Industrie bereitgestellten Mittel, liegen in der Prüfungskompetenz der Rechnungshöfe, da auch hier das Wirtschaftlichkeitsprinzip in vollem Umfang anwendbar ist. Vgl. Lehmann, Forschung und Wirtschaftlichkeit, in: Letzelter/Reinermann (Hrsg.), Wissenschaft, Forschung und Rechnungshöfe, 1981, S. 131 ff. (133); Sierig, Die Grenzen der staatlichen Finanzkontrolle, 1998, S. 173 ff.; Karpen, Wissenschaftsfreiheit und Hochschulfinanzierung, 1983, S. 47 und 64.

825 Vgl. Stern, Staatsrecht der Bundesrepublik Deutschland, Bd. III/1, 1988, § 72 III 3; Starck, Art. 5 Abs. 3 GG Rn. 258, in: von Mangoldt/Klein/Starck, Das Bonner Grundgesetz (Kommentar), 2001; Sierig, Die Grenzen der staatlichen Finanzkontrolle, 1998, S. 200 f.; Kühne, DöV 1997, S. 1 ff. (7).

826 Siehe dazu, die Entscheidung des BVerwG, in: DöV 1986, S. 518 ff.

827 So aber, Kyrill-A.Schwarz, Art. 114 Rn. 102, in: von Mangoldt/Klein/Starck, Das Bonner Grundgesetz (Kommentar), 2001; Degenhart, VVDStRL 1996, S. 190 ff. (220).

828 BVerfGE 35, S. 79 ff. (116).

829 Vgl. Hesse, Grundzüge des Verfassungsrechts der Bundesrepublik Deutschland, 1999, Rn. 303 ff.

besitzen. Durch die örtlichen Erhebungen (§ 94 Abs. 1 BHO/LHO), die Auskunfts- und Vorlagepflicht (§ 95 BHO/LHO), die Prüfungsanordnung und die Veröffentlichung der Ergebnisse haben die Rechnungshöfe eine nur *faktische* Möglichkeit zur Lenkung bzw. Beeinflussung der Haushalts- und Wirtschaftsführung von Wissenschaftseinrichtungen.

Wie schon gesagt, decken die Wissenschaftsfreiheit und die akademische Selbstverwaltung auch Wirtschaftlichkeitsentscheidungen oder -überlegungen der Universitäten im Bereich der finanziellen Entscheidungen ab. Tatsache ist, dass die Anwendung des Wirtschaftlichkeitsprinzips im Allgemeinen von Schwierigkeiten geprägt ist. Das gilt insbesondere bei der Prüfung der Wirtschaftlichkeit im universitären Bereich. Die Besonderheiten ergeben sich aus der Tatsache, dass im Wissenschaftsbereich die Ergebnisse des Mitteleinsatzes, d.h. die Nutzen- bzw. Ertragsseite, weniger als in den sonstigen Bereichen der öffentlichen Verwaltung einer quantitativen Beurteilung unterstellt werden können, da die wissenschaftlichen Leistungen der Universitäten keine monetären Produkte im betriebswirtschaftlichen Sinne sind[830]. Qualitative Bewertungen sind ebenso schwierig durchzuführen, da es keine bestimmten Kriterien bzw. Anhaltspunkten gibt, um die Qualität eines Forschungsvorhabens oder einer Lehrveranstaltung zu messen[831]. Auf jeden Fall stellt aber das Wirtschaftlichkeitsprinzip einen für die

830 Vgl. Heidecke, Hochschule und Finanzkontrolle, in: Letzelter/Reinermann (Hrsg.), Wissenschaft, Forschung und Rechnungshöfe, 1981, S. 17 ff. (29); Karpen, Die Verwaltung 1986, S. 230 ff. (236). Siehe aber, Frühauf, Universität und Wirtschaftlichkeit, in: Wirtschaftlichkeitskontrolle an Hochschulen, Fortbildungsprogramm für die Wissenschaftsverwaltung, Materialien Nr. 23, 1985, S. 231 ff. (253), nach dieser Ansicht sind betriebswirtschaftliches Denken und Instrumentarium auch im Hochschulbereich möglich.

831 Die Zahl der Publikationen, die Häufigkeit der Zitaten in der Fachliteratur, die Anwendbarkeit der Forschungsergebnisse usw. können nicht als maßgebliche Kriterien angesehen werden. Vgl. dazu, Fröhlich, Hochschule und Wirtschaftlichkeit, in: Letzelter/Reinermann (Hrsg.), Wissenschaft, Forschung und Rechnungshöfe, 1981, S. 62 ff. (64); Sierig, Die Grenzen der staatlichen Finanzkontrolle, 1998, S. 183 ff.; Hüfner, Probleme der Entwicklung und Anwendung von Kennzahlen im Hochschulbereich, in: Wirtschaftlichkeitskontrolle an Hochschulen, Fortbildungsprogramm für die Wissenschaftsverwaltung, Materialien Nr. 23, S. 209 ff. (215); Sigg, Die Stellung der Rechnungshöfe im politischen System der Bundesrepublik Deutschland, 1983, S. 99; Wagner, Hochschule und Wirtschaftlichkeit, in: Letzelter/Reinermann (Hrsg.), Wissenschaft, Forschung und Rechnungshöfe, 1981, S. 57 ff. (58); Karpen, Wirtschaftlichkeitskontrolle an Hochschulen (Fremdkontrolle, Selbstkontrolle), in: Wirtschaftlichkeitskontrolle an Hochschulen, Fortbildungsprogramm für die Wissenschaftsverwaltung, Materialien Nr. 23, S. 79 ff. (113); Karpen, Zur Problematik von Wirtschaftlichkeitskontrollen im Hochschulbereich, in: Engelhardt/Schulze/Thieme (Hrsg.), Stellung und Funktion der Rechnungshöfe im Wandel?, 1992, S. 86 ff. (89).

Finanzkontrolle bindenden verfassungsmäßigen Maßstab dar[832]. Festzuhalten ist, dass die Rechnungshöfe durch ihre Kontrolle mittelbar auf die staatliche Universitätsfinanzierung und dadurch auf die Wissenschaftsfreiheit einwirken[833].

Zusammenfassend stellt die Rechnungshofkontrolle zum einen als belastendes Prüfungsverfahren und zum anderen als Teil des staatlichen Entscheidungsprozesses zurecht eine mittelbare faktische Beeinträchtigung bzw. Ingerenz oder Eingriff in die Wissenschaftsfreiheit dar[834]. Damit ist aber noch nichts über die Zulässigkeit der Kontrolle gesagt.

Die Wissenschaftsfreiheit wird durch das Grundgesetz vorbehaltlos, d.h. ohne Schranken gewährleistet. Das bedeutet aber nicht, dass sie umfassend schrankenlos garantiert sei. Wie erörtert, können im Rahmen der „Einheit der Verfassung“[835] auch schrankenlose Grundrechte unter Rücksicht auf andere Grundrechte und Verfassungsgüter beschränkt werden[836]. Die Rechnungshofkontrolle

---

832 Vgl. Glaser-Galion, Der Bundesrechnungshof als unabhängiges Kontrollorgan in der Bundesrepublik Deutschland, 1980, S. 85; Tiemann, Die staatsrechtliche Stellung der Finanzkontrolle des Bundes, 1974, S. 117. Siehe aber, Oppermann, Zur Finanzkontrolle der Stiftung Volkswagenwerk, 1972, S. 96.

833 Vgl. Behrendt, Die Prüfungstätigkeit des Bundesrechnungshofs außerhalb der unmittelbaren Bundsverwaltung, 2004, S. 147.

834 Die überwiegende Ansicht in Literatur und Rechtsprechung qualifiziert die Tätigkeit der Rechnungshöfe in Bezug auf die Universitäten als Eingriff bzw. Ingerenz. Vgl. etwa BVerwG, in: DöV 1986, S. 518 ff. (519); Meinecke, Forschung und Wirtschaftlichkeit, in: Letzelter/Reinermann (Hrsg.), Wissenschaft, Forschung und Rechnungshöfe, 1981, S. 125 ff. (129); Oppermann, Zur Finanzkontrolle der Stiftung Volkswagenwerk, 1972, S. 56 ff.; Redeker, DöV 1986, S. 946 ff. (947); Blasius, VR 1986, S. 11 ff. (14); Sigg, Die Stellung der Rechnungshöfe im politischen System der Bundesrepublik Deutschland, 1983, S. 101; Kyrill-A.Schwarz, Art. 114 Rn. 102, in: von Mangoldt/Klein/Starck, Das Bonner Grundgesetz (Kommentar), 2001; Sierig, Die Grenzen der staatlichen Finanzkontrolle, 1998, S. 211 ff.; Sauer, DöV 1986, S. 941 ff. (943); Eckhoff, Das rechtliche Spannungsfeld zwischen Wissenschaftsfreiheit und Finanzkontrolle, in: Arbeitsgruppe Fortbildung im Sprecherkreis der deutschen Universitätskanzler (Hrsg.), Universität und Rechnungshof im Umbruch, Fortbildungsprogramm für die Wissenschaftsverwaltung, 2001, S. 55 ff. (56 und 58).

835 Vgl. Hesse, Grundzüge des Verfassungsrechts der Bundesrepublik Deutschland, 1999, Rn. 72.

836 Nach der Rechtsprechung des Bundesverfassungsgerichts ergeben sich verfassungsimmanente Schranken nicht nur aus den Grundrechten, sondern auch aus sonstigen verfassungsrechtlichen Rechtsgüter bzw. -werten, wie aus Kompetenzvorschriften und Organisationsregeln. Vgl. dazu, BVerfGE 44, S. 37 ff. (50); 77, S. 240 ff. (253); 69, S. 1 ff. (21 ff.). Darüber besteht in der Literatur keine Einigkeit. Vgl. Alexy, Theorie der Grundrechte, 1994, S. 256; Grundzüge des Verfassungsrechts der Bundesrepublik Deutschland, 1999, Rn. 312; Starck, Art. 1 GG Rn. 176

ist im Bereich der Universität als Teils der mittelbaren staatlichen Verwaltung *verfassungsrechtlich* gewährleistet. Wenn man der Einbeziehung der mittelbaren Verwaltung in die verfassungsobligatorische Rechnungshofkontrolle nicht zustimmt, dann ist die Finanzkontrolle durch den Rechnungshof immer als einschränkungsfähige Position anzusehen, da die Rechnungshofkontrolle im Dienste des öffentlichen Interesses und des Schutzes des öffentlichen Vermögens steht.

Der Konflikt zwischen Wissenschaftsfreiheit und Finanzkontrolle muss deswegen im Rahmen des Prinzips der praktischen Konkordanz gelöst werden, so dass jedes von den beiden Verfassungsgüter Wirklichkeit gewinnt[837]. Das bedeutet, dass die Lösung durch eine Verfassungsauslegung gefunden werden kann, die „den Wertprinzipien der Verfassung ... und dem rechtsstaatlichen Grundsatz der Verhältnismäßigkeit unter Wahrung der Einheit des Grundgesetzes Rechnung (trägt)[838].

Bezüglich dieser Problematik wurden verschiedene Lösungsmodelle entwickelt[839], die vom umfassenden Ausschluss ganzer Tätigkeitsbereiche der Universitäten, die einen wissenschaftlichen Bezug aufweisen[840], bis zur generellen Prüfbarkeit aller finanzrelevanten wissenschaftlichen Entscheidungen[841] reichen. Vor einer eigenen Stellungnahme müssen zunächst zwei Punkte geklärt werden.

Erstens muss erwähnt werden, dass ebenso wie in den sonstigen Sektoren der öffentlichen Verwaltung, auch im Bereich der Prüfung der Universitäten und Forschungseinrichtungen keine Übertragung der Grenzen der staatlichen Aufsicht

---

f., in: von Mangoldt/Klein/Starck, Das Bonner Grundgesetz (Kommentar), 2001; A.A. Redecker, DöV 1986, S. 946 ff. (948); Selk, JuS 1990, S. 895 ff.

837 Vgl. Hesse, Grundzüge des Verfassungsrechts der Bundesrepublik Deutschland, 1999, Rn. 72. Nach Sierig (Die Grenzen der staatlichen Finanzkontrolle, 1998, S. 233): „müssen mathematisch gesprochen, die beiden Positionen auf den kleinsten möglichen gemeinsamen Nenner gebracht werden, damit sie individuell möglichst weit entfalten zu können".

838 BVerfGE 47, S. 327 ff. (369). Vgl. auch BVerfGE 57, S. 70 ff. (99); 39, S. 1 ff. (43: „Prinzip des schonendsten Ausgleich").

839 Vgl. Reich, Forschungsfinanzierung im Bundesbereich, in: Bundesrechnungshof (Hrsg.), 250 Jahre Rechnungsprüfung, 1964, S. 245 ff.

840 So, Vogel, DVBl. 1970, S. 193 ff. (198); Vogel/Kirchhof, BK, Art. 114 Rn. 128; Karpen, Die Verwaltung 1986, S. 230 ff. (243) und Meinecke, Forschung und Wirtschaftlichkeit, in: Letzelter/Reinermann (Hrsg.), Wissenschaft, Forschung und Rechnungshöfe, 1981, S. 125 ff. (129).

841 So, Knöpfle, Die Zuständigkeit der Rechnungshöfe für die Prüfung der Körperschaften des öffentlichen Rechts, 1988, S. 98 f. und 104; Grupp, Wirtschaftlichkeitskontrolle und Staatsaufsicht, in: Rechtsaufsicht-Fachaufsicht, Zusammenwirken Staat-Hochschule, Fortbildungsprogramm für die Wissenschaftsveraltung, Materialien Nr. 22, 1985, S. 153 ff. (169); Kisker, § 89 Rn. 118, in: HStR Bd. IV, 1990.

auf die Finanzkontrolle möglich ist, da keine Parallelen zwischen beiden Institutionen bestehen. Wie schon erörtert, verfügt die Institution Rechnungshof im Gegensatz zur Staatsaufsicht über keine Sanktionsmöglichkeiten, sie ist unabhängig, d.h. sie fügt sich nicht in die hierarchische Behördengliederung ein und hat letztlich auch andere Maßstäbe und Ziele, da die „Zweckmäßigkeit“ nicht vergleichbar mit dem Prinzip der „Wirtschaftlichkeit“ ist. Zweitens, muss betont werden, dass die staatliche Rechnungshofkontrolle nicht subsidiär gegenüber internen Formen der universitären Selbstkontrolle ist[842], da es neben der Tatsache, dass beide Kontrolle unterschiedliche Zielrichtung haben[843], es (im Falle von Selbstkontrolle) an der verfassungsnotwendigen und der Institution der Finanzkontrolle immanenten Distanz zwischen Kontrolleur und Kontrolliertem fehlt[844].

Zur Lösung des Spannungsverhältnisses zwischen den beiden Verfassungsgütern ist eine Abgrenzung von „Kompetenzen“ im Rahmen des „wissenschaftsfreundlichen (staatlichen) Verhaltens“ vorzunehmen [845]. Anhaltspunkte dafür gibt die Rechtsprechung des Bundesverfassungsgerichts im Kunstbereich. Das BVerfG hat festgestellt, dass staatliche Eingriffe umso weniger zuzulassen sind, „je näher die umstrittene Handlung dem Kern der Kunstfreiheit zuzuordnen ist und je mehr (sie) im Bereich des Schaffens (im Unterschied zum Bereich des Wirkens) abspielt“[846].

Die Rechnungshofkontrolle muss also m.E. dort enden, wo der Kernbereich der wissenschaftlichen Freiheit von Forschung und Lehre beginnt. Dem Rechnungshof ist es also verwehrt, den Gegenstand bzw. Inhalt von Forschung und

---

842 Vgl. Sierig, Die Grenzen der staatlichen Finanzkontrolle, 1998, S. 263 ff.; Neubauer, Die Prüfungen des Rechnungshofes an den Universitäten im Spannungsfeld zwischen interner und externer Kontrolle, in: Arbeitsgruppe Fortbildung im Sprecherkreis der deutschen Universitätskanzler (Hrsg.), Universität und Rechnungshof im Umbruch, Fortbildungsprogramm für die Wissenschaftsverwaltung, 2001, S. 119 ff.

843 Vgl. Entscheidung des BVerwG, in: DöV 1986, S. 516 ff. (520): „zumal jedes der verschiedenen Aufsichtsmittel einen eigenen Zweck verfolgt“.

844 Vgl. Harms, Probleme der Hochschulfinanzverfassung aus der Sicht eines Landesrechnungshofs, in: Die Finanzverfassung der wissenschaftlichen Hochschulen, Fortbildungsprogramm für die Wissenschaftsverwaltung, Materialien Nr. 60, 1994, S. 99 ff. (101). Die Träger der internen Kontrolle könnten als „externe Sachverständige“ i.d.S. von § 94 Abs. 2 BHO/LHO zugezogen werden. Vgl. Rischer, Finanzkontrolle staatlichen Handelns, 1995, S. 347; v. Mutius/Nawrath, Art. 114 Rn. 34, in: Heuer (Hrsg.), Kommentar zum Haushaltrecht, Stand Juni 1999.

845 BVerfGE 35, S. 79.

846 BVerfGE 77, S. 240 ff. (254). Vgl. auch Pieroth/Schlink, Grundrechte-Staatsrecht II, 2002, Rn. 630.

Lehre sowie die Anwendung einer bestimmten Methode zu beanstanden[847]. Es ist demnach nicht Sache des Rechnungshofes, eine Stellung bezüglich der wissenschaftlichen Zielrichtung oder den Methoden der Wissenschaft zu nehmen. Jede finanzwirksame Entscheidung der Universität, die in unmittelbarem Bezug zum Kernbereich der Wissenschaftsfreiheit steht, kann also nicht von der Finanzkontrolle nach den Maßstab der Wirtschaftlichkeit geprüft werden. Das „Ob" von Forschung und Lehre, d.h. die Berechtigung des Erkenntniszieles oder die Tauglichkeit der angewandten Methode, muss stets außerhalb der Kontrolle bleiben[848].

Im Gegensatz dazu unterliegen diejenigen finanziellen Vorgänge, die in keinem Zusammenhang mit der Ausübung von Wissenschaft stehen, einer vollen Kontrolle[849]. Wenn es um finanzrelevante Maßnahmen geht, die im Randbereich des Schutzbereiches der Wissenschaftsfreiheit einzustufen sind, kann nach zutreffender Ansicht umfassend geprüft werden, soweit es sich um die Ausführung, d.h. das „Wie" der Entscheidung handelt, da das „Ob" regelmäßig vom Art. 5 Abs. 3 GG abgedeckt wird und deswegen kontrollfrei bleiben muss[850].

Zusammenfassend ist die konkrete grundrechtlich geschützte Position nicht geeignet, die Rechnungshofkontrolle überhaupt auszuschließen. Die Rechnungshofkontrolle muss lediglich insoweit begrenzt werden, dass nicht in den Kern des Schutzbereiches des Grundrechts eingegriffen wird[851]. Je mehr die Kontrolle[852]

847 Vgl. Frank, Der Rechnungshof im Wandel, in: Arbeitsgruppe Fortbildung im Sprecherkreis der deutschen Universitätskanzler (Hrsg.), Universität und Rechnungshof im Umbruch, Fortbildungsprogramm für die Wissenschaftsverwaltung, 2001, S. 29 ff. (36).

848 Vgl. Eckhoff, Das rechtliche Spannungsfeld zwischen Wissenschaftsfreiheit und Finanzkontrolle, in: Arbeitsgruppe Fortbildung im Sprecherkreis der deutschen Universitätskanzler (Hrsg.), Universität und Rechnungshof im Umbruch, Fortbildungsprogramm für die Wissenschaftsverwaltung, 2001, S. 55 ff. (60 f.); Munzert, VOP 1991, S. 14 ff.; Blasius, VR 1986, S. 11 ff. (16).

849 Wie z.B. die regelmäßige Wissenschafts- bzw. Routineverwaltung und der Sektor nicht wissenschaftlicher Dienstleistungen (Abfallwirtschaft usw.). Vgl. Sauer, DöV1986, S. 941 ff. (941); Sierig, Die Grenzen der staatlichen Finanzkontrolle, 1998, S. 293 ff.

850 Siehe dazu, Sierig, Die Grenzen der staatlichen Finanzkontrolle, 1998, S. 283 ff.

851 Das BVerwG geht zutreffend davon aus, dass eine nur mögliche Überschreitung der Prüfungskompetenz nicht zugleich die Kompetenz als solche unzulässig macht. Siehe, BVerwG, DöV 1986, S. 518 ff. (520); Heuer, DöV 1986, S. 516 ff. (516); Eibelshäuser/Wallis, § 111 Rn. 4 (Nr. 3) BHO, in: Heuer (Hrsg.), Kommentar zum Haushaltrecht, Stand Juni 1999.

852 Unter „Kontrolle" verstehen wir sowohl die Prüfung als auch die Beratung, da beide denselben Gegenstand haben. Vgl. dazu Sigg, Die Stellung der Rechnungshöfe im politischen System der Bundesrepublik Deutschland, 1983, S. 146 ff.; Sierig, Die Grenzen der staatlichen Finanzkontrolle, 1998, S. 216 ff. und 304.

nur die äußerliche Organisation des Wissenschaftsprozesses betrifft, desto weniger kann man sich auf die Wissenschaftsfreiheit berufen, da sich jedes Grundrecht an seinem Rande in die allgemeine Ordnung einfügt[853]. Im Übrigen hängt die Beurteilung der Zulässigkeit einer Prüfung von den Besonderheiten des Einzelfalles ab, so dass eine allgemeingültige pauschale Lösung ausscheiden sollte[854].

Innerhalb der Grenzen der oben entwickelten Lösung tun die Rechnungshöfe nichts anderes, als Kritik auszuüben. Kritik ist aber ein übliches, immanentes Element der Wissenschaft[855] und kann durch fachliche Argumente der Universitäten leicht zurückgewiesen werden. Die Rechnungshofkontrolle ist letztlich auch für die Universitäten als Selbstverwaltungsträger ein hilfreiches Instrument zur Selbstkorrektur und Verbesserung. Rechnungshöfe und Universitäten haben ein gemeinsames Anliegen und gemeinsame Zielvorstellungen, nämlich „ein möglichst leistungsfähiges und zugleich wirtschaftlich arbeitendes Hochschulsystem ..., das auch im Zeichen knapper werdender Haushaltsmittel[856] den Anforderungen der kommenden Jahre in Wissenschaft und Forschung gerecht werden kann“[857].

9. Öffentlich-rechtliche Rundfunkanstalten – Landesmedienanstalten

Die Zulässigkeit und der Umfang der Rechnungshofkontrolle bei den öffentlich-rechtlichen Rundfunkanstalten sind immer wieder Gegenstand kontroverser Erörterungen. Die Rechtsgrundlagen hinsichtlich dieser Problematik sind in Bund und Ländern zum Teil noch uneinheitlich, was zu unterschiedlichen Prüfungs-

853 Siehe dazu, Scheuner, DöV 1971, S. 505 ff. (571); Mayer, Die Erfolgskontrolle von Subventionen durch die Rechnungshöfe, 2001, S. 72.

854 Vgl. Tiemann, Die staatsrechtliche Stellung der Finanzkontrolle des Bundes, 1974, S. 116; Puhl, Budgetflucht und Haushaltsverfassung, 1996, S. 422; Hufen, JuS 1988, S. 225 f.; Schulte, Staat und Stiftung, 1989, S. 99.

855 Vgl. Pieroth/Schlink, Grundrechte-Staatsrecht II, 2002, Rn. 629; Kisker, § 89 Rn. 118 in: HStR Bd. IV, 1990; Heintzen, Art. 114 Rn. 35, in: von Münch/Kunig (Hrsg.), GG-Kommentar, 2003; Puhl, Budgetflucht und Haushaltsverfassung, 1996, S. 423, der zutreffend bemerkt, dass eine überzogene Empfindlichkeit gegenüber Kritik diskussionsaufgeschlossenen Institutionen, wie die Universitäten, kaum ansteht.

856 Vgl. Frank, Der Rechnungshof im Wandel, in: Arbeitsgruppe Fortbildung im Sprecherkreis der deutschen Universitätskanzler (Hrsg.), Universität und Rechnungshof im Umbruch, Fortbildungsprogramm für die Wissenschaftsverwaltung, 2001, S. S. 29 ff. (31).

857 Heidecke, Hochschule und Finanzkontrolle, in: Letzelter/Reinermann (Hrsg.), Wissenschaft, Forschung und Rechnungshöfe, 1981, S. 17 ff. (21).

möglichkeiten und tendenziell zu einer Schwächung der Effektivität der Rechnungshoftätigkeit führt. Tatsache ist, dass die Rundfunkanstalten finanziell und wirtschaftlich eine bedeutende Potenz darstellen. In den letzten Jahren haben ihre Programmzahl und Beteiligungen laufend zugenommen [858]. Unter öffentlich-rechtlichen Rundfunkanstalten versteht man (zur Zeit) die kraft Bundesrecht errichtete Deutsche Welle als „Auslandssender“[859] und die zehn, in der Arbeitsgemeinschaft Rundfunkanstalten Deutschlands (ARD), zusammengeschlossenen Landesrundfunkanstalten, einschließlich der drei Mehrländeranstalten, nämlich des Norddeutschen Rundfunks (NDR), des Mitteldeutschen Rundfunks (MDR) und des Südwestrundfunks (SWR)[860].

a) Öffentlich-rechtliche Rundfunkanstalten als Träger der Rundfunkfreiheit (Art. 5 Abs. 1 GG)

Die öffentlich-rechtlichen Rundfunkanstalten sind anerkanntermaßen Träger der Rundfunkfreiheit, da sie unmittelbar dem durch dieses Grundrecht geschützten Lebensbereich zuzuordnen sind[861]. Die Rundfunkanstalten befinden sich in einer „grundrechtstypischen Gefährdungslage“ und sind deswegen „grundrechtsschutzbedürftig“[862]. Der Inhalt der Rundfunkfreiheit (Art. 5 Abs. 1 Satz 2 GG) ist stärker als jedes andere Grundrecht von der Rechtsprechung des Bundesverfassungsgerichts determiniert[863].

Unter Rundfunk versteht man die Veranstaltung und Verbreitung von Darbietungen für die Allgemeinheit mit Hilfe elektromagnetischer Wellen. Zum geschützten Bereich gehören alle damit zusammenhängenden Tätigkeiten, von der Beschaffung von Informationen und der Produktion der Sendungen bis hin zu ihrer Verbreitung[864]. Neben der Funktion eines Abwehrrechtes erkennt das BVerfG an, dass der Rundfunk eine dienende Funktion im Hinblick auf die freie Meinungsbildung hat. Deshalb muss der Gesetzgeber durch entsprechende Regelun-

---

858 Vgl. dazu, Gößler, Funktion und legislatorische Notwendigkeiten einer effektiven Finanzkontrolle im Rundfunkwesen, in: Eibelshäuser (Hrsg.), Finanzpolitik und Finanzkontrolle – Partner für Veränderung, GS für Müller, 2002, S. 312 ff. (312 f.).

859 Vgl. Tillmanns/Hein, DVBl. 1990, S. 91 ff.

860 Die ARD hält auch eine Beteiligung an ARTE G.E.I.E., die eine deutsch-französische Gemeinschaftsanstalt mit Sitz in Straßburg ist. Obwohl es kein konkret normiertes Prüfungsrecht existiert, darf sie auch nicht in einem prüfungsfreien Raum bewegen.

861 BVerfGE 31, S. 314 ff. (322); 59, S. 231 ff. (254).

862 BVerfGE 45, S. 63 ff. (79); 61, S. 82 ff. (105). Nach richtiger Meinung gilt dies auch für die Deutsche Welle. Vgl. dazu, Puhl, DVBl. 1992, S. 933 ff. (936 ff.).

863 Vgl. Manssen, Staatsrecht II, 2004, Rn. 375.

864 Vgl. BVerfGE 77, S. 65 ff. (74).

gen die Staatsfreiheit gewährleisten und dafür sorgen, dass die Vielfalt der Meinungen möglichst breiten Ausdruck findet[865]. Der öffentlich-rechtliche Rundfunk ist dafür verantwortlich, die „Grundversorgung" sicherzustellen, d.h. den klassischen Auftrag des Rundfunks für die demokratische Ordnung zu erfüllen[866].

Der Schutz der Rundfunkfreiheit umfasst auch die finanzielle Sicherung des verfassungsrechtlichen Aufgabenbereiches der öffentlich-rechtlichen Rundfunkanstalten[867]. Artikel 5 Abs. 1 Satz 2 GG „schützt ... nicht nur vor unmittelbaren Einflüssen auf Auswahl, Inhalt und Gestaltung der Programme, sondern ebenso vor einer Einflussnahme, welche die Programmfreiheit *mittelbar* beeinträchtigen könnte"[868]. Dementsprechend kann die Finanzierung „in keinem Fall" beschränkt werden, „um Einfluss auf die Art der Programmgestaltung oder gar auf den Inhalt einzelner Programme auszuüben und damit Gebote oder Verbote der Rundfunkfreiheit zu unterlaufen"[869]. Im Kern der Rundfunkfreiheit steht also vor allem die Programmfreiheit[870].

Das BVerfG hat deutlich hervorgehoben, dass nicht notwendigerweise jede Regelung des Gesetzgebers einen Eingriff in die Rundfunkfreiheit darstellt, soweit sie erforderlich, an der Aufgabe der Rundfunkfreiheit orientiert, und geeignet ist zu bewirken, was Art. 5 Abs. 1 GG gewährleisten will[871]. Deswegen muss zunächst die Frage geklärt werden, ob die Finanzkontrolle durch die Rechnungshöfe als Eingriff oder als Ausgestaltung der Rundfunkfreiheit eingestuft werden kann.

Die Ausgestaltung dient der (unmittelbaren) Sicherung des Grundrechts, während Eingriffsregelungen Schranken zugunsten anderer Rechtsgüter setzen[872]. Ferner kommt als Abgrenzungspunkt in Betracht, dass Eingriffe die Abwehrfunktion des Grundrechts zum Tragen kommen lassen, während die Ausgestaltungsregelung Folge des objektiv-rechtlichen Grundrechtsgehalts ist[873]. Aus die-

865 BVerfGE 57, S. 295 ff. (320).

866 Vgl. ausführlicher, Starck, „Grundversorgung" und Programmauftrag des öffentlich-rechtlichen Rundfunks, in: Burmeister (Hrsg.),Verfassungsstaatlichkeit, FS für Klaus Stern, 1997, S. 776 ff.

867 BVerfGE 83, S. 238 ff. (298).

868 BVerfGE 73, S. 118 ff. (183).

869 BVerfGE 74, S. 297 ff. (342).

870 Vgl. BGHZ 110, S. 371 ff. (395); BVerfGE 97, S. 298 ff. (310); Schulze-Fielitz, Art. 5 I,II Rn. 3, in: Dreier (Hrsg.), GG-Kommentar, Bd. I, 2004.

871 BVerfGE 57, S. 295 ff. (320); 73, S. 118 ff. (153).

872 BVerfGE 74, S. 287 ff. (334); 73, S. 118 ff. (166); 97, S. 228 ff. (267).Vgl. auch Pieroth/Schlink, Grundrechte – Staatsrecht II, 2002, Rn. 581 f.; Bethge, DöV 2002, S. 673 ff. (680); Schulze-Fielitz, Art. 5 I, II Rn. 233, in: Dreier (Hrsg.), GG-Kommentar, Bd. I, 2004.

873 Vgl. Jarass, Reichweite der Rechnungsprüfung bei Rundfunkanstalten, 1992, S. 10.

sen Gründen wird es allgemein anerkannt, dass die Rechnungsprüfung einen Eingriff in die Rundfunkfreiheit der Anstalten darstellt[874]. Auf jeden Fall hat diese Einstufung aber kein besonders großes Gewicht, da in beiden Fällen eine verfassungsmäßige gesetzliche Grundlage erforderlich ist (Parlamentsvorbehalt)[875].

Ein Eingriff in die Rundfunkfreiheit ist nur dann zulässig, wenn die betreffende Regelung als „allgemeines Gesetz" im Sinne von Art. 5 Abs. 2 GG oder als eine unmittelbar verfassungsrechtlich legitimierte Beschränkung („kollidierendes Verfassungsrecht") anzusehen ist[876]. In diesem Zusammenhang müssen die folgenden Punkte beachtet werden: Kollidierendes Verfassungsrecht, das die Grundrechte des Grundgesetzes einschränken kann, darf sich nur aus dem GG selbst ergeben und nicht aus den Landesverfassungen, die im Rang unter dem Bundesgesetz stehen[877]. Ferner bedarf die Begrenzung eines Grundrechts durch kollidierendes Verfassungsrecht ebenfalls einer gesetzlichen Konkretisierung, es sei denn es besteht ein eindeutiger und bindender Verfassungsauftrag, wie z.B. Art. 114 GG für die öffentlich-rechtlichen Bundesrundfunkanstalten[878]. Schließlich gerät letzten Endes auch die Handhabung der „allgemeinen Gesetze" zum generellen Abwägungsproblem[879], da für die Typisierung als „allgemeines Gesetz" zum einen das Merkmal der Meinungsneutralität (sog. „Sonderechtslehre"), zum anderen die abstrakte Güterabwägung („Abwägungslehre") erforderlich sind[880].

---

874 Vgl. VG Stuttgart, Urt. vom 12.8.1992, in: VBlBW 1994, S. 458 ff. (459): „Gerade weil die Regelung (des § 111 Abs. 3 LHO, wonach die Südwestrundfunk der Finanzkontrolle unterstellt wird) nicht allein oder doch in erster Linie auf den Interessen des Klägers ausgerichtet ist ... (ist) nicht nur eine ausgestaltende Regelung der Rundfunkfreiheit, sondern ein Eingriff in die Rundfunkfreiheit anzunehmen"; OVG Rheinland-Pfalz vom 15.5.1995, in: DVBl. 1995, S. 1373 ff. („Als Eingriffsakt stellt sich die umstrittene Übermittlungspraxis insofern dar, als darin eine nicht unerhebliche Einwirkung des Staates in ein grundrechtliches Schutzgut gegen den Willen des Grundrechtsträgers ... liegt."); Jarass, Reichweite der Rechnungsprüfung bei Rundfunkanstalten, 1992, S. 10; Ossenbühl, Rundfunkfreiheit und Rechnungsprüfung, 1984, S. 43 f.

875 Vgl. VG Stuttgart, Urt. vom 12.8.1992, in: VBlBW 1994, S. 458 ff. (459).

876 Vgl. BVerfGE 73, S. 118 ff. (166); VG Stuttgart, Urt. vom 12.8.1992, in: VBlBW 1994, S. 458 ff. (459).

877 Vgl. Jarass, Reichweite der Rechnungsprüfung bei Rundfunkanstalten, 1992, S. 13.

878 Die „Deutsche Welle" wird als bundesunmittelbare juristische Person von Art. 114 GG unmittelbar erfasst und deswegen kann in vollem Umfang vom BRH kontrolliert werden.

879 Vgl. Bethge, Art. 5 Rn. 144, in: Sachs (Hrsg.), Grundgesetz Kommentar, 2002.

880 Vgl. Hesse, Grundzüge des Verfassungsrechts der Bundesrepublik Deutschland, 1999, Rn. 396 ff.; Manssen, Staatsrecht II, 2004, Rn. 391 ff.; BVerfGE 7, S. 198 ff. (209 f.); 62, S. 230 ff. (244); 71, S. 162 ff. (175).

Als „allgemeine Gesetze" kommen, zum einen die speziellen Vorschriften in den Rundfunkgesetzen bzw. Rundfunkstaatsverträgen in Betracht; zum anderen die Vorschrift des § 111 der Landeshaushaltsordnungen, wonach der Rechnungshof die Haushalts- und Wirtschaftsführung der bundes- bzw. landesunmittelbaren juristischen Personen des öffentlichen Rechts prüft. Voraussetzung für die Anwendung des § 111 BHO/LHO ist, dass die Rundfunkanstalten Teil der mittelbaren Verwaltung sind, was aber nicht unumstritten ist. Deswegen soll im Folgenden zum einen die Rechtsstellung der Rundfunkanstalten, zum anderen das Verhältnis zwischen den Rundfunkgesetzen bzw. Rundfunkstaatsverträgen und der Haushaltsordnung des Bundes oder eines Landes (insbesondere § 111 BHO/ LHO) untersucht werden.

b) Die Rechtstellung der Rundfunkanstalten – Konsequenzen für die Rechnungshofkontrolle

Nach der klassischen Bestimmung von *Otto Mayer* ist die öffentliche Anstalt „ein Bestand von Mitteln, sachlichen wie persönlichen, welche in der Hand eines Trägers öffentlicher Verwaltung einem besonderen öffentlichen Zweck dauernd zu dienen bestimmt sind"[881]. Die rechtsfähige Anstalt stellt eine verselbständigte Verwaltungseinheit dar, die durch die folgenden Merkmale bestimmt wird: Sie ist eine Zusammenfassung von Sachmitteln und Verwaltungsbediensteten, erfüllt bestimmte Verwaltungsaufgaben und hat in der Regel Benutzer, die Empfänger der durch die Anstalt dargebotenen Leistungen sind[882]. Maßgeblich für die Errichtung von Anstalten ist das Prinzip der Dezentralisation, d.h. der Ausgliederung von der (unmittelbaren) Staatsverwaltung für die Erfüllung öffentlicher Aufgaben. Der Gedanke der Eigenverantwortlichkeit spielt ebenfalls eine besondere Rolle[883]. Zwischen dem Anstaltsträger und der Anstalt besteht die Anstaltslast, d.h. die Verpflichtung des Anstaltsträgers, die Funktions- und Leistungsfähigkeit der Anstalt sicherzustellen und insbesondere finanzielle Defizite auszugleichen.

Das Bundesverfassungsgericht hat den Rundfunk zumindest als Sondertypus der Organisationsform Anstalt anerkannt. Die für den Rundfunk gewählte Rechtsform der Anstalt ermöglicht einen öffentlich-rechtlich gebundenen, aber auch eigenverantwortlichen Betrieb unter Einbeziehung der verschiedenen gesellschaft-

881 Mayer, Verwaltungsrecht, Bd. II, S. 268, 331, zitiert von Maurer, Allgemeines Verwaltungsrecht, 2004, S. 609.

882 Vgl. Maurer, Allgemeines Verwaltungsrecht, 2004, Rn.46 ff.

883 Vgl. Maurer, Allgemeines Verwaltungsrecht, 2004, Rn. 50.

lichen Kräfte[884]. Wenn sich der Staat mit dem Rundfunk beschäftigt, dann erfüllt er eine Aufgabe der öffentlichen Verwaltung. Die Veranstaltung von Rundfunksendungen ist eine öffentliche Aufgabe, die von der Kompetenzabgrenzung zwischen Bund und Ländern erfasst wird, und zwar auch dann, wenn sich der Staat privatrechtlicher Formen bedienen würde[885]. Die Länder sind von Verfassungs wegen verpflichtet, die Verbreitung von Nachrichten und Sendungen durch den Rundfunk staatsfrei zu gewährleisten. Die Durchführung dieser Aufgabe haben die Länder den Rundfunkanstalten des öffentlichen Rechts überlassen. Den Rundfunkanstalten wurde also eine Aufgabe der öffentlichen Verwaltung übertragen, da der Staat wegen der verfassungsrechtlich normierten Staatsfreiheit diese Aufgabe nicht selbst wahrnehmen könnte[886]. Als Anstaltsträger ist der Staat durch (an der besonderen Aufgabe der Rundfunkfreiheit orientierte) materielle, organisatorische und Verfahrensregelungen verpflichtet, den verfassungsrechtlichen Inhalt von Art. 5 Abs. 1 GG zu gewährleisten[887]. Als Ergebnis bleibt festzuhalten, dass die öffentlich-rechtlichen Rundfunkanstalten Träger der öffentlichen Verwaltung darstellen[888].

Dementsprechend gelten die allgemeinen Grundsätze für die Finanzkontrolle juristischer Personen des öffentlichen Rechts[889]. Das bedeutet, dass die Rund-

884 Vgl. dazu, BVerfGE 12, S. 205 ff.; 57, S. 295 ff. (325 f.); 89, S. 144 ff. (154); 31, S. 314 ff. (327); Flechsig, § 1 Aufgabe und Rechtsform, in: Ders. (Hrsg.), SWR – Staatsvertrag, Kommentar, 1997, S. 79.

885 Siehe dazu, BVerfGE 12, S. 205 ff. (246).

886 Vgl. Flechsig, § 1 Aufgabe und Rechtsform, in: Ders. (Hrsg.), SWR – Staatsvertrag, Kommentar, 1997, S. 62 f.; Starck, Art. 5 Abs. 1, 2 GG Rn. 109, in: von Mangoldt/Klein/Starck, Das Bonner Grundgesetz (Kommentar), 2001: „Staatsaufgabe ist ... die Herstellung und Sicherstellung des organisatorischen Rahmens".

887 Vgl. BVerfGE 57, S. 295 ff. (320); 83, S. 238 ff. (296); 87, S. 181 ff. (198). Rundfunkfreiheit ist eine dienende Freiheit, indem sie der freien individuellen und öffentlichen Meinungsbildung dient. Schon aus diesem Grund bedarf der Rundfunk einer gesetzlichen Ordnung, die sicherstellen muss, dass er den verfassungsrechtlich vorausgesetzten Dienst leistet.

888 Ebenso, Bethge, Die Verwaltung 1994, S. 433 ff. (443); Leibholz, Rechtsgutachten zur verfassungsrechtlichen Problematik der Ausübung der Rechtsaufsicht gegenüber Rundfunk- und Fernsehanstalten im Bereich der Programmgestaltung, 1973, S. 32; Berendes, Die Staatsaufsicht über den Rundfunk, 1973, S. 89.

889 Siehe aber, Krempel, Rechnungshöfe und Rundfunk-Beteiligungsunternehmen, 1996, S. 115 ff., 131, 197; Ipsen, DöV 1974, S. 721 ff. (724); Lange, VVDStRL 1986, S. 169 ff. (208); Karpen, Zur Rechnungsprüfung des Südwestfunks durch den Landesrechnungshof Rheinland-Pfalz, 1993, S. 84 f. – Als entscheidendes Argument gilt, dass der Rundfunk, nur um der Gewährleistung der Staatsfreiheit (Art. 5 Abs. 1 Satz 2 GG) willen aus dem staatlichen Organisation ausgegliedert worden ist; nur insoweit könnte sie nicht als Teil der staatlichen Organisation betrachtet werden. Eine völlige Ausklammerung wäre m.E. inadäquat.

funkanstalten „bundes- oder landesunmittelbare" juristische Personen des öffentlichen Rechts im Sinne des § 111 BHO/LHO sind, soweit sie der Aufsicht des Bundes oder eines Landes, mit anderen Worten der staatlichen Aufsicht, unterworfen sind[890].

Wie schon bereits dargestellt, gibt es in den Rundfunkgesetzen und Rundfunkstaatsverträgen spezielle gesetzliche Grundlagen, die eine Finanzkontrolle der Rundfunkanstalten durch die jeweils zuständigen Rechnungshöfe vorsehen[891]. Solche Regelungen stehen nicht im Widerspruch zum einschlägigen allgemeinen Haushaltsrecht, d.h. der Haushaltsordnung und speziell Art. 111 BHO/LHO, da sie keine „eigenständige oder nur in Einzellbestimmungen von ihm abweichende Normierung"[892] der Rechnungshofkompetenz enthalten. Mit anderen Worten verdrängen sie das allgemeine staatliche Haushaltsrecht nicht[893]. Auf der anderen Seite sind diese Normen nicht nur deklaratorischer Natur. Es geht vielmehr um rechtsverbindliche Rechtssätze, die den allgemeinen Rahmen der Haushaltsordnungen ergänzen bzw. konkretisieren[894].

---

890 Vgl. Knöpfle, Information des Parlaments über das Finanzgebaren öffentlich-rechtlicher Rundfunkanstalten, 1990, S. 22 ff. Er bemerkt (hinsichtlich der Rundfunkanstalten SWF und ZDF): „selbst wenn die Aufsicht von mehreren Ländern geführt würde und die Anstalten deshalb als „länderunmittelbar" zu erachten wären, würden die §§ 105 Abs. 1 und 111 Abs. 1 Satz 2 LHO *teleologisch zur Vermeidung einer Prüfungslücke dahin auszulegen sein*, dass sie auch auf die genannten Anstalten erstrecken"(nicht originale Hervorhebung). Vgl. aber OVG Rheinland-Pfalz vom 15.5.1995, in: DVBl. 1995, S. 1372 ff.: „gilt dies wegen der räumlich begrenzten Normativitätswirkung des Landesrechts nur für solche der alleinigen Organisationsgewalt des Landes unterfallenden Einrichtungen". So, Jarass, Reichweite der Rechnungsprüfung bei Rundfunkanstalten, 1992, Kap. C I. Kritisch dazu, Knöpfle, Die Zulässigkeit einer Öffentlichkeitsarbeit der Rechnungshöfe, in: Burmeister (Hrsg.),Verfassungsstaatlichkeit, FS für Klaus Stern, 1997, S. 629 ff.

891 Siehe für solche Regelungen, Krempel, Rechnungshöfe und Rundfunk-Beteiligungsunternehmen, 1996, S. 151 ff.

892 Knöpfle, Information des Parlaments über das Finanzgebaren öffentlich-rechtlicher Rundfunkanstalten, 1990, S. 21.

893 § 48 Abs. 1 HGrG sieht vor, dass die Vorschriften des HGrG für landesunmittelbare Personen des öffentlichen Rechts entsprechend anzuwenden sind, soweit durch Gesetz oder auf Grund eines Gesetzes nichts anderes bestimmt ist. Nach unserer Auffassung stellen die Rundfunkgesetze keine abweichende Regelung dar, sondern sie konkretisieren den allgemeinen Grundsatz der Prüfungsunterworfenheit aller juristischen Personen des öffentlichen Rechts für den besonderen Fall der Rundfunkanstalten.

894 Die hier vertretene Ansicht wird von den Vorschriften der Rundfunkgesetze bestätigt, die „expressis verbis" auf die jeweilige LHO verweisen. Siehe z.B. § 35 Abs. 5 SWR – Staatsvertrag: „Die Vorschriften der Landeshaushaltsordnung ... sind in der jeweils geltenden Fassung anzuwenden. Die übrigen Vorschriften gelten entspre-

c) Die Ausgestaltung der Rechnungsprüfung beim Rundfunk

Die Prüfungsunterworfenheit der öffentlich-rechtlichen Rundfunkanstalten, die kraft Bundesrechts errichtet worden sind, hat in jedem Fall eine verfassungsrechtliche Basis. Wenn man die öffentlichen Rundfunkanstalten als Teil der mittelbaren Bundesverwaltung betrachtet, dann ergibt sich die Zuständigkeit der Rechnungshöfe zur Kontrolle schon aus Art. 114 GG. Die verfassungsobligatorische Prüfungsunterworfenheit der öffentlichen Bundesrundfunkanstalten kann ferner durch den objektiven Gehalt der Eigentumsgarantie (Art. 14 GG) bestätigt werden. Nach zutreffender Ansicht muss nicht nur die Angabenerhebung als solche, sondern auch die Abgabenverwendung durch das Gemeinwohl legitimiert sein, um dem Garantiegehalt des Artikels 14 GG gerecht zu werden. Im konkreten Fall bedeutet diese Feststellung, dass der objektiv – rechtliche Gehalt von Art. 14 GG aufgrund der Finanzierung der Rundfunkanstalten durch Zwangsabgaben, deren materielle Bindung an die (Wirtschaftlichkeits-) Prüfung verlangt[895].

Im Rahmen dieser Problemstellung kann schließlich der Gesichtpunkt der Finanzgewährleistungspflicht des Staates eine besondere Rolle spielen. Das VG Stuttgart hat aus dieser Pflicht auf das Prüfungsrecht des Rechnungshofes geschlossen. Artikel 5 Abs. 1 GG wehrt nur jegliche staatliche Einflussnahme auf die Programmgestaltung ab und will nicht „einen von unabhängiger Rechnungsprüfung unbeschwerten Umgang der Anstalt mit öffentlichen Mitteln gewährleisten“[896].

Aus den genannten Aspekten ergeben sich „verfassungsrechtliche Bindungen, die ein Erfordernis der Kontrolle begründen, zumal dem einzelnen Abgabenschuldner der Durchgriff auf die Mittelverwendung auch hier verwehrt ist“[897]. Ungeachtet der Tatsache, dass (mindestens) die letztgenannte verfassungsrechtliche Bindung auch für die öffentlich-rechtlichen *Landes*rundfunkanstalten gilt,

---

chend, soweit sie ihrem Wesen nach auf eine öffentlich-rechtliche Rundfunkanstalt anwendbar sind“.

895 Siehe dazu, Selmer, Wirtschaftlichkeitskontrolle und Grundrechtsschutz: Rechtswissenschaftliche Analysen in sensitiven Prüfungsbereichen, in: Engelhardt/ Schulze/Thieme (Hrsg.), Stellung und Funktion der Rechnungshöfe im Wandel?, 1992, S. 67 ff. (81); von Arnim, Wirtschaftlichkeit als Rechtsprinzip, 1988, S. 72 ff.

896 VG Stuttgart, Urt. vom 12.8.1992, in: VBlBW 1994, S. 458 ff. (461).Vgl. auch Blasius, DöV 1983, S. 642 ff.; Knöpfle, Die Zuständigkeit der Rechnungshöfe für die Prüfung der Körperschaften des öffentlichen Rechts, 1988, S. 102 f.; Haverkate, Prüfungsfreie Räume – Welche Türen in der öffentlichen Verwaltung bleiben dem Rechnungshof verschlossen?, in: Zavelberg (Hrsg.), Die Kontrolle der Staatsfinanzen, 1989, S. 197 ff. (212 f.)

897 Siehe, Degenhart, VVDStRL 1996, S. 190 ff. (219).

kommen Art. 111 LHO und die speziellen Vorschriften in den Rundfunkgesetzen und Rundfunkstaatsverträgen als allgemeine Gesetze i.S.v. Art. 5 Abs. 1 GG in Betracht, die die Rundfunkfreiheit zugunsten einer öffentlichen Rechnungshofkontrolle einschränken[898]. Festzuhalten ist also, dass sich der öffentlich-rechtliche Rundfunk hinsichtlich seines Finanzgebarens keinesfalls in einem kontrollfreien Raum bewegt.

Wie bereits oben dargelegt, fügt sich jedes Grundrecht an seinem Rande in die allgemeine Ordnung ein. Das gilt auch für die Rundfunkfreiheit. Obwohl die Rechnungshöfe über keine unmittelbaren Sanktionsmöglichkeiten verfügen, kann die Rechnungsprüfung als eine mittelbare Beeinträchtigung bzw. als Eingriff in die Rundfunkfreiheit eingestuft werden, der einer Rechtfertigung bedarf. Die Rechnungshofkontrolle, die als unmittelbares verfassungsrechtliches Gebot oder aufgrund eines „allgemeinen Gesetzes“ erfolgt, legitimiert Begrenzungen der Rundfunkautonomie im Rahmen eines verhältnismäßigen Ausgleichs[899]. Im Folgenden soll also versucht werden, die Grundlinien eines schonenden Ausgleichs zwischen Rundfunkfreiheit und Rechnungshofkontrolle zu skizzieren.

Nach einer Ansicht kann die Rechnungshofkontrolle als Hilfsfunktion der Staatsaufsicht nicht weiter gehen als die Staatsaufsicht selbst. In concreto würde das bedeuten, dass aus der durch die Rundfunkfreiheit bedingten und beschränkten Rechtsaufsicht gegenüber den öffentlich-rechtlichen Rundfunkanstalten eine entsprechende Beschränkung der Prüfungsdichte abzuleiten wäre[900]. Diese Ansicht führt zur Ausklammerung der Wirtschaftlichkeitskontrolle. Da wir uns weiter oben schon mehrmals mit dieser Problematik beschäftigt haben, genügt es hier darauf hinzuweisen, dass die Kontrollkompetenzen des Rechnungshofs so weit reichen, wie „seine Unterstützungsfunktion für finanzwirksame Entscheidungen von Regierung *und* Parlament es erfordern“[901]. Die Rechnungsprüfung ist nicht akzessorisch zur Staatsaufsicht.

---

898 Siehe weiter oben Kap. D III 9 a. Hier muss bemerkt werden, dass § 111 BHO unmittelbar für die öffentlich-rechtlichen Bundesrundfunkanstalten gilt und dass das im Text gezogene Ergebnis (§ 111 LHO als allgemeines Gesetz) im Grundsatz auch für einen entsprechenden Konflikt auf landesverfassungsrechtlicher Ebene gilt.

899 Im Bereich der Körperschaften, die Grundrechtsträger sind, kommen Verhältnismäßigkeitskriterien in Betracht. Vgl. Degenhart, VVDStRL 1996, S. 190 ff. (218); Kyrill-A.Schwarz, Art. 114 Rn. 102, in: von Mangoldt/Klein/Starck, Das Bonner Grundgesetz (Kommentar), 2001.

900 So, Ossenbühl, Rundfunkfreiheit und Rechnungsprüfung, 1984, S. 51, 63 ff. und Badura, Rundfunkfreiheit und Finanzautonomie, 1986, S. 67 f.

901 Puhl, Budgetflucht und Haushaltsverfassung, 1996, S. 424 f.

Nach richtiger Meinung ist die externe Finanzkontrolle keinesfalls subsidiär gegenüber anstaltsinterner Kontrolle[902], da die enge Verflechtung des internen Kontrolleurs mit der Anstalt „ein ständiges Risiko für die Objektivität"[903] der Prüfungsergebnisse darstellt. Es mangelt nämlich an der für eine effektive Kontrolle (verfassungs-)notwendigen Distanz. Ferner, hat die interne Kontrolle eine andere Zielrichtung als die externe.

Die Rundfunkfreiheit kann „per se" keine prüfungsfreien Räume garantieren; sie kann aber modale Schranken bezüglich der Dichte bzw. Tiefe der Rechnungsprüfung setzen. Zunächst muss betont werden, dass die Kontrolle am Maßstab der Wirtschaftlichkeit nicht ausgeschlossen werden kann, da die Wirtschaftlichkeitskontrolle letztlich auch eine Rechtmäßigkeitsprüfung darstellt. Auf jeden Fall sind die Kategorien Rechtmäßigkeits- und Wirtschaftlichkeitskontrolle zu grob, um das Problem des Ausgleichs angemessen zu lösen[904]. Ferner kann aus dem Grundrecht der Rundfunkfreiheit keine Beschränkung der Kontrolle auf nur „evidente" Verletzungen des Wirtschaftlichkeitsprinzips abgeleitet werden[905].

Wie im Hochschulbereich, so muss auch beim öffentlich-rechtlichen Rundfunk eine Abwägung nach Maßgabe aller Gegebenheiten der konkreten Sachlage stattfinden. Pauschale Lösungen sind nicht annehmbar[906]. Zur Lösung des konkreten Spannungsverhältnisses sollte wie im Hochschulbereich eine Art Stufentheorie gebildet werden[907]. Die Rundfunkfreiheit kommt als Abwägungsgesichtspunkt um so nachdrücklicher zur Geltung, „je näher die für eine Beanstandung in Aussicht gekommen konkrete Betätigung der eigentlichen publizistischen Kernsubstanz des Rundfunks steht"[908].

---

902 So aber, Ossenbühl, Rundfunkfreiheit und Rechnungsprüfung, 1984, S. 51; Jarass, Reichweite der Rechnungsprüfung bei Rundfunkanstalten, 1992, S. 59.

903 Puhl, Budgetflucht und Haushaltsverfassung, 1996, S. 426. Vgl. auch Haverkate, Haverkate, Prüfungsfreie Räume – Welche Türen in der öffentlichen Verwaltung bleiben dem Rechnungshof verschlossen?, in: Zavelberg (Hrsg.), Die Kontrolle der Staatsfinanzen, 1989, S. 197 ff. (213).

904 Siehe dazu, Puhl, Budgetflucht und Haushaltsverfassung, 1996, S. 429.

905 Vgl. Ossenbühl, Rundfunkfreiheit und Rechnungsprüfung, 1984, S. 64 f.; Jarass, Reichweite der Rechnungsprüfung bei Rundfunkanstalten, 1992, S. 59. Zutreffend, Selmer, Die Verwaltung 1990, S. 1 ff. (21).

906 Vgl. Selmer, Wirtschaftlichkeitskontrolle und Grundrechtsschutz: Rechtswissenschaftliche Analysen in sensitiven Prüfungsbereichen, in: Engelhardt/Schulze/Thieme (Hrsg.), Stellung und Funktion der Rechnungshöfe im Wandel?, 1992, S. 84 und Puhl, Budgetflucht und Haushaltsverfassung, 1996, S. 422.

907 Vgl. Selmer, Die Verwaltung 1990, S. 1 ff. (22 f.); Knöpfle, Die Zulässigkeit einer Öffentlichkeitsarbeit der Rechnungshöfe, in: Burmeister (Hrsg.), Verfassungsstaatlichkeit, FS für Klaus Stern, 1997, S. 629 ff. (644 f.).

908 Selmer, Die Verwaltung 1990, S. 1 ff. (22 f.); vgl. auch, v. Mutius/Nawrath, Art. 114 Rn. 34, in: Heuer (Hrsg.), Kommentar zum Haushaltrecht, Stand Juni 1999;

Die allgemein gehaltenen Programmgrundsätze der Rundfunkräte „berühren" den Kernbereich der Rundfunkfreiheit und sind deswegen den Beanstandungen der Rechungshöfe weitgehend entzogen[909]. Bei der Programmkonkretisierung muss ein bestimmter Beurteilungsspielraum anerkannt und respektiert werden, soweit es um die Festlegung von Programminhalten, um Produktionsentscheidungen und andere Gegenstände des publizistischen Kerngehalts der Rundfunktätigkeit geht. Mit anderen Worten: Abwägungen bzw. Entscheidungen der Rundfunkanstalten über Wirtschaftlichkeit und Sparsamkeit[910], die mit der Auswahl der Rundfunkprogramme nach Art und Zahl, den Programmarten, der Art und Weise der Produktion usw. zusammenhängen, zählen zu den unüberwindbaren Schranken für den Rechnungshof[911]. Vielmehr ist dem Rechnungshof verwehrt, in bestimmten grundrechtlich geschützten Sachbereiche seine eigene Bewertung an die Stelle der Bewertung der geprüften Anstalt zu setzen[912]. Im Gegensatz dazu können die Rechnungshöfe mit zunehmender Entfernung vom Kerngehalt der Rundfunkfreiheit die Anstaltstätigkeit bewerten, kritisieren und beanstanden: i) bei der Ausführung der formulierten programmbezogenen Zielvorgaben, wie z.B. bei der Einkaufspolitik und der Produktion der Sendungen, ii) bei Fragen der Besoldung und Versorgung, iii) im Organisations- und Verwaltungsbereich[913].

Gößler, Funktion und legislatorische Notwendigkeiten einer effektiven Finanzkontrolle im Rundfunkwesen, in: Eibelshäuser (Hrsg.), Finanzpolitik und Finanzkontrolle – Partner für Veränderung, GS für Müller, 2002, S. 312 ff. (320); Hesse, Grundzüge des Verfassungsrechts der Bundesrepublik Deutschland, 1999, Rn. 400.

909 Vgl. auch Badura, Rundfunkfreiheit und Finanzautonomie, 1986, S. 67.

910 Für die bestehenden Schwierigkeiten bei der Anwendung des Wirschaftlichkeitsprinzips im Bereich der Rundfunkanstalten siehe: Diekmann, Rundfunkanstalten, in: v. Arnim/Lüder (Hrsg.), Wirtschaftlichkeit in Staat und Verwaltung, 1993, S. 183 ff.

911 Vgl. VG Stuttgart vom 12.8.1992, in: VBlBW 1994, S. 458 ff. (460); Vogel/Kirchhof, BK, Art. 114 Rn. 128.

912 Vgl. Haverkate, Prüfungsfreie Räume – Welche Türen in der öffentlichen Verwaltung bleiben dem Rechnungshof verschlossen?, in: Zavelberg (Hrsg.), Die Kontrolle der Staatsfinanzen, 1989, S. 197 ff. (213). Eine Ausübung der Rechnungshofkompetenzen unter „self-restraint" ist nicht anzunehmen. Siehe aber, Knöpfle, Die Zuständigkeit der Rechnungshöfe für die Prüfung der Körperschaften des öffentlichen Rechts, 1988, S. 130. Das „self-restraint" stellt keine rechtlich fassbare und kontrollierbare Größe dar und deshalb sollte abgelehnt werden. Siehe auch weiter unten Kap. D dieser Arbeit.

913 Vgl. Häußer, DöV 2002, S. 722 ff. (724); VG Stuttgart, Urt. vom 12.8.1992, in: VBlBW 1994, S. 458 ff. (460 f.): Unterscheidung zwischen unmittelbarem Programmbereich, Personalbereich und programmfremdem Bereich; Hertel, § 35 Finanzkontrolle, in: Flechsig (Hrsg.), SWR – Staatsvertrag, Kommentar, 1997, S. 359 ff. (363).

Etwaige Probleme, d.h. wahrscheinliche Einbrüche in schutzwürdige Positionen aus dem Gesichtspunkt der Rundfunkfreiheit, können nicht zu dem Schluss führen, dass die Rechnungsprüfung a priori unzulässig sei[914]. Hier muss berücksichtigt werden, dass die Finanzkontrolle durch die Rechnungshöfe nicht nur der demokratischen Kontrolle durch das Parlament dient, sondern auch „dem demokratischen Element in den selbständigen Verwaltungseinheiten, nämlich im Bereich der Selbstverwaltung“[915]. Als Ergebnis kann festgehalten werden, dass in dem oben skizzierten Rahmen und innerhalb der gezogenen Grenzen eine Rechnungsprüfung gegenüber den Rundfunkanstalten verfassungsmäßig und zulässig ist.

d) Landesmedienanstalten

Aus Gründen der Vollständigkeit und der Sachnähe stellen wir abschließend kurz die Sachlage bei den öffentlich-rechtlichen Landesmedienanstalten dar. Die Landesmedienanstalten sind grundsätzlich keine Rundfunkveranstalter, die über Programmautonomie verfügen[916]. Sie fungieren vielmehr als Lizenzgeber, Frequenzverleiher und Kontrollinstanzen für die privaten Rundfunkveranstalter[917]. Die Landesmedienanstalten unterliegen nur einer beschränkten Staatsaufsicht, sie verfügen über Autonomiebefugnisse und finanzieren sich aus öffentlichen Mitteln, d.h. der Rundfunkgebühr[918]. Ungeachtet ihrer Autonomie sind sie Teil der mittelbaren Verwaltung, da sie öffentliche Verwaltungsaufgaben wahrnehmen[919]. Nach richtiger Meinung sind die Landesmedienanstalten anders als die Rundfunkveranstalter keine Grundrechtsträger der Rundfunkfreiheit, da allein die Aufgabe der Grundrechtssicherung keine Grundrechtsträgerschaft zu vermitteln ver-

---

914 Vgl. VG Stuttgart, Urt. vom 12.8.1992, in: VBlBW 1994, S. 458 ff. (460 f.).

915 Haverkate, Prüfungsfreie Räume – Welche Türen in der öffentlichen Verwaltung bleiben dem Rechnungshof verschlossen?, in: Zavelberg (Hrsg.), Die Kontrolle der Staatsfinanzen, 1989, S. 197 ff. (216); Mayer, Die Erfolgskontrolle von Subventionen durch die Rechnungshöfe, 2001, S. 73.

916 Vgl. Bethge, Die Verwaltung 1994, S. 444 f.

917 Vgl. Wagner, Die Landesmedienanstalten, 1990, S. 112; Bethge, Art. 5 Rn. 113, in: Sachs (Hrsg.), Grundgesetz Kommentar, 2002.

918 Wagner, Die Landesmedienanstalten, 1990, S. 96 ff. und 105 ff.

919 Vgl. Wagner, Die Landesmedienanstalten, 1990, S. 112; Bethge, Art. 5 Rn. 113, in: Sachs (Hrsg.), Grundgesetz Kommentar, 2002; Degenhart, Art. 5 Abs. 1, 2, Rn. 747, in: von Mangoldt/Klein/Starck, Das Bonner Grundgesetz (Kommentar), 1988; Bumke, Die öffentliche Aufgabe der Landesmedienanstalten, 1995, S. 17; Breuer, VVDStRL 1986, S. 211 ff. (240). Anders, Hoffmann-Riem, Finanzierung und Finanzkontrolle der Landesmedienanstalten, 1993, S. 41 ff.

mag[920]. Falls sie (als Rundfunkveranstalter) grundrechtsberechtigt sein sollen, dann muss praktische Konkordanz zwischen dem Schutz der Rundfunkfreiheit und der gebotenen Finanzkontrolle hergestellt werden. Dazu gelten mutatis mutandis die Ausführungen bezüglich der Rundfunkanstalten[921].

10. Öffentliche Unternehmen in der Form des öffentlichen Rechts

a) Begrifflichkeit

Die öffentliche Hand, d.h. der Bund, die Länder, die Gemeinden und andere öffentlichrechtliche Einheiten, betätigen sich eigenwirtschaftlich, indem sie am Wirtschaftsleben teilnehmen[922]. Diese wirtschaftliche Betätigung wird grundsätzlich durch sog. öffentliche Unternehmen wahrgenommen. Der Begriff des öffentlichen Unternehmens ist umstritten, da er als Sammelbezeichnung für verschiedenartige Erscheinungsformen verwendet wird[923]. Weder das HGrG noch die BHO/LHO definieren diesen Begriff. In den Vorl. VV-BHO zu § 65 (Nr. 1.1) wird die folgende Definition gegeben: „Der Begriff „Unternehmen" ... setzt grundsätzlich weder eine eigene Rechtspersönlichkeit voraus ... noch einen gewerblichen oder sonstigen wirtschaftlichen Betrieb"[924].

In der Theorie sind bestimmte Mindestvoraussetzungen allgemein anerkannt[925]: Es handelt sich um eine faktisch oder rechtlich verselbständigte Organi-

---

920 Vgl. Entscheidung des SächsVerfGH, in: NJW 1997, S. 3015 f.; Bethge, NJW 1995, S. 557 ff.; ders., NVwZ 1997, S. 1 ff. (5); ders., Art. 5 Rn. 113, in: Sachs (Hrsg.), Grundgesetz Kommentar, 2002; Siehe auch BVerfG, in: DVBl. 1998, S. 469 ff.

921 Vgl. auch Hoffmann-Riem, Finanzierung und Finanzkontrolle der Landesmedienanstalten, 1993, S. 142 ff.

922 Vgl. Vollmöller, Die wirtschaftliche Betätigung der öffentlichen Hand, in: Schmidt/Vollmöller (Hrsg.), Kompendium Öffentliches Wirtschaftsrecht, 2004, S. 139 ff. Für die Problematik der allgemeinen Zulässigkeit einer solchen Betätigung, siehe etwa, Puhl, S. 456 ff. und Holoubek, S. 515 ff., beide in: VVDStRL 2001; Püttner, Die öffentlichen Unternehmen, 1985, S. 76 ff.; Vollmöller, Die wirtschaftliche Betätigung der öffentlichen Hand, in: Schmidt/Vollmöller (Hrsg.), Kompendium Öffentliches Wirtschaftsrecht, 2004, S. 139 ff.

923 Vgl. Stober, Allgemeines Wirtschaftsverwaltungsrecht, 14. Auflage, S. 222 f.; Storr, Der Staat als Unternehmer, 2001, S. 35 ff.; Gersdorf, Öffentliche Unternehmen im Spannungsfeld zwischen Demokratie- und Wirtschaftlichkeitsprinzip, 2000, S. 501.

924 Vgl. Soldner, § 92 BHO Rn. 6, in: Heuer (Hrsg.), Kommentar zum Haushaltrecht, Stand September 1986.

925 Zum folgenden vgl. Gusy, JA 1995, S. 166 ff. (167); Mann, JZ 2002, S. 819 ff. (819 f.); Eibelshäuser/Wallis, § 112 BHO Rn. 8 und Eibelshäuser/Nowak, § 65 BHO Rn.

sationseinheit, deren Gegenstand schwerpunktmäßig eine wirtschaftliche Tätigkeit ist und deren Träger die öffentliche Hand ist, zumindest in dem Sinne, dass „die öffentliche Hand aufgrund Eigentums, finanzieller Beteiligung, Satzung oder sonstiger Bestimmungen, die die Tätigkeit des Unternehmens regeln, unmittelbar oder mittelbar einen beherrschenden Einfluss ausüben kann“[926]. Dagegen kommt es nicht auf Merkmale, wie die Rechts- bzw. Organisationsform oder die Rechtsnatur der Beziehungen zu den Leistungsempfängern an[927]. Die öffentlichen Unternehmen verfolgen verschiedene Ziele, wie die Monopolkontrolle, die Wettbewerbsintervention, die Sicherung wichtiger öffentlicher Belange und die Wirtschaftsförderung[928].

Die öffentlichen Unternehmen können entweder öffentlich-rechtlich oder privatrechtlich organisiert werden[929]. Im Rahmen dieses Abschnitts (10.) befassen wir uns mit den Unternehmen in öffentlich-rechtlicher Form. Wenn der Staat öffentliche Unternehmen in der Form des öffentlichen Rechts betreibt, dann liegt ein Fall der mittelbaren Verwaltung vor[930]. Nach zutreffender Ansicht müssen die Unternehmen in der Form einer juristischen Person des öffentlichen Rechts öffentliche Zwecke verfolgen und öffentliche Aufgaben erledigen. Ausschlaggebend ist nämlich, dass die Einrichtung eines solchen Unternehmens im öffentlichen Interesse erfolgt[931]. Indiz für das Vorliegen eines Unternehmens des öffentlichen Rechts stellt die Buchführung nach kaufmännischen Grundsätzen dar[932].

28, beide in: Heuer (Hrsg.), Kommentar zum Haushaltrecht, Stand Januar 2001 und Februar 2006; Tiemann, Die staatsrechtliche Stellung der Finanzkontrolle des Bundes, 1974, S. 105.

926 Siehe Art. 2 der Richtlinie 80/273 EWG v. 25.6.1980 („Transparenz-Richtlinie“ zu Art. 86 EGV).

927 Vgl. Püttner, Die öffentlichen Unternehmen, 1985, S. 35; von Mutius, Studentenwerke als öffentlich-rechtliche Anstalten und öffentliche Unternehmen, in: Ders. (Hrsg.), Autonomie öffentlicher Unternehmen in Anstaltsform, 1987, S. 43 ff..

928 Vgl. statt vieler, Püttner, Die öffentlichen Unternehmen, 1985, S. 51 ff. und ders., Verwaltungslehre, 2000, S. 264.

929 Vgl. Glatfeld, Die Auswirkungen effizienzsteigender Maßnahmen in der öffentlichen Verwaltung unter besonderer Berücksichtigungen von Ausgliederungen bzw. Privatisierungen auf die Arbeit der Rechnungshöfe, 1997, S. 107.

930 Vgl. Püttner, Verwaltungslehre, 2000, S. 263; ders., Die öffentlichen Unternehmen, 1985, S. 215 ff.; Vollmöller, Die wirtschaftliche Betätigung der öffentlichen Hand, in: Schmidt/Vollmöller (Hrsg.), Kompendium Öffentliches Wirtschaftsrecht, 2004, S. 139 ff.

931 Vgl. Tiemann, Die staatsrechtliche Stellung der Finanzkontrolle des Bundes, 1974, S. 105; Eibelshäuser/Wallis, § 112 BHO Rn. 8, in: Heuer (Hrsg.), Kommentar zum Haushaltrecht, Stand Januar 2001.

932 Vgl. Eibelshäuser/Nowak, § 65 BHO Rn. 28, in: Heuer (Hrsg.), Kommentar zum Haushaltrecht, Stand Februar 2006.

Für den Bereich der öffentlichen Unternehmen ist der Typus der öffentlich-rechtlichen Anstalt von besonderer Bedeutung[933]. Nach dem Grad der Verselbständigung kann man grundsätzlich zwischen dem Regiebetrieb (unselbständiger Teil eines Verwaltungsträgers), dem Eigenbetrieb (haushaltsmäßig und organisatorisch, aber nicht rechtlich verselbständigte Organisationsform) und der rechtlich selbständigen Anstalt unterscheiden[934]. Die „rein" öffentlichen Unternehmen genießen als Teil der Staatsverwaltung keinen Grundrechtsschutz, da es sowohl an einer grundrechtstypischen Gefährdungslage als auch an einem erforderlichen Durchgriff auf den hinter der juristischen Person stehenden Menschen fehlt[935].

Zu den öffentlich-rechtlichen Unternehmen zählen insbesondere Kreditinstitute, d.h. Banken. Auf Bundesebene handelt es sich um die Deutsche Ausgleichsbank, die Kreditanstalt für Wiederaufbau und die Landwirtschaftliche Rentenbank. Ferner zählen zu den öffentlich-rechtlichen Unternehmen die Bundesanstalt für vereinigungsbedingte Sonderaufgaben, die deutsche Girozentrale, die Deutsche Beamtenversicherung[936] und die Deutsche Bundesbank. Auf Landesebene sind hier insbesondere die Sparkassen und Girozentralen sowie die Studentenwerke zu erwähnen[937].

b) Die Prüfung der Unternehmen des öffentlichen Rechts

Wenn eine juristische Person des öffentlichen Rechts[938] vom Bund oder einem Land Zuschüsse erhält, die dem Grund oder der Höhe nach gesetzlich begründet sind, oder wenn eine Garantieverpflichtung des Bundes oder eines Landes gesetzlich begründet ist, dann prüft der Rechnungshof des Bundes oder des Landes ihre Haushalts- und Wirtschaftsführung (§ 55 Abs. 1 HGrG). Nach § 55 Abs. 2

---

933 Für den Anstaltsbegriff siehe weiter oben Kap. C III 9 b.

934 Vgl. ausführlicher, Püttner, Die öffentlichen Unternehmen, 1985, S. 59 ff.; Vollmöller, Die wirtschaftliche Betätigung der öffentlichen Hand, in: Schmidt/Vollmöller (Hrsg.), Kompendium Öffentliches Wirtschaftsrecht, 2004, S. 139 ff. – Für die besondere Form der „Kapitalgesellschaft des öffentlichen Rechts" siehe Becker, DöV 1998, S. 97 ff.

935 Vgl. BVerfGE 21, S. 362 ff. (369); 61, S. 82 ff. (101); 75, S. 192 ff. (195 f.). Siehe auch Püttner, Die öffentlichen Unternehmen, 1985, S. 91 ff. und 106.

936 Vgl. Eibelshäuser/Wallis, § 112 BHO Rn. 9, in: Heuer (Hrsg.), Kommentar zum Haushaltrecht.

937 Vgl. Püttner, Die öffentlichen Unternehmen, 1985, S. 39; v. Mutius, Studentenwerke als öffentlich-rechtliche Anstalten und öffentliche Unternehmen, in: Ders. (Hrsg.), Autonomie öffentlicher Unternehmen in Anstaltsform, 1987, S.21 ff.

938 Mit der Ausnahme von Gebietskörperschaften, Gemeindeverbänden, Zusammenschlüsse von Gebietskörperschaften oder Gemeindeverbänden oder Religionsgesellschaften des öffentlichen Rechts nach Artikel 137 Abs. 5 der Deutschen Verfassung vom 11. August 1919.

HGrG ist auf Unternehmen in der Rechtsform einer juristischen Person des öffentlichen Rechts unabhängig von der Höhe der Beteiligung des Bundes oder des Landes § 53 HGrG entsprechend anzuwenden, soweit die Unternehmen nicht von der Rechnungsprüfung nach § 48 Abs. 2 Satz 2 und 3 desselben Gesetzes freigestellt sind. Begriffsnotwendige Merkmale eines Zuschusses sind: i) die gesetzliche oder auf Grund eines Gesetzes begründete Verpflichtung; das heisst konkret, dass der Geber über keine Dispositionsfreiheit hinsichtlich der Konkretisierung der Entscheidung verfügen darf und ii) die Finanzierung einer eigenen Aufgabe des Unternehmens, d.h., der Zuschuss muss keine Aufwendung für Auftragsarbeiten darstellen. Unter Garantieverpflichtung ist eine unmittelbar durch Gesetz festgelegte Verpflichtung zum Zuschuss zu verstehen[939].

Die allgemeine Bedeutung der obigen Vorschrift liegt in der Tatsache, dass sie im Gegensatz zu § 48 HGrG und § 111 BHO keinen Prüfungsverzicht zulässt, und dass durch sie eine Prüfung des Bundesrechungshofes auch im Landesbereich möglich ist[940]. Betroffen sind ganz eindeutig die juristischen Personen des öffentlichen Rechts, d.h. Körperschaften, Anstalten und Stiftungen. Umstritten ist aber, ob Abs. 1 auch für Unternehmen in der Form einer juristischen Person des öffentlichen Rechts gilt, da in diesem Falle eine Rechnungsprüfung ohne gesetzliche Freistellungsmöglichkeit erfolgen muss.

Diese Fragestellung hat praktische Bedeutung vor allem im Landesbereich, wo Landesbanken in Form der Anstalt des öffentlichen Rechts errichtet worden sind. In mehreren Landeshaushaltsordnungen wird nämlich die Prüfung der jeweiligen Landesbank durch den Rechnungshof ausgeschlossen, obwohl das Land eine Garantieverpflichtung übernommen hat[941]. Hauptargument für eine solche Vorgehensweise lautet, dass § 55 Abs. 2 HGrG eine eigenständige und abschließende Sonderregelung (lex specialis) für die öffentlichen Unternehmen darstellt[942].

939 Vgl. ausführlicher, Eibelshäuser/Wallis, § 55 HGrG Rn. 5 und Dommach, § 23 BHO Rn. 4, beide in: Heuer (Hrsg.), Kommentar zum Haushaltrecht.

940 Umgekehrt die Prüfung durch einen LRH ist zwar zulässig, aber ohne praktische Bedeutung. Vgl. Eibelshäuser/Wallis, § 55 HGrG Rn. 1, in: Heuer (Hrsg.), Kommentar zum Haushaltrecht, Stand Juni 1999.

941 Vgl. § 112 II 2 LHO Rheinland-Pfalz, § 112 II 2 BayHO und § 112 II 2 LHO Nordrhein-Westfallen. Nach der Haushaltsordnung von Schleswig-Holstein prüft der LRH die Landesbank Schleswig-Holstein und die Provinzial Versicherungsanstalten. Siehe dazu: Rechnungshof Schleswig-Holstein, Grundlagen der Finanzkontrolle und der öffentlichen Haushaltwirtschaft in Schleswig-Holstein, 1992, S. 16.

942 So, Piduch, Bundeshaushaltsrecht, Bd. II, § 111 BHO Rn. 7; Giesen/Fricke, Das Haushaltsrecht des Landes Nordrhein-Westfallen, 1972, § 112 Rn. 5; Dörries, Zur Rechtsstellung in Landesbanken, 1988, S. 203 f.

Gegen diese Ansicht sprechen (neben verfassungsrechtlicher Gesichtspunkte) Wortlaut, Gesetzessystematik und vor allem Sinn und Zweck des § 55 HGrG[943]. Nach zutreffender Ansicht regelt § 55 Abs. 2 HGrG „allein und ausschließlich die Auskunfts- und Kontrollrechte der Gebietskörperschaft, nicht aber den Ausschluss der Rechnungsprüfung“[944]. § 55 Abs. 2 HGrG verweist auf eine Institution der privatrechtlichen Unternehmen vor, nämlich auf die erweiterte Abschlussprüfung durch Wirtschaftsprüfer[945]. Mit anderen Worten hat § 55 Abs. 2 HGrG einen völlig anderen Regelungsgegenstand. Damit wurde nur die Erleichterung und nicht der Ausschluss der Rechnungsprüfung bezweckt. Der Gesetzgeber beabsichtigte hiermit die Unternehmen des öffentlichen Rechts in erster Linie als juristische Personen des öffentlichen Rechts behandeln und sie zusätzlich in speziellen Fragen den privatrechtlich organisierten öffentlichen Unternehmen gleichzustellen[946]. Deswegen kann diese Vorschrift nicht als „lex specialis“ gegenüber Abs. 1 betrachtet werden. Ferner sind in der kasuistischen Aufzählung der von der Rechnungsprüfung ausgenommenen Einrichtungen in § 55 Abs. 1 HGrG die öffentlichen Unternehmen nicht einbezogen[947].

Entscheidend ist noch die Zweckrichtung bzw. das Telos der Vorschrift. Der Gesetzgeber hat die Zuschussgewährung und Garantieverpflichtung als besondere Risikolagen angesehen und erlaubt deswegen keine Ausnahmen bzw. Freistellun-

943 Vgl. ausführlicher, Haverkate, Prüfungsfreie Räume – Welche Türen in der öffentlichen Verwaltung bleiben dem Rechnungshof verschlossen?, in: Zavelberg (Hrsg.), Die Kontrolle der Staatsfinanzen, 1989, S. 197 ff. (198 ff.). Ebenso, Karhenke, DöH 16, S. 27 ff. (36 und 65); Lohl, DöH 12, S. 24 ff. (42); Puhl, Budgetflucht und Haushaltsverfassung, 1996, S. 360 (Fn. 438) und S. 363 (Fn. 452).

944 Haverkate, Prüfungsfreie Räume – Welche Türen in der öffentlichen Verwaltung bleiben dem Rechnungshof verschlossen?, in: Zavelberg (Hrsg.), Die Kontrolle der Staatsfinanzen, 1989, S. 197 ff. (200).

945 Siehe ausführlicher weiter unten Kap. C III 11 b (aa) δ.

946 Vgl. Rüfner, Zur Stellung der bundesunmittelbaren Unternehmen des öffentlichen Rechts im Haushaltsrecht, in: Delbrück/Ipsen/Rauschning (Hrsg.), Recht im Dienst des Friedens, FS für Eberhard Menzel, 1976, S. 67 ff. (70); Haverkate, Prüfungsfreie Räume – Welche Türen in der öffentlichen Verwaltung bleiben dem Rechnungshof verschlossen?, in: Zavelberg (Hrsg.), Die Kontrolle der Staatsfinanzen, 1989, S. 197 ff.; Eibelshäuser/Wallis, § 55 HGrG Rn. 3, in: Heuer (Hrsg.), Kommentar zum Haushaltrecht. Neben der privatrechtlichen Beteiligungsunternehmen werden auch öffentlich-rechtliche Unternehmen in dem jährlichen „Beteiligungsbericht“ des Bundesfinanzministers einbezogen. Siehe dazu Eibelshäuser/Wallis, § 112 BHO Rn. 7, in: Heuer (Hrsg.), Kommentar zum Haushaltrecht.

947 Vgl. Eibelshäuser/Wallis, § 55 HGrG Rn. 3, in: Heuer (Hrsg.), Kommentar zum Haushaltrecht, Stand Juni 1999.

gen von der Rechnungsprüfung[948]. Die Haftung des Staates bei der Garantieverpflichtung und Zuschussgewährung ist unbeschränkt. Wie bei den juristischen Personen des privaten Rechts (§ 104 BHO) ist die Rechnungsprüfung auch hier zwingend. Es wäre nicht sinnvoll, wenn bei den gleichen Risikotatbeständen Private zwingend einer Rechnungshofkontrolle unterliegen müssten, öffentlich-rechtliche Unternehmen hingegen trotz des immanent höheren Risikopotentials von einer Prüfung freigestellt werden könnten.

Zusammenfassend gilt § 55 Abs. 1 HGrG auch für die Unternehmen in der Form einer juristischen Person des öffentlichen Rechts. Gegenstand der Prüfung ist die gesamte Haushalts- und Wirtschaftsführung des Unternehmens und nicht nur die ordnungsgemäße und wirtschaftliche Verwendung des Zuschusses oder das Risiko einer Inanspruchnahme aus der Garantieverpflichtung. Dieses Auslegungsergebnis genügt dem verfassungsrechtlichen Grundsatz lückenloser Rechnungshofkontrolle[949].

Das gleiche Ergebnis gilt analog für § 112 Abs. 2 Satz 1 BHO, wonach „auf Unternehmen in der Rechtsform einer bundesunmittelbaren juristischen Person des öffentlichen Rechts ... unabhängig von der Höhe der Beteiligung des Bundes § 65 Abs. 1 Nr. 3 und 4 und Abs. 2, 3 und 4, § 68 Abs. 1 und § 69 entsprechend, sowie § 111 unmittelbar anzuwenden (sind)“. Nach herrschender Meinung bestimmt diese Vorschrift abschließend, welche Vorschriften der BHO auf bundesunmittelbare öffentlich-rechtliche Unternehmen anzuwenden sind[950]. Der Ausschluss des sonstigen Haushaltsrechts war aufgrund der Besonderheit derartiger Unternehmen erforderlich[951]. Das Tatbestandsmerkmal „unabhängig von der Höhe der Beteiligung des Bundes“ deutet darauf hin, dass es hierbei nicht um eigentümerähnliche Interessen des Bundes geht, sondern hauptsächlich um die Rechnungsprüfung innerhalb des verfassungsnotwendigen Rahmens. Schließlich, muss bemerkt werden, dass die entsprechende Anwendung der in § 112 Abs. 2 Satz 1 BHO erwähnten Vorschriften als Aufgabe des zuständigen Bundesministe-

948 Die Richtigkeit dieser Argumentation wird nicht von der Problematik der Verfassungsmäßigkeit von Freistellungen verdrängt. Bezüglich dieser Fragestellung gilt im Kern die bereits gemachte Analyse betreffend § 111 Abs. 2 BHO/LHO.

949 Vgl. Eibelshäuser/Wallis, § 112 BHO Rn. 8, in: Heuer (Hrsg.), Kommentar zum Haushaltrecht.

950 Vgl. Eibelshäuser/Wallis, § 112 BHO Rn. 7, in: Heuer (Hrsg.), Kommentar zum Haushaltrecht, mit weiteren Nachweisen. Siehe aber, Puhl, Budgetflucht und Haushaltsverfassung, 1996, S. 201 f.

951 Siehe Regierungsentwurf zu § 46 Abs. 2 (heutige § 48 Abs. 2 HGrG) BT-Drs. V/3040, S. 58 (Tz. 263). Vgl. Tiemann, Die staatsrechtliche Stellung der Finanzkontrolle des Bundes, 1974, S. 104.

riums anzusehen ist. Die Aufgabe muss selbstverständlich im Einvernehmen mit dem Unternehmen erledigt werden[952].

c) Deutsche Bundesbank

Die Deutsche Bundesbank stellt ein öffentlich-rechtliches Unternehmen dar. Die Rechtslage bei ihrer Rechnungshofkontrolle ist aber weniger eindeutig, insbesondere wegen der umstrittenen Fragestellung hinsichtlich ihrer Unabhängigkeit. Deswegen ist zunächst eine kurze Darstellung der rechtlichen Grundlagen der Deutschen Bundesbank erforderlich, um so ihre Rechtsstellung beleuchtet zu werden. Auf dieser Basis werden danach die Besonderheiten ihrer Rechnungsprüfung untersucht.

aa) Die Rechtsstellung der Bundesbank

Erstmals in der deutschen Verfassungsgeschichte wurde durch Art. 88 GG eine institutionelle Verankerung der Deutschen Bundesbank als einer Währungs- und Notenbank getroffen[953]. Nach dem Maastrichter Vertrag über die Europäische Union vom 7. Februar 1992 wurde die Deutsche Bundesbank in das Europäische System der Zentralbanken (ESZB) integriert, an dessen Spitze die Europäische Zentralbank steht (EZB)[954]. Nach dieser tiefgreifenden Änderung, wurde Art. 88 GG entsprechend durch die Einfügung eines zweiten Satzes geändert[955]. Die heute geltende Fassung heisst: „Der Bund errichtet eine Währungs- und Notenbank als Bundesbank. Ihre Aufgaben und Befugnisse können im Rahmen der Europäischen Union der Europäischen Zentralbank übertragen werden, die unabhängig ist und dem vorrangigen Ziel der Sicherung der Preisstabilität verpflichtet".

---

952 Umstritten ist die Fragestellung, wer Adressat der Prüfung nach § 112 Abs. 2 Satz 1 BHO ist. Nach Rüfner (Zur Stellung der bundesunmittelbaren Unternehmen des öffentlichen Rechts im Haushaltsrecht, in: Recht im Dienst des Friedens, FS für Menzel, 1976, S. 67 ff. (71) und Piduch (Bundeshaushaltsrecht, § 112 Rn. 4) wenden sich die Vorschriften an den Staat, wobei nach Karhenke (DöH 16, S. 50 ff.) und Lohl (DöH 12, S. 42) an das Unternehmen. Auf jeden Fall hat diese Frage keine wesentliche praktische Bedeutung.

953 Vgl. Blanke, Art. 88 GG Rn.1, in: von Mangoldt/Klein/Starck, Das Bonner Grundgesetz (Kommentar), 2005.

954 Vgl. für die EZB: Schmidt, § 4 Wirtschafts- und Währungspolitik, in: Schmidt/ Vollmöller (Hrsg.), Kompendium Öffentliches Wirtschaftrecht, 2004, S. 131 ff.

955 Siehe dazu, Verfassungsnovelle vom 21.12.1992, BGBl. I, S. 2086.

Durch den neuen Artikel 88 GG wurde die verfassungsrechtliche Garantie der Institution Bundesbank (erneut) festgestellt[956]. Aus der systematischen Stellung des Art. 88 im Grungesetz folgt die Einordnung der Bundesbank in die Bundesverwaltung. Die Bundesbank ist kein Verfassungsorgan, da sie weder staatskonstituierende Bedeutung hat noch die staatliche Einheit sichert[957]. Das schließt aber nicht aus, dass sie als Beteiligter am Organstreitverfahren nach Art. 93 Abs. 1 Nr. 1 GG angesehen werden kann[958]. Das GG ordnet die Bundesbank als Bank, im Sinne eines Kreditinstituts ein, was dazu führt, dass sie Kreditgeschäfte betreiben kann[959]. Ihre immanente Hauptaufgabe als Währungsbank ist die Sicherung des Geldwertes[960], d.h. der Preisstabilität in Zusammenarbeit mit der EZB. Die Bundesbank hat ihr Notenmonopol nach der Einführung des „Euro" verloren[961].

Auf einfach-gesetzlicher Ebene ist die Bundesbank als bundesunmittelbare juristische Person des öffentlichen Rechts ausgestaltet[962]. Art. 29 Abs. 1 Satz 1 BBankG[963] lautet: "Der Vorstand mit der Zentrale am Sitz der Bank hat die Stellung einer obersten Bundesbehörde. Die Hauptverwaltungen und Filialen haben die Stellung von Bundesbehörden". Sie erfüllt die Voraussetzungen einer Anstalt des öffentlichen Rechts, indem sie keine Mitglieder, sondern Benutzer hat, und über sachliche Verwaltungsmittel verfügt[964]. Allerdings geht es um eine Anstalt im „ministerialfreien Raum", da sie – nach § 12 Satz 1 BBankG – bei der Ausübung der Befugnisse, die ihr nach diesem Gesetz zustehen, von Weisungen der Bundesregierung unabhängig ist[965]. Aus diesem Grund sollte der Bundesbank eine Sonderstellung zuerkannt werden, und insofern ist sie genauer als „exekuti-

956 Vgl. Blanke, Art. 88 GG Rn.4, in: von Mangoldt/Klein/Starck, Das Bonner Grundgesetz (Kommentar), 2005

957 Zustimmend, Blanke, Art. 88 GG Rn. 7, in: von Mangoldt/Klein/Starck, Das Bonner Grundgesetz (Kommentar), 2005.

958 Vgl.Tettinger, Art. 88 Rn. 17, in Sachs (Hrsg.), GG-Kommentar, 2002.

959 Vgl. § 19, 20 BBankG.

960 Vgl. BVerwGE 41, S. 334 ff. (349).

961 Vgl. Pernice, Art. 88 GG Rn. 4, in: Dreier (Hrsg.), GG-Kommentar, 2000.

962 Siehe § 2 Satz 1 BBankG.

963 Bundesbankgesetz vom 26. Juli 1957, BGBl I 1957, S. 745, Neugefasst durch Bek. v. 22.10.1992 I 1782; zuletzt geändert durch Art. 2 G v. 25. 6.2004, I 1383.

964 Dies entspricht der ganz herrschenden Meinung. Vgl. dazu, BVerfGE 14, S. 197 ff. (215); Herdegen, Art. 88 GG Rn. 44, in: Maunz/Dürig/Herzog, Grundgesetz, Loseblattkommentar, 2006; Blanke, Art. 88 GG Rn. 17, in: von Mangoldt/Klein/Starck, Das Bonner Grundgesetz (Kommentar), 2005; Stern, Staatsrecht der Bundesrepublik Deutschland, Bd. II, 1980, S. 471.

965 Hingegen spielt dieser Grundsatz gegenüber dem Bundestag und der Justiz keine bedeutende Rolle.

ves Leitorgan des Bundes" zu bezeichnen[966]. Ungeachtet ihrer Hoheitsaufgaben stellt die Bundesbank ein öffentliches Unternehmen dar[967].

Wegen der mangelhaften Verwirklichung des Demokratieprinzips auf europäischer Ebene und der verfassungsrechtlichen Anerkennung der Unabhängigkeit der EZB in Art. 88 GG, wird die Übertragung der Währungshoheit auf dieser Ebene als ein erhebliches verfassungsrechtliches Problem bezeichnet[968]. Nach zutreffender Ansicht ist die Unabhängigkeit der EZB und der nationalen Zentralbanken eine verfassungsrechtlich zulässige Modifizierung des Demokratieprinzips, die einer freiheitssichernden Preisstabilität dient. Die Preisstabilität wird besser durch eine unabhängige Zentralbank gewährleistet als durch Entscheidungen politischer Mandatsträgern oder anderer Interessengruppen[969]. Außerdem muss berücksichtigt werden, dass es eine zumindest mittelbare demokratische Legitimation der Organe der Bundesbank in sachlicher und personeller Hinsicht gibt[970]. Auf jeden Fall dient die Unabhängigkeit der Verhinderung staatlicher Übermacht gegenüber den (verfassungsrechtlich garantierten) Bürgerrechten[971].

Nach herrschender Meinung im Schrifttum ist die Unabhängigkeit der Deutschen Bundesbank nicht durch Art. 88 GG verfassungsrechtlich garantiert[972]. Das BVerwG geht ebenso davon aus, dass die Unabhängigkeit „nicht durch Art. 88 GG garantiert (ist). Dafür ergibt sich weder aus dem Wortlaut noch aus dem Sinn und Zweck noch aus der Entstehungsgeschichte des Art. 88 GG eine Bestäti-

---

966 Vgl. Herdegen, Art. 88 GG Rn. 46, in: Maunz/Dürig/Herzog, Grundgesetz, Loseblattkommentar, 2006; Blanke, Art. 88 GG Rn.6, in: von Mangoldt/Klein/Starck, Das Bonner Grundgesetz (Kommentar), 2005.

967 Vgl. Püttner, Die öffentlichen Unternehmen, 1985, S. 39.

968 Vgl. Brosius-Gersdorf, Deutsche Bundesbank und Demokratieprinzip, 1997, S. 292 ff.

969 Vgl. BVerfGE 30, S. 1 ff. (24); 22, S. 106 ff. (113 f.); 89, S. 155 ff. (208 f.).

970 Vgl. Breuer, VVDStRL 1986, S. 211 ff. (238 f.); Blanke, Art. 88 GG Rn. 25, in: von Mangoldt/Klein/Starck, Das Bonner Grundgesetz (Kommentar), 2005.

971 Vgl. Haverkate, VVDStRl 46 (1988), S. 217 ff. (225) und Oebbecke, Weisungs- und unterrichtungsfreie Räume in der Verwaltung, 1986, S. 170 ff.; Schmidt, Geld und Währung, in: HStR Bd. III, 1996, § 82 Rn. 24.

972 Vgl. Blanke, Art. 88 GG Rn. 27, in: von Mangoldt/Klein/Starck, Das Bonner Grundgesetz (Kommentar), 2005; Herdegen, Art. 88 GG Rn. 46, in: Maunz/Dürig/Herzog, Grundgesetz, Loseblattkommentar, 2006; Stern, Staatsrecht der Bundesrepublik Deutschland, Bd. II, 1980, S. 471. Für die gleiche Fragestellung vor dem „Vertrag von Maastricht" siehe: v. Bonin, Zentralbanken zwischen funktioneller Unabhängigkeit und politischer Autonomie, 1979, S. 161 ff. und Lampe, Die Unabhängigkeit der Deutschen Bundesbank, 1971; Püttner, Die öffentlichen Unternehmen, 1985, S. 225 ff.

gung"[973]. Nach einer anderen Ansicht kann die Unabhängigkeit der Bundesbank aus dem Preisstabilität abgeleitet werden, die als Ausfluss des objektivrechtlichen Gehalts von Art. 14 Abs. 1 GG anzusehen ist[974]. Tatsache ist, dass die Bundesbank nunmehr integraler Bestandteil der ESZB ist. Das führt nach unserer Meinung zur Annahme einer zumindest mittelbaren verfassungsrechtlichen Garantie der Bundesbankautonomie[975].

bb) Die Besonderheiten der Kontrolle

Nach der hier vertretenen Auffassung ist die Bundesbank, als Unternehmen des öffentlichen Rechts und Teil der mittelbaren Bundesverwaltung, verfassungsunmittelbar Objekt der Kontrolle durch den BRH. Die bloße Einbeziehung der Bundesbank in die Finanzkontrolle durch den BRH beeinträchtigt nicht „per se" deren (zumindest mittelbar) verfassungsrechtlich garantierte Unabhängigkeit. Der BRH hat jedenfalls diese Autonomie durch eine bereichsspezifische Maßstabbildung zu respektieren[976]. Das bedeutet, dass der Rechnungshof währungs- und geldpolitische Beurteilungen bzw. Entscheidungen grundsätzlich nicht prüfen darf, da solche Aufgaben zum Kern des Autonomiebereiches und der Kompetenzverantwortung der Bundesbank gehören. Im Gegensatz dazu kann die Bewirtschaftung des vom Bund zur Verfügung gestellten Grundkapitals Gegenstand der Prüfung sein[977]. Ferner ist die Durchführung der Entscheidungen bzw. Maßnahmen der Deutschen Bundesbank, die z.B. mit den Geschäften nach § 19 BBankG zu tun haben, vom Bundesrechnungshof völlig überprüfbar[978].

Schließlich muss erwähnt werden, dass der, vom Vorstand der Bundesbank, aufgestellte Jahresabschluss, „durch einen oder mehrere vom Vorstand im Ein-

973 Vgl. BVerwGE 41, S. 334 ff. (354 ff.). Das „obiter dictum" des BVerfGE 62, S. 169 ff. (183), das von der „verfassungsrechtlichen unabhängigen Stellung" der Bundesbank spricht, kann zu keinem anderen Ergebnis führen.

974 Siehe dazu, Pernice, Art. 88 GG Rn. 26 und 33 ff., in: Dreier (Hrsg.), GG-Kommentar, 2000.

975 Vgl. Blanke, Art. 88 GG Rn. 58, in: von Mangoldt/Klein/Starck, Das Bonner Grundgesetz (Kommentar), 2005; Pernice, Art. 88 GG Rn. 18, in: Dreier (Hrsg.), GG-Kommentar, 2000; Brosius-Gersdorf, Deutsche Bundesbank und Demokratieprinzip, 1997, S. 383 ff.; Kämmerer, Art. 88 Rn. 30, in: von Münch/Kunig (Hrsg.), GG-Kommentar, 2000.

976 Vgl. Gramlich, Bundesbankgesetz, Währungsgesetz, Münzgesetz, Kommentar, 1988, S. 240.

977 Vgl. Vogel/Kirchhof, BK, Rn. 131; Blanke, Art. 88 GG Rn. 58, in: von Mangoldt/Klein/Starck, Das Bonner Grundgesetz (Kommentar), 2000.

978 Vgl. Bemerkungen des BRH von 1989, BT-Drs. 11/5383, S. 120, in: Heuer (Hrsg.), Kommentar zum Haushaltsrecht, Nr. 21 Teil VII.

vernehmen mit dem Bundesrechnungshof bestellte Wirtschaftsprüfer zu prüfen und alsdann zu veröffentlichen ist" (§ 26 Abs. 3 BBankG). Der Prüfungsbericht des Wirtschaftsprüfers erleichtert die Aufgabe des Bundesrechnungshofes, indem er als Grundlage für die von ihm durchzuführende Prüfung dient[979]. Das bedeutet aber keinesfalls, dass der Prüfungsbericht ausschließliche Grundlage der Rechnungsprüfung ist. Der BRH kann immer eigene örtliche Erhebungen anordnen und die erforderlichen Unterlagen bzw. Daten anfordern. Das gilt um so mehr, als die interne Prüfung sachlich begrenzt ist und insbesondere Fragen der Wirtschaftlichkeit regelmäßig nicht umfasst[980].

II. Private Stellen

Im folgenden Kapitel versuchen wir die Ausgestaltung der Rechnungshofkontrolle im Bereich der privaten Einrichtungen bzw. Organisationen darzustellen. Schwerpunktmäßig untersuchen wir, ob irgendwelche „Prüfungslücken" bestehen und ob tatsächlich eine „lückenlose" effektive Rechnungshofkontrolle stattfindet. Grundsätzlich kann zwischen der Prüfung „bei" und „von" Privaten unterschieden werden. Zunächst fassen wir kurz die wichtigsten verfassungsrechtlichen Punkte zusammen, die in Zusammenhang mit der Rechnungshofkontrolle von privaten Stellen stehen[981].

a) Verfassungsrechtliche Vorbemerkungen

Alle privat-rechtlichen Organisationseinrichtungen, die allein von der öffentlichen Hand getragen werden, gehören zu den Trägern öffentlich-rechtlicher (Finanz-) Gewalt. Sie sind zwar Privatrechtssubjekte aber keine privaten Rechtssubjekte, da ihr Vermögen aus staatlichen Mitteln stammt. In diesen Bereich gehören u.a. Personenvereinigungen, Stiftungen und Kapitalgesellschaften. Im Falle von „gemischt-wirtschaftlichen" Einrichtungen, insbesondere im Falle von Beteiligungen an juristischen Personen des privaten Rechts (z.B. an Unternehmen)

---

979 Vgl. § 26 Abs. 5 und 6 BBankG, wonach: „(5) Der Jahresabschluss, die Plankostenrechnung, der Investitionsplan, die Plan/Ist-Analyse und die Prüfungsberichte des Wirtschaftsprüfers (sind) dem Bundesministerium der Finanzen und dem Bundesrechnungshof zuzuleiten. Der Deutsche Bundestag erhält den Jahresabschluss, die Plan/Ist-Analyse und die Prüfungsberichte des Wirtschaftsprüfers. (6) Der Bundesrechnungshof berichtet dem Deutschen Bundestag über seine Feststellungen nach Absatz 3".

980 Vgl. Bank, DöV 1956, S. 751; Püttner, Verwaltungslehre, 2000, S. 367.

981 Siehe dazu ausführlicher, Kap. C I dieser Arbeit.

übt nur die beteiligte öffentliche Hand Staatsgewalt aus[982]. Wenn es um das Finanzgebaren staatlicher Stellen geht, ist die Kontrollkompetenz des Rechnungshofes für die gesamte Bundesverwaltung schon von Verfassungs wegen geboten, unabhängig davon, ob sie öffentlich-rechtlich oder privatrechtlich organisiert ist[983].

Nach Artikel 114 Abs. 2 Satz 3 GG werden im Übrigen die Befugnisse des Bundesrechnungshofes durch Bundesgesetz geregelt. Wie bereits dargestellt, sind unter Befugnissen im Sinne dieses Satzes sowohl neue Aufgaben als auch Regelungen zu verstehen, die nähere Einzelheiten der Zuständigkeiten des Rechnungshofes aus den Sätzen 1 und 2 betreffen[984]. Die neu übertragenen Aufgaben müssen einen Zusammenhang mit den notwendigen Pflichtaufgaben haben[985]. Geht es um das Finanzgebaren von privaten Organisationen, die keine „staatlichen Stellen" sind, dann existiert der notwendige Zusammenhang mit der staatlichen Haushaltswirtschaft, soweit sie zweckgebundene öffentliche Finanzmittel verwalten, wie im Falle von Garantieverpflichtungen, Zuwendungen oder Zuschüssen aus dem Bundeshaushalt. In diesen Fällen besteht nämlich ein öffentliches Interesse an der Einhaltung der die Zuwendung begleitenden Voraussetzungen, was dazu führt, dass eine staatliche Rechnungsprüfung rechtfertigt werden kann[986]. Die Vergabe von öffentlichen Mitteln ist stets „zweckgebunden", in dem Sinne, dass den privaten Stellen diese nicht „frei" zur beliebigen Verfügung, sondern „bedingt" zur wirtschaftlichen Verwendung stehen.

---

982 Deswegen gehört die sog. Betätigungsprüfung zum unmittelbaren Anwendungsbereich der Rechnungsprüfung nach Art. 114 Abs. 1 GG.

983 Siehe ausführlicher weiter oben in dieser Arbeit, Kap. C I 2 c und C I 3.

984 Siehe ausführlicher Kap. C I 3.

985 Vgl. BVerwG, Urt. V. 28.6.1986, in: DöV 1986, S. 518 ff. (519): Die Finanzkontrolle der Rechnungshöfe beschränkt sich nicht nur auf die Vorbereitung der parlamentarischen Finanzkontrolle zur Entlastung der Regierung, sondern sie dient dem Schutz des öffentlichen Vermögens. Deswegen darf sie sich auch auf Stellen außerhalb der staatlichen Verwaltung erstrecken, denen Verantwortung für das öffentliche Vermögen obliegt.

986 Vgl. Rogge, Staatliche Finanzkontrolle freier Wohlfahrtspfleger, 2001, S. 218, der zutreffend bemerkt, dass die Finanzkontrolle Hüter des Budgets ist und deswegen emanzipiert sich der Kreis der Adressaten der Finanzkontrolle notwendig und zwanglos von dem Adressatenkreis der Kontrolle nur staatlicher Institutionen. Vgl. auch, Puhl, Budgetflucht und Haushaltsverfassung, 1996, S. 413 f.; Storr, Beteiligungsverwaltung, Rechtsgrundlagen und Prüfung durch die Rechnungshöfe, in: Eibelshäuser (Hrsg.), Finanzpolitik und Finanzkontrolle – Partner für Veränderung, GS für Müller, 2002, S. 237 ff. (250); Maunz, § 114 Rn. 36, in: von Maunz/Dürig/Herzog (Hrsg.), Grundgesetz, Loseblattkommentar, 2006; Kyrill-A.Schwarz, Art. 114 Rn. 103, in: von Mangoldt/Klein/Starck, Das Bonner Grundgesetz (Kommentar), 2001. A.A. Leisner, Staatliche Rechnungsprüfung Privater, 1990, S. 105 f.

b) Die Prüfung „bei" juristischen Personen des privaten Rechts

aa) Die Betätigungsprüfung bei Beteiligungsverwaltung

α) Die Beteiligungsverwaltung

Ausgliederungen aus der öffentlichen Verwaltung, d.h. Organisationsveränderungen in dem Sinne, dass ein Teil aus einer Gesamtheit herausgeschnitten und organisatorisch verselbständigt wird[987], sind eine weit verbreitete Praxis[988], die u.a. die Verbesserung der Qualität der Leistungen sowie die Effizienzsteigerung und größere Flexibilität zum Ziel haben. Im Allgemeinen weist die Privatisierung unterschiedliche Formen auf, wie die formelle oder Organisationsprivatisierung, die funktionale oder Erfüllungsprivatisierung, die Vermögensprivatisierung und die materielle oder Aufgabenprivatisierung[989]. Die wichtigsten privatrechtlichen Organisationsformen sind die GmbH und die AG, die als Eigengesellschaften bezeichnet werden[990].

Der Haushaltsgesetzgeber hat diese Tendenz durch verschiedene Vorschriften anerkannt und geregelt. Charakteristisch sind vor allem §§ 7 und 65 BHO. Nach § 7 Abs. 2 BHO verpflichten die Grundsätze der Wirtschaftlichkeit und Sparsamkeit zur Prüfung, inwieweit staatliche Aufgaben oder öffentlichen Zwecken dienende wirtschaftliche Tätigkeiten durch Ausgliederung und Entstaatlichung oder Privatisierung erfüllt werden können. Ferner, muss privaten Anbietern die Möglichkeit gegeben werden, darzulegen, ob und inwieweit sie staatliche Aufgaben oder öffentlichen Zwecken dienende wirtschaftliche Tätigkeiten nicht ebenso gut oder besser erbringen können (Interessenbekundungsverfahren)[991].

In § 65 BHO werden die erforderlichen Voraussetzungen für eine wirksame Beteiligung der öffentlichen Hand an privatrechtlichen Unternehmen bestimmt.

---

987 Vgl. Karl-Bräuer-Institut des Bundes der Steuerzahler (Hrsg.), Ausgliederungen aus den öffentlichen Haushalten, Stellungnahmen Nr. 29, 2004, S. 2 (Übersicht).

988 Für die Ausgliederungen beim Bund, siehe die Übersichten, in: Karl-Bräuer-Institut des Bundes der Steuerzahler (Hrsg.), Ausgliederungen aus den öffentlichen Haushalten, Stellungnahmen Nr. 29, 2004, S. 16 f.

989 Siehe ausführlicher dazu weiter oben in dieser Arbeit Kap. B VIII 3 b.

990 Vgl. Vollmöller, Die wirtschaftliche Betätigung der öffentlichen Hand, in: Schmidt/ Vollmöller (Hrsg.), Kompendium Öffentliches Wirtschaftrecht, 2004, S. 139 ff. (142); Glatfeld, Die Auswirkungen effizienzsteigender Maßnahmen in der öffentlichen Verwaltung unter besonderer Berücksichtigungen von Ausgliederungen bzw. Privatisierungen auf die Arbeit der Rechnungshöfe, 1997, S. 114 ff.; Stober, Allgemeines Wirtschaftsverwaltungsrecht, 14. Auflage, S. 359 f.

991 Vgl. Dommach, § 7 BHO Rn. 15 ff., in: Heuer (Hrsg.), Kommentar zum Haushaltsrecht, Stand September 2002; siehe auch weiter oben Kap. B V 2 a.

Beteiligungen im Sinne der § 65 BHO sind „Anteile“ an (anderen) Unternehmen, die dem Interesse des Bundes dienen. Die Beteiligung kann eine kapitalmäßige, mitgliedschaftliche oder ähnliche Basis (z.B. Stiftung) haben[992]. Wegen der begrenzten Einzahlungsverpflichtung finden die Beteiligungen in der Regel an Kapitalgesellschaften statt, insbesondere der Aktiengesellschaft (AG), der Gesellschaft mit beschränkter Haftung (GmbH)[993] und der Societas Europaea (SE). Die Höhe der Beteiligung spielt auch keine Rolle. Von Bedeutung ist aber die Dauerbeziehung zu dem Unternehmen[994]. Schließlich erstreckt sich der Beteiligungsbegriff, sowohl auf die unmittelbaren, als auch auf die mittelbaren[995] Beteiligungen des Bundes[996]. Der Unternehmensbegriff setzt weder eine eigene Rechtspersönlichkeit noch eine bestimmte Rechtsform oder einen erwerbswirtschaftlichen Betrieb voraus[997].

Nach § 65 Abs. 1 BHO soll sich der Bund an der Gründung eines Unternehmens in einer Rechtsform des privaten Rechts oder an einem bestehenden Unternehmen in einer solchen Rechtsform nur dann beteiligen, wenn[998] i) ein *wichtiges Interesse* des Bundes vorliegt und sich der vom Bund angestrebte Zweck nicht besser und wirtschaftlicher auf andere Weise erreicht werden kann (sog. *Subsidiaritätsprinzip*), ii) die Einzahlungsverpflichtung des Bundes *auf einen bestimmten Betrag begrenzt* ist, um das Haftungsrisiko des Bundes zu begrenzen

---

992 Vgl. Nr. 1.2. Vorl.-VV BHO zu § 65 vom 14. März 2001 (GMBl. 2001, s. 309 ff.). Zutreffend, Ehlers, Verwaltung in Privatrechtsform, 1984, S. 164; Puhl, Budgetflucht und Haushaltsverfassung, 1996, S. 379. Anders, Soldner, § 92 BHO Rn. 7, in: Heuer (Hrsg.), Kommentar zum Haushaltrecht, Stand September 1986.

993 Vgl. Eckert, Externe Prüfungen staatlicher Beteiligungsunternehmen, 1979, S. 77.

994 Vgl. Vorl.-VV BHO zu § 65 Nr. 1.2.

995 Eine mittelbare Beteiligung liegt vor, wenn ein Unternehmen an dem der Bund bzw. das Land unmittelbar oder mittelbar beteiligt ist, eine Beteiligung an einem anderen Unternehmen hält. Vgl. dazu, Glatfeld, Die Auswirkungen effizienzsteigender Maßnahmen in der öffentlichen Verwaltung unter besonderer Berücksichtigungen von Ausgliederungen bzw. Privatisierungen auf die Arbeit der Rechnungshöfe, 1997, S. 170.

996 Vgl. Eibelshäuser/Nowak, § 65 BHO Rn. 18, in: Heuer (Hrsg.), Kommentar zum Haushaltsrecht, Stand Februar 2006.

997 Vgl. Nr. 1.1. Vorl. VV-BHO zu § 65; Lohl, AG 1970, S. 159 ff. (160); Piduch, Bundeshaushaltsrecht, § 65 BHO Rn. 5 (Stand 1993); Puhl, Budgetflucht und Haushaltsverfassung, 1996, S. 376. Siehe ausführlicher, weiter unten Kap. D III 10 a.

998 Zum folgenden vgl. Eibelshäuser/Nowak, § 65 BHO Leitsätze, in: Heuer (Hrsg.), Kommentar zum Haushaltsrecht, Stand Februar 2006; Storr, Beteiligungsverwaltung – Rechtsgrundlagen und Prüfung durch die Rechnungshöfe, in: Eibelshäuser (Hrsg.), Finanzpolitik und Finanzkontrolle – Partner für Veränderung, GS für Müller, 2002, S. 237 ff. (242 ff.); von Arnim, Rechtsfragen der Privatisierung, 1996, S. 111 ff.

und alle unbestimmten Haftungsrisiken auszuschließen, iii) der Bund einen angemessenen, dem Umfang und der Bedeutung der Beteiligung entsprechenden[999] *Einfluss* erhält, um die ständige Verfolgung des wichtigen Interesses zu gewährleisten und iv) wenn es um der Rechtssicherheit willen gewährleistet ist, dass der Jahresabschluss und der Lagebericht in entsprechender Anwendung der *Vorschriften des Dritten Buchs des Handelsgesetzbuchs* für große Kapitalgesellschaften aufgestellt und geprüft werden[1000].

Bei Unternehmen in der Form einer juristischen Personen des Privatrechts, an denen der Bund beteiligt ist, können grundsätzlich drei Formen von Prüfung unterschieden werden: die interne Abschlussprüfung, die Prüfung durch die Beteiligungsverwaltung des Bundes und die Rechnungshofkontrolle[1001]. Diese drei Prüfungsformen sind eng miteinander verbunden. Nach § 69 BHO z.B. übersendet das zuständige Bundesministerium dem Bundesrechnungshof u.a. die ihm nach § 53 HGrG zu übersendenden Prüfungsberichte, welche die Grundlage für die Rechnungshofkontrolle darstellen. Deswegen erörtern wir im Folgenden anhand der gesetzlichen Bestimmungen den gesamten Gang der Prüfung bei den öffentlichen Unternehmen in den Formen des Privatrechts. Schwerpunkt der weiteren Analyse bleibt jedenfalls die Kontrolle durch den Rechnungshof.

β) Die interne Abschlussprüfung

Der Gesetzgeber ordnet für eine Vielzahl von juristischen Personen des privaten Rechts, wie v.a. für große und mittelgroße Kapitalgesellschaften[1002] oder privatrechtliche Stiftungen[1003], die Prüfung ihres Jahresabschlusses durch einen Wirtschaftsprüfer bzw. Abschlussprüfer an. Eine Beteiligung des Bundes an einem Unternehmen in der Form des Privatrechts setzt nach § 65 Abs. 1 Nr. 4 BHO voraus, dass gewährleistet ist, dass der Jahresabschluss und der Lagebericht in entsprechender Anwendung der Vorschriften des Dritten Buchs des Handelsgesetzbuchs für große Kapitalgesellschaften aufgestellt und geprüft werden. Der Abschlussprüfer muss bei seiner Prüfung die Grundsätze von Wahrheit, Voll-

999 Vgl. BT-Drs. V/3040, Nr. 391.

1000 Im übrigen gelten sachbereichsspezifische Zulässigkeitsrestriktionen. Siehe z.B. für die Zulässigkeit der Rundfunk-Beteiligungsunternehmen, die am Funktionsbereich der Rundfunkanstalten orientiert sein müssen, Krempel, Rechnungshöfe und Rundfunk-Beteiligungsunternehmen, 1996, S. 239.

1001 Vgl. Soldner, § 92 Rn. 3, in: Heuer (Hrsg.), Kommentar zum Haushaltsrecht, Stand 1981; Eckert, Externe Prüfungen staatlicher Beteiligungsunternehmen, 1979, S. 79 ff.

1002 Siehe dazu §§ 316 ff. HGB.

1003 z.B. § 10 Abs. 1 NW StiftG oder § 9 Abs. 3 BW StiftG.

ständigkeit und Klarheit beachten[1004]. Die Abschlussprüfung dient dem Interesse des Unternehmens selbst und zugleich dem Schutz des allgemeinen Wirtschaftsverkehrs[1005].

Artikel 53 Abs. 1 HGrG regelt den Fall einer staatlichen Mehrheitsbeteiligung an einem privatrechtlichen Unternehmen. Eine solche Mehrheitsbeteiligung liegt grundsätzlich[1006] vor, wenn einer Gebietskörperschaft die Mehrheit der „Anteile" gehört[1007]. In diesem Fall kann die staatliche Stelle verlangen, dass das Unternehmen im Rahmen der Abschlussprüfung auch die Ordnungsmäßigkeit der Geschäftsführung prüfen lässt. Mit der Prüfung (nur)[1008] der Ordnungsmäßigkeit der Geschäftsprüfung, wird untersucht, ob sich die Unternehmensleitung mit der gebotenen Sorgfalt eines ordentlichen und gewissenhaften Geschäftsleiters betätigt hat[1009]. Ferner, kann sie die Abschlussprüfer beauftragen, in ihrem Bericht auch erweiterte Daten darzustellen, wie u.a. die Entwicklung der Vermögens- und Ertragslage sowie die Liquidität und Rentabilität der Gesellschaft (erweiterte Abschlussprüfung). Schließlich, kann sie verlangen, dass ihr das Unternehmen den Prüfungsbericht der Abschlussprüfer unverzüglich nach Eingang übersendet. Zusammenfassend lässt sich festhalten, dass der Abschlussprüfer die Ordnungsmäßigkeit der Geschäftsführung und die generelle wirtschaftliche Lage des Unternehmens prüft[1010].

1004 Vgl. BR-Drs. 872/97, Begründung zum Entwurf eines Gesetzes zur Kontrolle und Transparenz im Unternemehnsbereich, S. 75; Eibelshäuser/Nowak, § 53 HGrG Rn. 73, in: Heuer (Hrsg.), Kommentar zum Haushaltsrecht, Stand Mai 2004.

1005 Vgl. Puhl, Budgetflucht und Haushaltsverfassung, 1996, S. 374, m.w.N.

1006 Ferner reicht es aus, wenn ihr mindestens der vierte Teil der Anteile gehört und ihr zusammen mit anderen Gebietskörperschaften die Mehrheit der Anteile zusteht.

1007 Hier ist zu erwähnen, dass die Konzernen eine immer größere Bedeutung bei der Beteiligungen des Bundes gewinnen, was im Rahmen der erweiterten Abschlussprüfung besonderer Aufmerksamkeit bedarf. Vgl. dazu Ernst/Heitel, Der Konzern in der erweiterten Abschlussprüfung, in: Schulze-Fielitz (Hrsg.), Fortschritte der Finanzkontrolle in Theorie und Praxis: zum Gedenken an Ernst Heuer, Die Verwaltung 2000, S. 101 ff.

1008 Die erweiterte Abschlussprüfung bleibt immer eine interne (Ordnungsmäßigkeits-) Kontrolle, die hinter der Rechnungshofprüfung steht. Vgl. dazu, Puhl, Budgetflucht und Haushaltsverfassung, 1996, S. 382 f.; Eibelshäuser/Nowak, § 53 HGrG Rn. 18 ff., in: Heuer (Hrsg.), Kommentar zum Haushaltsrecht, Stand Mai 2004; Karehnke, DöH 15, S. 156 ff. (171).

1009 Vgl. ausführlich, Kaufmann, Die Prüfung kommunaler Unternehmen, 1995, S. 55 ff., 70 ff., 171 ff.; Eckert, Externe Prüfungen staatlicher Beteiligungsunternehmen, 1979, S. 124; Becker u.a., Kontrolle öffentlicher Unternehmen, Band 1, 1980, S. 33 ff. und 69 ff.; Karehnke, AG 1970, S. 259 ff. (262 ff.).

1010 Zu diesem Zweck haben das Institut der Wirtschaftsprüfer, das Bundesministerium der Finanzen, der BRH und die LRH einen Fragenkatalog am 14.02.2000 (IDW Prüfungsstandard PS 720) entwickelt. Siehe dazu, Eibelshäuser/Nowak, § 53

Aus dem Wortlaut „kann verlangen“ könnte vermutet werden, dass die Gebietskörperschaft keine Pflicht, sondern nur ein Recht hat, die durch § 53 Abs. 1 HGrG Sonderrechte geltend zu machen. Nach zutreffender Auffassung ist aber das „Recht“ nach § 53 HGrG grundsätzlich immer auszuüben[1011], sofern nicht ausnahmsweise ein Verzicht nach § 68 Abs. 2 BHO vorliegt[1012]. Diese Rechte übt das für die Beteiligung zuständige Bundesministerium aus (§ 68 Abs. 1 BHO).

Wichtig im Rahmen der erweiterten Abschlussprüfung ist, dass bei der Wahl oder Bestellung der Abschlussprüfer das zuständige Bundesministerium die Rechte des Bundes im Einvernehmen mit dem Bundesrechnungshof ausübt. Durch diese Beteiligung hat der Rechnungshof die Gelegenheit, Einfluss auf die Qualität der erweiterten Prüfung zu nehmen. Dessen Mitwirkung ist nach Sinn und Zweck des § 68 Abs. 1 Satz 2 BHO erforderlich, und zwar sowohl bei unmittelbaren als auch bei mittelbaren staatlichen Beteiligungen[1013]. Die Regelung unterstreicht die Bedeutung der erweiterten Abschlussprüfung für die Rechnungshofkontrolle, da die Qualität von Abschlussprüfungsberichten eine wichtige Voraussetzung für eine effektive Rechnungshofkontrolle ist[1014].

HGrG Rn. 5 und 26 ff., in: Heuer (Hrsg.), Kommentar zum Haushaltsrecht, Stand Mai 2004; Eibelshäuser/Breidert, Öffentliche Unternehmen und externe Finanzkontrolle, in: Eibelshäuser (Hrsg.), Finanzpolitik und Finanzkontrolle – Partner für Veränderung, GS für Müller, 2002, S. 223 ff (230 f.).

1011 Siehe die Vorl.- VV zu § 68 BHO (Nr. 1: „soll“). Vgl. auch, Ehlers, Verwaltung in Privatrechtsform, 1984, S. 167; Puhl, Budgetflucht und Haushaltsverfssung, 1996, S. 381; Lohl, AG 1970, S. 159 ff. (160); Karehnke, DöH 15, S. 156 ff. (171); Eibelshäuser/Breidert, Öffentliche Unternehmen und externe Finanzkontrolle, in: Eibelshäuser (Hrsg.), Finanzpolitik und Finanzkontrolle – Partner für Veränderung, GS für Müller, 2002, S. 223 ff. (227).

1012 Ein solcher Verzicht erklärt das zuständige Bundesministerium im Einvernehmen mit dem Bundesministerium der Finanzen, dem für das Bundesvermögen zuständigen Bundesministerium *und* dem Präsidenten des Bundesrechnungshofes (§ 68 Abs. 2 BHO). Vgl. dazu (mutatis mutandis) weiter oben Kap. C III 5 a.

1013 Vgl. ausführlicher, Zavelberg, Die Prüfung der Betätigung des Bundes bei Unternehmen durch den Bundesrechnungshof, FS Forster, 1992, S. 723 ff. (738). Siehe auch Schreiben des BRH vom 13.07.2001, abgedruckt, in: Heuer (Hrsg.), Kommentar zum Haushaltsrecht, Teil VIII/3.7 (Stand Dezember 2004).

1014 Siehe §§ 68, 69 BHO. Vgl. Eibelshäuser/Breidert, § 68 BHO Rn. 6, in: Heuer (Hrsg.), Kommentar zum Haushaltrecht, Stand Februar 2006; Zavelberg, Die Prüfung der Betätigung des Bundes bei Unternehmen durch den Bundesrechnungshof, FS Forster, 1992, S. 722 ff. (737); Forster, Die durch § 53 des HGrG erweiterte Abschlussprüfung von privatrechtlichen Unternehmen, in: Schiffer/Karehnke (Hrsg.), Verfassung-Verwaltung-Finanzkontrolle, FS für Schäfer, 1975, S. 289 ff. (291 ff.).

γ) Prüfung durch die Beteiligungsverwaltung

Eine weitere Kontrolle für privatrechtliche Unternehmen bildet die Prüfung durch die sog. Beteiligungsverwaltung. Nach § 69 Satz 1 BHO übersendet das zuständige Bundesministerium dem Bundesrechnungshof innerhalb von drei Monaten nach der Haupt- oder Gesellschafterversammlung, die den Jahresabschluss für das abgelaufene Geschäftsjahr entgegennimmt oder festzustellen hat, u.a. die Unterlagen, die dem Bund als Aktionär oder Gesellschafter zugänglich sind und die Berichte, welche die auf seine Veranlassung gewählten oder entsandten Mitglieder des Überwachungsorgans unter Beifügung aller ihnen über das Unternehmen zur Verfügung stehenden Unterlagen zu erstatten haben. Nach § 69 Satz 2 BHO „teilt es (d.h. das zuständige Bundesministerium) dabei das Ergebnis seiner Prüfung mit". Das bedeutet, dass der Bundesminister selbst die zur Übersendung vorliegenden Unterlagen wertet, bevor diese Übersendung stattfindet. Diese interne Prüfung prüft schwerpunktmäßig die Betätigung der auf seine Veranlassung gewählten oder entsandten Mitglieder im Überwachungsorgan[1015].

δ) Rechnungshofkontrolle

Nach § 92 BHO, den § 44 HGrG wörtlich wiederholt, prüft der Bundesrechnungshof unter Beachtung kaufmännischer Grundsätze die Betätigung des Bundes bei Unternehmen in einer Rechtsform des privaten Rechts, an denen der Bund unmittelbar oder mittelbar beteiligt ist[1016]. Der Begriff des Unternehmens und der Beteiligung entspricht dem weiten Begriff in § 65 BHO[1017]. Hier muss betont werden, dass keine Rücksicht auf die Höhe der Beteiligung genommen werden sollte. Aus dem eindeutigen Wortlaut und der Entstehungsgeschichte[1018]

1015 Vgl. Lohl, DöH 12, S. 24 ff. (26 f.); Puhl, Budgetflucht und Haushaltsverfassung, 1996, S. 385 f.; Ehlers, Verwaltung in Privatrechtsform, 1984, S. 168; Eibelshäuser/Breidert, § 69 Rn. 11 ff., in: Heuer (Hrsg.), Kommentar zum Haushaltrecht, Stand Februar 2006; Zavelberg, Die Prüfung der Betätigung des Bundes bei Unternehmen durch den Bundesrechnungshof, FS Forster, 1992, S. 722 ff. (730 f.). Für den Inhalt der Prüfung siehe Vorl.-VV zu § 69 BHO.

1016 § 92 ist entsprechend anzuwenden, wenn ein Unternehmen in der Rechtsform der bundesunmittelbaren juristischen Person des öffentlichen Rechts an privatrechtlichen Unternehmen mit Mehrheit beteiligt ist (§ 112 Abs. 2 Satz 2 BHO i.V.m. § 111 BHO). Vgl. ausführlicher, Eibelshäuser/Wallis, § 112 BHO Rn. 17 ff., in: Heuer (Hrsg.), Kommentar zum Haushaltsrecht, Stand Juni 1999.

1017 Siehe dazu weiter oben Kap. C III 10 a.

1018 Vgl. Bericht über die Haushaltsreform, abgedruckt bei: Soldner, § 92 Rn. 1, in: Heuer (Hrsg.), Kommentar zum Haushaltsrecht, Stand 1981: „darf das nicht dazu

der Norm kann die Schlussfolgerung gezogen werden, dass die Prüfung nur „bei" diesen Unternehmen wahrgenommen wird. Es ist also eindeutig, dass nicht die Beteiligungsunternehmen selbst, sondern nur das Betätigen der Beteiligungsverwaltung „in ihnen und ihnen gegenüber"[1019] Gegenstand der Rechnungshofkontrolle ist[1020]. Die Unternehmen sind nur insoweit berührt, „als sie verpflichtet sein sollen, die erforderlichen Auskünfte zu erteilen, Unterlagen zur Verfügung zu stellen und gegebenenfalls örtliche Erhebungen zu dulden"[1021].

Grundlage der Prüfung des Rechnungshofs sind die nach § 69 BHO übersendeten Unterlagen. Die Prüfung erfasst die gesamte Tätigkeit des Bundes im Zusammenhang mit dem Unternehmen von der Gründung oder dem Erwerb von Anteilen bis zur Auflösung des Unternehmens oder der Veräußerung von Anteilen[1022]. Im Kern der Tätigkeit des Bundes (und dementsprechend der Prüfung) steht die Berücksichtigung der besonderen Interessen des Bundes von den auf seine Veranlassung gewählten oder entsandten Mitgliedern der Aufsichtsorgane der Unternehmen. Anschließend erfolgt die Prüfung bezüglich der Einhaltung der Bestimmungen von § 65 Abs. 1-3 BHO, nämlich, ob die Zulässigkeitsvoraussetzungen des § 65 Abs. 1 BHO, wie z.B. das wichtige Interesse oder das Subsidiaritätsprinzip, (noch) gegeben sind.

Die Prüfung muss nach § 92 BHO unter Beachtung kaufmännischer Grundsätze durchgeführt werden. Wie die amtliche Begründung festschreibt: „Wesentlich ist, dass bei der Prüfung die Grundsätze zu beachten sind, die für das Tätigwerden des Kaufmannes entsprechend seinem Erfolgsstreben gelten"[1023]. Das bedeutet, dass die klassischen Prüfungsmaßstäbe durch kaufmännische Grundsätze erweitert und konkretisiert werden, nur soweit „einer Einrichtung durch Gesetz oder Statut ein Gewinnstreben aufgegeben ist"[1024]. Unter kaufmännischen Grundsätzen sind u.a. die Grundsätze ordnungsgemäßer Buchführung, Rechnungslegung, Unternehmensführung, Unternehmensüberwachung sowie des Risikomana-

---

führen, dass aus der Kontrolle des Haushalts wesentliche Punkte herausgenommen und diese damit von den Nachprüfung durch das Parlament freigestellt wird".

1019 Puhl, Budgetflucht und Haushaltsverfassung, 1996, S. 387.

1020 Ebenso, Tiemann, Die staatsrechtliche Stellung der Finanzkontrolle des Bundes, 1974, S. 95; Ehlers, Verwaltung in Privatrechtsform, 1984, S. 168; Soldner, § 92 Rn. 1 f., in: Heuer (Hrsg.), Kommentar zum Haushaltsrecht, Stand 1981.

1021 Siehe, BT-Drs. V/3040, S. 57.

1022 Vgl. Soldner, § 92 Rn. 8 f., in: Heuer (Hrsg.), Kommentar zum Haushaltsrecht, Stand 1981; Krempel, Rechnungshöfe und Rundfunk-Beteiligungsunternehmen, 1996, S. 250.

1023 BT-Drs. V/3040 Nr. 253, S. 57.

1024 Puhl, Budgetflucht und Haushaltsverfassung, 1996, S. 388. Vgl. auch Soldner, § 92 BHO Rn. 22 ff., in: Heuer (Hrsg.), Kommentar zum Haushaltrecht, Stand September 1986.

gements und der Berichterstattung zu verstehen[1025]. Es muss insbesondere geprüft werden, ob die Sorgfaltspflicht und die Verantwortlichkeit der Mitglieder von Unternehmensorganen der Sorgfalt eines ordentlichen Kaufmanns entsprechen[1026].

Nach § 54 Abs. 1 HGrG kann in den Fällen des § 53 in der Satzung (im Gesellschaftsvertrag) mit Dreiviertelmehrheit des vertretenen Kapitals bestimmt werden, dass die Rechnungsprüfungsbehörde der Gebietskörperschaft zur Klärung von Fragen, die bei der Prüfung nach § 44 (§ 92 BHO) auftreten, unmittelbar unterrichten und zu diesem Zweck den Betrieb, die Bücher und die Schriften des Unternehmens einsehen können. Diese Regelung wurde vom Gesetzgeber aufgrund der Tatsache getroffen, dass die übersandten Unterlagen nach § 69 BHO oft nicht ausreichend sind, um die bei einer Rechnungshofkontrolle auftretenden Fragen zu klären[1027]. Außerdem würden ohne die ausdrückliche Regelung des § 54 HGrG die Vorstände und Geschäftsführer der Unternehmen gegen die Verschwiegenheitspflicht nach § 93 Abs. 1 AktG verstoßen[1028].

Das Selbstunterrichtungs- und Einsichtsrecht nach § 54 HGrG besteht aber nicht unmittelbar kraft Gesetzes[1029]. § 66 BHO sieht vor, dass im Falle einer Mehrheitsbeteiligung im Sinne des § 53 HGrG das zuständige Bundesministerium darauf hinzuwirken hat, dass dem Bundesrechnungshof die in § 54 HGrG festgelegten Befugnisse eingeräumt werden[1030]. Dadurch ist aber die Betätigungsprüfung deutlich eingeschränkt. Die Durchführung einer unabhängigen, lückenlosen und effektiven Rechnungshofkontrolle hängt entscheidend von der „de facto" Hinwirkung der Exekutive, was mit den verfassungsrechtlichen Anforderungen nicht vereinbar ist[1031].

1025 Vgl. Eibelshäuser/Nowak, § 54 HGrG Rn. 16, in: Heuer (Hrsg.), Kommentar zum Haushaltsrecht, Stand Dezember 2004.

1026 Vgl. Soldner, § 92 Rn. 22, in: Heuer (Hrsg.), Kommentar zum Haushaltsrecht, Stand 1981.

1027 Vgl. Eibelshäuser/Nowak, § 54 HGrG Rn. 2, in: Heuer (Hrsg.), Kommentar zum Haushaltsrecht, Stand Dezember 2004.

1028 In diesem Rahmen sind die §§ 394 uns 395 AktG zu erwähnen, die die Verschwiegenheitspflicht erweitern und zugleich konkretisieren. Vgl. dazu, Eibelshäuser/Nowak, Vorbemerkung zu §§ 53, 54 HGrG, in: Heuer (Hrsg.), Kommentar zum Haushaltsrecht, Stand Dezember 2004; Eibelshäuser, Anteilseignerinformation und Verschwiegenheitspflicht, in: Budäus/Küpper/Streitferd (Hrsg.), Neues öffentliches Rechnungswesen, FS f. Klaus Lüder, 2000, S. 694 ff.

1029 Vgl. Puhl, Budgetflucht und Haushaltsverfassung, 1996, S. 387 f.

1030 Soweit das Interesse des Bundes dies erfordert, gilt nach § 67 BHO dieselbe Verpflichtung, auch wenn es keine Mehrheitsbeteiligung gibt.

1031 Eine unmittelbare Selbstunterrichtungs- und Einsichtsrecht des Rechnungshofs ist deswegen geboten (und wünschenswert), zumal die öffentliche Rechnungshofkontrolle nicht „a priori" die Autonomie der (grundrechtsberechtigten) privaten Stellen

bb) Zuwendungsempfänger

Der Bund lässt häufig privatrechtlichen Einrichtungen zweckgebundene geldliche Leistungen über. Wenn es um eine ausschließliche Bundesfinanzierung geht, dann ist die Rechnungshofkontrolle bereits aus Art. 114 Abs. 2 Satz 1 GG unmittelbar verfassungsrechtlich geboten. Im Falle einer nicht ausschließlichen Finanzierung, ist die Betätigungsprüfung *für den Bund* auch verfassungsrechtlich geboten[1032]. In jedem Fall gilt das Prinzip der Lückenlosigkeit der Prüfung. § 91 BHO/LHO stellt die gesetzliche Grundlage dar, durch die die verfassungsrechtliche Rechnungshofkontrolle des Bundes im Bereich der Zuwendungsempfänger in den Formen des privaten Rechts konkertisiert bzw. gestaltet wird (Art. 114 Abs. 2 Satz 3 GG).

Nach § 91 Abs. 1 BHO ist der BRH vorbehaltlich anderer gesetzlicher Regelungen berechtigt, *bei* Stellen außerhalb der Bundesverwaltung[1033] zu prüfen u.a., wenn sie vom Bund *Zuwendungen* erhalten (Nr. 3), oder sie „als juristische Personen des privaten Rechts, an denen der Bund einschließlich seiner Sondervermögen unmittelbar oder mittelbar mit *Mehrheit beteiligt* ist, nicht im Wettbewerb stehen, bestimmungsgemäß ganz oder überwiegend *öffentliche Aufgaben* erfüllen oder diesem Zweck dienen und hierfür *Haushaltsmittel oder Gewährleistungen des Bundes* oder eines seiner Sondervermögen erhalten" (Nr. 4). Leiten diese Stellen die Mittel an Dritte weiter, so kann der Bundesrechnungshof auch bei die-

---

begrenzt. Vgl. Eickenboom/Heuer, DöV 1985, S. 997 ff. (1001: Die Tätigkeit der Betriebsprüfer der Steuerverwaltung in Unternehmen sollte anhand der Originalunterlagen in den Unternehmen geprüft werden; hier besteht eine „Prüfungslücke"); Zavelberg, Die Kontrolle der Steuer- und Abgabenerhebung durch den BRH, in: Kirchhof u.a. (Hrsg.), Steuerrecht, Verfassungsrecht, Finanzpolitik, FS für Klein, 1994, S. 1141 ff.; Haverkate, Verfassungslehre, 1992, S. 379.

1032 Vgl. Degenhart, VVDStRL 1996, S. 190 ff. (220 f.): „Dabei ist die sog. Betätigungsprüfung i.F.d. § 91 Abs. 1 Satz 3 BHO/LHO unmittelbar von Art. 114 Abs. 2 Satz 1, 2 umfasst". Vgl. auch, Tiemann, Die staatsrechtliche Stellung der Finanzkontrolle des Bundes, 1974, S. 63 f.; Puhl, Budgetflucht und Haushaltsverfassung, 1996, S. 395.

1033 Solche Stellen sind in der Regel privatrechtliche Einrichtungen, können aber nach ganz h.M. auch bundesunmittelbare juristische Personen des öffentlichen Rechts sein. Siehe dazu, insbesondere, Lange, Die Prüfung staatlicher Zuwendungen durch den BRH, in: Zavelberg (Hrsg.), Die Kontrolle der Staatsfinanzen, 1989, S. 279 ff. (291 f.); Knöpfle, Die Zuständigkeit der Rechnungshöfe für die Prüfung der Körperschaften des öffentlichen Rechts, 1988, S. 66 ff.; BVerwG, Urt. vom 6.3.2002, in: Heuer (Hrsg.), Kommentar zum Haushaltsrecht, Teil IX/3.24.

sen prüfen[1034]. Nach Abs. 2 erstreckt sich die Prüfung auf die *bestimmungsmäßige und wirtschaftliche Verwaltung und Verwendung.* Sie kann sich auch auf die *sonstige* Haushalts- und Wirtschaftsführung des Empfängers erstrecken, soweit es der Bundesrechnungshof für seine Prüfung für notwendig hält. Nach Abs. 4 schließlich, erstreckt sich bei den juristischen Personen im Sinne des Absatzes 1 Satz 1 Nr. 4 die Prüfung auf die *gesamte* Haushalts- und Wirtschaftsführung und wenn es sich um ein Unternehmen handelt, erfolgt die Prüfung *unter Beachtung kaufmännischer Grundsätze.*

Die Anwendung des § 91 BHO hängt offensichtlich von der Bezeichnung der „Zuwendung" ab. Bevor wir den eigentlichen Inhalt der Regelung von § 91 BHO erörtern, ist zunächst den Zuwendungsbegriff zu definieren. Nach § 23 BHO sind Zuwendungen „Ausgaben und Verpflichtungsermächtigungen für Leistungen an Stellen außerhalb der Bundesverwaltung zur Erfüllung bestimmter Zwecke", die nur veranschlagt werden dürfen, „wenn der Bund an der Erfüllung durch solche Stellen ein erhebliches Interesse hat, das ohne die Zuwendungen nicht oder nicht im notwendigen Umfang befriedigt werden kann"[1035]. Als Zuwendungen kommen also Geldleistungen aus dem Bundeshaushalt in Betracht, zu denen zweckgebundene Zuschüsse, Zuweisungen, Schuldendiensthilfen und andere nicht rückzahlbare Leistungen sowie zweckgebundene Darlehen gehören[1036]. Unter „Zuwendungen" versteht man ferner sowohl die Projektförderungen, d.h. Zuwendungen zur Deckung von Ausgaben des Zuwendungsempfängers für einzelne abgegrenzte Vorhaben als auch die sog. institutionellen Förderungen, die die gesamten Ausgaben oder einen nicht abgrenzten Teil der Ausgaben des Zuwendungsempfängers decken[1037]. Die Zuwendungen können schließlich aufgrund eines begünstigenden Verwaltungsakts oder eines öffentlich-rechtlichen Vertrages (§ 54 VwVfG) gewährt werden[1038].

1034 Siehe dazu, Urteil des Staatsgerichtshofes der Freien Hansestadt Bremen vom 15.1.2002, abgedruckt in: Heuer (Hrsg.) Kommentar zum Haushaltsrecht, Teil IX/2.9.; Helfrich, DöV 1990, S. 553 ff. (556).

1035 Vgl. § 44 Abs. 1 Satz 1 HGrG. Nach dem BVerwG (Urt. vom 7.5.1975, in: DöV 1975, S. 783) liegt ein solches erhebliches Interesse nur dann vor, wenn die Erfüllung des Zwecks der Aufgabenstellung und Zielsetzung des Bundes in besonderem Maße dienlich und dabei zu erwarten ist, dass mit möglichst geringen Zuwendungsmitteln ein optimaler Erfolg erzielt wird. Vgl. auch Dommach, § 23 BHO Rn. 7, in: Heuer (Hrsg.), Kommentar zum Haushaltsrecht (Stand August 1997).

1036 Vgl. Vorl.-VV zu § 23 BHO Nr. 1.1.

1037 Vgl. Vorl.-VV zu § 23 BHO Nr. 2; Lacher, DöV 1990, S. 62 ff. (62).

1038 Vgl. Dommach, § 23 BHO Rn. 7, in: Heuer (Hrsg.), Kommentar zum Haushaltsrecht (Stand August 1997). Siehe auch OVG-NW vom 24.9.1981, in: NVwZ 1982, S. 381. Nach *Lange* (Die Prüfung staatlicher Zuwendungen durch den BRH, in:

Strittig ist, ob § 91 BHO nur die Erhebungs-, oder auch die Prüfungskompetenzen des Rechnungshofes erweitert. Die Begründung des Gesetzesentwurfes zur Haushaltsreform ist ganz eindeutig: „Die Vorschrift (Abs. 1) verdeutlicht damit, dass es sich nicht um eine unmittelbare Prüfung dieser Stellen, sondern um die Prüfung der für die Haushaltswirtschaft des Bundes ... verantwortlichen Verwaltung handelt. Im Rahmen dieser Prüfung sind örtliche Einsichtsnahme und Erhebungen bei Dritten ... zulässig"[1039]. § 91 kann also als eine reine Hilfsvorschrift zu § 88 BHO betrachtet werden. Gegenstand der Prüfung bleibt stets das Finanzgebaren des Bundes, jedoch wird dieses in der Betätigung und Auswirkung des Bundes bei den externen Stellen untersucht, wenn externen Dritten Haushaltsmittel übertragen worden sind[1040].

Allerdings muss bemerkt werden, dass in der Praxis diese Vorschrift nicht nur eine Prüfung des Verhaltens der Bundesrverwaltung ermöglicht, sondern dass sie gleichzeitig „de facto" den zuwendungsbezogenen Teil der Haushalts- und Wirtschaftsführung des Zuwendungsempfängers der öffentlichen Rechnungshofkontrolle unterwirft[1041]. Auf jeden Fall ist die Regelung von § 91 BHO aus rechtsstaatlichen Gründen erforderlich, da durch sie ein unmittelbares Erhebungsrecht des Bundesrechnungshofes gegenüber private Stellen begründet wird[1042]. Festzuhalten ist, dass im Bereich der Prüfung von Zuwendungsempfänger als Erhebungsobjekten keine Prüfungslücke besteht.

Zavelberg (Hrsg.), Die Kontrolle der Staatsfinanzen, 1989, S. 279 ff. [282]) können Zuwendungen auch durch *privatrechtlichen* Vertrag bewilligt werden.

1039 Siehe BT-Drs. V/3040 Nr. 249. Vgl. auch den Bericht des BRH vom 2.9.1992, abgedruckt, in: Heuer (Hrsg.), Kommentar zum Haushaltsrecht, Teil VIII/3.6.

1040 Vgl. Kammer, § 91 BHO Rn. 1, in: Heuer (Hrsg.), Kommentar zum Haushaltsrecht (Stand Juni 1999); Hansmeyer/König/Oppermann, Öffentliche Finanzkontrolle bei externen Dienstleistungen, 1982, S. 62; Fischer-Menshausen, Art. 114 Rn. 12, in: v. Münch/Kunig (Hrsg.), GG-Kommentar, 3. Auflage; Krempel, Rechnungshöfe und Rundfunk-Beteiligungsunternehmen, 1996, S. 252 ff.; Mayer, Die Erfolgskontrolle von Subventionen durch die Rechnungshöfe, 2001, S. 119; Antweiler, NVwZ 2005, S. 168 ff. (171).

1041 Deswegen wurde vertreten, dass die Unterscheidung zwischen der Prüfung „von" und „bei" Privaten eine „dogmatische Fiktion" ist. Vgl. dazu, Leisner, Staatliche Rechnungsprüfung Privater, 1990, S. 115. In die gleiche Richtung (jedoch nicht so weit): Puhl, Budgetflucht und Haushaltsverfassung, 1996, S. 398 ff.; Lange, Die Prüfung staatlicher Zuwendungen durch den BRH, in: Zavelberg (Hrsg.), Die Kontrolle der Staatsfinanzen, 1989, S. 279 ff. (292 ff.); Glaser-Galion, Der Bundesrechnungshof als unabhängiges Kontrollorgan in der Bundesrepublik Deutschland, 1980, S. 82.

1042 Vgl. Kammer, § 91 BHO Rn. 2, in: Heuer (Hrsg.), Kommentar zum Haushaltsrecht (Stand Juni 1999).

Nach dem 5. Gesetz zur Änderung der BHO vom 22.9.1994 wurde in § 91 Abs. 1 Satz 1 die Nr. 4 hinzugefügt. Der Gesetzgeber ging davon aus, dass „alle aus der allgemeinen Staatsverwaltung ausgegliederten Unternehmens- und Verwaltungsbereiche der Kontrolle von Haushalts- und Rechnungsprüfungsausschuss unterliegen müssten, sofern sie Mittel aus dem Bundeshaushalt erhielten“[1043]. Der Tatbestand der Nr. 4 betrifft zum einen juristischen Personen, d.h. keine Personengesellschaften, die nicht im Wettbewerb[1044] stehen, da im Falle von Wettbewerb „ein wirtschaftliches Gebaren schon hinreichend durch den Wettbewerb veranlasst wird“[1045], und zum anderen juristischen Pesonen, die überwiegend öffentlichen Aufgaben, nämlich (zumindest) die gesetzlich vorgesehenen Pflichtaufgaben des Staates[1046], wahrnehmen. Ferner erfasst Nr. 4 sowohl die juristischen Personen des Privatrechts, die Träger der öffentlichen Verwaltung sind, als auch die sog. Serviceeinrichtungen bzw. Erfüllungshilfeeinrichtungen, die der Erfüllung der öffentlichen Aufgaben dienen, wie z.B. Gebäudereinigung und Fahrdienste[1047].

Unter diesen Voraussetzungen hat der Bundesrechnungshof das Recht auf Erhebungen. Das besteht aber nur, insoweit sie notwendig sind, „um die bestimmungsmäßige und[1048] wirtschaftliche Verwendung der *Bundesmittel* nachzuprüfen“[1049]. Unter „bestimmungsmäßig“ sind alle Bestimmungen zu verstehen, die

---

1043 Siehe den Bericht des Haushaltsausschusses BT-Drs. 12/7402, S. 9, da die Regelung auf einer Initiative des Parlaments beruht. Hier muss erwähnt werden, dass aufgrund spezieller gesetzlichen Regelung diese Vorschrift nicht für die Deutsche Bahn AG, die Deutsche Post AG, die Deutsche Postbank AG und die Deutsche Telekom AG gilt. In diesen Fällen ist § 54 HGrG anzuwenden. Siehe dazu, Heuer (Hrsg.), Kommentar zum Haushaltsrecht, Teil IV/3, 4.

1044 Ein Wettbewerb setzt mindestens voraus, dass für die gleiche Leistung oder Aufgabe mehrere Anbieter vorhanden sind, die zu eigenständig bestimmten Preisen tätig werden. Vgl. Kammer, § 91 BHO Rn. 13, in: Heuer (Hrsg.), Kommentar zum Haushaltsrecht.

1045 Siehe, Kammer, § 91 BHO Rn. 13, in: Heuer (Hrsg.), Kommentar zum Haushaltsrecht (Stand Juni 1999).

1046 Vgl. Peine/Heinlein, Beamtenrecht, 1999, S. 17 ff.

1047 Vgl. Kammer, § 91 BHO Rn. 13, in: Heuer (Hrsg.), Kommentar zum Haushaltsrecht.

1048 Die Konjunktion „und“, die die Begriffe „Verwaltung“ und „Verwendung“ miteinander verbindet (im Gegenteil zu „beziehungsweise“) deutet darauf hin, dass sich das gesetzliche Prüfungsrecht der Zuwendungen auch auf die Verwaltung und Verwendung der zugewiesenen Mittel bezieht. Vgl. Die Prüfung staatlicher Zuwendungen durch den BRH, in: Zavelberg (Hrsg.), Die Kontrolle der Staatsfinanzen, 1989, S. 279 ff. (292); Mayer, Die Erfolgskontrolle von Subventionen durch die Rechnungshöfe, 2001, S. 119.

1049 Siehe Regierungsentwurf BT-Drs. V/3040, Nr. 250, S. 57.

für die Verwaltung bzw. Verwendung von Bundesmitteln zu beachten sind[1050]. Der Maßstab der Wirtschaftlichkeit entspricht demjenigen in Art. 114 GG und § 90 BHO. Deswegen gelten für die Erhebungen nach § 91 BHO die gleichen Grenzen wie bei sonstigen Prüfungen des Bundesrechnungshofes[1051].

Wie bereits oben bemerkt, kann sich bei Zuwendungen (Nr. 3) die Prüfung auch auf die *sonstige* Haushalts- und Wirtschaftsführung des Empfängers erstrekken, soweit der Bundesrechnungshof dies für seine Prüfung für notwendig hält[1052]. Bei den juristischen Personen im Sinne der Nr. 4 erstreckt sich die Prüfung immer auf die *gesamte* Haushalts- und Wirtschaftsführung. In beiden Fällen hat der Bundesrechnungshof den Grundsatz der Verhältnismäßigkeit des staatlichen Handelns gegenüber Privaten zu beachten, in dem Sinne, dass eine solche Erstreckung erforderlich und angemessen sein muss[1053]. Das bedeutet aber nicht, dass eine solche Prüfungserstreckung nur stattfinden kann, wenn es um eine „institutionelle" Förderung geht, da das Bedürfnis einer Kontrolle in vollem Umfang auch im Falle der sog. Projektförderungen besteht. In diesem Rahmen sind Bewertungen der Haushalts- und Wirtschaftsführung der Zuwendung vorzunehmen, nur in Bezug auf die wirtschaftliche und bestimmungsmäßige Verwaltung bzw. Verwendung der Zuwendung[1054]. Aus der gemachten Analyse kann man die Schlussfolgerung ziehen, dass die gesetzliche Ausgestaltung der Kontrolle „bei" privaten Stellen den verfassungsrechtlichen Anforderungen, insbesonere dem Grundsatz der Lückenlosigkeit, genügt.

1050 Vgl. Puhl, Budgetflucht und Haushaltsverfassung, 1996, S. 402; Lange, Die Prüfung staatlicher Zuwendungen durch den BRH, in: Zavelberg (Hrsg.), Die Kontrolle der Staatsfinanzen, 1989, S. 279 ff. (300); Kammer, § 91 BHO Rn. 14, in: Heuer (Hrsg.), Kommentar zum Haushaltsrecht.

1051 Ebenso, Kammer, § 91 BHO Rn. 19, in: Heuer (Hrsg.), Kommentar zum Haushaltsrecht.

1052 Hier handelt es sich um eine Ermessensentscheidung. Vgl. treffend, Mayer, Die Erfolgskontrolle von Subventionen durch die Rechnungshöfe, 2001, S. 120; Lange, Die Prüfung staatlicher Zuwendungen durch den BRH, in: Zavelberg (Hrsg.), Die Kontrolle der Staatsfinanzen, 1989, S. 279 ff. (296).

1053 Vgl. Nr. 1.2.1. des Berichts des BRH vom 2.9.1992, abgedruckt, in: Heuer (Hrsg.), Kommentar zum Haushaltsrecht, Teil VIII/3.6; Puhl, Budgetflucht und Haushaltsverfassung, 1996, S. 403; Lange, Die Prüfung staatlicher Zuwendungen durch den BRH, in: Zavelberg (Hrsg.), Die Kontrolle der Staatsfinanzen, 1989, S. 279 ff. (302 f.) – A.A. Leisner, Staatliche Rechnungsprüfung Privater, 1990, S. 112 f.

1054 Bewertungen sind „unter dem Blickwinkel des Bundes zu treffen": Kammer, § 91 BHO Rn. 19, in: Heuer (Hrsg.), Kommentar zum Haushaltsrecht.

cc) Prüfungsrechte des Rechnungshofes bei Rüstungsaufträgen?

Zweifelhaft ist, ob Erhebungsrechte für den Bundesrechnungshof gegenüber Privaten durch die analoge Anwendung von § 91 BHO begründet werden können. Die Beantwortung dieser Fragestellung hat besondere praktische Bedeutung im Falle von öffentlichen Aufträgen, denen Selbstkostenpreise zugrunde liegen (sog. Rüstungsaufträge).

Im Zusammenhang mit der Erlassung des BRHG wurde die Frage der Prüfung der Selbstkostenpreise bei öffentlichen Aufträgen in Unternehmen mit Rücksicht auf den Organisationscharakter des Gesetzes ausgeklammert[1055]. Das Problem liegt in der Tatsache, dass die öffentlichen Aufträge ohne Wettbewerb zum Selbstkostenpreis vergeben werden[1056], und dass die betreffende Kalkulation und Kontrolle, anders als im Ausland wie z.B. in den USA, ausschließlich internen Prüfern überlässt wird[1057].

Die Tätigkeit des zuständigen Bundesministeriums, d.h. des Bundesamtes für Wehrtechnik und Beschaffung (BWB), ist als Teil der Haushalts- und Wirtschaftsführung des Bundes verfassungsobligatorisch zu prüfen. Das hat jedoch nur zur Folge, dass der BRH nach Aktenlage bei dieser Bundesbehörde prüfen kann, nicht aber, dass er über die Möglichkeit verfügt, Erhebungen bei den Rüstungsfirmen durchzuführen. Als mögliche Lösung könnte die Anwendung des § 91 Abs. 1 Nr. 1 BHO angesehen werden. Als Einwand wird geltend gemacht[1058], dass § 91 sich nicht auf privatrechtliche Güter- und Leistungsaustauschgeschäfte beziehe. Nach dem Bericht des Bundestagshaushaltsauschusses zum Entwurf des HGrG ist aber eindeutig, dass durch diese Vorschrift beabsichtigt war, ein Prüfungsrecht für den allgemeinen Güter- und Leistungsaustausch zu begründen, der „sich ausschließlich nach privatrechtlichen Gesichtspunkten abwickelt“[1059]. Auf jeden Fall ist aber § 91 Abs. 1 BHO nicht anwendbar, da diese Voraussetzung bei den Rüstungsaufträgen nicht gegeben ist. Außerdem würden bei einer anderen Auslegung unzutreffend alle Fälle erfasst, in denen der Bund

1055 Vgl. den Bericht des Haushaltsauschusses, BT-Drs. 10/3510 vom 19.6.1985; Eickenboom/Heuer, DöV 1985, S. 997 ff. (1002).

1056 Vgl. Friedmann, Die Effizienz der Tätigkeit des Bundesrechnungshofes aus der Sicht des Parlaments und seiner Ausschüsse, in: Zavelberg (Hrsg.), Die Kontrolle der Staatsfinanzen, 1989, S. 157 ff. (173).

1057 Vgl. Heuer, Grenzen von Prüfungs- und Erhebungsgrenzen, in: Zavelberg (Hrsg.), Die Kontrolle der Staatsfinanzen, 1989, S. 181 ff. (190-Fn. 33).

1058 Vgl. Humpert, Preisprüfungsrechte für den BRH bei Rüstungsunternehmen?, 1993, S. 47.

1059 BT-Drs. V/4378,4379, S. 7.

mit Privaten Rechtsgeschäfte macht[1060]. Vielmehr kann unmittelbar aus § 91 Abs. 1 Nr. 3 kein Prüfungsrecht abgeleitet werden, da Entgelte auf Grund von Verträgen, die den Preisvorschriften für öffentliche Aufträge zugrunde liegen, keine Zuwendungen darstellen[1061].

Deswegen muss als zweite Alternative die Begründung eines Prüfungsrechts des Bundesrechnungshofes auf vertraglicher Grundlage untersucht werden. Wie schon mehrmals bemerkt worden ist, sieht Art. 114 Abs. 2 Satz 3 GG die Möglichkeit einer gesetzlichen Erweiterung der Aufgaben und Befugnisse des Bundesrechnungshofes vor, soweit ein Bezug mit dem öffentlichen Haushalt besteht. In diesem Rahmen ist nach zutreffender Auffassung die analoge Anwendung von § 104 Abs. 1 Nr. 3 BHO[1062] als zulässige gesetzliche Basis für eine entsprechende Vereinbarung mit einer juristischen Person des Privatrechts zu betrachten[1063]. Die freie und wirksame Einwilligung von Privaten spricht nicht gegen eine solche Erweiterung[1064], sondern hilft beim Zutritt in den grundgesetzlich geschützten privaten Bereich. Keine Einwände ergeben sich ferner aus den Vorschriften der Verordnung PR Nr. 30/53 über die Preise bei öffentlichen Aufträge, da die dort festgestellten Prüfungsrechte allein die zuständigen Verwaltungsbehörden und nicht die Rechnungshöfe betreffen[1065]. Des Weiteren kann eine Rechnungshofkontrolle nicht schon unter wahrscheinlichen zukünftigen wettbewerbsrechtlichen Gesichtspunkten ausgeschlossen werden, da solche Einwände nur im Einzelfall in Betracht gezogen werden können[1066]. Abschließend ist zu bemerken, dass eine

---

1060 Vgl. Heuer, Grenzen von Prüfungs- und Erhebungsgrenzen, in: Zavelberg (Hrsg.), Die Kontrolle der Staatsfinanzen, 1989, S. 181 ff. (191).

1061 Vgl. Vorl.-VV zu § 23 BHO Nr. 1.2.4. und die entsprechende Anlage; Humpert, Preisprüfungsrechte für den BRH bei Rüstungsunternehmen?, 1993, S. 48 ff.

1062 § 104 Abs. 1 Nr. 3 BHO: „mit dem Bundesrechnungshof eine Prüfung durch ihn vereinbart ist".

1063 Vgl. zutreffend, Heuer, Grenzen von Prüfungs- und Erhebungsgrenzen, in: Zavelberg (Hrsg.), Die Kontrolle der Staatsfinanzen, 1989, S. 181 ff. (192); Friedmann, Die Effizienz der Tätigkeit des Bundesrechnungshofes aus der Sicht des Parlaments und seiner Ausschüsse, in: Zavelberg (Hrsg.), Die Kontrolle der Staatsfinanzen, 1989, S. 157 ff. (173 ff.); Eickenboom/Heuer, DöV 1985, S. 997 ff. (1002); Puhl, Budgetflucht und Haushaltsverfassung, 1996, S. 413 (Fn. 693); Heintzen, Art. 114 Rn. 33, in: von Münch/Kunig (Hrsg.), GG-Kommentar, 2003.

1064 Vgl. §§ 54, 55 HGrG, deren Anwendung ebenso von einer Zustimmung abhängig ist.

1065 Anders, Humpert, Preisprüfungsrechte für den BRH bei Rüstungsunternehmen?, 1993, S. 43 ff.

1066 Vgl. Grenzen von Prüfungs- und Erhebungsgrenzen, in: Zavelberg (Hrsg.), Die Kontrolle der Staatsfinanzen, 1989, S. 181 ff. (193). A.A. Humpert, Preisprüfungsrechte für den BRH bei Rüstungsunternehmen?, 1993, S. 157 (Nr. 3).

eindeutige gesetzliche Grundlage für diesen sensitiven Bereich des öffentlichen Wirtschaftsgebarens erforderlich ist.

c) Prüfung „von" juristischen Personen des privaten Rechts

§ 104 BHO regelt, in welchen Fällen der Bundesrechnungshof die Haushalts- und Wirtschaftsführung der juristischen Personen des privaten Rechts prüft. Der Gesetzgeber ging davon aus, dass die moderne Verwaltung sich oft privatrechtlicher Rechtsformen bedient. Aus dieser Tatsache sollten aber keine „prüfungsfreie Räume" entstehen, da es sich unabhängig von der Form, um die als Teil der Exekutive konzipierte öffentliche Verwaltung handeln kann[1067]. Ferner besteht im Falle von „materiell" Privaten ein öffentliches Interesse an der Einhaltung der die Vergabe von öffentlichen Mittel begleitenden Voraussetzungen (Art. 114 Abs. 2 Satz 3 GG)[1068]. Objekt der Prüfung des Bundesrechnungshofs ist, anders als bei der Betätigungsprüfung, unmittelbar das Finanzgebaren der juristischen Person des Privatrechts. Nach zutreffender Auffassung wird das Prüfungsrecht nach § 104 BHO nicht dadurch beeinträchtigt, dass kumulativ auch die Voraussetzungen der §§ 91 oder 92 BHO vorliegen[1069].

Die Haushalts- und Wirtschaftsführung der juristischen Personen des privaten Rechts wird vom BRH dann geprüft, wenn sie i) auf Grund eines Gesetzes vom Bund *Zuschüsse* erhalten oder eine *Garantieverpflichtung* des Bundes gesetzlich begründet ist oder ii) sie vom Bund oder einer vom Bund bestellten Person allein oder überwiegend *verwaltet* werden oder iii) mit dem Bundesrechnungshof eine Prüfung durch ihn *vereinbart* ist oder sie iv) keine Unternehmen sind und in ihrer *Satzung* mit Zustimmung des Bundesrechnungshofes eine Prüfung durch ihn vorgesehen ist.

aa) Zuschüsse und Garantieverpflichtung

Nach dem ersten Tatbestand des § 104 Abs. 1 BHO müssen Zuschüsse und Garantieverpflichtungen[1070] auf einem Gesetz beruhen. Eine aufgrund eines Geset-

1067 Vgl. Eibelshäuser/Wallis, § 104 BHO Rn. 1, in: Heuer (Hrsg.), Kommentar zum Haushaltsrecht (Stand Dezember 1998).

1068 Vgl. Degenhart, VVDStRL 1996, S. 190 ff. (221 – Fn. 242).

1069 Vgl. Puhl, Budgetflucht und Haushaltsverfassung, 1996, S. 397 und 406; Eibelshäuser/Wallis, § 104 BHO Rn. 1, in: Heuer (Hrsg.), Kommentar zum Haushaltsrecht.

1070 Wie erörtert, unter „Garantieverpflichtung" ist eine unmittelbar durch Gesetz festgelegte Verpflichtung zum Zuschuss zu verstehen.

zes erlassene Rechtsverordnung ist ebenfalls ausreichend[1071]. Auf der anderen Seite reicht eine bloße gesetzliche Ermächtigung durch Haushaltsgesetz oder Haushaltsplan nicht aus[1072]. Dieser Tatbestand schließt auf gesetzlicher Ebene eine Prüfungslücke, indem er als Prüfungsobjekt auch die Empfänger einer durch Gesetz oder Verordnung obligatorischen Leistung erfasst[1073]. Mit anderen Worten, der Begriff des Zuschusses umfasst schon vom Wortlaut her zweckgebundene Übertragungen aus dem Haushalt, zu deren Leistung die Verwaltung, anders als bei Zuwendungen[1074], durch Rechtsvorschriften verpflichtet ist[1075].

Nach einer Ansicht ist Nr. 1 nicht anwendbar, wenn die Zuschüsse „nur für bestimmte Projekte gewährt werden und nicht allgemein für die Aufgabenerfüllung der juristischen Person“, da eine allgemeine Prüfung gegen das Verhältnismäßigkeitsprinzip verstoßen würde[1076]. Für eine solche restriktive Auffassung besteht aber kein sachlicher Grund. Im Gegenteil besteht immer ein Bedürfnis nach Kontrolle. Deswegen kann ein Übermaß an Kontrolle durch eine verfassungskonforme Reduzierung des Prüfungsstoffs im Einzelfall vermieden werden, indem die Prüfung nur den betroffenen Finanzsektor erfasst[1077].

bb) „Vom Bund verwaltete“ juristische Personen

Nach § 104 Abs. 1 Nr. 2 BHO ist eine juristische Person ein Finanzkontrollobjekt, wenn sie vom Bund oder einer vom Bund bestellten Person allein oder überwiegend verwaltet wird. Unter „verwalten“ ist die Verantwortung für die

---

1071 Siehe z.B. § 63 Schwerbehindertengesetzes, § 45 a Personenbeförderungsgesetzes, § 2 Abs. 4 Postumwandlungsgesetzes und § 11 DSL-Bank-Umwandlungsgesetzes.

1072 Vgl. Eibelshäuser/Wallis, § 104 BHO Rn. 3, in: Heuer (Hrsg.), Kommentar zum Haushaltsrecht.

1073 Aus dem gleichen Grund ist § 104 Abs. 1 Nr. 1 BHO entsprechend bei Zuschüssen an natürliche Personen oder nicht rechtsfähige Personeneinrichtungen, wie die politischen Parteien, anzuwenden. Vgl. dazu, Puhl, Budgetflucht und Haushaltsverfassung, 1996, S. 406; von Arnim, Kontrollauftrag gegenüber Parteien, in: Böning/ von Mutius (Hrsg.), Finanzkontrolle im repräsentativ-demokratischen System, 1990, S. 115 ff. (120 ff.).

1074 In diesem Falle greift die Zuwendungsprüfung nach § 91 Abs. 1 Satz 1 Nr. 3 (als lex specialis zu § 104 Abs. 1 BHO).

1075 Vgl. Vorl.-VV zu § 23 BHO Nr. 1.2.2.: „Keine Zuwendungen sind insbesondere, Leistungen, auf die ein dem Grund und der Höhe nach unmittelbar durch Rechtsvorschriften begründeter Anspruch besteht“. Vgl. auch Eibelshäuser/Wallis, § 104 BHO Rn. 3, in: Heuer (Hrsg.), Kommentar zum Haushaltsrecht; Puhl, Budgetflucht und Haushaltsverfassung, 1996, S. 404 f.; Karehnke, DöH 12, S. 108 ff. (112).

1076 So, Eibelshäuser/Wallis, § 104 BHO Rn. 3, in: Heuer (Hrsg.), Kommentar zum Haushaltsrecht.

1077 Vgl. Puhl, Budgetflucht und Haushaltsverfassung, 1996, S. 406.

ordnungsgemäße und wirtschaftliche Aufgabenerfüllung zu verstehen. Einigkeit besteht darüber, dass eine Person auch dann „bestellt" ist, wenn sie nicht vom Bund weisungsgebunden ist[1078].

Umstritten ist jedoch, ob eine Anwendung von Nr. 2 auch dann in Betracht kommt, wenn der Bund die verwaltende Person nicht „unmittelbar" bestellt[1079]. Eine „unmittelbare Bestellung" muss nur unmittelbaren Bundesorganen vorbehalten sein. Nach richtiger Auffassung ist eine solche ungeschriebene Voraussetzung nicht erforderlich[1080]. Das geht zunächst aus dem Wortlaut der Vorschrift hervor. Die Entstehungsgeschichte hilft hierbei leider nicht, da die Begründung zum Regierungsentwurf des § 104 Abs. 1 BHO nur bemerkt, dass durch die neue Regelung „einer neueren Entwicklung Rechnung getragen" wurde[1081]. Zweck der Regelung ist es Lücken in der Rechnungsprüfung zu schließen. Nach einhelliger Auffassung hat § 104 BHO grundsätzlich die Funktion eines Auffangtatbestandes[1082].

Aus diesem Grund ist einer extensiven Auslegung der Vorzug zu geben, was dazu führt, dass eine Person zur Verwaltung einer privatrechtlichen Einrichtung „vom Bund bestellt" ist, wenn zumindest „neben dem Bund kein Privater an ihr beteiligt ist und mithin auch kein Privater auf die Berufung dieses Vertreters rechtlich Einfluss zu nehmen vermag"[1083]. Durch die hier vertretene Auslegung sind die verfassungsrechtlichen Anforderungen einer effektiven und lückenlosen Rechnungshofkontrolle sichergestellt.

cc) Satzungsregelung

Die Regelung des § 104 Abs. 1 Nr. 4 BHO kommt insbesondere für Stiftungen des Privatrechts in Betracht, wie z.B. die Stiftung Volkswagenwerk und die

---

1078 Die „Bestellung" in § 76 AktG hat dieselbe Bedeutung. Vgl. Puhl, Budgetflucht und Haushaltsverfassung, 1996, S. 394; Eibelshäuser/Wallis, § 104 BHO Rn. 4, in: Heuer (Hrsg.), Kommentar zum Haushaltsrecht.

1079 Vgl. Eibelshäuser/Wallis, § 104 BHO Rn. 4, in: Heuer (Hrsg.), Kommentar zum Haushaltsrecht. Nach dieser Ansicht hat die hier untersuchte Vorschrift eine nur geringe praktische Bedeutung; sie betrifft etwa Selbsthilfeeinrichtungen der Verwaltung, wie z.B. Kantinen.

1080 Zum folgenden vgl. Puhl, Budgetflucht und Haushaltsverfassung, 1996, S. 390 ff.

1081 Siehe BT-Drs. V/3040, S. 67 (Tz. 466).

1082 Vgl. Tiemann, Die staatsrechtliche Stellung der Finanzkontrolle des Bundes, 1974, S. 108; Karehnke, DöH 12, S. 108 ff. (111); Eibelshäuser/Wallis, § 104 BHO Rn. 1, in: Heuer (Hrsg.), Kommentar zum Haushaltsrecht; 1988; Morell, Der Bundeshaushalt-Recht und Praxis, 1983, S. 825.

1083 Typischer Fall stellt die Deutsche Flugsicherung GmbH dar, die eine klassische staatliche Aufgabe wahrnimmt, d.h. die Flugsicherung und -überwachung. Vgl. Puhl, Budgetflucht und Haushaltsverfassung, 1996, S. 393.

Deutsche Bundesstiftung Umwelt. Das Bundesverwaltungsgericht hat wegen einer Streitsache zwischen der Stiftung Volkswagenwerk und dem Niedersächsischen Landesrechnungshof die Prüfungsbefugnisse aufgrund der hier zu untersuchenden Vorschrift geklärt[1084]. Nach dem BVerwG „genügt § 104 Abs. 1 Nr. 4 BHO den rechtstaatlichen Anforderungen an die Bestimmtheit einer Eingriffsnorm. Eine hinreichende Konkretisierung von Inhalt und Umfang der Rechnungsprüfung ist auf Grund der in Art. 114 Abs. 2 Satz 1 GG festgelegten Kriterien und der entsprechenden Anwendung des § 90 BHO möglich". Ferner stellte das BVerwG zutreffend fest, dass diese Vorschrift kein unzulässiges Einzelfallgesetz darstellt, da das Problem bei der Stiftung VW-Werk nur Anlass für diese Regelung war[1085], und schließlich, dass das ausdrückliche, bindende satzungsrechtliche Einverständnis mit der Prüfung prinzipiell einen Eingriff in grundrechtsgeschützte Bereiche ausschließt[1086].

d) Grenzen der Prüfung „von" und „bei" Privaten

Aus der gemachte Analyse kann man die Schlussfolgerung ziehen, dass die gesetzliche Ausgestaltung der Rechnungshofkontrolle „von" und „bei" Privaten den verfassungsrechtlichen Anforderungen, insbesondere dem Lückenlosigkeitsprinzip, (grundsätzlich) gewachsen ist. Die Rechnungshofkontrolle muss als staatliches Handeln im grundrechtlich geschützten privaten Bereich unter Beachtung des Verhältnismäßigkeitsprinzips immer Rücksicht auf die entsprechenden Grundrechte nehmen. Das gilt sowohl für die Betätigungsprüfung bei Beteiligungsverwaltung und Zuwendungsempfängern (Prüfung „bei" Privaten als Erhebungsobjekte) als auch für die Kontrolle „von" Privaten als Prüfungsobjekten. Wie bereits erörtert, kann die Rechnungshofkontrolle als rechtfertigungsbedürftiger Eingriff in die verschiedenen Grundrechte angesehen werden[1087]. Entscheidend sind jedenfalls der konkret betroffene Sachverhalt und die speziellen Umstände des Einzelfalles[1088].

1084 Siehe zum folgenden BVerwG, Urt. vom 28.2.1986, in: DöV 1986, S. 518 ff.; BVerwG, Urt. vom 19.12.1996, abgedruckt in: Heuer (Hrsg.), Kommentar zum Haushaltsrecht, Teil IX/5.4.

1085 Vgl. Tiemann, Die staatsrechtliche Stellung der Finanzkontrolle des Bundes, 1974, S. 109.

1086 Vgl. Heuer, DöV 1986, S. 516 ff. (518).

1087 Siehe ausführlicher weiter unten Kap. D II 3.

1088 Vgl. Puhl, Budgetflucht und Haushaltsverfassung, 1996, S. 428; Höfling, Die Betätigungsprüfung der Rechnungshöfe, in: Osterloh/Schmidt/Weber (Hrsg.), Staat, Wirtschaft, Finanzverfassung, FS für Selmer, 2004, S. 673 ff. – Siehe auch weiter unten Kap. D. in dieser Arbeit.

Die Prüfung durch den Rechnungshof[1089] kann ein Privatrechtssubjekt in dessen Rechten auf Berufsfreiheit (Art. 12 Abs. 1 GG), Eigentum (Art. 12 Abs. 1 GG), informationelle Selbstbestimmung (Art. 2 Abs. 1 i.V.m. Art. 1 Abs. 1 GG) und Vereinsfreiheit (Art. 9 GG) berühren bzw. beeinträchtigen oder belasten[1090]. Wenn Datenträger, dem Erwerb von Gütern dienende Dokumente, oder sonstige Gegenstände eines Unternehmens für Kontrollzwecke zeitweilig in Anspruch übernommen werden, dann kann dies sowohl den Wettbewerbsstatus (Art. 12 Abs. 1 GG)[1091], als auch das Vermögen (Art. 14 GG) des Unternehmens beeinträchtigen[1092]. Die Rechnungshofkontrollakte haben aber nur die vorübergehende Freiheit des Gebrauchs solcher Gegenstände zur Folge und stellen deswegen keinen „de facto" Entzug dar. Ein solcher Entzug erfolgt nur im Falle einer „Umwidmung" des vorbestimmten Zweckes, wenn der Rechnungshof z.B. ein Unternehmen für öffentliche Zwecke „in Dienst" nimmt[1093]. Im Übrigen handelt es sich, soweit die Begründung und Ausübung von Kontrollrechten nicht den Kern des Eigentums, d.h. das Erwerbsprinzip, beeinträchtigen, um eine verfassungsrechtlich zulässige Bestimmung von Inhalt und Schranken des Eigentumsrechts. Dies gilt umso mehr, wenn die Kontrollrechte durch Satzungsregelung bzw. Gesellschaftsvertrag gestattet werden[1094].

Den juristischen Personen des öffentlichen Rechts kommt zusätzlich das Recht auf „informationelle Selbstbestimmung" zu, also das Recht, selbst über die Erhebung, Speicherung, Weitergabe und Verwendung von personenbezogenen

1089 Wie bereits erörtert, unter Finanzkontrollhandlungen, die grundrechtliche Positionen beeinträchtigen können, verstehen wir die örtlichen Erhebungen (§ 94 Abs. 1 BHO/LHO), die Auskunfts- und Vorlagepflicht (§ 95 BHO/LHO), die Prüfungsanordnung und die Veröffentlichung der Ergebnisse.

1090 Vgl. Tiemann, Die staatsrechtliche Stellung der Finanzkontrolle des Bundes, 1974, S. 117 f.; Schmidt/Vollmöler (Hrsg.), Kompendium Öffentliches Wirtschaftrecht, 2004, S. 69 ff.; Humpert, Preisprüfungsrechte für den BRH bei Rüstungsunternehmen?, 1993, S. 115 ff.; Leisner, Staatliche Rechnungsprüfung Privater, 1990, S. 121 ff.; Püttner, Die öffentlichen Unternehmen, 1985, S. 119 ff.

1091 Das Grundrecht der Berufsfreiheit ist nur auf juristischen Personen anwendbar, wenn sich eine Beeinträchtigung auf den Erwerbsvorgang und nicht nur auf die Verwendung einer eigentümsfähigen Position bezieht. Vgl. dazu BVerfGE 30, S. 292 ff. (334 f.). Zum Schutz des ausgeübten Gewerbebetriebes: BGHZ 23, S. 157 ff. (162); BVerwGE 62, S. 224 ff. (226). Siehe ferner, BVerwGE 65, S. 167 ff.; Manssen, Staatsrecht II, 2004, Rn. 618 f.; Knöpfle, Die Zuständigkeit der Rechnungshöfe für die Prüfung der Körperschaften des öffentlichen Rechts, 1988, S. 95 f.

1092 Vgl. Jury, Der Rechnungshof vor Gericht, 2002, S. 202.

1093 Vgl. Vogel, DVBl. 1970, S. 193 ff. (199).

1094 Vgl. Vogel/Kirchhof, BK, Art. 114 Rn. 13.

Daten zu bestimmen[1095]. Geschützt ist vor allem die Darstellung des Grundrechtsinhabers in der Öffentlichkeit[1096]. Durch die Veröffentlichung von betriebswirtschaftlichen Informationen kann auch der Schutzbereich der Eigentumsgarantie berührt werden[1097]. Ferner ist es vorstellbar, dass ein Verein aufgrund einer Zuwendungsprüfung Adressat der Prüfungsanordnung werden kann, und dass eine Beeinträchtigung des Rechts auf kollektive Vereinigungsfreiheit stattfindet[1098]. Schließlich können die Folgen einer möglichen Beanstandung, z.B. die Zurückweisung der vom Bund gestellten Mittels, bei jedem Privaten auftreten und deswegen liegt hier keine Beeinträchtigung des allgemeines Gleichheitssatzes (Art.3 GG) vor.

Als Grenzen der Rechnungshofkontrolle sind zusätzlich die folgenden Punkte zu berücksichtigen. Die Prüfung „bei" Privaten, nach §§ 53, 54 HGrG, stellt keine Wirtschaftsaufsicht über die Geschäftsführung eines Unternehmens dar. Durch diese Prüfung ergeben sich nur „Informationen über die Art, in der öffentliche Mittel durch die *(private)* Gesellschaft verwaltet werden"[1099]. Im Rahmen der Prüfung nach § 92 BHO darf der Rechnungshof nicht die unternehmerische Entscheidungsfreiheit oder die Planung der zukünftigen Unternehmensprüfung beanstanden bzw. kritisieren, da dies die Rechnungshofkontrolle in einer Art Wirtschaftsaufsicht umwandeln würde[1100].

Des Weiteren muss der Rechnungshof besonders aufmerksam sein, wenn es um eine ermessensfreie Erweiterung der Prüfung auf die „gesamte" oder „sonstige" Haushalts- und Wirtschaftsführung geht. Die privaten Stellen sind immer vor und während der Prüfung anzuhören und ihnen ist die Gelegenheit zur Stellungnahme zu geben. Ferner kann im Falle der Veröffentlichung der Kontrollergebnisse eine Anonymisierung erforderlich sein[1101]. Dadurch wird das Verhältnis-

---

1095 Vgl. BVerfGE 65, S. 1 ff. (43).

1096 Vgl. BVerfGE 63, S. 131 ff. (142).

1097 Vgl. den Beschluss der Konferenz der Präsidentinnen und Präsidenten der Rechnungshöfe des Bundes und der Länder vom 27. bis 29. September in Schwerin zur Beteiligungsprüfung bei öffentlich-rechtlichen Rundfunkanstalten, abgedruckt in: Heuer (Hrsg.), Kommentar zum Haushaltsrecht, Teil VIII/2.6.

1098 Vgl. BVerfGE 50, S. 290 ff. (354); 80, S. 244 ff. (253).

1099 Vgl. Vogel/Kirchhof, BK, Art. 114 GG Rn. 133; Karehnke, DöH 15, S. 204 ff. (210); Vogel, DVBl. 1970, S. 193 ff. (199); Höfling, Die Betätigungsprüfung der Rechnungshöfe, in: Osterloh/Schmidt/Weber (Hrsg.), Staat, Wirtschaft, Finanzverfassung, FS für Selmer, 2004, S. 673 ff. (683).

1100 Ebenso, Höfling, Die Betätigungsprüfung der Rechnungshöfe, in: Osterloh/Schmidt/Weber (Hrsg.), Staat, Wirtschaft, Finanzverfassung, FS für Selmer, 2004, S. 673 ff. (684); Kirchhof, NVwZ 1983, S. 505 ff. (513).

1101 Vgl. Gößler, Funktion und legislatorische Notwendigkeiten einer effektiven Finanzkontrolle im Rundfunkwesen, in: Eibelshäuser (Hrsg.), Finanzpolitik und Finanzkontrolle – Partner für Veränderung, GS für Müller, 2002, S. 312 ff. (327);

mäßigkeitsprinzip ausreichend beachtet. Der VGH München hat diese Ansicht bestätigt, indem er besagt, dass „diejenigen, die mit der öffentlichen Hand in finanzielle Beziehungen treten, es im Rahmen des öffentlich-rechtlichen Beziehungsgeflechts hinnehmen müssen, dass sie in Prüfungsbemerkungen und Prüfungsberichten – in anonymisierter Form – erwähnt werden"[1102].

Abschließend ist zu bemerken, dass die Kontrolle im privatrechtlichen Bereich auch als Zusatz und Erweiterung der Selbstkontrolle der zu prüfenden Einrichtungen betrachtet werden kann. Die Gewährung von Transparenz und eines solideren und klareren Haushaltsgebarens dienen in erster Linie der Organisation, Funktion und zukünftigen finanziellen Unterstützung derselben dieser Einrichtungen[1103].

aa) Sonderfall: Die Kontrolle bei der kirchlichen „freien Wohlfahrtspflege"

Im Rahmen der Problemstellung der grundrechtsbezogenen Grenzen der Rechnungshofkontrolle im Bereich der Privaten, wird im Folgenden als Beispielfall die besondere Konfliktlage der externen öffentlichen Rechnungsprüfung gegenüber kirchlichen Einrichtungen dargelegt, die als Träger der freien Wohlfahrtspflege einzustufen sind. Unter kirchlicher „freier Wohlfahrtspflege" versteht man u.a. die folgenden Vereinigungen, die Jugend-, Familien-, Alten und Behindertenhilfe erteilen: Deutscher Caritasverband, Diakonisches Werk und Zentralwohlfahrtsstelle der Juden in Deutschland[1104].

Religionsgesellschaften des öffentlichen Rechts nach Artikel 137 Abs. 5 der Deutschen Verfassung vom 11. August 1919 sind vom sachlichen Anwendungsbereich des § 55 HGrG „expressis verbis" ausgenommen. Demgegenüber können solche kirchliche Einrichtungen, entweder als Zuwendungsempfänger nach § 91 Abs. 1 Nr. 3 BHO oder als unmittelbare Prüfungsadressaten nach einer entspre-

---

Stackmann, DVBl. 1994, S. 383 ff. (389); Krempel, Rechnungshöfe und Rundfunk-Beteiligungsunternehmen, 1996, S. 273; Rechnungshof Schleswig-Holstein, Grundlagen der Finanzkontrolle und der öffentlichen Haushaltwirtschaft in Schleswig-Holstein, 1992, S. 15; Glatfeld, Die Auswirkungen effizienzsteigender Maßnahmen in der öffentlichen Verwaltung unter besonderer Berücksichtigungen von Ausgliederungen bzw. Privatisierungen auf die Arbeit der Rechnungshöfe, 1997, S. 240.

1102 VGH München, Urt. vom 4.12.1998, in: NVwZ 1999, S. 549 ff.

1103 Vgl. Storr, Beteiligungsverwaltung – Rechtsgrundlagen und Prüfung durch die Rechnungshöfe, in: Eibelshäuser (Hrsg.), Finanzpolitik und Finanzkontrolle – Partner für Veränderung, GS für Müller, 2002, S. 237 ff. (241).

1104 Deutsches Rotes Kreuz, Arbeiterwohlfahrt und Deutscher Paritätischer Wohlfahrtsverband sind „weltliche" freie Wohlfahrtsverbänden. Ausführlicher dazu, Rogge, Staatliche Finanzkontrolle freier Wohlfahrtspfleger, 2001, S. 15 ff. (m.w.N.).

chenden Vereinbarung gemäß § 104 Abs. 1 Nr. 3 BHO von der Rechnungshofkontrolle erfasst werden[1105].

Die Religionsgesellschaften haben nach Art. 140 GG i.V.m. 137 Abs. 5 Satz 1 Weimarer Reichsverfassung den Status (verfassungsrechtlicher[1106]) Körperschaften des öffentlichen Rechts. Trotzdem sind sie Träger von Grundrechten, weil sie keine staatliche Gewalt ausüben[1107]. Insbesondere kommt Art. 4 Abs. 1 GG in Betracht, bei dem es um die Religionsfreiheit geht. Träger der Glaubensfreiheit sind auch diejenigen (religiösen) Organisationen, die nicht Körperschaften des öffentlichen Rechts sind und sie „die Pflege oder Förderung eines religiösen Bekenntnisses oder die Verknüpfung des Glaubens ihrer Mitglieder" bezwecken[1108]. Der freien kirchlichen Wohlfahrtspflege kommen dementsprechend die Gewährleistungen aus Art. 4 Abs. 1 GG sowie aus Art. 140 GG i.V.m. 137 Abs. 3 Weimarer Reichsverfassung zu. Seit der Goch-Entscheidung des Bundesverfassungsgerichts[1109] ist unumstritten, dass auch selbständige, privatrechtlich organisierte Einrichtungen unter dem Schutz des Art. 140 GG i.V.m. 137 Abs. 3 Weimarer Reichsverfassung (sog. kirchliches Selbstbestimmungsrecht) stehen, wenn sie der Kirche in bestimmter Weise zugeordnet sind und nach kirchlichem Verständnis ihrem Zweck oder ihrer Aufgabe entsprechend dazu berufen sind, „ein Stück Auftrag der Kirche in dieser Welt wahrzunehmen und zu erfüllen"[1110]. Die karitative Tätigkeit der kirchlichen Wohlfahrtsverbände wird also vom Art. 140 GG i.V.m. Art. 137 Abs. 3 Weimarer Reichsverfassung geschützt.

Zu diesen geschützten Bereichen zählen vor allem die Freiheit der Vermögensverwaltung, die freie Ausgestaltung der Organisationsstruktur und die freie Ausübung der Personalhoheit[1111]. Die Rechnungshoftätigkeit kann, wie schon erwähnt, einen faktischen, mittelbaren Eingriff auch gegenüber diesen (zumindest) grundrechtsähnlichen Rechtspositionen darstellen. Deswegen bedarf es, im Rahmen „der Schranken des für alle geltenden Gesetzes" (Art. 137 Abs. 3 Weimarer Reichsverfassung), in jedem Einzelfall einer Abwägung zwischen dem kirchlichen Selbstbestimmungsrecht und der, zur Gewährleistung des Budge-

---

1105 Vgl. Mainusch, NVwZ 1994, S. 736 ff. (736).

1106 Vgl. Knöpfle, Die Zuständigkeit der Rechnungshöfe für die Prüfung der Körperschaften des öffentlichen Rechts, 1988, S. 103.

1107 Siehe BVerfGE 18, S. 385 ff. (386 f.); 19, S. 1 ff. (5); 53, S. 366 ff. (386 f.).

1108 Siehe dazu BVerfGE 19, S. 129 ff. (132) und Knöpfle, Die Zuständigkeit der Rechnungshöfe für die Prüfung der Körperschaften des öffentlichen Rechts, 1988, S. 104 (Fn. 333).

1109 BVerfGE 46, S. 73 ff. (85 f.). Siehe auch BVerfGE 70, S. 138 ff. (162).

1110 Siehe Mainusch, NVwZ 1994, S. 736 ff. (737). Ebenso, Rogge, Staatliche Finanzkontrolle freier Wohlfahrtspfleger, 2001, S. 95 ff.

1111 Vgl. Mainusch, NVwZ 1994, S. 736 ff. (737); BVerfGE 70, S. 138 ff. (164).

trechts des Parlaments und des Schutzes des öffentlichen Vermögens, gebotenen Rechnungshofkontrolle[1112].

Das deutet darauf hin, dass die Prüfung nach § 91 BHO gemäß dem Verhältnismäßigkeitsprinzip wahrgenommen werden muss, indem diese z.B. bei der Prüfung der wirtschaftlichen Verwaltung und Verwendung (§ 91 Abs. 2 Satz 1 BHO) die Zielvorstellungen der Einrichtung annimmt und respektiert[1113]. Im Gegensatz dazu spielt das bloße Faktum des geringeren Gewichts der staatlichen Zuwendungen an kirchliche Rechtsträger keine entscheidende Rolle. Ebenso, kann nach richtiger Auffassung kein entscheidendes Argument aus der veralteten sog. „Koordinationslehre" gewonnen werden[1114]. Unter Zugrundelegung solcher Restriktionen ist die Rechnungshofkontrolle geeignet und erforderlich, um den Schutz des öffentlichen Vermögens im Bereich von kirchlichen freien Wohlfahrtsverbänden zu gewährleisten.

1112 Vgl. Rogge, Staatliche Finanzkontrolle freier Wohlfahrtspfleger, 2001, S. 105 ff.; Mainusch, NVwZ 1994, S. 736 ff. (738); von Campenhausen, Selbstverwaltung – Autonomie – Eigenständigkeit im Kirchenrecht und im Staatskirchenrecht, in: von Mutius (Hrsg.), Selbstverwaltung im Staat der Industriegesellschaft, 1983, S. 977 ff. (987, 990); Stackmann, DVBl. 1994, S. 383 ff. (389); Degenhart, VVDStRL 1996, S. 190 ff. (220 – Fn. 246, 247).

1113 Vgl. Stackmann, DVBl. 1994, S. 383 ff. (386).

1114 Vgl. Mainusch, NVwZ 1994, S. 736 ff. (739); Rogge, Staatliche Finanzkontrolle freier Wohlfahrtspfleger, 2001, S. 132. Anders, Leisner, Staatliche Rechnungsprüfung kirchlicher Einrichtungen unter besonderer Berücksichtigung der karitativen Tätigkeit, 1991, S. 37 ff. In die gleiche Richtung, Brenner, NVwZ 1995, S. 454 f.; zur Koordinationslehre siehe, Schmidt-Eichstaedt, Kirchen als Körperschaften des öffentlichen Rechts?, 1976.

D. Grenzen – Restriktionen der Rechnungshofkontrolle

Im folgenden Kapitel versuchen wir die wesentlichen, punktuellen bzw. vereinzelten Ergebnisse der analytischen und kasuistischen Darstellung von problematischen Einzelfällen zu kategorisieren und zu verallgemeinern, um hieraus eine Theorie bzw. ein Dogma bezüglich der eigentlichen Grenzen der Rechnungshofkontrolle zu bilden.

I. Abwehrpositionen kompetenzrechtlicher Provenienz

1. Staatliche Stellen

Wenn der Rechnungshof das Finanzgebaren staatlicher Stellen überprüft, die zum Rechtssubjekt Bund unmittelbar gehören, verbleibt die Kontrolle im staatlichen Innenbereich. Im Verhältnis staatlicher Organe und ihrer Kompetenzen ist das Verhältnismäßigkeitsprinzip grundsätzlich nicht unmittelbar anwendbar. Das Denken in den Kategorien von „Freiheit und Eingriff" darf nicht auf Kompetenzabgrenzungen übertragen werden. Innerhalb der organisierten Staatlichkeit kommen allein kompetenzrechtliche Bindungen in Betracht[1115]. Auf der anderen Seite ist ebenfalls eindeutig, dass kollidierende gleichrangige, d.h. verfassungsrechtlich normierten Rechtspositionen bzw. Kompetenzbereiche in schonenden Ausgleich zu bringen sind. Die maßgeblichen Anhaltspunkte sind die Prinzipien der praktischen Konkordanz und der Organtreue[1116]. Solche Kompetenzgrenzen der Rechnungshöfe ergeben sich aus der richterlichen Unabhängigkeit (Art. 97 Abs. 1 GG) und der Fraktionsautonomie (Art 38 GG und § 53 Abs. 2 AbgG).

Der Rechnungshof kontrolliert lückenlos die *gesamte* Haushalts- und Wirtschaftsführung des Bundes. Im Bereich der unmittelbaren staatlichen Verwaltung sind Einschränkungen nur dann zulässig, wenn sie aus Gründen erfolgen, die ebenfalls Verfassungsrang haben[1117]. Einen solchen Fall stellt die verfassungsrechtlich zulässige Sonderregelung hinsichtlich der Prüfung von geheimhaltungs-

1115 Vgl. dazu BVerfGE 81, S. 310 ff. (338); Degenhart, Staatsrecht I, 2002, Rn. 404.
1116 Vgl. dazu BVerfGE 45, S. 1 ff. (39) und Degenhart, Die Verwaltung 2000, S. 55 ff. (72).
1117 Vgl. Heintzen, Art. 114 Rn. 29, in: von Münch/Kunig (Hrsg.), GG-Kommentar, 2003.

bedürftigen Angelegenheiten dar. Eine ähnliche Restriktion kann auch aus dem Kernbereich exekutiver Eigenverantwortung abgeleitet werden. Im Übrigen erstreckt sich die Kontrollzuständigkeit des Bundesrechnungshofs auch auf den so genannten „ministerialfreien Raum", da die etwaige Ausnahme von der Ministerialgebundenheit selbst nicht als Gegenposition anzusehen ist, die den verfassungsrechtlichen Kontrollumfang beschränken kann. Abschließend ist festzuhalten, dass der Rechnungshof sich nicht selbst prüfen darf. Diese Bereichsausnahme ist wegen des Fehlens der einer effektiven Kontrolle immanenten Distanz systemgerecht.

2. Selbstverwaltungskörperschaften

Die Rechnungshofkontrolle geht über den staatlichen Innenbereich stricto sensu hinaus, wenn sie Selbstverwaltungskörperschaften umfasst. In diesem Falle trifft sie auch Abwehrpositionen kompetenzrechtlicher Provenienz, da die Selbstverwaltungskörperschaften, als Träger öffentlicher Gewalt, Teil der organisierten Staatlichkeit sind.

a) Die Selbstverwaltungsgarantie

Das Recht auf Selbstverwaltung hat zum Inhalt, dass die Selbstverwaltungsträger ihre eigenen Aufgaben bzw. Angelegenheiten im Rahmen des Gesetzes in eigener Verantwortung erfüllen bzw. wahrnehmen. Wie in höchstrichterlicher Rechtsprechung mehrmals festgestellt worden ist[1118], gilt das, sowohl für die verfassungsrechtlich garantierte Selbstverwaltung, d.h. für die kommunale Selbstverwaltung (Art. 28 Abs. 2 GG) die akademische Selbstverwaltung (Art. 5 Abs. 1 GG), und die zumindest mittelbar verfassungsrechtlich abgeleitete Garantie der Bundesbankautonomie (Art. 88 GG), als auch für die nur einfach-gesetzlich gewährleistete Selbstverwaltung, wie z.B. für die Sozialversicherungsträger und die Handwerkskammern. Im letzten Fall (einfach-gesetzliche Selbstverwaltung) werden Inhalt und Tragweite des Selbstverwaltungsrechts in entscheidendem Maße, allein vom Gesetzgeber bestimmt. Solche gesetzliche Regelungen, die die Selbstverwaltungsgarantie gestalten, sind z.B. § 48 HGrG und § 111 BHO/LHO. Die Selbstverwaltungsgarantie umfasst auch die Satzungsgewalt[1119]. Die Staatsauf-

1118 Vgl. z.B. BSGE 52, 294 ff. und BVerwG, Urt. vom 11.4.1995, in: DVBl. 1995, S. 1091 ff.

1119 Vgl. Sierig, Die Grenzen der staatlichen Finanzkontrolle, 1998, S. 156.

sicht im Bereich der Selbstverwaltung ist grundsätzlich auf eine Rechtsaufsicht beschränkt. Im Übrigen besteht Freiheit von fachlicher Beaufsichtigung.

b) Keine „per se" prüfungsfreien Räume

Auch für die Selbstverwaltungsträger gilt die unitarische Finanz- und Haushaltsverfassung, da mit der Schaffung von Selbstverwaltungskörperschaften kein verschlossenes System von Rechten gegenüber dem Bund folgt. Deswegen kann es keine „Freiräume prüfungsresistenter Finanzautonomie"[1120] geben. Das Selbstverwaltungsrecht selbst führt also nicht „per se" zu einem prüfungsfreien Raum („Ob" der Kontrolle) und stellt keine unüberwindbare Grenze für die Rechnungshofkontrolle dar[1121].

c) Beschränkung nur auf Rechtmäßigkeitskontrolle?

Im Schrifttum wird die Meinung vertreten, dass die Rechnungshofkontrolle sich ausschließlich auf die Rechtsmäßigkeit des Finanzgebarens von Selbstverwaltungsträgern beschränken muss, da die Kontrolle nach dem Maßstab der Wirtschaftlichkeit die vom Gesetzgeber gewollte Selbstverwaltung gefährde. Nach dieser Ansicht könne die Rechnungshofkontrolle als Hilfsfunktion der Staatsaufsicht nicht weiter gehen als die Staatsaufsicht selbst. Das wird vor allem für Berufskammern, Rundfunkanstalten und Sozialversicherungsträger geltend gemacht. Diese Kritik ist aber nicht zuzustimmen, da sie voraussetzt, was zu beweisen wäre. Die Finanzkontrolle durch Rechnungshöfe stellt ein eigenständiges Rechtsinstitut dar. Aufsicht und Finanzkontrolle haben unterschiedliche Zielrichtungen und Reichweiten. Die Prüfungsmaßstäbe „Wirtschaftlichkeit – Sparsamkeit" sind nicht mit den Aufsichtmaßstäben „Rechtmäßigkeit – Zweckmäßigkeit" vergleichbar[1122]. Der Rechnungshof prüft, sowohl für die Exekutive, d.h. die Aufsichtsbehörde, als auch für das Parlament, was darauf hin deutet, dass die Aufsichtsgrenzen gleich nicht Prüfungsgrenzen sind. Mit anderen Worten, die Prüfungsdichte kann nicht entsprechend der Qualität der Aufsicht beschränkt werden. Vielmehr reichen die Kontrollkompetenzen des Rechnungshofes so weit, wie „seine Unterstützungsfunktion für finanzwirksame Entscheidungen von Regierung *und* Parlament es erfordern" [1123].

1120 Siehe Degenhart, VVDStRL 1996, S. 190 ff. (215).

1121 Vgl. Heintzen, Art. 114 Rn. 32, in: von Münch/Kunig (Hrsg.), GG-Kommentar, 2003.

1122 Vgl. Knöpfle, Kontrolle autonomer Einrichtungen, in: v. Arnim (Hrsg.), Finanzkontrolle im Wandel, 1989, S. 259 ff. (266).

1123 Siehe Puhl, Budgetflucht und Haushaltsverfassung, 1996, S. 424 f.

Die Rechnungshofkontrolle dient der Vorbereitung und Rationalisierung von Entscheidungen, die durch die Adressaten der Prüfungsergebnisse getroffen werden. Das bedeutet, dass die Kontrolle an den Entscheidungsmöglichkeiten der Berichtsadressaten über das geprüfte Verhalten zu orientieren ist. Der Bundestag ist stets gegenüber dem Bürger für die Haushaltsführung des Selbstverwaltungsträgers verantwortlich. Er kann immer die Selbstverwaltungskörperschaft durch eine entsprechende Entscheidung auflösen, da die Selbstverwaltung an Recht und Gesetz gebunden ist. Deshalb hat das Parlament immer ein Interesse an vollständigen Informationen, um seine Rechte der Planung und Kontrolle zu sichern. Aus dieser Entscheidungskompetenz des Parlaments kann nach unserer Ansicht eine entsprechende Pflicht des Rechnungshofes zur „Informationsgewährung" abgeleitet werden[1124].

d) Entstehung und Auflösung einer Kollision

Eine mögliche Kollision des Selbstverwaltungsrechts mit der Kompetenz zur Rechnungsprüfung kann insbesondere[1125] aufgrund der Wirtschaftlichkeitsprüfung entstehen, da eine solche Prüfung faktisch eine mittelbare „Beeinträchtigung" der Selbstverwaltungsautonomie darstellt. Kollidierende Kompetenzen sind am Maßstab der praktischen Konkordanz unter Gesichtspunkt der Kompetenzbewahrung in schonenden Ausgleich zu bringen[1126]. Hierbei ist zwischen der einfach-gesetzlichen und der verfassungsrechtlichen Selbstverwaltung zu unterscheiden.

aa) Einfach-gesetzliche Selbstverwaltung

Wenn die Selbstverwaltung nur einfachgesetzlich gewährleistet wird, wie im Falle von Sozialversicherungsträger und Handwerkskammern, dann hat der Rechnungshof dieses „Recht" in jedem Fall zu respektieren bzw. zu berücksichtigen („Wie" der Kontrolle). Das deutet darauf hin, dass im Rahmen der Wirtschaftlichkeitsprüfung der Rechnungshof keine eigene (d.h. prototypische) Stellung bezüglich der Zielrichtung der autonomen Entscheidung bzw. Maßnahme des öffentlichen Trägers nehmen muss. Entscheidend ist jedenfalls, dass die einfach-gesetzliche Selbstverwaltung nur „im Rahmen der Gesetze" gewährleistet wird, wobei die Rechnungshofkontrolle verfassungsrechtlich abgesichert und ein-

1124 Anders, Behrendt, Die Prüfungstätigkeit des Bundesrechnungshofs außerhalb der unmittelbaren Bundsverwaltung, 2004, S. 111 ff. (insbesondere S. 116).

1125 Vgl. weiter unten Kap. D II 3 c; die dort gemachte Analyse hinsichtlich der „Eingriffsformen" gilt auch für den Bereich der Selbstverwaltung.

1126 Vgl. Degenhart, VVDStRL 1996, S. 190 ff. (213 f.).

fach-gesetzlich mit der erforderlichen Bestimmtheit (Rechtsstaatsprinzip) konkretisiert wird.

bb) Verfassungsrechtlich garantierte Selbstverwaltung

Was die verfassungsrechtlich-garantierte Selbstverwaltung betrifft, so muss die Rechnungshofkontrolle den Kernbereich bzw. das „Essentiale“ der Selbstverwaltung ungetastet lassen. Das bedeutet, dass der Rechnungshof fachliche Beurteilungen bzw. Entscheidungen grundsätzlich annehmen muss, wenn diese zum Kern des Autonomiebereiches und der Kompetenzverantwortung des Selbstverwaltungsträgers gehören. Außerhalb des Kernbereichs muss die möglichst optimale Bewahrung der Selbstverwaltungsautonomie unter Berücksichtigung des Prinzips der „praktischen Konkordanz“ erfolgt werden. Mit anderen Worten hat der Rechnungshof die Selbstverwaltung durch eine bereichsspezifische Maßstabsbildung zu respektieren. Eine Prüfung unter Berücksichtigung der verfassungsrechtlichen Autonomie ist im Übrigen keinesfalls beschränkt.

e) Kontrolle als Instrument zur Stärkung der Selbstverwaltung

Unter Zugrundelegung des vorgeschriebenen Rahmens kann die externe Kontrolle durch Rechnungshöfe nicht als der verlängerte Arm des Staates betrachtet werden, sondern sie ist „Voraussetzung für sinnvolle Wahrnehmung demokratisch-parlamentarischer Kontrolle der Selbstverwaltung und zugleich Voraussetzung für eine lebendigere Demokratie innerhalb der selbstverwaltenden Einheiten“[1127]. Die Rechnungshofkontrolle ist ein wichtiges Hilfsmittel zur Stärkung der Selbstverwaltung, da die körperschaftlichen Organe erst durch die Kontrollergebnisse in die Lage versetzt werden, unvoreingenommen dienliche Entscheidungen zu treffen[1128]. Demgegenüber sind interne Kontrollen nicht ausreichend, da es an der erforderlichen Distanz zwischen Kontrolleur und Kontrolliertem fehlt. Ferner, bleibt ihr Prüfungshorizont regelmäßig nur auf den Maßstab der Rechtmäßigkeit begrenzt. Als Ergebnis bleibt festzuhalten, dass die Rechnungshofkontrolle ein hilfreiches Instrument zur Selbstkorrektur und Verbesserung der Selbstverwaltungskörperschaften darstellt. Rechnungshöfe und Selbstverwaltung haben ein gemeinsames Anliegen, nämlich ein möglichst leistungsfähiges und wirtschaftlich arbeitendes System zu schaffen und zu erhalten.

1127 Haverkate, Prüfungsfreie Räume – Welche Türen in der öffentlichen Verwaltung bleiben dem Rechnungshof verschlossen?, in: Zavelberg (Hrsg.), Die Kontrolle der Staatsfinanzen, 1989, S. 197 ff. (218); ders. ,Verfassungslehre, 1992, S. 345 ff.

1128 Vgl. Stackmann, DVBl. 1996, S. 414 ff. (416).

II. Kontrollbeschränkungen durch Grundrechtspositionen

Die Rechnungshofkontrolle kann oft auf grundrechtlich geschützte Räume treffen. Im Folgenden betrachten wir grundrechtsdogmatisch den Konflikt zwischen Rechnungshof und Grundrechtsträgern. Hierbei muss vorrangig erörtert werden, ob die Tätigkeit der Rechnungshöfe überhaupt an die Grundrechte gebunden ist und falls dies zutrifft, welche Kontrollobjekte als Grundrechtsträger eingestuft werden können. Weiterhin wird zu untersuchen sein, wie sich die Rechnungshoftätigkeit aus grundrechtlicher Sicht darstellt.

1. Grundrechtsverpflichtung der Rechnungshöfe

Nach Artikel 1 Abs. 3 GG binden die Grundrechte die Gesetzgebung, die vollziehende Gewalt und die Rechtsprechung als unmittelbar geltendes Recht. Die Rechnungshöfe sind keiner der Teilstaatsgewalten zugeordnet[1129]. Nach herrschener Meinung wird aber die gesamte öffentliche Gewalt auf die Einhaltung der Grundrechte verpflichtet[1130]. Das bedeutet, dass jene Funktionen, die unmittelbar oder mittelbar als Wahrnehmung staatlicher Gewalt anzusehen sind, an die Grundrechte gebunden sind. Die Rechnungshöfe üben als staatliche Organe öffentlich-rechtliche bzw. hoheitliche Befugnisse aus. Deswegen sind sie als Hoheitsträger durch Art. 1 Abs. 3 GG an die Grundrechte gebunden[1131].

2. Grundrechtsberechtigung

a) Private Personen

Nach ihrer Geschichte und ihrem heutigen Inhalt stellen sich die Grundrechte grundsätzlich als Abwehrrechte gegen staatliche Eingriffe dar, die von einzelnen

1129 Siehe dazu weiter oben Kap. B VI 1.

1130 Vgl. Stern, Staatsrecht der Bundesrepublik Deutschland, Bd. III/1, 1988, § 72 III 3; Starck, Art. 5 Abs. 3 GG Rn. 258, in: von Mangoldt/Klein/Starck, Das Bonner Grundgesetz (Kommentar), 2001; Rüfner, § 117 Rn. 2, in: HStR, Bd. V, 1992; Pieroth/Schlink, Grundrechte – Staatsrecht II, 2002, Rn. 165.

1131 Vgl. Tiemann, Die staatsrechtliche Stellung der Finanzkontrolle des Bundes, 1974, S. 115 ff.; Reger, VerwArch 1975, S. 195 ff. (251); Vogel/Kirchhof, BK, Art. 114 Rn. 143; Sierig, Die Grenzen der staatlichen Finanzkontrolle, 1998, S. 200 f.; Kühne, DöV 1997, S. 1 ff. (7); Höfling, Die Betätigungsprüfung der Rechnungshöfe, in: Osterloh/Schmidt/Weber (Hrsg.), Staat, Wirtschaft, Finanzverfassung, FS für Selmer, 2004, S. 673 ff. (676).

natürlichen Personen beansprucht werden können. Die Grundrechte dienen in erster Linie dem Schutz der Freiheit des Einzelnen[1132].

Nach Art. 19 Abs. 3 GG gelten die Grundrechte auch für juristische Personen, soweit sie ihrem Wesen nach auf diese anwendbar sind. Das Bundesverfassungsgericht sieht juristische Personen als Grundrechtsinhaber an, „wenn deren Bildung und Betätigung Ausdruck der freien Entfaltung der privaten natürlichen Personen ist, insbesondere wenn der ‚Durchgriff' auf die hinter ihnen stehenden Menschen es als sinnvoll und erforderlich erscheinen lässt"[1133]. Dementsprechend kann nicht bezweifelt werden, dass sich Kontrolladressaten (d.h. Prüfungs- und Erhebungsobjekte) in der Form von juristischen Personen des Privatrechts, die sich ausschließlich in privater Trägerschaft befinden, auf die jeweils einschlägigen Grundrechte berufen können.

b) Juristische Personen des öffentlichen Rechts

Umstritten ist, ob juristische Personen des öffentlichen Rechts Träger von Grundrechten sein können. Grundsätzlich sind solche Personen als Grundrechtsverpflichtete zu betrachten, da sie Bestandteil der öffentlichen Gewalt sind. Nur ausnahmsweise können sie als Träger von bestimmten Grundrechten eingestuft werden, wenn ihre Aufgaben und Organisation „unmittelbar dem durch die Grundrechte geschützten Lebensbereich zuzuordnen"[1134] sind. In diesem Falle befinden sich die juristischen Personen des öffentlichen Rechts in einer „grundrechtstypischen Gefährdungslage" und sind deswegen „grundrechtsschutzbedürftig"[1135]. Wie weiter oben bereits erörtert, trifft dies auf Universitäten, Forschungseinrichtungen, öffentlich-rechtlich Rundfunkanstalten (und Religionsgesellschaften) zu.

1132 Vgl. ausführlicher, Haverkate, Verfassungslehre, 1992, S. 155 ff.

1133 BVerfGE 68, 193 ff. (205). Vgl. auch BVerwG, Urt. vom 11.4.1995, in: DVBl. 1995, S. 1091 ff.

1134 BVerfGE 31, S. 314 ff. (322); 59, S. 231 ff. (254). Anders, BayVerfGH 29, S. 105 ff. (119 ff.); siehe dazu, Knöpfle, Kontrolle autonomer Einrichtungen, in v. Arnim (Hrsg.), Finanzkontrolle im Wandel, 1989, S. 259 ff. (268 – Fn. 28).

1135 BVerfGE 45, S. 63 ff. (79); 61, S. 82 ff. (105). Ständige Rechtsprechung des BVerfG: BVerfGE 15, S. 256 ff. (262); 39, S. 302 ff. (314); 68, 193 ff. (207); 75, S. 192 ff. (196). Vgl. auch Manssen, Staatsrecht II, 2004, Rn. 82; Pieroth/Schlink, Grundrechte-Staatsrecht II, 2002, Rn. 150 ff.; Starck, Art. 5 Abs. 3 GG Rn. 370, in: von Mangoldt/Klein/Starck, Das Bonner Grundgesetz (Kommentar), 2001; Bethge, Die Grundrechtsberechtigung juristischer Personen nach Art. 19 Abs. 3 Grundgesetz, 1985, S. 61 ff.; Knöpfle, Die Zulässigkeit einer Öffentlichkeitsarbeit der Rechnungshöfe, in: Burmeister (Hrsg.), Verfassungsstaatlichkeit, FS für Klaus Stern, 1997, S. 629 ff. (640 f.); Gersdorf, Öffentliche Unternehmen im Spannungsfeld zwischen Demokratie- und Wirtschaftlichkeitsprinzip, S. 63 ff., 503.

Im Übrigen sieht es das BVerfG als zulässig an, dass sich auch juristische Personen des öffentlichen Rechts auf die grundrechtsähnliche Rechte des Art. 101 Abs. 1 Satz 2 und Art. 103 Abs. 1 GG berufen können[1136].

c) Juristische Personen des Privatrechts mir staatlicher Beteiligung

Soweit es um privatrechtsförmige Verwaltungseinheiten geht, muss zwischen jenen juristischen Personen des Privatrechts, die vollständig in staatlicher Trägerschaft stehen und den sog. „gemischt-wirtschaftlichen" (Unternehmen) unterschieden werden[1137]. Juristische Personen des Privatrechts, die einen Zusammenschluss aus juristischen Personen des öffentlichen Rechts darstellen oder im „Alleineigentum" einer solchen stehen, sind Bestandteil der Staatsverwaltung, da ihre Tätigkeit, materiell gesehen, eine öffentliche Verwaltungstätigkeit ist. Unabhängig von der gewählten Rechtsform, fungiert der Staat niemals wie eine Person des Privatrechts[1138]. Deswegen genießen solche juristischen Personen grundsätzlich keinen Grundrechtsschutz, es sei denn, sie befänden sich in einer grundrechtstypischen Gefährdungslage[1139].

Hinsichtlich der gemischt-wirtschaftlichen Verwaltungsorganisationen ist eindeutig, dass eine gleichzeitige Grundrechtsberechtigung und Grundrechtsverpflichtung aus Gründen der Rechtsklarheit auszuschließen ist. In Anlehnung an die Rechtsprechung des BVerfG muss bezüglich dieser Problematik Folgendes angenommen werden[1140]: Wenn der Staat über einen beherrschenden Einfluss verfügt, d.h. wenn er seinen Willen (auf Grund rechtlicher Grundlage) durchsetzen kann, dann gehört die juristische Person zum staatlichen Bereich und ist grundrechtsverpflichtet. Fehlt eine solche staatliche Möglichkeit, sind diese Einheiten grundrechtsberechtigt[1141].

1136 BVerfGE 61, S. 82 ff. (104).

1137 Vgl. Behrendt, Die Prüfungstätigkeit des Bundesrechnungshofs außerhalb der unmittelbaren Bundsverwaltung, 2004, S. 88.

1138 Vgl. BVerfGE 45, S. 63 ff. (78 ff.).

1139 Dieses Ergebnis muss auch für die ausschließlich aus staatlichen Mitteln, d.h. Zuwendungen und Zuschüssen, finanzierten Privatrechtssubjekten gelten. Vgl. Puhl, Budgetflucht und Haushaltsverfassung, 1996, S. 418.

1140 Siehe, BVerfG, Urt. v. 16.5.1989, in: NJW 1990, S. 1783.

1141 Siehe aber, Vollmöller, (§ 5) Die wirtschaftliche Betätigung der öffentlichen Hand, in: Schmidt/Vollmöler (Hrsg.), Kompendium Öffentliches Wirtschaftrecht, 2004, S. 144 (m.w.N.).

3. Rechnungshofkontrolle als Eingriff

a) Ausgestaltung

Aus der objektiven Dimension der Grundrechte folgt, dass der Staat die Pflicht hat, durch entsprechende Maßnahmen die in den Grundrechten geschützten Rechtsgüter zu schützen. Die Finanzkontrolle durch Rechnungshöfe fördert durch die Kontrolle der Wirtschaftlichkeit zumindest mittelbar die Verwirklichung der Grundrechte (z.B. der Wissenschaftsfreiheit). Auf den ersten Blick könnten also die gesetzlichen Regelungen hinsichtlich der Rechnungsprüfung als eine rechtliche Ausgestaltung der betroffenen Grundrechtspositionen betrachtet werden.

Voraussetzung einer Ausgestaltung ist, dass die organisatorische gesetzliche Maßnahme, entweder zum Schutz „des grundrechtlich gesicherten Freiheitsraums (als) unerlässlich“ eingestuft werden kann[1142], oder dass sie eine nähere gesetzliche Beschreibung bzw. Definition des grundrechtlichen Schutzbereiches darstellt[1143]. Die Regelungen bezüglich der Rechnungshofkontrolle erfüllen aber keine der genannten Kriterien, da sie nur die verfassungsrechtlichen Kontrollbefugnisse der Rechnungshöfe weiter konkretisieren. Eine Ausgestaltung dient unmittelbar[1144] der Sicherung des Grundrechts, während Eingriffsregelungen Schranken zugunsten anderer Rechtsgüter setzen[1145]. In unserem Fall setzen die Rechnungshofkontrollregelungen Schranken zugunsten des Schutzes des öffentlichen Vermögens. Aus diesen Gründen ist eine Qualifizierung der Rechnungshofkontrolle als normative Ausgestaltung abzulehnen[1146].

1142 BVerfGE 35, S. 79 ff. (116).

1143 Vgl. Hesse, Grundzüge des Verfassungsrechts der Bundesrepublik Deutschland, 1999, Rn. 303 ff.; Jarass, Reichweite der Rechnungsprüfung bei Rundfunkanstalten, 1992, S. 10.

1144 Diese Restriktion ist erforderlich, da jede staatliche Tätigkeit (Entscheidung bzw. Maßnahme) mittelbar der Sicherung und Verwirklichung der Grundrechte dienen muss (Art. 1 Abs. 3 GG).

1145 BVerfGE 74, S. 287 ff. (334); 73, S. 118 ff. (166); 97, S. 228 ff. (267).Vgl. auch Pieroth/Schlink, Grundrechte – Staatsrecht II, 2002, Rn. 581 f.; Bethge, DöV 2002, S. 673 ff. (680); Schulze-Fielitz, Art. 5 I, II Rn. 233, in: Dreier (Hrsg.), GG-Kommentar, Bd. I, 2004.

1146 Auch im Falle einer Ausgestaltung ist eine gesetzliche Grundlage erforderlich, da der Gesetzgeber immer an die Grundrechte gebunden ist und deswegen er stets innerhalb eines weiten Gestaltungsspielraumes das Verhältnismäßigkeitsprinzip bzw. Übermaßverbot beachten muss. Vgl. dazu, VG Stuttgart, Urt. v. 12.8.1992, in: VBlBW 1994, S. 458 ff. (459); Lehment, Rundfunkfreiheit und Finanzkontrolle, 1996, S. 148.

b) Rechnungsprüfung als Grundrechtseingriff?

Gelegentlich wird behauptet, dass die Rechnungshofkontrolle wegen der Unverbindlichkeit ihrer Ergebnisse und des Fehlens einer Sanktionsbefugnis nicht in Grundrechte eingreifen könne. Bewege sich der Rechnungshof im Rahmen seines Prüfungsauftrags, dann seien mögliche Verletzungen von Grundrechte nicht ersichtlich[1147]. Dieser Ansicht ist aus den folgenden Gründen nicht zuzustimmen.

aa) Eingriffsformen

Ein Grundrechtseingriff liegt dann vor, wenn der Staat auf den Schutzbereich eines Grundrechtes beschränkend einwirkt. Der klassische Eingriffsbegriff setzt ein finales, auf rechtlich verbindliche Außenwirkung, gerichtetes staatliches Handeln voraus[1148]. Die heutige Grundrechtslehre geht davon aus, dass für die Annahme eines Eingriffs eine beabsichtigte verhaltenssteuernde Wirkung ausreicht, unabhängig davon, ob die staatliche Handlung final oder beiläufig, unmittelbar oder mittelbar und rechtlich oder tatsächlich ist. Dementsprechend stellt das OVG Rheinland – Pfalz fest: „Eine hoheitliche Maßnahme weist schon dann Eingriffsqualität auf, wenn sie eine geschützte Grundrechtssphäre berühren kann und wenn der Grundrechtsträger mit ihrer Vornahme nicht einverstanden ist“[1149].

Wichtige weitere Voraussetzung für die Feststellung eines Grundrechtseingriffs ist die genaue Fixierung des betroffenen Schutzbereiches, da eine Beschränkung eines Grundrechtes nur dann vorliegen kann, wenn die staatliche Handlung vom Schutzbereich erfasst wird. Außerdem kann durch die genauere Schutzbereichsbestimmung eine unbegrenzte Ausweitung der Grundrechtsschutzwirkung vermieden werden[1150].

bb) Die Eingriffsqualifizierung der Rechnungshoftätigkeit

Die Rechnungshofkontrolle stellt keinen „klassischen“ unmittelbaren Eingriff in den Schutzbereich von Grundrechten dar, da die Rechnungshöfe keine rechtliche Sanktions- und Durchsetzungsmöglichkeiten besitzen. Der Rechnungshof bereitet die mit Sanktionsmacht getroffenen Entscheidungen der Adressaten seines Be-

---

1147 Vgl. statt vieler Knöpfle, Kontrolle autonomer Einrichtungen, in v. Arnim (Hrsg.), Finanzkontrolle im Wandel, 1989, S. 259 ff. (270).

1148 Vgl. Pieroth/Schlink, Grundrechte – Staatsrecht II, 2002, Rn. 238.

1149 OVG – Rheinland-Pfalz vom 15.5.1995, in: DVBl. 1995, S. 1373 ff.

1150 Vgl. Knöpfle, Die Zulässigkeit einer Öffentlichkeitsarbeit der Rechnungshöfe, in: Burmeister (Hrsg.),Verfassungsstaatlichkeit, FS für Klaus Stern, 1997, S. 629 ff. (643); Sierig, Die Grenzen der staatlichen Finanzkontrolle, 1998, S. 208.

richts vor und „präformiert“[1151] sie aufgrund seiner unbestritten hohen Autorität. Deswegen kann er als Glied in der Kausalkette einer einheitlichen grundrechtsbeeinträchtigenden Handlung betrachtet werden[1152]. Tatsache ist, dass eine generalisierende grundrechtliche Bewertung der gesamten Kontrolltätigkeit nicht ausreichend ist[1153]. Vielmehr sind die aufeinander folgenden Verfahrensstufen isoliert hinsichtlich ihrer Grundrechtsrelevanz zu untersuchen.

Die Rechnungshöfe treffen zur Abwicklung des Prüfungsverfahrens verbindliche Entscheidungen, obwohl die endgültigen Prüfungsergebnisse selbst keine eigene unmittelbare Sanktions- bzw. Durchsetzungsmacht haben. Dies gilt für die Prüfungsankündigung[1154], die Sachverhaltsermittlung, d.h. die örtlichen Erhebungen (§ 94 Abs. 1 BHO/LHO) und die Auskunfts- und Vorlagepflicht (§ 95 BHO/LHO)[1155], sowie für die Aufforderung zur Äußerung (§ 96 Abs. 1 BHO/LHO). Unabhängig davon, ob in diesen Fällen ein Verwaltungsakt vorliegt oder nicht, kann das Vorliegen eines Grundrechtseingriffes nicht bezweifelt werden, da der Rechnugnshof durch diese verbindlichen Entscheidungen das Verhalten der kontrollierten Stellen mindestens lenken bzw. beeinflussen kann[1156].

Durch die Weiterleitung der Prüfungsergebnisse an Bundestag, Bundesrat und Bundesfinanzministerium und die selbständige Veröffentlichung der Ergebnis-

---

1151 Vgl. Puhl, Budgetflucht und Haushaltsverfassung, 1996, S. 427.

1152 Vgl. BVerwGE 90, S. 112 ff. (118 ff.); Bleckmann, DVBl. 1988, S. 373 ff. (377); Rogge, Staatliche Finanzkontrolle freier Wohlfahrtspfleger, 2001, S. 87.

1153 Vgl. Behrendt, Die Prüfungstätigkeit des Bundesrechnungshofs außerhalb der unmittelbaren Bundsverwaltung, 2004, S. 83 und Rogge, Staatliche Finanzkontrolle freier Wohlfahrtspfleger, 2001, S. 81.

1154 Nach § 45 Abs. 2 PO-BRH enthält die Prüfungsankündigung „die Bezeichnung des Prüfungsgegenstandes, den Beginn und die voraussichtliche Dauer der örtlichen Erhebungen bei den betroffenen Stellen, Namen und Dienstbezeichnung des Leiters der Prüfung und der mit den Erhebungen beauftragten Prüfer, die Bitte, die vom Bundesrechnungshof Beauftragten zu unterstützen und Arbeits- sowie Sachmittel zur Verfügung zu stellen, Angaben über die bereitzuhaltenden Prüfungsunterlagen und gegebenenfalls die Bitte, diese nach besonderen Vorgaben aufzubereiten einen Hinweis auf andere Stellen, die über die Prüfung unterrichtet wurden“. Die Verwendung des Wortes „Bitte“ ändert nichts an die Verbindlichkeit und die Eingriffsqualität der Anordnung. Vgl. BVerfGE 74, S. 69 ff. (74).

1155 Vgl. § 28 PO-BRH Abs. 2: „Der Bundesrechnungshof kann *verlangen*“; Abs. 3: „Die *Verpflichtung* zur Vorlage von Unterlagen“; Abs. 4: „Die zuständige Stelle hat *Auskunfts- und Vorlageverlangen* auch dann zu erfüllen, wenn sie vertraulich zu behandelnde oder geheimzuhaltende Daten betreffen“.

1156 Vgl. Ossenbühl, Rundfunkfreiheit und Rechnungsprüfung, 1984, S. 44 f.; Puhl, Budgetflucht und Haushaltsverfassung, 1996, S. 420; Höfling, Die Betätigungsprüfung der Rechnungshöfe, in: Osterloh/Schmidt/Weber (Hrsg.), Staat, Wirtschaft, Finanzverfassung, FS für Selmer, 2004, S. 673 ff. (678).

se[1157] haben die Rechnungshöfe eine weitere faktische Möglichkeit zur Lenkung bzw. Beeinflussung der Haushalts- und Wirtschaftsführung der Grundrechtsträger. Hierbei muss berücksichtigt werden, dass ein Eingriff vorliegt, unabhängig davon, ob der Kontrollierte als (nur) Erhebungsobjekt oder als Prüfungsobjekt in die Kontrolle einbezogen wird.

Schließlich decken die Grundrechte regelmäßig Wirtschaftlichkeitsentscheidungen bzw. Wirtschaftlichkeitsbeurteilungen im Bereich der finanziellen Entscheidungen ab. Der Grundrechtsträger hat die „Kompetenz“ zur autonomen Definition von Zielen und zur verantwortlichen Bestimmung der Art, sie zu verfolgen[1158]. Trotz ihrer immanenten Grenzen kann die Wirtschaftlichkeitskontrolle als eine faktische Beeinträchtigung dieser grundrechtlich geschützten Beurteilungsspielräume angesehen werden[1159].

Zusammenfassend stellt die Rechnungshofkontrolle als *belastendes Prüfungsverfahren*, das vom Kontrollierten zu dulden und zu unterstützen ist und als *Teil des staatlichen Entscheidungsprozesses,* eine zumindest mittelbare faktische Beeinträchtigung bzw. Ingerenz oder einen Eingriff in grundrechtlich geschützte Positionen dar[1160].

4. Subjektive Rechte bei der Rechnungshofkontrolle

a) Kasuistik: Möglicherweise beeinträchtigte Grundrechtschutzbereiche

Die Rechnungshofkontrolle kann als Grundrechtseingriff insbesondere den Schutzbereich der folgenden Grundrechte berühren[1161]:

i) Freiheit von Wissenschaft und Forschung (Art. 5 Abs. 3 GG).
ii) Rundfunkfreiheit (Art. 5 Abs. 1 Satz 2 GG).
iii) Religionsfreiheit (Art. 4 GG).
iv) Vereinigungsfreiheit (Art. 9 Abs. 1 GG): Es ist vorstellbar, dass eine Beeinträchtigung im Einzelfall so schwer wiegt, dass diese den Vereinszweck antastet[1162].

1157 Nach § 50 Abs. 1 PO-BRH: „Der Bundesrechnungshof leitet die Bemerkungen gleichzeitig dem Bundestag, dem Bundesrat und der Bundesregierung zu. Danach veröffentlicht der Präsident die Bemerkungen“.

1158 Vgl. Puhl, Budgetflucht und Haushaltsverfassung, 1996, S. 427.

1159 Vgl. Lehment, Rundfunkfreiheit und Finanzkontrolle, 1996, S. 131.

1160 Vgl. Kyrill-A.Schwarz, Art. 114 Rn. 102, in: von Mangoldt/Klein/Starck, Das Bonner Grundgesetz (Kommentar), 2001.

1161 Vgl. für die Wirtschaftsgrundrechte (Punkte iv-vii und ix), Schmidt, (§ 2) Verfassungsrechtliche Grundlagen, Schmidt/Vollmöller (Hrsg.), Kompendium Öffentliches Wirtschaftsrecht, 2004, S. 69 ff.

1162 Vgl. Jury, Der Rechnungshof vor Gericht, 2002, S. 206.

v) Berufsfreiheit (Art. 12 Abs. 1 GG): Ansehensbeeinträchtigungen, die den Wettbewerbsstatus und die zukünftige Leistungsfähigkeit der geprüften Stelle beschränken, können durch die Veröffentlichung der Prüfungsergebnisse verursacht werden[1163].

vi) Eigentumsgarantie (Art. 14 Abs. 1 GG): Die Handlungen des Rechnungshofes können, insbesondere während der Sachverhaltsermittlung, die vorübergehende faktische Beschränkung des freien Gebrauchs von Eigentumspositionen zur Folge haben. Wie bereits festgestellt, handelt es sich, soweit die Kontrollakte nicht den Kern des Eigentums beeinträchtigen, nur um eine verfassungsrechtlich zulässige Bestimmung des Inhalts der Eigentumsgarantie. Möglich ist ferner, die Veröffentlichung von betriebswirtschaftlichen Informationen den Schutzbereich der Eigentumsgarantie zu berühren[1164].

vii)Unverletzlichkeit der Wohnung (Art. 13 Abs. 1 GG): Die örtlichen Ergebungen durch Beauftragte gemäß § 94 Abs. 1 BHO/LHO setzen das Betreten der Betriebs- und Geschäftsräume der geprüften Stelle voraus und können deswegen eine Beeinträchtigung des Grundrechts aus Art. 13 Abs. 1 GG darstellen[1165].

viii)Allgemeines Gleichheitsrecht (Art. 3 Abs. 1 GG): Die geprüfte Stelle kann sich mit dem Hinweis auf andere ungeprüfte Einrichtungen nicht auf eine Verletzung des Gleichheitssatzes berufen. Als sachlicher Grund dient, dass sich eine Einrichtung unvermeidlicherweise als erste der Prüfung unterziehen muss.

ix)Allgemeine Handlungsfreiheit (Art. 2 Satz 1 GG): Obwohl im Verhältnis zu Art. 12, 14 GG dieses Grundrecht als subsidiär anzusehen ist[1166], kann es als Auffangtatbestand gegen ehrverletzende, geschäftsschädigende oder sonst wie beeinträchtigende Äußerungen des Rechnungshofes wirken[1167].

x)Recht auf informationelle Selbstbestimmung bzw. Datenschutz: Diesem noch nicht analytisch untersuchten Themenkreis sollte im Folgenden ein gesonderter Abschnitt gewidmet werden.

1163 Vgl. BVerfGE 30, S. 292 ff.; Leisner, Staatliche Rechnungsprüfung Privater, 1990, S. 124 f.

1164 Vgl. den Beschluss der Konferenz der Präsidentinnen und Präsidenten der Rechnungshöfe des Bundes und der Länder vom 27. bis 29. September in Schwerin zur Beteiligungsprüfung bei öffentlich-rechtlichen Rundfunkanstalten, abgedruckt in: Heuer (Hrsg.), Kommentar zum Haushaltsrecht, Teil VIII/2.6.

1165 Art. 13 Abs. 1 GG schützt auch die Geschäftsräume. Siehe dazu, BVerfGE 42, S. 212 ff. (219).

1166 Siehe dazu, BVerfGE 30, S. 173 ff. (192)

1167 Vgl. Sierig, Die Grenzen der staatlichen Finanzkontrolle, 1998, S. 221.

b) Recht auf Datenschutz

Rechtsprechung und Schrifttum haben aus dem Recht auf freie Entfaltung der Persönlichkeit (Art. 2 Abs. 1 GG) in Verbindung mit dem grundrechtlichen Gebot zur Achtung der Menschenwürde (Art. 1 Abs. 1 GG) ein Grundrecht auf Achtung der Intim- und Privatsphäre als einen speziellen Bereich der allgemeinen Handlungsfreiheit abgeleitet[1168]. Eine Rechtsordnung wäre mit dem Recht auf informationelle Selbstbestimmung nicht vereinbar, in der man nicht mehr wissen kann, wer, was, wann und bei welcher Gelegenheit über einen weiß[1169]. Das Recht auf Datenschutz verankert die Freiheit, selbst über die Erhebung, Speicherung, Weitergabe und Verwendung von personenbezogenen Daten zu bestimmen[1170]. Geschützt ist vor allem die Darstellung des Grundrechtsinhabers in der Öffentlichkeit[1171]. Diese grundrechtliche Abwehrposition ist sowohl auf natürliche als auch auf juristische Personen anwendbar[1172]. Falls man die Anwendung auf juristische Personen ablehnt, dann kann der entsprechende Schutz aus den jeweils einschlägigen Grundrechten von Art. 9, 12 und 14 GG abgeleitet werden.

Das Grundrecht auf Datenschutz erfasst jeden staatlichen Informationszugriff auf sensible Daten, d.h. vor allem auf persönliche Daten[1173]. Eine Beeinträchtigung des Grundrechtes liegt vor, wenn solche Daten gegenüber staatliche Stellen preisgegeben werden oder wenn die schon erhobenen Daten weitergegeben werden oder von anderen Stellen erlangt werden[1174]. Dementsprechend ist es möglich, dass der Rechnungshof das Recht auf Datenschutz beeinträchtigt, indem er selbst Daten beim Grundrechtsträger nach § 94, 95 BHO/LHO erhebt, indem er bei Verwaltungsstellen Daten aus Verwaltungsvorgängen erhebt (Datenerhebung), oder Daten an andere Stellen weitergibt bzw. diese veröffentlicht (Datenverbreitung). Ferner muss betont werden, dass eine mögliche Verletzung nicht bereits dann ausgeschlossen ist, wenn die Kritik des Rechnungshofes den Tatsachen entspricht, da durch die Veröffentlichung nicht nur der Umstand rechtswid-

---

1168 Vgl. Karpen, Rechnungsprüfung bei den Rundfunkanstalten und Datenschutz, 1989, S. 13 f.; Manssen, Staatsrecht II, 2004, Rn. 237.

1169 Siehe dazu, BVerfGE 27, S. 1 ff.; 32, S. 373 ff.; 34, S. 238 ff.; 44, S. 353 ff.; 54, S. 148 ff.

1170 Vgl. BVerfGE 65, S. 1 ff. (43).

1171 Vgl. BVerfGE 63, S. 131 ff. (142).

1172 Vgl. BGH, Urt. v. 3.6.1986, in: NJW 1986, S. 2951 ff. (2951); Behrendt, Die Prüfungstätigkeit des Bundesrechnungshofs außerhalb der unmittelbaren Bundsverwaltung, 2004, S. 92.

1173 Vgl. Schlink, Der Staat 25, S. 233 ff. (236).

1174 Vgl. Behrendt, Die Prüfungstätigkeit des Bundesrechnungshofs außerhalb der unmittelbaren Bundsverwaltung, 2004, S. 93.

rigen Handelns, sondern auch Teile der übrigen Tätigkeit der externen Stelle bekannt werden können[1175].

Die Datenerhebung bei der unmittelbaren und mittelbaren Bundesverwaltung verletzt das Grundrecht auf Datenschutz nicht, da nach dem eindeutigen Wortlaut von §§ 14 Abs. 3 und 15 Abs. 1 Nr. 2 des Bundesdatenschutzgesetzes[1176] die Rechnungshofkontrolle in diesem Fall vom Erhebungszweck der Daten gedeckt ist[1177]. Im Falle von materiell Privaten muss berücksichtigt werden, dass das Recht auf informationelle Selbstbestimmung nicht schrankenlos besteht. Der Verhältnismäßigkeitsgrundsatz bestimmt, „wo die Grenze zwischen einem untastbaren Bereich privater Lebens- und Informationsgestaltung und dem Recht der Gemeinschaft und damit des Staates auf Information verläuft[1178]". Der Verhältnismäßigkeitsgrundsatz erfordert im Einzelfall die Abwägung der miteinander in Konflikt stehenden Interessen.

Das BVerwG hat eindeutig festgestellt, dass im Falle einer Güterabwägung zwischen der ärztlichen Schweigepflicht zur Wahrung der Patientengrundrechte auf informationelle Selbstbestimmung und dem öffentlichen Belang zur Information (§ 95 LHO), die ärztliche Schweigepflicht weichen muss. Das Verhältnismäßigkeitsprinzip ist im Falle der verpflichtenden Vorlage von Patientenakten gemäß § 95 LHO gewahrt, da diese Vorlage erstens erforderlich ist, um die Erfüllung des Prüfungsauftrages sicherzustellen; zweitens, weil kein milderes Mittel ersichtlich ist und drittens, weil die konkrete Maßnahme des Rechnungshofes zumutbar i.e.S. ist, da die Durchbrechung des Geheimnisschutzes durch den Stichprobencharakter, die Anonymisierung der Daten und die Verschwiegenheitspflicht des Prüfers eingeschränkt war[1179].

1175 Das ist jedoch umstritten. Vgl. dazu Leisner, Staatliche Rechnungsprüfung Privater, 1990, S. 128; Behrendt, Die Prüfungstätigkeit des Bundesrechnungshofs außerhalb der unmittelbaren Bundsverwaltung, 2004, S. 153; VG Darmstadt vom 10.12.1997, in: NVwZ-RR 1999, S. 552: Behauptungen, die „nicht der Wahrheit entsprochen oder *unverhältnismäßig* sind"; OVG Rheinland-Pfalz vom 15.5.1995, in: DVBl. 1995, S. 1372 ff. (1373): „weil sie mit der Preisgabe ihrer haushalts- und finanzwirtschaftlichen Belange an eine *unbegrenzte Öffentlichkeit* nicht einverstanden ist". Siehe auch OVG Koblenz, Urt. vom 20.3.1990, in: NJW 1991, S. 2659 ff.: die unwahre Tatsachenbehauptung, die den Ruf der Person belastet, stellt einen Eingriff in deren Persönlichkeitsrecht dar.

1176 BDSG, Urt. v. 14.01.2003 – BGBl. I, S. 66.

1177 Ebenso, Behrendt, Die Prüfungstätigkeit des Bundesrechnungshofs außerhalb der unmittelbaren Bundsverwaltung, 2004, S. 98.

1178 Siehe VG Wiesbaden vom 8.6.1998, abgedruckt in: Heuer (Hrsg.), Kommentar zum Haushaltsrecht, Teil IX/3.20.

1179 BVerwGE 82, S. 56 ff. – In die gleiche Richtung: BVerfGE 32, S. 373 ff. (380): Die ärztliche Schweigepflicht weicht, wenn überragende Interessen des Allgemeinwohls dies erfordern und der Verhältnismäßigkeitsgrundsatz beachtet worden

Diese Rechtsprechung wurde vom BVerfG bestätigt[1180]. Das BVerfG stellte fest, dass die Erhebung und Veröffentlichung von Daten im Rahmen der verfassungsrechtlichen Aufgabenwahrnehmung und der grundrechtlich verbürgte Datenschutz einander grundsätzlich gleichrangig gegenüberstehen und ihr Verhältnis je nach den Umständen des Einzelfalles festzulegen ist. Der Zugriff auf geheimhaltungsbedürftige Unterlagen darf nicht verwehrt werden, wenn ansonsten die Wirksamkeit der Kontrolle gefährdet würde, und den Belangen des Geheimnisschutzes durch Schutzvorkehrungen gegen eine zweckwidrige Weitergabe von Informationen Rechnung getragen werden kann.

Obwohl nicht unmittelbar oder analog anwendbar, ist wegen des Rechtstaatsprinzips ein Rückgriff auf die wesentlichen Grundsätze der Datenschutzgesetzgebung, d.h. die Zweckbindung der Daten, die Anwendung des Verhältnismäßigkeitsprinzips und die Untastbarkeit des Kernbereiches, möglich und notwendig[1181]. Auf jeden Fall darf also der Rechnungshof personenbezogene und andere schutzwürdige Daten nur soweit heranziehen, als dies für seine effektive Aufgabenwahrnehmung erforderlich ist. Die Datenverbreitung ist insbesondere

---

ist; OVG Mecklenburg-Vorpommern vom 29.9.1993, abgedruckt in: Heuer (Hrsg.), Kommentar zum Haushaltsrecht, Teil IX/3.10; Blasius, NWVBL 2000, S. 413 ff.; Klostermann, § 95 Rn. 10, in: Heuer (Hrsg.), Kommentar zum Haushaltsrecht, Stand: Mai 2004; Oebbecke, Weisungs- und unterrichtungsfreie Räume in der Verwaltung, 1986, S. 120 f.; Knöpfle, Kontrolle autonomer Einrichtungen, in: von Arnim (Hrsg.), Finanzkontrolle im Wandel, 1989, S. 259 ff. (270). Anders, *Behrendt* (Die Prüfungstätigkeit des Bundesrechnungshofs außerhalb der unmittelbaren Bundsverwaltung, 2004, S. 97 ff.) und *Heintzen/Lilie* (NJW 1997, S. 1601 ff.), die § 95 Abs. 1 BHO/LHO nicht als eine hinreichend bestimmte gesetzliche Eingriffsregelung ansehen. Tatsache ist, dass das BDSG nicht ergänzend angewendet werden kann (§§ 1 Abs. 2 Nr. 1 und 2 Abs. 1 BDSG). Auch wenn Zweifel an der hinreichenden Bestimmtheit einer gesetzlichen Bestimmung bestehen sollten, führen diese jedenfalls nicht zur Verfassungswidrigkeit und damit Nichtigkeit der Regelung, wenn den Bedenken durch eine verfassungskonforme Auslegung der Norm Rechnung getragen werden kann. In concreto bedeutet das, dass auch wenn Eingriffe in die grundrechtlich geschützte Vertraulichkeit (Datenschutz) einer besseren (im Sinne einer analytischeren und klareren) gesetzlichen Grundlage bedürften, würde diese bzw. deren Anwendung nur in seltenen Fällen unverhältnismäßig sein. In diesem Zusammenhang muss die eindeutige verfassungsrechtliche Befugniszuweisung von Art. 114 Abs. 2 GG nicht unberücksichtigt bleiben.Vgl. hierzu Heintzen, Art. 114 Rn. 35, in: von Münch/Kunig (Hrsg.), GG-Kommentar, 2003; Heuer, DVBl. 1991, S. 982 ff. (987).

1180 Siehe, BVerfGE vom 29.4.1996, in: NJW 1997, S. 1633 ff. gestützt auf BVerfGE 67, S. 100 ff.: Umfang des Beweiserhebungsrechts von parlamentarischen Untersuchungsausschüssen.

1181 Vgl. Karpen, Rechnungsprüfung bei den Rundfunkanstalten und Datenschutz, 1989, S. 18.

dann verhältnismäßig, wenn die Daten anonymisiert werden, in dem Sinne, dass diese ihren personenbezogenen Charakter verlieren. Dadurch wird gewährleistet, dass die Veröffentlichung der Prüfungsergebnisse keine Beeinträchtigung des Datenschutzes mit sich bringt.

Wie §§ 8 Abs. 2 und 45 Abs. 4 PO-BRH ganz eindeutig, jedoch ohne unmittelbare Außenwirkung vorsehen, hat der Rechnungshof sicherzustellen, dass „die Vorschriften über den Schutz von Daten sowie über den Schutz von Berufs- und Amtsgeheimnissen eingehalten werden", und dass „vertrauliche Angaben und Geheimnisse privatrechtlicher Unternehmen, insbesondere Betriebs- und Geschäftsgeheimnisse, bei Bemerkungen über Prüfungsergebnisse nach § 92 BHO nicht veröffentlicht werden (dürfen) (vgl. § 395 Abs. 2 AktG)".

5. Einwilligung als Grundrechtsverzicht?

Ein Grundrechtseingriff liegt von vornherein nicht vor, wenn der Grundrechtsträger wirksam auf den grundrechtlichen Schutz verzichtet hat[1182]. Der Verzicht muss wirksam sein, was im Einzelfall zu prüfen ist. Zwei charakteristische Fälle sind in diesem Zusammenhang zu erörtern.

Das Prüfungsrecht des Rechnungshofes ist als Nebenbestimmung Bestandteil des für den Zuwendungsempfänger verbindlichen Zuwendungsbescheides. Die Frage ist, ob aus dem Antrag und der Entgegennahme der Zuwendung ein Verzicht gefolgert werden kann, in dem Sinne, dass der Zuwendungsempfänger keine Abwehrrechte gegen die Rechnungshofkontrolle geltend machen kann (Prinzip „volenti non fit inuria"). Nach richtiger Auffassung ist die Nebenbestimmung bezüglich der Rechnungshofzuständigkeit nichts mehr als ein Hinweis auf die unmittelbar geltenden gesetzlichen Regelungen[1183]. Deswegen kann in einem solchen Fall kein wirksamer Verzicht angenommen werden.

Ein Verzicht ist wirksam, wenn ausdrücklich eine Einwilligung zur Erhebung und Verarbeitung von personenbezogenen Daten gegeben wird. Eine solche Einwilligung muss sich konkret auf den jeweiligen Erhebungszweck beziehen[1184]. Im Übrigen kommt in Betracht, dass eine vom Organ der juristischen Person erteilte Einwilligung Wirkung ausschließlich für die juristische Person entfaltet und nicht auch für die Persönlichkeitsrechte der in ihr wirkenden natürlichen Personen[1185].

1182 Vgl. Manssen, Staatsrecht II, 2004, Rn. 134 ff.

1183 Siehe ausführlicher, Rogge, Staatliche Finanzkontrolle freier Wohlfahrtspfleger, 2001, S. 91 ff.

1184 Vgl. Simitis, NJW 1984, S. 398 ff. (402).

1185 Vgl. Behrendt, Die Prüfungstätigkeit des Bundesrechnungshofs außerhalb der unmittelbaren Bundsverwaltung, 2004, S. 104.

6. Rechtfertigung

Grundrechte stellen „die wichtigste Verfassungsgrenze der Finanzkontrolle ... des Bundes dar“[1186]. Die Grundrechte „zwingen“ zu einer bestimmten Perspektive: Die Beschränkung der Grundrechte durch die Rechnungshofkontrolle ist rechtfertigungsbedürftig[1187]. Im Bereich der Körperschaften, die Grundrechtsträger sind, kommen Verhältnismäßigkeitskriterien in Betracht[1188]. Die Befugnisnormen der Bundeshaushaltsordnung sind also im Lichte der Grundrechte auszulegen und anzuwenden[1189]. Wie bereits erörtert, kann die Rechnungsprüfung als ein Eingriff in grundrechtlich geschützte Abwehrpositionen eingestuft werden[1190]. Damit ist aber noch nichts hinsichtlich der Unzulässigkeit bzw. Rechtswidrigkeit der Kontrolle gesagt. Nur wenn eine Rechtfertigung des Eingriffs nicht möglich ist, wird das jeweils betroffene Grundrecht verletzt[1191].

a) Gesetzesvorbehalt – Bestimmtheitsgebot

Voraussetzung für die Rechtfertigung eines Eingriffes, ist dass das eingreifende staatliche Handeln dem Vorbehalt des Gesetzes entspricht[1192]. Dieser besagt, dass sich jedes staatliche Handeln, das Grundrechte beeinträchtigt, auf eine bestimmte gesetzliche Grundlage stützen muss[1193]. Für die Forderung des gesetzlichen Vorbehalts, spielt keine entscheidende Rolle, ob die eingeschränkten Grundrechte mit oder ohne Gesetzesvorbehalt (einfach oder qualifiziert) normiert worden sind. Mit anderen Worten bedarf die Begrenzung eines Grundrechts stets

---

1186 Puhl, Budgetflucht und Haushaltsverfassung, 1996, S. 435.

1187 Vgl. Höfling, Die Betätigungsprüfung der Rechnungshöfe, in: Osterloh/Schmidt/Weber (Hrsg.), Staat, Wirtschaft, Finanzverfassung, FS für Selmer, 2004, S. 673 ff. (676); Selmer, Die Verwaltung 1990, S. 1 ff. (2).

1188 Vgl. Degenhart, VVDStRL 1996, S. 190 ff. (218); Kyrill-A.Schwarz, Art. 114 Rn. 102, in: von Mangoldt/Klein/Starck, Das Bonner Grundgesetz (Kommentar), 2001.

1189 Vgl. BVerfGE 7, S. 198 ff. (208).

1190 Im Rahmen des Prinzips der „Einheit der Verfassung“ können (v.a. schrankenlose) Grundrechte unter Rücksicht auf andere Grundrechte, grundrechtsähnliche Positionen, sonstige Verfassungsprinzipien oder Verfassungsinstitutionen, also durch andere verfassungsrechtlich geschützte Rechtsgüter beschränkt werden (kollidierendes Verfassungsrecht). Vgl. BVerfGE 4, S. 37 ff. (50); 77, S. 240 ff. (253); 69, S. 1 ff. (21 ff.). Die verfassungsrechtliche Kompetenz für die Rechnungsprüfung kann als eine solche *Gegenposition* betrachtet werden.

1191 Vgl. Pieroth/Schlink, Grundrechte – Staatsrecht II, 2002, Rn. 224.

1192 Siehe BVerfGE 58, S. 257 ff. (271).

1193 Vgl. Manssen, Staatsrecht II, 2004, Rn. 156 ff.; Maurer, Allgemeines Verwaltungsrecht, 1995, § 6 Rn. 3.

einer bestimmten gesetzlichen Konkretisierung. Diese rechtsstaatliche Voraussetzung wird durch die Regelungen der BHO/LHO (die keine Einzelfallgesetze darstellen[1194]) erfüllt. Insbesondere werden Inhalt und Umfang der Rechnungshofkontrollhandlungen durch die Vorschriften von Art. 90 und 111 BHO/LHO ausreichend konkretisiert[1195].

b) Verhältnismäßigkeitsgrundsatz – Übermaßverbot

aa) Legitime Zwecksetzung – Geeignetheit

Von besonderer Bedeutung für die Rechtfertigung eines Eingriffs ist der Verhältnismäßigkeitsgrundsatz bzw. das Übermaßverbot. Ein verhältnismäßiger Eingriff muss zunächst einem legitimen Zweck dienen. Die Sicherung des ordnungsgemäßen und wirtschaftlichen Umgangs mit öffentlichen Mitteln und der Schutz des öffentlichen Vermögens (indirekt der Bürger als Steuerzahler) kann als legitimes Ziel angesehen werden[1196]. Ferner muss der Eingriff geeignet sein, den angestrebten Zweck zu fördern[1197], was in concreto ohne Zweifel gilt[1198].

bb) Erforderlichkeit

Im Einzelfall muss geprüft werden, ob die Rechnungshofkontrollhandlung erforderlich ist. Erforderlich ist eine Maßnahme bzw. Entscheidung, wenn von mehreren gleich wirksamen Mitteln dasjenige gewählt wird, das das Grundrecht nicht oder weniger stark belastet[1199]. Unter Berücksichtigung der Umstände des Einzelfalles ist also zu untersuchen, ob z.B. die Erstreckung der Prüfung auf die gesamte Haushalts- und Wirtschaftsführung von Zuwendungsempfängern nach §§ 91 Abs. 2 Satz 2 und 104 Abs. 1 Nr. 1 BHO erforderlich ist, wenn bei diesen nur vereinzelt Projekte finanziert werden, oder ob die Wahrnehmung (Ob) und die Intensität (Wie) von örtlichen Erhebungen (§ 94 Abs. 1 BHO/LHO) im konkreten Falle erforderlich ist.

Wie schon hinsichtlich der Selbstverwaltungsträger erwähnt worden ist, ist die Rechnungsprüfung nicht akzessorisch zu der Staatsaufsicht, da sie sich von ihr hinsichtlich der Zielrichtung, der Unabhängigkeit, des Prüfungsgegenstandes, des Prüfungsverfahrens, der Prüfungsmaßstäbe und der Prüfungstiefe unterschei-

1194 Siehe dazu, Entscheidung des BVerwG, in: JZ 1986, S. 752 ff.
1195 Ebenso, Sierig, Die Grenzen der staatlichen Finanzkontrolle, 1998, S. 297.
1196 Vgl. Puhl, Budgetflucht und Haushaltsverfassung, 1996, S. 421.
1197 Siehe z.B. BVerfGE 30, S. 292 ff. (316).
1198 Vgl. Rogge, Staatliche Finanzkontrolle freier Wohlfahrtspfleger, 2001, S. 148.
1199 Siehe z.B. BVerfGE 67, S. 157 ff. (177).

det[1200]. Aus diesem Aspekt entspricht sie der Anforderung an „Erforderlichkeit". Ungeachtet der Tatsache, dass nach der hier vertretenen Auffassung die externe Rechnungshofkontrolle für die unmittelbare und mittelbare Verwaltung verfassungsobligatorisch ist, ist sie jedenfalls nicht subsidiär gegenüber internen Formen von Selbstkontrolle der Grundrechtsträger, da neben der Tatsache, dass beide Kontrollen verschiedene Zielrichtungen haben[1201], die enge Verflechtung des internen Kontrolleurs mit der kontrollierten Stelle „ein ständiges Risiko für die Objektivität"[1202] der Prüfungsergebnisse darstellt. Die Selbstkontrolle kann die Rechnungshofkontrolle nicht ersetzen, sondern sie nur ergänzen[1203]. Deswegen ist eine interne Kontrolle keinesfalls als milderes Mittel anzusehen.

cc) Zumutbarkeit

Schließlich, muss die Betätigung der Rechnungshofkontrolle zumutbar bzw. verhältnismäßig i.e.S. sein. Hierbei handelt es sich um eine Abwägungsfrage, da die verfassungsrechtlich gebotene Rechnungshofkontrolle Beschränkungen von Grundrechtspositionen im Rahmen eines verhältnismäßigen Ausgleichs legitimiert. Die Beurteilung der Zumutbarkeit einer Prüfung hängt von den Besonderheiten des Einzelfalls ab, so dass eine allgemeingültige pauschale Lösung ausscheiden sollte[1204]. Entscheidend sind letztlich der konkret betroffene Sachverhalt und die speziellen Umstände des Einzelfalls[1205].

Wie bereits weiter oben erwähnt, hängt die beeinträchtigende Wirkung der Rechnungshofkontrolle nicht nur von der Prüfung anhand des Maßstabs der Wirtschaftlichkeit, sondern auch von der Weiterleitung bzw. Veröffentlichung der Kontrollergebnisse und der während der Sachverhaltsermittlung wahrgenommenen Rechnungshofkontrollakte, insbesondere der Prüfungsankündigung,

---

1200 Vgl. BayVGH, Urteil vom 16.2.1995, in: BayVBl. 1995, S. 592 ff. (595); Lehment, Rundfunkfreiheit und Finanzkontrolle, 1996, S. 192.

1201 Vgl. Entscheidung des BVerwG, in: DöV 1986, S. 516 ff. (520): „zumal jedes der verschiedenen Aufsichtsmittel einen eigenen Zweck verfolgt".

1202 Puhl, Budgetflucht und Haushaltsverfassung, 1996, S. 426. Vgl. auch Haverkate, Prüfungsfreie Räume – Welche Türen in der öffentlichen Verwaltung bleiben dem Rechnungshof verschlossen?, in: Zavelberg (Hrsg.), Die Kontrolle der Staatsfinanzen, 1989, S. 197 ff. (213).

1203 Vgl. Degenhart, VVDStRL 1996, S. 190 ff. (215).

1204 In die gleiche Richtung, Tiemann, Die staatsrechtliche Stellung der Finanzkontrolle des Bundes, 1974, S. 116; Puhl, Budgetflucht und Haushaltsverfassung, 1996, S. 422; Hufen, JuS 1988, S. 225 f.; Schulte, Staat und Stiftung, 1989, S. 99.

1205 Vgl. Puhl, Budgetflucht und Haushaltsverfassung, 1996, S. 428; Höfling, Die Betätigungsprüfung der Rechnungshöfe, in: Osterloh/Schmidt/Weber (Hrsg.), Staat, Wirtschaft, Finanzverfassung, FS für Selmer, 2004, S. 673 ff.

der örtlichen Erhebungen und der Auskunfts- und Vorlagepflicht. Im Folgenden untersuchen wir zunächst die Zumutbarkeit der Kontrolle nach dem Gesichtspunkt der Wirtschaftlichkeit (Punkt α). Danach wird untersucht, ob (und wie) die während der Sachverhaltsermittlung durchgeführten Rechnungshofkontrollhandlungen verhältnismäßig wahrgenommen werden (können) (Punkt β). Schließlich versuchen wir den verhältnismäßigen Rahmen für die Weiterleitung und Veröffentlichung der Ergebnisse zu skizzieren (Punkt γ).

α) Grenzen der Wirtschaftlichkeitskontrolle

αα) Prüfungsfreie Räume „per se" – Evidenzkontrolle?

Die Grundrechte gewährleisten keine prüfungsfreien Räume „per se", da in die Rechnungshofkontrolle (kraft Verfassung) alle Stellen einbezogen werden, die mit dem Umgang von öffentlichen Mitteln zu tun haben, d.h. auch die Grundrechtsträger[1206]. Der Rechnungshof hat die Befugnis Prüfungsergebnisse zu gewinnen. Im Rahmen der Wirtschaftlichkeitskontrolle kann er eingeschränkt „in seinen Möglichkeit sein, die Ergebnisse einer eigenen Bewertung zu unterziehen"[1207]. Hierbei handelt es sich nicht um Prüfungs-, sondern um Bewertungsgrenzen.

Aus Grundrechtspositionen kann auch keine Beschränkung der Kontrolle auf nur „evidente", „eklatante" oder „nur nicht vertretbare" Verletzungen des Wirtschaftlichkeitsprinzips abgeleitet werden[1208]. Es ist zwar richtig, dass offensichtliche Verletzungen des Wirtschaftlichkeitsgebots oder die Annahme falscher tatsächlicher Voraussetzungen zweifellos zu Rechnungshofsbeanstandungen führen können. Eine solche reine Evidenzkontrolle ist aber mit dem lückenlosen Verfassungsauftrag der Rechnungshöfe, Wirtschaftlichkeit und Sparsamkeit umfassend zu prüfen, nicht vereinbar[1209].

1206 Vgl. Selmer, Die Verwaltung 1990, S. 1 ff.; Puhl, Budgetflucht und Haushaltsverfassung, 1996, S. 428; Sauer/Blasius, DöV 1986, S. 554 ff. (556).

1207 Siehe v. Mutius/Nawrath, Art. 114 Rn. 33, in: Heuer (Hrsg.), Kommentar zum Haushaltrecht, Stand Juni 1999.

1208 Vgl. Ossenbühl, Rundfunkfreiheit und Rechnungsprüfung, 1984, S. 64 f.; Jarass, Reichweite der Rechnungsprüfung bei Rundfunkanstalten, 1992, S. 59; Kirchhof, NVwZ 1983, S. 505 ff. (514).

1209 Vgl. zutreffend, Selmer, Die Verwaltung 1990, S. 1 ff. (21); Sierig, Die Grenzen der staatlichen Finanzkontrolle, 1998, S. 246 f.

ββ) Lösungsmodelle in der Literatur

Bei der Beachtung des Grundsatzes der Verhältnismäßigkeit ist es besonders schwierig, „positiv die Schranken zu definieren, die die Grundrechte bei verhältnismäßiger Zuordnung der staatlichen Finanzkontrolle setzen"[1210]. Zur näheren Konkretisierung des verhältnismäßigen Ausgleichs zwischen der Rechnungshofkontrolle nach dem Maßstab der Wirtschaftlichkeit und grundrechtlichen Abwehrpositionen, die eine fachliche Autonomiebereich garantieren, sind in der Rechtslehre verschiedene Ansätze entwickelt worden.

Nach einer Ansicht bedarf es einer Zurückhaltung der Rechnungshofkontrolle, im Sinne eines „self-restraint", insbesondere dann, wenn „ein lediglich formaler Verstoß ... ohne haushaltswirtschaftliche Bedeutung vorliegt", oder wenn „das Verhalten der zu prüfenden Einrichtungen ... zwar nicht optimal, aber in Abwägung mit anderen Zielsetzungen immerhin ‚vertretbar' erscheint"[1211]. Die Zurückhaltungspflicht stellt aber keine rechtlich fassbare und kontrollierbare Größe dar und sollte deshalb abgelehnt werden[1212].

Jede Entscheidung besteht aus mehreren Bestandteilen bzw. Komponenten[1213]. Diese Erkenntnis ist Anlass für die Vorlegung der Ansicht „von rechtlich sanktionierten Gegeninteressen"[1214]. Danach ist jede finanzwirksame Entscheidung in ihre einzelnen Faktoren zu zerlegen und diese sind jeweils einer gesonderten Betrachtung hinsichtlich ihrer Wirtschaftlichkeit zu unterziehen. Entscheidungskomponenten, die vom grundrechtlichen Schutz erfasst werden, sind nach diesem Lösungsmodell gegen die Rechnungshofkontrolle „punktuell immunisiert" und einer Kontrolle entzogen.

Obwohl dieses Modell als Vorstellung theoretisch hilfreich erscheint[1215], ist es letztlich als unpraktikabel einzustufen, da es faktisch nicht (zumindest nicht immer) möglich ist, die eng miteinander verflochtene Entscheidungskomponenten zu zerlegen[1216]. Ferner muss berücksichtigt werden, dass die Ausklammerung

---

1210 Siehe Puhl, Budgetflucht und Haushaltsverfassung, 1996, S. 430.

1211 So, Knöpfle, Kontrolle autonomer Einrichtungen, in: v. Arnim (Hrsg.), Finanzkontrolle im Wandel, 1989, S. 259 ff. (272 ff.); ders., Die Zuständigkeit der Rechnungshöfe für die Prüfung der Körperschaften des öffentlichen Rechts, 1988, S. 111 ff.

1212 Ebenso, Sierig, Die Grenzen der staatlichen Finanzkontrolle, 1998, S. 246.

1213 Siehe ausführlicher, Krebs, Kontrolle in staatlichen Entscheidungsprozessen, 1984, S. 32 ff.

1214 Siehe dazu, Sauer/Blasius, DöV 1986, S. 554 ff.; Sauer, DöV 1986, S. 941 ff.; Blasius, VR 1990, S. 407 ff.

1215 So Puhl, Budgetflucht und Haushaltsverfassung, 1996, S. 431.

1216 Vgl. Sierig, Die Grenzen der staatlichen Finanzkontrolle, 1998 S. 273; Krebs, Kontrolle in staatlichen Entscheidungsprozessen, 1984, S. 33.

von Entscheidungselementen, bei denen die Ausübung eines Grundrechts vorliegt, der Rechnungshofkontrolle immanent ist[1217]. Zusätzlich sind finanzielle Aufwendungen denkbar, denen überhaupt keine Entscheidung zugrunde liegt, und die zwingende Konsequenz einer bestimmten Handlung sind[1218]. Des Weiteren müssen auch hier noch Kriterien dafür gewonnen werden, „wo eine bestimmte Entscheidungskomponente auf einer Entfernungstabelle von Null bis Unendlich vom Kern einer Freiheitsverbürgung anzusiedeln ist“[1219]. Schließlich muss berücksichtigt werden, dass eine nur an einzelnen Entscheidungspunkten erfolgende Beanstandung das Ziel der Kontrolle verfälschen würde, da eine wirksame Beanstandung die komplexe Entscheidung als „Ganzes“ betreffen muss[1220]. Aus all diesen Gründen kann das obige Lösungskonzept nicht angenommen werden.

Nach einer anderen Abstufungsmethode sind innerhalb eines Finanzvorganges einzelne Verfahrensabschnitte mit unterschiedlichen Stufen der Prüfungsintensität zu unterscheiden[1221]. Nach dieser Methode sind bestimmte Bereiche bzw. Gegenstände der Haushalts- und Wirtschaftsführung der Geprüften von der Kontrolle vollständig auszunehmen. Eine solche gegenständliche Begrenzung der Prüfung würde aber auch die grundrechtlich unproblematische Ordnungsmäßigkeitsprüfung umfassen und deswegen würde dem Gebot lückenloser Prüfung nur unzureichend genügen[1222]. Zum einen kann die Kontrolle nach dem Maßstab der Wirtschaftlichkeit nicht ausgeschlossen werden, da die verfassungsrechtlich garantierte Wirtschaftlichkeitskontrolle letztlich auch eine normierte Rechtmäßigkeitsprüfung darstellt. Zum anderen kann eine Kontrolle am Maßstab der Ordnungsmäßigkeit in concreto intensiver bzw. stärker in einem Grundrecht eingreifen als etwa eine Wirtschaftlichkeitsprüfung. In jedem Fall sind die Kategorien Rechtmäßigkeits- und Wirtschaftlichkeitskontrolle zu grob um das Problem des Ausgleichs angemessen zu lösen[1223]. Schließlich bleibt auch hier das eigentliche Abgrenzungsproblem offen, ob nämlich der geprüfte Gegenstand Ausdruck der grundrechtlichen Freiheit ist oder nicht in unmittelbarem Zusammenhang mit

1217 Vgl. Knöpfle, Kontrolle autonomer Einrichtungen, in: v. Arnim (Hrsg.), Finanzkontrolle im Wandel, 1989, S. 259 ff. (274).

1218 Obwohl dieses Problem auch von Sauer/Blasius (DöV 1986, S. 554 ff., 557) anerkannt wird, bittet ihre Konzeption keine Lösung an.

1219 Siehe Puhl, Budgetflucht und Haushaltsverfassung, 1996, S. 430 (Fn. 754).

1220 Zutreffend, Sierig, Die Grenzen der staatlichen Finanzkontrolle, 1998, S. 274 f.

1221 So, Redeker, DöV 1986, S. 947 ff.

1222 Vgl. Behrendt, Die Prüfungstätigkeit des Bundesrechnungshofs außerhalb der unmittelbaren Bundsverwaltung, 2004, S. 157 ff.

1223 Siehe dazu, Puhl, Budgetflucht und Haushaltsverfassung, 1996, S. 429.

dieser steht[1224]. Nach alledem muss die Annahme eines absoluten Prüfungsfreiraums ausscheiden.

γγ) Stellungnahme

Jedes Lösungskonzept muss sich auf die folgenden Eckpunkte stützen. Zum einen kann nicht behauptet werden, dass der grundrechtlichen Freiheit „schlechthin Vorrang" zukommt[1225]. Zum anderen muss die Lösung durch eine Verfassungsauslegung gefunden werden, die „den Wertprinzipien der Verfassung, insbesondere der Bedeutung der miteinander kollidierenden (Positionen bzw. Rechtsgüter), und dem rechtsstaatlichen Grundsatz der Verhältnismäßigkeit unter Wahrung der Einheit des Grundgesetzes Rechnung (trägt)"[1226]. Jedes der beiden Verfassungsrechtsgüter muss an Wirklichkeit gewinnen[1227].

Als Ausgangspunkte für die Lösung des bestehenden Spannungsverhältnisses im Rahmen der Verhältnismäßigkeit i.e.S. können sowohl die Rechtsprechung des Bundesverfassungsgerichts als auch die v.a. von *Selmer* gebildete Stufentheorie angesehen werden[1228]. Auf jeden Fall muss betont werden, dass es im Folgenden nur um allgemeine Grundlinien bzw. Aussagen geht, da nur unter Berücksichtigung des konkret betroffenen Sachverhalts und der Umstände des Einzelfalls ein Ausgleich präzise hergestellt werden kann[1229].

Staatliche Eingriffe sind umso weniger zuzulassen, je näher die umstrittene Handlung dem Kern der Freiheit zuzuordnen ist[1230]. Die Rechnungshofkontrolle muss also dort enden, wo der Kernbereich der grundrechtlichen Freiheit beginnt. Diesem Bereich sind Beanstandungen der Rechnungshöfe weitgehend entzogen. Abwägungen bzw. Entscheidungen der Grundrechtsträger zur Wirtschaftlichkeit, die zum Kern des Grundrechts gehören, zählen zu den unüberwindbaren Schranken der Rechnungshoftätigkeit. Dem Rechnungshof ist es vielmehr verwehrt in

1224 Vgl. Schulte, Staat und Stiftung, 1989, S. 98 f.

1225 BVerfGE 47, S. 327 ff. (369).

1226 BVerfGE 47, S. 327 ff. (369). Vgl. auch BVerfGE 57, S. 70 ff. (99); 39, S. 1 ff. (43).

1227 Vgl. Hesse, Grundzüge des Verfassungsrechts der Bundesrepublik Deutschland, 1999, Rn. 72.

1228 Siehe dazu, Selmer, Die Verwaltung 1990, S. 1 ff. (22 f.).

1229 Mit anderen Worten, Entscheidendes hängt nicht von pauschalen Lösungen ab, sondern von den thematisch betroffenen Grundrechten. Vgl. Heintzen, Art. 114 Rn. 35, in: von Münch/Kunig (Hrsg.), GG-Kommentar, 2003; Knöpfle, Kontrolle autonomer Einrichtungen, in: v. Arnim (Hrsg.), Finanzkontrolle im Wandel, 1989, S. 259 ff. (276).

1230 BVerfGE 77, S. 240 ff. (254). Vgl. auch Pieroth/Schlink, Grundrechte-Staatsrecht II, 2002, Rn. 630.

diesen bestimmten grundrechtlich geschützten Sachbereichen von „fachlicher Autonomie“[1231] seine Bewertung an die Stelle der Bewertung der geprüften Anstalt zu setzen[1232]. Überprüft werden kann (und muss) demgegenüber sehr wohl, ob die autonomen Entscheidungen auf nachvollziehbaren Tatsachen beruhen[1233].

Diejenige finanziellen Vorgänge, die mit der Ausübung des Grundrechts in keinem Zusammenhang stehen und die (gegebenenfalls) als eindeutige Verwaltungsroutinen einzuordnen sind, unterliegen grundsätzlich einer vollen Kontrolle. Soweit es um finanzrelevante Maßnahmen geht, die im Randbereich des Schutzbereiches der Freiheit anzusiedeln sind, könnte umfassend geprüft werden, insofern es sich um die Ausführung, d.h. das „Wie“ der Entscheidung handelt, da jedes Grundrecht sich an seinem Rande in die allgemeine Ordnung einfügt[1234]. Das „Ob“ der Ausübung wird regelmäßig vom Schutzbereich des Grundrechts abgedeckt und bleibt insoweit kontrollfrei[1235]. Im Wesentlichen kann aber insbesondere in diesem Zwischenbereich bzw. dieser Grauzone in abstracto, d.h. ohne Bezug auf einen bestimmten Einzelfall, keine allgemein gültige pauschale Lösung gefunden werden[1236]. Hier kann nur bemerkt werden, dass der Rechnungshof in der Praxis in solchen Fällen oft eine Bewertung tatsächlich zurückhaltet[1237].

Wichtig ist festzuhalten, dass die Wirtschaftlichkeitskontrolle die grundrechtlich geschützte „Kompetenz“ zur autonomen Setzung und Konkretisierung von ökonomischen Größen und Zwecken nicht beeinträchtigen kann bzw. sie respektieren muss[1238]. Die Grundrechte setzen nur modale Schranken bezüglich der Dichte bzw. Tiefe der Kontrolle. Das bedeutet, dass eine bereichsspezifische

---

1231 Vgl. Schulze-Fielitz, VVDStRL 1996, S. 231 ff. (262).

1232 Vgl. Haverkate, Prüfungsfreie Räume – Welche Türen in der öffentlichen Verwaltung bleiben dem Rechnungshof verschlossen?, in: Zavelberg (Hrsg.), Die Kontrolle der Staatsfinanzen, 1989, S. 197 ff. (213).

1233 Vgl. BSG v. 26.8.1983, E 55, S. 277 ff. (281); Behrendt, Die Prüfungstätigkeit des Bundesrechnungshofs außerhalb der unmittelbaren Bundsverwaltung, 2004, S. 133 und 162.

1234 Siehe dazu, Scheuner, DöV 1971, S. 505 ff. (571).

1235 In die gleiche Richtung (hinsichtlich der Wissenschaftsfreiheit), Sierig, Die Grenzen der staatlichen Finanzkontrolle, 1998, S. 275 ff.

1236 Vgl. statt vieler, Selmer, Wirtschaftlichkeitskontrolle und Grundrechtsschutz: Rechtswissenschaftliche Analysen in sensitiven Prüfungsbereichen, in: Engelhardt/Schulze/Thieme (Hrsg.), Stellung und Funktion der Rechnungshöfe im Wandel?, 1992, S. 67 ff. (84).

1237 Vgl. Diederich, u.a., Die diskreten Kontrolleure, 1990; Schulte, Staat und Stiftung, 1989, S. 100.

1238 Vgl. Höfling, Die Betätigungsprüfung der Rechnungshöfe, in: Osterloh/Schmidt/Weber (Hrsg.), Staat, Wirtschaft, Finanzverfassung, FS für Selmer, 2004, S. 673 ff. (684).

Maßstabsbildung der Kontrolle geeignet, erforderlich und verhältnismäßig ist, um den Eigengesetzlichkeiten der Sachbereiche gerecht zu werden[1239]. Eine Rechnungshofkontrolle, die sich innerhalb des oben skizzierten Rahmens betätigt, kann als Erweiterung der Selbstkontrolle der zu prüfenden Einrichtungen betrachtet werden, da sie Transparenz und ein solideres Haushaltsgebaren auch zugunsten der Geprüften gewährt.

β) Verhältnismäßige „Milderung" der Intensität von Beeinträchtigungen während der Sachverhaltsermittlung

Die Sachverhaltsermittlung beginnt mit einer Prüfungsankündigung bzw. Prüfungsanordnung, die „die Bezeichnung des Prüfungsgegenstandes, den Beginn und die voraussichtliche Dauer der örtlichen Erhebungen bei den betroffenen Stellen, Namen und Dienstbezeichnung des Leiters der Prüfung und der mit den Erhebungen beauftragten Prüfer" enthält (Art. 25 Abs. 2 PO-BRH). Der Rechnungshof bestimmt eigenständig Zeit und Art der Prüfung und lässt erforderliche örtliche Erhebungen durch Beauftragte vornehmen (Art. 94 BHO). Ferner, verlangt er die Vorlage oder Übersendung von Unterlangen und Auskünften (Art. 95).

Neben der Nähe der Kontrolle zum jeweiligen Grundrechtskern muss auch die Intensität der Maßnahme bzw. Entscheidung der Rechnungshofkontrolle als Anhaltspunkt zum Abwägen der kollidierenden Rechtsgüter bzw. Interessen berücksichtigt werden. Je stärker in ein Grundrecht eingegriffen wird, desto wichtiger muss der mit der staatlichen Maßnahme verfolgte Zweck sein[1240]. Für die Verhältnismäßigkeit i.e.S. einer Grundrechtsbeeinträchtigung im Rahmen der Sachverhaltsermittlung spielt deswegen eine wichtige Rolle, welche Möglichkeiten zur Milderung der Intensität bzw. Tiefe des Eingriffs bestehen[1241].

Für diese „Abmilderung" ist von besonderer Bedeutung, ob der Betroffene im Prüfungsverfahren einen Anspruch auf rechtliches Gehör hat. Umstritten ist, ob ein solcher Anspruch besteht, wann das Gehörsrecht ausgeübt werden kann, und

1239 Siehe, Schulze-Fielitz, VVDStRL 1996, S. 231 ff. (254); Kyrill-Schwarz, Kyrill-A.Schwarz, Art. 114 Rn. 104, in: von Mangoldt/Klein/Starck, Das Bonner Grundgesetz (Kommentar), 2001.

1240 Wenn nicht nur das „Wie" sondern auch das „Ob" einer Grundrechtsausübung beschränkt wird, dann sind höhere Anforderungen an den Eingriffszweck zu stellen, Vgl. dazu, BVerfGE 17, S. 306 ff. (314); 81, S. 70 ff. (84); Alexy, Theorie der Grundrechte, 1985, S. 145 ff.; Manssen, Staatsrecht II, 2004, Rn. 183; Puhl, Budgetflucht und Haushaltsverfassung, 1996, S. 431; Sierig, Die Grenzen der staatlichen Finanzkontrolle, 1998, 239; Rogge, Staatliche Finanzkontrolle freier Wohlfahrtspfleger, 2001, S. 141 ff.

1241 Vgl. Puhl, Budgetflucht und Haushaltsverfassung, 1996, S. 422.

welcher gesetzlichen Regelung die Gewährleistung rechtlichen Gehörs entnommen werden kann. Deswegen muss zunächst geklärt werden, ob das Verwaltungsverfahrensgesetz[1242], insbesondere dessen Art. 28 (Anhörung Beteiligter) anwendbar ist. In diesem Rahmen wird die zusammenhängende umstrittene Fragestellung untersucht werden, ob die Prüfungsanordnung als Verwaltungsakt einzustufen ist.

αα) Die Anwendbarkeit des Verwaltungsverfahrensgesetzes

Der Rechnungshof wird eindeutig nicht vom Anwendungsbereich des § 2 VwVfG erfasst. Deswegen muss geprüft werden, ob die Voraussetzungen des § 1 VwVfG vorliegen. Der Bundesrechnungshof ist eine Einrichtung des Bundes. Entscheidend ist also, ob er eine öffentlich-rechtliche Verwaltungstätigkeit ausübt und ob Rechtsvorschriften des Bundes entgegenstehenden Bestimmungen enthalten.

Unbestritten ist, dass die Tätigkeit der Rechnungshöfe öffentlich-rechtlicher Natur ist, da die Rechnungshofbefugnisse Ausdruck einer staatlichen Funktion sind[1243] und der Rechnungshoftätigkeit einem Sonderrecht des Staates unterworfen ist[1244]. Der Rechnungshof nimmt u.a. materielle Verwaltungsaufgaben wahr, obwohl er in der Gewaltenteilungsordnung nicht zur Exekutive gehört. Wichtig ist, dass die Rechnungshoftätigkeit weder als Rechtsprechung noch als Legislative typisiert werden kann. Das deutet darauf hin, dass sie als Verwaltungstätigkeit anzusehen ist; die öffentliche Verwaltungstätigkeit wird negativ begriffen als jene Tätigkeit von Trägern öffentlicher Gewalt, die weder Rechtsprechung noch Gesetzgebung ist[1245]. Die Anwendung des VwVfG kann also nicht von diesem Punkt ausgeschlossen werden.

Entscheidend ist aber, dass die Haushaltsordnungen des Bundes und der Länder abweichende Bestimmungen enthalten. Die §§ 88 ff. BHO/LHO begründen ein eigenständiges, spezielles und flexibles Verfahren für die Rechnungshöfe, das Vorrang gegenüber der Regelungen des VwVfG hat. Unabhängig davon, dass die Haushaltsordnungen nur wenigen Regelungen enthalten[1246], sind insbesondere

---

1242 Verwaltungsverfahrengesetz (VwVfG) vom 23. Januar 2003 (BGBl. I S. 102).

1243 Vgl. OVG Münster, Urteil vom 9.5.1978, in: NJW 1980, S. 137 ff. (138).

1244 Vgl. Stackmann, BayVBl. 1993, S. 362 ff. (364).

1245 Vgl. VGH Kassel, Beschluss vom 21.11.2000, in: ESVGH 51, S. 81 ff. (84 f.): „weitgehend administrative Tätigkeit".

1246 Vgl. Behrendt, Die Prüfungstätigkeit des Bundesrechnungshofs außerhalb der unmittelbaren Bundsverwaltung, 2004, S. 63.

§§ 94 ff. als Regelungen[1247] zu betrachten, die die Art der Prüfung, d.h. insbesondere deren Verfahren[1248], abweichend (i.S.v. § 1 VwVfG) bestimmen[1249]. Zusammennfassend findet also das VwVfG bei den Rechnungshöfen keine Anwendung[1250].

ββ) Die Rechtsqualität der Prüfungsanordnung

Die Prüfungsanordnung ist – als einzelfallbezogene Konkretisierung der allgemeinen Prüfungsrechte des Rechnungshofes – nicht vom Vorlage- und Auskunftsverlangen zu unterscheiden, da diese Mitwirkungspflichten in einem unauflöslichen Zusammenhang stehen. Deswegen sind Prüfungsanordnung und Vorlage- und Auskunftsverlangen als Einheit zu betrachten, und es ist insgesamt zu untersuchen, ob ihnen die Qualität eines Verwaltungsaktes zukommt (Prüfungsanordnung i.w.S.)[1251].

Die übliche Definition des Begriffs des Verwaltungsaktes wird dem § 35 VwVfG entnommen, wonach ein Verwaltungsakt „jede Verfügung, Entscheidung oder andere hoheitliche Maßnahme ist, die eine Behörde zur Regelung eines Einzelfalles auf dem Gebiet des öffentlichen Rechts trifft und die auf unmittelbare Rechtswirkung nach außen gerichtet ist". Um § 35 VwVfG (unmittelbar) anzuwenden, musste das VwVfG auch für den Rechnungshof gelten. Die festgestellte Nichtanwendbarkeit vom VwVfG schließt aber nicht aus, dass die Prüfungsanordnung als Verwaltungsakt angesehen werden kann. Das Institut des Verwaltungsaktes ist annerkanntermaßen nicht Bestandteil des Verwaltungsverfahrensrechts, sondern gehört zum materiellen Recht[1252]. Materiell gesehen, ist ein Verwaltungsakt jede hoheitliche Maßnahme, die eine Behörde zur Regelung eines Einzelfalls auf dem Gebiet des öffentlichen Rechts trifft und die auf unmittelbare Rechtswirkung nach außen gerichtet ist[1253].

1247 Verfahrensregelungen befassen sich grundsätzlich mit der Art und Weise der Ausführung der Gesetze. Vgl. BVerfGE 55, S. 274 ff. (320); 75, S. 108 ff. (152).

1248 Vgl. Klostermann, § 94 Rn. 5 BHO, in: Heuer (Hrsg.), Kommentar zum Haushaltsrecht, Mai 2004.

1249 Vgl. Haverkate, AöR 1982, S. 539 ff. (547 ff.); Groß, VerwArch 2004, S. 194 ff. (214); Krebs, Kontrolle in staatlichen Entscheidungsprozessen, 1984, S. 205 f.; Stackmann, BayVBl. 1993, S. 362 ff. (365).

1250 Vgl. OVG Nordrhein-Westfallen, Urt. vom 24.6.1988, abgedruckt in: Heuer (Hrsg.), Kommentar zum Haushaltsrecht, Teil IX/3.5.

1251 Ebenso, Groß, VerwArch 2004, S. 194 ff. (212).

1252 Vgl. Fittschen, VerwArch 1992, S. 165 ff. (172); Hessische VGH Beschluss vom 21.11.2000, in: Heuer (Hrsg) Kommtar zum Haushlatsrecht, Teil IX/3.23.

1253 Siehe Stackmann, BayVBl. 1993, S. 362 ff. (366).

Vor der Untersuchung der Frage, ob Prüfungsanordnungen diese materiellen Kriterien erfüllen, muss bemerkt werden, dass der Rechnungshof einer bestimmten gesetzlichen Grundlage im Sinne einer Ermächtigung zum Erlass von Verwaltungsakten bedarf[1254]. Diese notwendige Ermächtigungsgrundlage kann in § 94 BHO i.V.m. den Vorschriften, die Prüfungsrechte einräumen, wie z.B. §§ 91 und 104 BHO, gesehen werden. Wenn eine solche Befugnis nicht unmittelbar aus der BHO/LHO ergeben würde[1255], dann sollte berücksichtigt werden, dass die Behörden im hoheitsrechtlichen Über- und Unterordnungsverhältnis im Zweifel auch dann zum Erlass von Verwaltungsakten befugt sind, wenn diese Befugnis nicht ausdrücklich geregelt ist[1256].

Die Prüfungsanordnung ist dem öffentlichen Recht zuzuorden und deswegen stellt sie sich als hoheitliche Maßnahme dar, die durch den Rechnungshof als Behörde (Art. 1 BRHG) getroffen wird[1257]. Eine Regelung ist eine rechtsverbindliche Willenserklärung, die auf die Setzung einer Rechtsfolge gerichtet ist[1258]. Die Prüfungsanordnung konkretisiert bzw. individualisiert eine gesetzliche Regelung für den Einzelfall, indem sie die Mitwirkungspflichten der betroffenen Stellen und ihre speziellen Modalitäten, z.B. die Frist, verbindlich festlegt[1259]. Das Merkmal der Außenwirkung ist unproblematisch, sofern es um Prüfungsanordnungen geht, die sich an Personen mit eigener Rechtspersönlichkeit richten, d.h. an eine natürliche Person, eine juristische Person des privaten Rechts und eine selbstverwaltende juristische Person des öffentlichen Rechts[1260]. Zusammenfas-

---

1254 Vgl. BVerfGE 40, S. 237 ff. (248 f.); Hauser, DöV 2004, S. 786 ff. (786 f.).

1255 So, Hauser, DöV 2004, S. 786 ff. (787); Hockenbrink, DöV 1991, S. 241 ff. (241 f.).

1256 Vgl. Hessische VGH, Beschluss vom 21.11.2000, in: Heuer (Hrsg) Kommtar zum Haushlatsrecht, Teil IX/3.23; BayVGH Urt. vom 23.7.1992; BVerwG in: NVwZ 1991, S. 267 f.; Stackmann, BayVBl. 1993, S. 362 ff. (366); Vgl. auch BVerwGE 72, S. 265 ff., wonach feststellende Verwaltungsakte einer ausdrücklichen gesetzlichen Grundlage nicht bedürfen.

1257 Vgl. Hessische VGH Beschluss vom 21.11.2000, in: Heuer (Hrsg.), Kommentar zum Haushaltsrecht, Teil IX/3.23.; Fittschen, VerwArch 1992, S. 165 ff. (176). Anders, Eickenboom/Heuer, DöV 1985, S. 997 ff.

1258 Vgl. Maurer, Allgemeines Verwaltungsrecht, 2004, § 9 Rn. 6.

1259 Vgl. BVerwGE 98, S. 163 ff. (164); Hessische VGH Beschluss vom 21.11.2000, in: Heuer (Hrsg) Kommtar zum Haushlatsrecht, Teil IX/3.23; Heuer, DöV 1986, S. 516 ff. (517); a.A. Hauser, DöV 2004, S. 786 ff. (789 f.).

1260 Ebenso, Stackmann, BayVBl. 1993, S. 362 ff. (365 f.); Groß, VerwArch 2004, S. 194 ff. (216). Hingegen ist diese Voraussetzung nicht erfüllt, wenn es um Prüfungsanordnungen gegenüber staatlichen Stellen bzw. Behörden geht. In diesem Falle können die Prüfungsanordnungen nur als innerdienstliche Rechtsakte angesehen werden. Für die besondere Problematik der Durchsetzung von Verwaltungsakten innerhalb der, in der Regel nicht grundrechtsberechtigte, Staatsverwaltung

send lässt sich festhalten, dass die Prüfungsanordnung alle Merkmale der materiellen Verwaltungsakts erfüllt und deswegen als solche zu qualifizieren ist[1261].

γγ) Rechtsstaatliche Bindungen – insbesondere das rechtliche Gehör

Das Verwaltungsverfahrensgesetz ist auf das Verfahren des Rechnungshofes nicht anwendbar. Deswegen gibt es kein Bedürfnis zur endültigen Stellungnahme bezüglich der Fragestellung, ob das Prüfungsverfahren ein Verwaltungsverfahren im Sinne von § 9 VwVfG ist[1262]. Unabhängig vom Vorliegen eines Verwaltungsverfahrens im Sinne von § 9 VwVfG, sollten die wesentlichen Verfahrensgrundsätze des VwVfG auch auf das Verfahren zum Erlass von Prüfungsanordnungen als (materiellen) Verwaltungsakten mittelbare bzw. analoge Anwendung finden. Es müssen aber stets die ihnen entgegenstehenden besonderen haushaltsprüfungsrechtlichen Regelungen in BHO und BRHG berücksichtigt werden.

Auf jeden Fall kann ein Beteiligungsrecht im Verfahren in der Form eines Anhörungsrechts unmittelbar aus der Verfassung abgeleitet werden[1263]. Ungeklärt ist allerdings die Herleitung dieses verfassungsrechtlichen Gebots[1264]. Unzweifelhaft ist, dass § 103 Abs. 1 GG nur für das gerichtliche Verfahren gilt und deshalb hier nicht anwendbar ist. Der Kontrollbetroffene ist aufgrund der Menschenwürdegarantie des Art. 1 Abs. 1 GG kein Objekt staatlichen Handelns. Aus diesem Grund könnte behauptet werden, dass er von der Verwaltung in die Ent-

---

siehe ausführlicher, Fittschen, VerwArch 1992, S. 165 ff. (184 ff.); Stackmann, BayVBl. 1993, S. 362 ff. (365); OVG Nordrhein-Westfallen, vom 24.6.1988, abgedruckt in: Heuer (Hrsg.), Kommentar zum Haushaltsrecht, Teil IX/3.5. Falls (die mittelbare) Staatsverwaltung ausnahmsweise grundrechtsberechtigt ist, dann gelten für sie mutatis mutandis die Ausführungen, die gleich im Text folgen (unter ββ).

1261 Vgl. BVerwGE 98, S. 163 ff.; Hessische VGH Beschluss vom 21.11.2000, in: Heuer (Hrsg.), Kommentar zum Haushlatsrecht, Teil IX/3.23.

1262 Obwohl das Verfahren der Finanzkontrolle eine Einheit darstellt, die sich nicht primär auf den Erlass eines (End-)Verwaltugsaktes richtet, könnte die Tätigkeit vor dem Erlass verfahrensgestaltender Verwaltungsakte als selbständiges Verwaltungsverfahren i.d.S. von § 9 VwVfG angesehen werden. Vgl. Leisner, Staatliche Rechnungsprüfung Privater, 1990, S. 155 ff.; Fittschen, VerwArch 1992, S. 165 ff. (182); Rogge, Staatliche Finanzkontrolle freier Wohlfahrtspfleger, 2001, S. 213; Behrendt, Die Prüfungstätigkeit des Bundesrechnungshofs außerhalb der unmittelbaren Bundsverwaltung, 2004, S. 73 ff.; Anders, Haverkate, AöR 1982, S. 539 ff. (549); Stackmann, BayVBl. 1993, S. 362 ff. (366); Robbers, JuS 1988, S. 723 ff. (725).

1263 Vgl. BVerfGE 53, S. 30 ff. (65); 76, S. 109 ff. (112); Vgl. Pietzcker, VVDStRL 1983, S. 193 ff. (209).

1264 Vgl. zum folgenden, Behrendt, Die Prüfungstätigkeit des Bundesrechnungshofs außerhalb der unmittelbaren Bundsverwaltung, 2004, S. 169.

scheidungsvorbereitung durch ein entsprechendes Anhörungsrecht einzubeziehen sei. Der Bedeutungsgehalt des Art. 1 Abs. 1 GG würde aber durch eine solche Auslegung überstrapaziert werden[1265].

In jüngerer Zeit wird zu Recht auf die materiell einschlägigen Einzelgrundrechte und das Rechtsstaatsprinzip abgestellt, um aus ihnen Verfahrensrechte abzuleiten. Wenn also der Rechnungshof die Grundrechtssphäre der geprüften Stelle berührt, besteht nach richtiger Meinung eine Pflicht zur Gewährung rechtlichen Gehörs als Ausfluss des fundamentalen rechtsstaatlichen Prinzips und des in conreto beeinträchtigenden Grundrechts[1266].

Die richterliche Unabhängigkeit der Rechnungshöfe wird durch eine Anhörungsprflicht nicht tangiert, da auch Richter dem Gesetz unterworfen sind und auch Richter Verfahrensregeln zu beachten haben[1267]. Ferner kann das Faktum der möglicherweise leidenden Effektivität der Tätigkeit des Rechnungshofs die rechtlich gebotene Anhörung nicht verhindern. Mit anderen Worten, die Gewährung des rechtlichen Gehörs ist angesichts des anerkannten mittelbaren Eingriffscharakters der Rechnungshofkontrolle mit dem Wesen des Prüfungsverfahrens vereinbar[1268].

Wichtig ist zu berücksichtigen, dass durch das Anhörungsrecht die moderne Rechnungshofkontrolle nicht behindert, sondern im Gegenteil unterstützt wird. Ohne eine Mitwirkung der Prüfungsadressaten erscheint eine effektive Kontrolle

---

1265 Vgl. Glaeser, VVDStRL 1973, S. 179 ff. (224); Laubinger, VerwArch 1982, S. 60 ff. (80).

1266 Das VGH Kassel hat in seinem Beschluss v. 18.5.1993 (NVwZ 1994, S. 511 ff. [513 f.]) deutlich festgestellt: „Auch das Verfahren der Rechnungshöfe muss rechtstaatlichen Grundsätzen genügen, selbst wenn die aus dem Rechtsstaatsprinzip folgenden Verpflichtungen in den Verfahrensvorschriften, etwa in der Landeshaushaltsordnung nicht konkretisiert sind. Zumindest dann, wenn Dritte, außerhalb staatlicher Institutionen stehende Personen in nicht für den internen Dienstgebrauch des Rechnungshofes bestimmten Äußerungen kritisiert werden, ist es nach dem Rechtstaatsprinzip, aber auch zum Schutz der Grundrechte des Betroffenen ... geboten, die getroffenen Feststellungen verfahrensrechtlich durch eine Anhörung des Betroffennen zu sichern. Wo die Verletzung von Grundrechten in Betracht kommt, ist ihr Schutz weitgehend auch durch die Gestaltung von Verfahren zu bewirken (BVerwGE 74, S. 109 ff. (112).“; Vgl. auch VGH Kassel, Beschluss vom 18.1.1994, NVwZ-RR 1994, S. 515 ff. (518).

1267 Vgl. VGH Kassel, Beschluss vom 18.5.1993, NVwZ 1994, S. 511 ff. (513 f.).

1268 Vgl. Groß, VerwArch 2004, S. 194 ff. (217); Behrendt, Die Prüfungstätigkeit des Bundesrechnungshofs außerhalb der unmittelbaren Bundsverwaltung, 2004, S. 77; Rogge, Staatliche Finanzkontrolle freier Wohlfahrtspfleger, 2001, S. 209; Puhl, Budgetflucht und Haushaltsverfassung, 1996, S. 434 f.; Anders: Haverkate, AöR 1982, S. 539 ff. (552); Belemann, DöV 1990, S. 58 ff. (61); Hockenbrink, DöV 1991, S. 241 ff. (243).

wenig sinnvoll, da durch die Anhörung die prüfungsunterworfene Stelle ihre eigene Sachkunde in den Prüfungsvorgang einbringt und auf diese Weise Fehler während des Prüfungsverfahrens vermieden werden können[1269].

Abschließend muss zum einen darauf hingewiesen werden, dass die rechtsstatlich gebotene Einhaltung von Ermessensbindungen auch für den Rechnungshof gilt, so dass auch er keine willkürlichen oder schikanösen Verfahren durchführen darf[1270]. Zum anderen ist vom Rechnungshof abzuverlangen, dass er die Prüfungsanordnungen begründet, da die Begründung von Verwaltungsakten anerkanntermaßen auch eine verfassungsrechtliche Grundlage hat (Rechtsstaatsprinzip)[1271]. Der Rechnungshof muss aber nicht begründen, warum der *konkrete* Prüfungsadressat ausgewählt wurde, da ein solcher Begründungszwang seine Aufgabenwahrnehmung verfehlen würde.

γ) Verhältnismäßige Einschränkung der Weiterleitung und Veröffentlichung von Kontrollergebnissen

Die beeinträchtigende Wirkung der Rechnungshofkontrolle hängt ebenfalls von der Weiterleitung der Ergebnisse an bestimmten Stellen[1272] nach § 96 Abs. 1 Satz 2, Abs. 2 und § 97 Abs. 1 BHO/LHO ab[1273]. Durch diese Weiterleitung besteht nämlich die Gefahr, das die in den Ergebnissen enthaltene personenbezogene Daten einem unbegrenzten Kreis von Dritten bekannt werden. Ein vollständiger Verzicht auf die Weiterleitung ist nicht als Wahrung der Verhältnismäßigkeit i.e.S. anzusehen, da in einem solchen Fall die öffentlichen Interessen an einer effektiven Finanzkontrolle nicht hinreichend berücksichtigt würden[1274].

1269 Vgl. Leisner, Staatliche Rechnungsprüfung Privater, 1990, S. 157; Puhl, Budgetflucht und Haushaltsverfassung, 1996, S. 434; Rogge, Staatliche Finanzkontrolle freier Wohlfahrtspfleger, 2001, S. 213 f.; Sierig, Die Grenzen der staatlichen Finanzkontrolle, 1998, S. 177.

1270 Vgl. BVerfGE 18, S. 353 ff. (363); 69, S. 161 ff. (169); Groß, VerwArch 2004, S. 194 ff. (217); Blasius, NWVBl. 2000, S. 413 ff. (415).

1271 Vgl. Stackmann, DVBl. 1996, S. 414 ff. (415); Groß, VerwArch 2004, S. 194 ff. (218).

1272 Wie bereits erörtert, vefügt der Rechnungshof über kein selbständiges und unmittelbares Zugangsrecht zur Öffentlichkeit. Siehe dazu weiter oben Kap. B IV 3 c.

1273 Vgl. VGH Kassel Beschluss vom 18.5.1993, NVwZ-RR 1994, S. 511 ff.

1274 Vgl. Behrendt, Die Prüfungstätigkeit des Bundesrechnungshofs außerhalb der unmittelbaren Bundsverwaltung, 2004, S. 167.

αα) Anonymisierung – Geheimhaltungsregeln

Die Gefahr der unbegrenzten Bekanntmachung von schutzwürdigen Daten kann durch die Anonymisierung solcher Daten ausgeschlossen werden. Nach § 45 Abs. 2 PO-BRH fasst der Bundesrechnungshof seine Prüfungsmitteilungen grundsätzlich so ab, dass Rückschlüsse auf Drittbetroffene weder durch Namensnennung noch über die Mitteilung sonstiger Erkennungsmerkmale möglich sind. Ausnahmen sind zulässig, wenn die nähere Bezeichnung eines Drittbetroffenen notwendig ist. In diesen Fällen ist dessen Schutzinteressen soweit wie möglich Rechnung zu tragen. Die Anonymisierung gewährleistet also ausreichend die Zumutbarkeit der Weiterleitung[1275].

In diesem Zusammenhang stellen sich § 97 Abs. 4 BHO (wonach Bemerkungen zu geheimzuhaltenden Angelegenheiten nur den Präsidenten des Bundestages und des Bundesrates sowie dem Bundeskanzler und dem Bundesministerium der Finanzen mitgeteilt werden), § 69 Abs. 1 Satz 1 GeschO BT (wonach eine geheime Beratung durch eine nicht-öffentliche Sitzung der Ausschüsse erfolgen kann), spezielle Geheimhaltungsregeln, wie § 395 AktG, sowie die Verpflichtung der Rechnungshofmitglieder zur Amtsverschwiegenheit (§ 189 i.V.m. §§ 61 ff. BBG und §§ 203 Abs. 2 Nr. 1, 353 b StGB) als verhältnismäßige Schranken dar, die eine Verbreitungsgefahr effektiv verringern können[1276].

ββ) Rechtliches Gehör

Wenn trotz der Anonymisierung eine Individualisierung nicht verhindert werden kann, dann ist die Gewährleistung eines rechtlichen Gehörs von besonderer Bedeutung für die Wahrung der Verhältnismäßigkeit i.e.S.[1277]. Die Weiterleitung ist

---

1275 Ebenso, VGH München vom 4.12.1998, NVwZ-RR 1999, S. 549. Vgl. auch Schulze-Fielitz, VVDStRL 55, S. 231 ff. (267); Stackmann, DVBl. 1994, S. 388 ff. (389); Rogge, Staatliche Finanzkontrolle freier Wohlfahrtspfleger, 2001, S. 216; Leisner, Staatliche Rechnungsprüfung Privater, 1990, S. 148. Nach § 45 Abs. 4 PO-BRH: „Rechte Dritter (§ 9) und die Belange des Daten- und Geheimschutzes (§ 8) sind zu wahren. Vertrauliche Angaben und Geheimnisse privatrechtlicher Unternehmen, insbesondere Betriebs- und Geschäftsgeheimnisse, dürfen bei Bemerkungen über Prüfungsergebnisse nach § 92 BHO nicht veröffentlicht werden (vgl. § 395 Abs. 2 AktG)". Siehe auch Kap. D II 4 b in dieser Arbeit.

1276 Vgl. Puhl, Budgetflucht und Haushaltsverfassung, 1996, S. 432; Behrendt, Die Prüfungstätigkeit des Bundesrechnungshofs außerhalb der unmittelbaren Bundsverwaltung, 2004, S. 168.

1277 So, Robbers, JuS 1981, S. 723 ff. (725); Puhl, Budgetflucht und Haushaltsverfassung, 1996, S. 434; Eickenboom/Heuer, DöV 1985, S: 997 ff. (1000); Redeker, DöV 1986, S. 946 ff. (947).

kein Verwaltungsakt, sondern nur schlichtes Verwaltungshandeln[1278]. Deswegen kann das VwVfG keinesfalls (d.h. auch nicht analog) angewendet werden.

Ein Anspruch auf Anhörung könnte aus § 96 Abs. 1 BHO/LHO abgeleitet werden, wonach der Rechnungshof das (nur vorläufige) Prüfungsergebnis den zuständigen Dienststellen zur Äußerung innerhalb einer von ihm zu bestimmenden Frist mitteilt. Die Pflicht zur Stellungnahme betrifft unumstritten alle öffentlich-rechtlichen Stellen[1279]. Unklar ist aber die Rechtslage bei der Rechnungsprüfung von privatrechtlich organisierten Prüfungsadressaten, da sie bei wörtlicher Auslegung nicht unter dem Begriff „Dienststelle" subsumiert werden können. Die Verpflichtung zur Anhörung Privater wird demensprechend von einem Teil der Literatur ausgeschlossen[1280]. Nach richtiger Auffassung ist aber Sinn und Zweck der Mitteilung eine fachkundige Äußerung der zuständigen, d.h. der verantwortlichen Stelle einzuholen. Das bedeutet, dass auch bei den geprüften Stellen außerhalb der öffentlich-rechtlichen Verwaltung eine Pflicht zur Äußerung anzuerkennen ist[1281].

Auf jeden Fall erfüllt aber die Regelung von § 96 Abs. 1 BHO nicht die Funktion der Sicherung eines rechtlichen Gehörs[1282], da der Betroffene seine Interessen nicht *während* des laufenden Verfahrens zur Geltung bringen kann[1283]. Ein Recht auf Gehör vor der Weiterleitung von Prüfungsergebnisse kann aus dem Rechtstaatsprinzip und dem Bedürfnis des verfahrensmäßigen Schutzes der einschlägigen Grundrechte abgeleitet werden. Wenn also der Rechnungshof die

---

1278 Vgl. Oberverwaltungsgericht Sachsen-Anhalt vom 5. Juli 2002, abgedruckt in: Heuer (Hrsg.), Kommentar zum Haushaltsrecht, Teil IX/3.25; Behrendt, Die Prüfungstätigkeit des Bundesrechnungshofs außerhalb der unmittelbaren Bundsverwaltung, 2004, S. 75; Vgl. Grupp, Die Stellung der Rechnungshöfe in der Bundesrepublik Deutschland, 1972, S. 158; Haverkate, AöR 1982, S. 539 ff. (552); Fittschen, VerwArch 1992, S. 165 ff. (180 f.); Sierig, Die Grenzen der staatlichen Finanzkontrolle, 1998, S. 50.

1279 Vgl. Behrendt, Die Prüfungstätigkeit des Bundesrechnungshofs außerhalb der unmittelbaren Bundsverwaltung, 2004, S. 54; Puhl, Budgetflucht und Haushaltsverfassung, 1996, S. 433 (Fn. 765).

1280 Vgl. dazu, Haverkate, AöR 1982, S. 539 ff. (546 ff.); Leisner, Staatliche Rechnungsprüfung Privater, 1990, S. 150.

1281 Hierbei geht es nämlich weniger um ein Anhörungsrecht, als eher um eine Mitwirkungspflicht. Vgl. dazu, Kisker, § 89 Rn. 114, in: HStR Bd. IV, 1990; Nawrath/ Doetschmann, § 96 Rn. 5 BHO, in: Heuer (Hrsg.), Kommentar zum Haushaltsrecht, Oktober 2000; Fittschen, VerwArch 1992, S. 165 ff. (168 – Fn. 16).

1282 Vgl. Haverkate, AöR 1982, S. 539 ff. (546); Sierig, Die Grenzen der staatlichen Finanzkontrolle, 1998, S. 175.

1283 Vgl. BVerfGE 9, S. 89 ff. (96).

Grundrechtssphäre der geprüften Stelle berührt, ist dann eine Anhörung geboten[1284].

In die gleiche Richtung jedoch ohne verbindliche Außenwirkung bzw. Gesetzeskraft stellt Art. 9 PO-BRH fest, dass der Bundesrechnungshof sein Prüfungsverfahren so gestaltet, dass die Rechte Dritter, die von Prüfungshandlungen betroffen sind (Drittbetroffene), angemessen geschützt werden. Ferner sieht er in Abs. 3 und Abs. 5 vor, dass der Bundesrechnungshof Drittbetroffenen rechtliches Gehör innerhalb einer angemessenen Frist gewährt, „wenn die Prüfungsfeststellungen für sie nachteilige Wertungen enthalten oder zu nachteiligen Bewertungen Anlass geben können und im öffentlichen Berichterstattungsverfahren (§§ 97, 99 BHO) verwandt werden", *oder wenn dies sachdienlich erscheint*[1285]. Eine ausdrückliche gesetzliche Normierung des verfassungsrechtlichen Rechts, wie dies in Bayern durch Art. 97 Abs. 1 Satz 2 BayLHO bereits geschehen ist, wäre tatsächlich wünschenswert[1286].

Als Ergebnis bleibt festzuhalten, dass „die verfahrensmäßigen Befugnisse des Rechnungshofs bei weitgehender Verfahrensautonomie aufgabenakzessorisch festgelegt sind"[1287]. Eine strikte Verfahrensformalisierung würde zu weit gehen. Hingegen sind punktuelle rechtsstaatliche Verfahrensgrundsätze mit den Besonderheiten der Rechnungshofkontrolle vereinbar, d.h. sowohl geboten als auch sachgerecht[1288].

III. Der gerichtliche Rechtsschutz von Prüfungsbetroffenen

Zu den wichtigsten Ausprägungen des Rechtsstaatsprinzips gehört der gerichtliche Rechtschutz des Einzelnen gegen rechtswidrige hoheitliche Akte[1289]. Den geprüften Stellen steht gegenüber dem Rechnungshof die Möglichkeit gerichtlichen Rechtsschutzes offen, um die Durchsetzung ihrer Rechte zu ermöglichen. In diesem Abschnitt befassen wir uns mit der Problematik der Rechtsschutzmöglichkeiten für die von der Rechnungshofkontrolle Betroffenen.

1284 Im Übrigen gilt die bereits gemachte Analyse weiter oben Kap. D II 6 b cc) β.

1285 Vgl. dazu, Nawrath/Doetschmann, § 96 Rn. 8 BHO, in: Heuer (Hrsg.), Kommentar zum Haushaltsrecht.

1286 Vgl. Puhl, Budgetflucht und Haushaltsverfassung, 1996, S. 435.

1287 Siehe, Degenhart, VVDStRL 1996, S. 190 ff. (230).

1288 Vgl. Klostermann, § 94 Abs. 1 BHO, in: Heuer (Hrsg.), Kommentar zum Haushaltsrecht, Mai 2004.

1289 Vgl. Maurer, Staatsrecht I, § 8 Rn. 23, 2003.

1.Prinzipielle Rechtswegsfragen

Zunächst muss bemerkt werden, dass die richterliche Unabhängigkeit der Rechnungshofmitglieder eine gerichtliche Überprüfung nicht ausschließen kann. Die Handlungen des Rechnungshofes sind keine justizfreien Hoheitsakte, da nach Art. 19 Abs. 4 GG bei allen behaupteten Rechtsverletzungen eine gerichtliche Rechtsschutzmöglichkeit offen steht[1290]. Zweitens sollte immer berücksichtigt werden, dass die Sonderstellung des Rechnungshofes in der Gewaltenteilungsordnung und seine Einstufung als oberstes Staatsorgan sich in seiner Rechtsstellung im prozessualen Verfahren widerspiegelt[1291].

Bei Klagen gegen Rechnungshofkontrollhandlungen ist eindeutig, dass es sich um eine dem öffentlichen Recht zugehörige Streitigkeit handelt, da sich diese (Rechnungshofakte) „umittelbar auf die Ausübung von Kompetenzen und Befugnissen beziehen, die ihren Grund ... im öffentlichen Recht haben"[1292]. Deswegen kann der vertretenen Ansicht von der zivilrechtlichen Verantwortlichkeit des jeweiligen Prüfers nicht gefolgt werden[1293].

Die Verwaltungsgerichte sind gemäß § 40 Abs. 1 VwGO für den Rechtsschutz gegen Rechnungshofhandlungen zuständig[1294], soweit nicht ausnahmsweise Streitgegenstände verfassungsrechtlicher Natur vorliegen. Eine verfassungsrechtliche Streitigkeit ist dann anzunehmen, wenn Auslegung und Anwendung der Verfassung den eigentlichen Kern des Rechtsstreits bilden oder das streitige Rechtsverhältnis entscheidend vom Verfassungsrecht geformt ist[1295]. Es ist aber

---

1290 Vgl. VGH Kassel, Urt. v. 18.1.1994, NVwZ-RR 1994, S. 515 ff. (518); VG Darmstadt, Urt. vom 10.12.1997, NVwZ-RR 1997, S. 552 ff.; Behrendt, Die Prüfungstätigkeit des Bundesrechnungshofs außerhalb der unmittelbaren Bundsverwaltung, 2004, S. 179.

1291 Siehe dazu, Jury, Der Rechnungshof vor Gericht, 2002, S. 253.

1292 Siehe Belemann, DöV 1990, S. 58 ff. (58).

1293 So aber, Tiemann, Die staatsrechtliche Stellung der Finanzkontrolle des Bundes, 1974, S. 248 und ders., DöV 1975, S. 405 ff. (411). Wie hier auch: Haverkate, AöR 1982, S. 539 ff. (556); Kyrill-A.Schwarz, Art. 114 Rn. 117, in: von Mangoldt/Klein/Starck, Das Bonner Grundgesetz (Kommentar), 2001; Sigg, Die Stellung der Rechnungshöfe im politischen System der Bundesrepublik Deutschland, 1983, S. 85; Kopp, JuS 1981, S. 419 ff. (420).

1294 Vgl. BVerfGE 74, S. 69 ff. (74); BVerwGE 58, S. 167 ff. (169); BGHZ 34, S. 99 ff. (105, 107); OVG NW, DVBl. 1979, S. 431; HessVGH, NVwZ-RR 1994, S. 511 ff. (512); OVG Mecklenburg/Vorpommern, Urt. vom 29.9.1993, abgedruckt, in: Heuer (Hrsg.), Kommentar zum Haushaltsrecht, Teil IX/3.10; Schulze-Fielitz, VVDStRL 1995, S. 231 ff. (268); Jury, Der Rechnungshof vor Gericht, 2002, S. 253; Heintzen, Art. 114 Rn. 35, in: von Münch/Kunig (Hrsg.), GG-Kommentar, 2003.

1295 Vgl. BVerwGE 24, S. 279 ff.

nicht immer erforderlich, dass auf beiden Seiten eines verfassungsrechtlichen Rechtsstreits ein Verfassungsorgan beteiligt ist[1296].

Im übrigen ist eine differenzierende Betrachtungsweise geboten[1297]. Es muss zwischen Prüfungsanordnungen und Auskunftsrechten (§ 95 BHO) sowie Prüfungsmitteilungen bzw. -feststellungen (§ 96 BHO) und Prüfungsberichten bzw. -bemerkungen (§§ 97 Abs. 1, 99 BHO) unterschieden werden.

2. Rechtsschutz bei der Sachverhaltsermittlung

Prüfungsanordnungen sind gegenüber Stellen außerhalb der unmittelbaren Staatsverwaltung als Verwaltungsakte anzusehen. Dementsprechend sind sie einer verwaltungsgerichtlichen Kontrolle zugänglich. Als zulässige Klageart kommt hier die Anfechtungsklage nach § 42 Abs. 1 VwGO in Betracht[1298]. Zur Sicherung steht den geprüften Stellen auch der einstweilige Rechtsschutz nach § 80 Abs. 5 bzw. 123 Abs. 1 VwGO offen. Auf jeden Fall ist es immer möglich, wegen Verletzung von Grundrechten, nach Erschöpfung des Rechtswegs, eine Verfassungsbeschwerde beim Bundesverfassungsgericht nach Art. 93 Abs. 1 Nr. 4 GG zu erheben[1299].

3. Rechtsschutz bei der Ergebnisfeststellung und Weiterleitung

Die Prüfungsergebnisse, d.h. die im Bericht enthaltenen Feststellungen und Würdigungen sind keine rechtlich-verbindlich regelnden Akte[1300]. Grundsätzlich gilt auch hier, dass der Verwaltungsrechtsweg offen ist. Der Vorbehalt der verfassungsrechtlichen Streitigkeit kann aber hier greifen, wenn durch die Klage des

---

1296 Vgl. VG Düsseldorf, Urt. vom 3.10.1980, NJW 1981, S. 1396 ff. (1397).

1297 Vgl. zum folgenden, Schulze-Fielitz, VVDStRL 1995, S. 231 ff. (268 ff.) und Kyrill-A.Schwarz, Art. 114 Rn. 117, in: von Mangoldt/Klein/Starck, Das Bonner Grundgesetz (Kommentar), 2001.

1298 Vgl. BVerwG, Urt. vom 11.4.1995, in: DVBl. 1995, S. 1091; Leisner, Staatliche Rechnungsprüfung Privater, 1990, S. 162; Behrendt, Die Prüfungstätigkeit des Bundesrechnungshofs außerhalb der unmittelbaren Bundsverwaltung, 2004, S. 180; Stober/Kluth, Zur Rechnungsprüfung von Kammern, 1989, S. 83; Schulze-Fileitz, VVDStRL 1995, S. 231 ff. (268); Mayer, Die Erfolgskontrolle von Subventionen durch die Rechnungshöfe, 2001, S. 263; Jury, Der Rechnungshof vor Gericht, 2002, S. 263.

1299 Vgl. Leisner, Staatliche Rechnungsprüfung Privater, 1990, S. 163.

1300 Vgl. Kopp, JuS 1981, S. 419 ff. (424); OVG Münster, Urt. Vom 9.5.1978, in: DöV 1979, S. 682 ff. (683); Sigg, Die Stellung der Rechnungshöfe im politischen System der Bundesrepublik Deutschland, 1983, S. 86.

Betroffenen „der verfassungsrechtliche Kerngehalt der Berichtspflicht des Rechnungshofs gegenüber der gesetzgebenden Körperschaft angetastet werden würde“[1301]. Wenn eine Privatperson durch ihre Klage in ein vom Verfassungsrecht geprägtes Rechtsverhältnis einwirkt, dann führt das nicht zur Umwandlung der verfassungsrechtlichen Qualität des Rechtsverhältnisses; das verfassungsrechtliche Verhältnis wird dadurch nicht in ein verwaltungsrechtliches umgewandelt. Entscheidend ist letztlich der Streitgegenstand, der sich nach dem Klageantrag und dem zu seiner Begründung dienenden Sachverhalt richtet[1302].

Auch wenn der Rechnungshof nicht als Verfassungsorgan eingestuft werden kann[1303], sind die Rechtsbeziehungen zwischen Parlament, Regierung und Rechnungshof sicherlich vom Verfassungsrecht geprägt. Demgemäss handelt es sich um eine verfassungsrechtliche Streitigkeit, wenn eine Privatperson durch ihre Klage die Rücknahme eines Prüfungsberichts als Ganzem fordert[1304]. In einem solchen Fall ist eine Verfassungsbeschwerde möglich. Dagegen handelt es sich im Falle von ehrverletzenden oder geschäftsschädigenden vereinzelten Äußerungen des Rechnungshofs nicht um eine verfassungsrechtliche Streitigkeit, da die Rechtsbeziehung zwischen Parlament, Regierung und Rechnungshof nicht tangiert wird. Es geht dabei um eine Streitigkeit, die als Gegenstand Fragen des einfachen Rechts hat[1305].

Da der Rechnungshof durch seine Bemerkungen keine Verwaltungsakte, sondern nur schlicht-hoheitliches Handeln ausübt, ist die richtige Klageart die allgemeine Leistungsklage, der gegenüber die Feststellungsklage nach § 43 Abs. 2 VwGO zurücktritt[1306]. Mit der allgemeinen Leistungsklage kann die Unterlassung bzw. der Widerruf der Weiterleitung einer konkreten Prüfungsfeststellung geltend gemacht werden[1307]. Wichtige Zulässigkeitsvoraussetzung für das verwal-

1301 Siehe Jury, Der Rechnugnshof vor Gericht, 2002, S. 254.

1302 Vgl. Kopp/Schenke, Verwaltungsgerichtsordnung, § 40 Rn. 34, 2004.

1303 Siehe dazu weiter oben Kap. B VI 2.

1304 Vgl. Krebs, VerwArch 1980, S. 77 ff. (78 f.); Haverkate, AöR 1982, S. 539 ff. (557); VG Düsseldorf, NJW 1981, S. 1396 ff. (1397); Belemann, DöV 1990, S. 58 ff. (59).

1305 Vgl. Groß, VerwArch 2004, S. 194 ff. (208); Jury, Der Rechnugnshof vor Gericht, 2002, S. 253.

1306 Wenn der verwaltungsgerichtliche Rechtsweg erschöpft wird, kann eine solche Feststellungsklage nach § 43 VwGO erhoben werden (§ 90 Abs. 2 BVerfGG).

1307 Vgl. VG Darmstadt, Urt. vom 10.12.1997, in: NVwZ-RR 1999, S. 552: *Folgenbeseitigungsanspruch*; VGH München Urt. vom 4.12.1998, NVwZ-RR 1999, S. 549 ff.; VGH Kassel Urt. vom 18.5.1993, NVwZ-RR 1994, S. 511 ff.: Unterlassungsanspruch und Folgenbeseitigungsanspruch bilden zusammen den öffentlich-rechtlichen *Abwehranspruch*; BVerwGE 82, S. 76 ff. (95); Leisner, Staatliche Rechnungsprüfung Privater, 1990, S. 161.

tungsgerichtliche Verfahren stellt die Klagebefugnis dar. Eine individuelle Rechtsverletzung muss mindestens möglich erscheinen[1308].

4. Zulässigkeit von „In – Sich – Prozessen"

Wenn der Kläger eine Behörde im Sinne einer Stelle innerhalb des Staates ist, dann klagt der Staat gleichsam gegen sich selbst. Hierbei kann also der Fall eines „In – Sich – Prozesses" vorliegen. Wie das BSG festgestellt hat, ist es zwar im Allgemeinen nicht zulässig, „dass ein und derselbe Rechtsträger in einem gerichtlichen Verfahren in zwei prozessualen Rollen auftritt"[1309]. Völlig ausgeschlossen ist es jedoch nicht, insbesondere dann, „wenn der öffentlich-rechtliche Rechtsträger durch zwei Behörden zwei Funktionen auszuüben hat, die nicht durch eine gemeinsame vorgesetzte Behörde verbindlich koordiniert werden können. Wo ein übergeordneter Wille fehlt, ist ein Insichprozess möglich"[1310]. Abzugrenzen hiervon ist das Organstreitverfahren, bei dem es um die Verteidigung organschaftlicher Rechte geht, nicht aber um die materielle Korrektheit einer getroffenen Maßnahme[1311]. Auch zwischen dem Rechnungshof und einer staatlichen Behörde kann sich also eine Streitigkeit im Sinne von § 40 VwGO ergeben[1312].

1308 Vgl. dazu ausführlicher, Sigg, Die Stellung der Rechnungshöfe im politischen System der Bundesrepublik Deutschland, 1983, S. 87; Jury, Der Rechnungshof vor Gericht, 2002, S. 190 ff.

1309 BSG vom 23.11.1981, E 52, S. 294 ff. (295).

1310 Vgl. auch BVerwGE 45, S. 207 ff. (210); BVerfG vom 20. Juni 1967, E 11, S. 106 ff.

1311 Vgl. Jury, Der Rechnugnshof vor Gericht, 2002, S. 256; Mayer, Die Erfolgskontrolle von Subventionen durch die Rechnungshöfe, 2001, S. 78.

1312 Vgl. Sigg, Die Stellung der Rechnungshöfe im politischen System der Bundesrepublik Deutschland, 1983, S. 90 ff.; Fittschen, VerwArch 1992, S. 165 ff. (185 ff.); Anders, Jury, Der Rechnugnshof vor Gericht, 2002, S. 97 ff. Entscheidend ist, ob die Kontrollfunktion des Rechnungshofs mit der Rolle eines Kontrastorgans verglichen werden kann. Vgl. auch Groß, VerwArch 2004, S. 194 ff. (207).

E. Ergebnis

I. Zusammenfassung

Dieser Abschnitt beinhaltet in Leitsätzen die wichtigsten Ergebnisse der vorliegenden Untersuchung. Im Folgenden fassen wir insbesondere eigene Thesen zu den in der Arbeit aufgetauchten strittigen Fragestellungen zusammen.

1. Der Mechanismus der *Kontrolle* ist ein unverzichtbares Element eines jeden modernen demokratischen Staatsgefüges. Unter *Finanzkontrolle* ist rechtstheoretisch die Gesamtheit aller Einrichtungen und Maßnahmen zu verstehen, die sich mit der Prüfung des Finanzgebarens der öffentlichen Hand befassen. Die *Notwendigkeit* einer wirksamen Finanzkontrolle ergibt sich aus dem Demokratieprinzip. In jedem modernen Staatsgefüge besteht zur Gewährleistung einer ordnungsgemäßen und rationellen Verwaltung der öffentlichen Mittel eine sachkundige Einrichtung, d.h. ein *Rechnungshof*, der sich mit der externen öffentlichen Finanzkontrolle beschäftigt. Auf *internationaler* Ebene gibt es Organisationen, die die institutionelle Zusammenarbeit der staatlichen Rechnungshöfe fördern.
2. Die Rechnungshofkontrolle in Deutschland kann auf eine über *250-jährige Tradition* zurückblicken.
3. Der Rechungshof braucht zur wirksamen Erfüllung der ihm zugewiesenen Aufgaben eine angemessene Personal- und Sachausstattung. Er trifft in der Regel seine Entscheidungen *kollegial* (sog. Kollegialverfassung). Die Mitglieder des Rechnungshofs besitzen kraft Verfassung persönliche und sachliche richterliche *Unabhängigkeit*. Die Unabhängigkeit des Rechnungshofs als Institution ist auch verfassungsrechtlich garantiert. Die Unabhängigkeitsgarantie ist aber nicht zwangsläufig mit der Kollegialverfassung gekoppelt.
4. Der Rechnungshof prüft zum einen die von dem zuständigen Finanzminister gelegte Rechnung (*Rechnungsprüfung* i.e.S.), und zum anderen, unabhängig von dieser Rechnung, die Wirtschaftlichkeit und Ordnungsmäßigkeit der Haushalts- und Wirtschaftsführung (*rechnungsunabhängige* Prüfung). Die letztgenannte Aufgabe ermöglicht eine gegenwartsnahe Prüfung. Dabei wird vorausgesetzt, dass es sich um eine „abgeschlossene Maßnahme" handelt, in dem Sinne, dass eine abgegrenzte, selbständig bewertbare und zu verantwortende Entscheidung oder Verfahrenstufe gegeben ist. Der Rechnungshof hat

der Regierung und dem Parlament jährlich über die Ergebnisse seiner Prüfungen zu berichten (*Berichtspflicht*). Der Bericht hat keine unmittelbare rechtliche Bindungswirkung. Es gibt ferner kein eigenständiges Recht des Rechnungshofes, unmittelbaren Zugang zur Öffentlichkeit zu erlangen. Schließlich kann der Rechnungshof die Berichtsadressaten *beraten*. Die Einführung einer gesetzlichen *Pflicht* der Rechnungshöfe zur Prüfung oder Beratung ist verfassungswidrig. Der Rechnungshof dient durch die Wahrnehmung seiner Aufgaben sowohl der exekutiven Selbstkontrolle als auch der parlamentarischen Fremdkontrolle. Die Befugnisse des Rechnungshofs sind bei weitgehender *Verfahrensautonomie* festgelegt.

5. Die *Landesrechnungshöfe* stellen keine dem Bundesrechnungshof untergeordneten Behörden dar. Landes- und Bundesrechnungshof müssen unter gegenseitiger Wahrung ihrer Unabhängigkeit und unter Beachtung ihrer Zuständigkeiten vertrauensvoll zusammenarbeiten. Dasselbe gilt für das Verhältnis zwischen dem Bundesrechnungshof und dem *Europäischen Rechnungshof*.
6. Der Maßstab der *Ordnungsmäßigkeit* umfasst die rechnerische Richtigkeit und die Rechtmäßigkeit der Einnahmen und Ausgaben. Im Rahmen der Rechtmäßigkeitskontrolle muss das gesamte für das Finanzgebaren der Verwaltung maßgebende Recht geprüft werden, einschließlich der Verfassungsmäßigkeit der entsprechenden Rechtsgrundlagen. Die *Wirtschaftlichkeit*, die auf eine Optimierung des Verhältnisses zwischen Aufwand und Ertrag abzielt, besteht aus dem Maximalprinzip (mit den gegebenen Mitteln den größtmöglichen Erfolg zu erreichen) und dem Minimalprinzip (oder *Sparsamkeit*: einen bestimmten Erfolg mit geringstmöglichen Mitteln zu erreichen). Die Anwendung des Wirtschaftlichkeitsprinzips ist kompliziert und anspruchsvoll. Das Prinzip ist aber verfassungsrechtlich bindend.
7. Der Rechnungshof kann keiner der drei Grundgewalten zugeordnet werden. Vielmehr können in ihm Elemente aller drei Staatsfunktionen aufgespürt werden, weswegen er eine *Sonderstellung* in der Gewaltenteilungsordnung innehat. Der Bundesrechnungshof kann als „*Oberstes Staatsorgan*" bezeichnet werden; er ist *kein Verfassungsorgan*, kann sich aber am Organstreitverfahren beteiligen.
8. In Art. 114 Abs. 2 GG wird eine *institutionelle Garantie der Rechnungsprüfung* und des Bundesrechnungshofes verankert, die den Bestand und die Kontinuität des bestehenden Bundesrechnungshofes gewährleistet. Diese erstreckt sich auch auf die Erfüllung der Aufgaben des Bundesrechnungshofs (funktionale Verfassungsgarantie).
9. Alle Modernisierungsüberlegungen und die entsprechende Praxis entheben die Verwaltung nicht der Verpflichtung zum wirtschaftlichen Handeln und zur ordnungsgemäßen Mittelbewirtschaftung, da die verfassungsmäßigen Kon-

trollmaßstäbe dieselben bleiben. Eine *Umorientierung* bzw. Modifizierung des vorhandenen rechtlichen und organisatorischen Instrumentariums reicht zur Anpassung an die neuen Umstände aus. Eine eigentliche Veränderung erscheint nur notwendig, wenn es um die Personalstruktur der Rechnungshöfe geht (fachlich qualifizierte Prüfer). Eine durchgreifende Reform auf gesetzlicher Ebene ist jedenfalls nicht erforderlich.

10. Die unmittelbare Bundesverwaltung, einschließlich der rechtlich unselbständigen Sondervermögen und Betriebe des Bundes, ist verfassungsobligatorisch Adressat der Finanzkontrolle durch den Bundesrechnungshof. Gegenstand der Kontrolle ist die *gesamte* Haushalts- und Wirtschaftsführung des Bundes. Nach dem verfassungsrechtlichen *Lückenlosigkeitsprinzip* ist die Zulassung prüfungsfreier Räume beim Bund nicht statthaft. Das Prinzip selbst ist aber nicht kompetenzbegründet. Aus der (teleologisch geprägten) Auslegung von *Art. 114 Abs. 2 GG i.V.m. dem Demokratieprinzip (Artikel 20 Abs. 2 GG)* und der daraus abgeleiteten Unzulässigkeit von Umgehungen durch gesetzliche oder verwaltungsrechtliche Organisationsentscheidungen ergibt sich, dass, neben der unmittelbaren auch die *mittelbare* Bundesverwaltung verfassungsobligatorisch vom Bundesrechnungshof zu prüfen ist. Der objektive Garantiegehalt von *Art. 14 GG* bestätigt dieses Auslegungsergebnis.

11. Durch *Art. 114 Abs. 2 Satz 3 GG* wird der Tätigkeitsbereich des Bundesrechnungshofes über die schon durch Art. 114 Abs. 2 Satz 1 und 2 GG begründeten Aufgaben hinaus erweitert. Sachliche Grenzen der Kompetenzerweiterung ergeben sich aus der verfassungsrechtlichen Stellung der Rechnungshofkontrolle. Die *neu* übertragenen Aufgaben müssen einen gewissen Zusammenhang mit den notwendigen Pflichtaufgaben aufweisen. Wenn es um das Finanzgebaren von Privaten geht, die keine staatlichen Stellen sind, dann existiert dieser Zusammenhang, wenn sie *zweckgebundene öffentliche Finanzmittel verwalten.* Grundsätzlich ist die gesetzliche Ausgestaltung der Rechnungshofkontrolle „von“ und „bei“ Privaten den verfassungsrechtlichen Anforderungen (insbesondere dem verfassungsrechtlichen Lückenlosigkeitsprinzip) gewachsen.

12. Die notwendigen Aufgaben des Bundesrechnungshofes können durch einfaches Gesetz nicht beschränkt, beschnitten oder beeinträchtigt werden. Jede Einschränkung kann nur im Rahmen des Verfassungskontextes stattfinden. Dementsprechend kann für bundesunmittelbare juristische Personen des öffentlichen Rechts die Exekutive im Einvernehmen mit dem Bundesrechnungshof Ausnahmen von der Rechnungsprüfung zulassen, wenn kein erhebliches finanzielles Interesse des Bundes vorliegt und jede Befreiung unter Widerrufsvorbehalt gestellt worden ist.

13. Hinsichtlich der *Dichte* der Wirtschaftlichkeitskontrolle gilt Folgendes: Eine nur beschränkte Kontrollkompetenz (im Sinne einer *Vertretbarkeitskontrolle*) ist nicht anzunehmen. Grundsätzlich kann allein die „politische" Dimension einer finanzwirksamen Entscheidung die Rechnungshofkontrolle nicht beschränken. Der Rechnungshof darf auch *politische Entscheidungen* auf die Maßstäbe von Wirtschaftlichkeit und Sparsamkeit hin kontrollieren. Verwehrt ist ihm nur die Äußerung eigener politischer Zielsetzungen. Je grundsätzlicher die Zwecke sind, desto weniger werden die politischen Entscheidungen einer rationalen Kontrolle zugänglich sein. Schließlich kann die Prüfungsdichte nicht entsprechend der Qualität der staatlichen *Aufsicht* beschränkt werden.
14. Wenn der Rechnungshof das Finanzgebaren staatlicher Stellen überprüft, die unmittelbar zum Rechtssubjekt Bund gehören, verbleibt die Kontrolle im staatlichen Innenbereich. In diesem Bereich sind Einschränkungen der Kontrolle nur dann zulässig, wenn sie aus Gründen erfolgen, die ebenfalls Verfassungsrang haben. Im Falle von Kompetenzkonflikten zwischen Rechnungshof und staatlichen Organen ist das *Prinzip der praktischen Konkordanz* anzuwenden.
15. Das *Selbstverwaltungsrecht* von öffentlichen Verwaltungsträgern führt nicht „per se" zu einem prüfungsfreien Raum. Die Freistellung *Sozialversicherungsträger* von der Finanzkontrolle durch den Bundesrechnungshof ist mit den verfassungsrechtlichen Anforderungen nicht vereinbar. Der Rechnungshof hat die Selbstverwaltungsautonomie durch eine *bereichsspezifische Maßstabsbildung* zu respektieren. Grundsätzlich muss er fachliche Beurteilungen bzw. Entscheidungen annehmen, wenn diese zum Kern des (verfassungsrechtlich garantierten) *Autonomiebereichs* und der Kompetenzverantwortung des Selbstverwaltungsträgers gehören. Unter diesen Restriktionen stellt die Rechnungshofkontrolle ein hilfreiches Instrument zur Selbstkorrektur und Verbesserung der Selbstverwaltungskörperschaften dar.
16. Die Rechnungshöfe sind an die *Grundrechte* gebunden. Die Rechnungshofkontrolle kann nicht als normative *Ausgestaltung* der Grundrechte betrachtet werden. Als belastendes Prüfungsverfahren und zugleich als Teil des staatlichen Entscheidungsprozesses stellt die Rechnungshofkontrolle eine mittelbare faktische Beeinträchtigung bzw. einen *Eingriff* in grundrechtlich geschützte Positionen dar. Deswegen ist die Beschränkung der Grundrechte durch die Rechnungshofkontrolle rechtfertigungsbedürftig. Hierbei handelt es sich um eine *Abwägungsfrage.*
17. Die Beurteilung der Erforderlichkeit und Verhältnismäßigkeit i.e.S. einer Handlung bzw. Entscheidung des Rechnungshofs hängt jedenfalls von den speziellen *Umständen des Einzelfalls* ab, so dass eine allgemeingültige Pauschallösung ausscheidet.

18. Die Grundrechte gewährleisten keine prüfungsfreien Räume „per se". Rechnungshofkontrollhandlungen sind als Eingriffe um so weniger zuzulassen, je näher die umstrittene Handlung dem Kern der Freiheit zuzuordnen ist (*Stufentheorie*). Die Rechnungshofkontrolle (am Maßstab der Wirtschaftlichkeit) muss dort enden, wo der *Kernbereich* der grundrechtlichen Freiheit beginnt. Finanzielle Vorgänge, die in keinem Zusammenhang mit der Ausübung eines Grundrechts stehen, unterliegen grundsätzlich einer *vollen Kontrolle*. Soweit es um finanzrelevante Maßnahmen geht, die im *Randbereich* des Schutzbereiches der Freiheit anzusiedeln sind, könnte umfassend geprüft werden, sofern es sich um das „Wie" der Entscheidung handelt. Das „Ob" der Ausübung wird regelmäßig vom Schutzbereich des Grundrechts abgedeckt und bleibt insoweit kontrollfrei. Die Grundrechte setzen nur *modale Schranken* bezüglich der Dichte bzw. Tiefe der Kontrolle. Eine bereichsspezifische Maßstabsbildung der Kontrolle ist geeignet, um den Eigengesetzlichkeiten der Sachbereiche gerecht zu werden.
19. Neben der Nähe der Kontrolle zum jeweiligen Grundrechtskern muss auch die *Intensität* der Belastung durch die Maßnahme bzw. Entscheidung des Rechnungshofes berücksichtigt werden. Für die Verhältnismäßigkeit einer Grundrechtsbeeinträchtigung im Rahmen der Rechnungshofkontrolle spielt deswegen eine wichtige Rolle, dass die betroffenen Stellen über einen Anspruch auf *rechtliches Gehör* (als Ausfluss des rechtsstaatlichen Prinzips und des jeweiligen beeinträchtigenden Grundrechts) während und nach dem Abschluss des Prüfungsverfahrens verfügen. Ferner gewährleistet die *Anonymisierung* von schutzwürdigen Daten die Zumutbarkeit der Weiterleitung und Veröffentlichung von Kontrollergebnissen.
20. Den kontrollierten Stellen steht die Möglichkeit verwaltungsgerichtlichen *Rechtsschutzes* offen, um die Durchsetzung ihrer Rechte gegenüber dem Rechnungshof zu ermöglichen.

II. Schlussbemerkung

Die unabhängige Rechnungshofkontrolle ist zu einer grundlegenden zukunftsorientierten Entscheidungshilfe für die Legislative und Exekutive fortentwickelt worden. Die qualitative Erfüllung von Verwaltungsaufgaben sowie ein möglichst leistungsfähiges, stabiles und zugleich wirtschaftlich arbeitendes Haushaltssystem können ohne eine moderne, effektive und qualitativ hochstehende Rechnungshofkontrolle nicht gewährleistet werden. Sie kann ihre anspruchsvolle Aufgabe nur dann effektiv erfüllen, wenn sie umfassend ist, also keine Lücken lässt. Grundsätzlich sind Grenzen hinsichtlich des Umfangs der Kontrolle, insbesondere aufgrund von Modernisierungsüberlegungen (v.a. Privatisierung) nicht zu ziehen. Schranken sind nur dort geboten, „wo die Freiheit des einzelnen und der Schutz unserer tragenden Verfassungsprinzipien (dies) erforderlich machen. Durch die öffentliche Finanzkontrolle werden diese Prinzipien nicht gefährdet; im Gegenteil: die Finanzkontrolle verhilft ihnen vielfach erst zur *vollen Verwirklichung*"[1313]. Die Finanzkontrolle durch Rechnungshöfe kann entscheidend dazu beitragen, die Funktionsfähigkeit der Demokratie zu stärken. Deswegen kann nicht auf sie verzichtet werden.

1313 Vogel, DVBl. 1970, S. 193 ff.

Literaturverzeichnis

A

Ableitinger, Alfred / *Marko-Stöckl,* Edith / *Mayer,* Helmut / *Ortner,* Gerold, Die Finanzkontrolle im Wandel der Zeit – Von der Rechenkammer zum Steiermärkischen Landesrechnungshof, Graz 1989

Antweiler, Clemens, Subventionskontrolle und Auftragsvergabekontrolle durch Bewilligungsbehörde und Rechnungshöfe, NVwZ 2005, S. 168 ff. Arbeitsgruppe Fortbildung im Sprecherkreis der Hochschulkanzler (Hrsg.),

Arnaud, Desire, Der französische Rechnungshof, in: Schiffer / Karehnke (Hrsg.), Verfassung – Verwaltung – Finanzkontrolle, FS für Schäfer, Köln u.a. 1975, S. 311 ff.

Arndt, Hans-Wolfgang, Staatshaushalt und Verfassungsrecht, JuS 1990, S. 343 ff.

Arnim, Hans-Herbert von, Staatliche Fraktionsfinanzierung ohne Kontrolle?, Speyer 1987

–, Wirtschaftlichkeit als Rechtsprinzip, Berlin 1988

–, Finanzkontrolle in der Demokratie, in: Ders. (Hrsg.), Finanzkontrolle im Wandel, Berlin, 1989, S. 39 ff.

–, Rechtsfragen der Privatisierung, Grenzen staatlicher Wirtschaftstätigkeit und Privatisierungsangebote, Wiesbaden 1995

–, Wirtschaftlichkeit als Kontrollmaßstab des Rechnungshofs. Zugleich ein Beitrag zur Frage der demokratischen Legitimation der Rechnungshöfe, in: Zavelberg Heinz Günter (Hrsg.), Die Kontrolle der Staatsfinanzen – Geschichte und Gegenwart – 1714-1989, Festschrift für 275. Wiederkehr der Errichtung der Preußischen General-Rechen-Kammer, Berlin 1989, S. 259 ff.

–, Grundprobleme der Finanzkontrolle, DVBl. 1983, S. 664 ff.

–, Die Öffentlichkeit kommunaler Finanzkontrollberichte als Verfassungsgebot, Wiesbaden 1981

–, Finanzkontrolle in der Demokratie, in: Ders. (Hrsg.), Finanzkontrolle im Wandel, Berlin 1989, S. 39 ff.

–, Ist der rationale Staat möglich?, in: Ders./Lüder (Hrsg.), Wirtschaftlichkeit in Staat und Verwaltung, Berlin 1993, S. 67 ff.

–, Die Öffentlichkeit kommunaler Finanzkontrollberichte als Verfassungsgebot, 1981

–, Kontrollauftrag gegenüber Parteien, in: Böning / von Mutius (Hrsg.), Finanzkontrolle im repräsentativ-demokratischen System, 1990, S. 115 ff.
–, Wirksamere Finanzkontrolle bei Bund, Länder und Gemeinden – Analyse und Reformvorschläge, Wiesbaden 1978
–, / *Lüder* Klaus (Hrsg.), Wirtschaftlichkeit in Staat und Verwaltung, Berlin 1993
Arvidsson, Göran, Performance Evaluation, in: Kaufmann u.a., Guidance, Control, and Evaluation in the Public Sector – The Bielefeld Interdisciplinaty Project, Berlin u.a. 1985, S. 625 ff.

B

Bachof, Otto, Beurteilungsspielraum, Ermessen und unbestimmter Rechtsbegriff im Verwaltungsrecht, JZ 1955, S. 97 ff.
Badura, Peter, Die Erfüllung öffentlicher Aufgaben und die Unternehmenszwekke bei der wirtschaftlichen Betätigung der öffentlichen Hand, in: von Münch (Hrsg.), Staatsrecht-Völkerrecht – Europarecht, FS für Schlochauer, Berlin u.a. 1981, S. 3 ff.
–, Wirtschaftsverwaltungsrecht, in: Schmidt-Aßmann (Hrsg.), Besonderes Verwaltungsrecht, Berlin 1999, S. 219 ff.
–, Rundfunkfreiheit und Finanzautonomie, München 1986
Bajohr, Stefan, Perspektiven der Finanzkontrolle: Parlamentarische Prüfungsaufträge an Rechnungshöfe, VerwArch 2000, S. 507 ff.
Bank, Bernhard, Über die Eigenständigkeit des Rechnungshofes zwischen Parlament und Regierung, DöV 1962, S. 526 ff.
–, Über Umfang und Grenzen der Finanzkontrolle der Rechnungshöfe, AöR 1955/1956, S. 261 ff.
–, Finanzkontrolle der Rechnungshöfe bei staatlichen Unternehmen des öffentlichen und privaten Rechts, DöV 1956, S. 751 ff.
–, Die Publizität der Ergebnisse der Finanzkontrolle, DöH 1969-1970, S. 18 ff.
–, Die Veröffentlichung der Jahresberichte der Rechnungshöfe, DöV 1956, S. 751 f.
Battis, Ulrich, Rechnungshof und Politik, DöV 1976, S. 721 ff.
–, Die Kontrolle öffentlichen Finanzgebarens durch die Rechnungshöfe, VR 1990, S. 407 ff.
–, Die Bedeutung der Finanzkontrolle und die Stellung der Rechnungshöfe, VOP 1991, S. 87 ff. und 158 ff.
–, Finanzkontrolle und Gesetzgebung, DöV 1989, S. 298 ff.
–, Zur Unabhängigkeit der Mitglieder der Rechnungshöfe, VR 1990, S. 124 ff.

–, Der Rechnungshof: Kontrolleur und Informant, DöV 1993, S. 643 ff.
–, Prüfungs- und Erhebungskompetenzen des Bundesrechnungshofs im Länderbereich? – Zugleich ein Beitrag zur Finanzverfassung im Bundesstaat, DöV 1992, S. 18 ff.
–, / *Kühne* Horst, Stärken und Schwächen des Rechnungshofs, DöV 1991, S. 393 ff.
Beckensträter, Friedrich-Wilhelm, Die Stellung der Rechnungshöfe im System der Dreiteilung der Staatsgewalt, Frankfurt am Main 1961
Becker, Florian, Die landesrechtliche „Kapitalgesellschaft des öffentlichen Rechts" in der bundesstaatlichen Kompetenzordnung, DöV 1998, S. 97 ff.
–, Die Einschränkung der Prüfungsbefugnis des Bundesrechnungshofes durch das Fraktionsgesetz, ZG 1996, S. 261 ff.
Becker, Joachim, Das Demokratieprinzip und die Mitwirkung Privater an der Erfüllung öffentlicher Aufgaben, DöV 2004, S. 910 ff.
Becker, Wolf Dieter, u.a., Kontrolle öffentlicher Unternehmen, Band 1, Baden-Baden 1980
Behrendt, Dirk, Die Prüfungstätigkeit des Bundesrechnungshofs außerhalb der unmittelbaren Bundesverwaltung – zugleich ein Beitrag zur Bestimmung der Rechtsqualität von Prüfungshandlungen, Köln u.a. 2004
Beismann, Manfred, Aufbau moderner Finanzkontrolle in den neuen Ländern: Die Sächsische Modell im Ländervergleich, VerwArch 1994, S. 586 ff.
Belemann, Gerd Dieter, Rechtsschutzprobleme im Bereich der Finanzkontrolle, DöV 1990, S. 58 ff.
Beran, Peter / *Konvicka*, Zdenko, Finanzkontrolle international gesehen – Versuch einer rechtsvergleichenden Darstellung, Wien 1967
Berendes, Konrad, Die Staatsaufsicht über den Rundfunk, Berlin 1973
Berg, Wilfried, Die wirtschaftliche Betätigung des Staates als Verfassungsproblem, GewArch 1990, S. 225 ff.
Bethge, Herbert, Die Freiheit des privaten Rundfunks, DöV 2002, S. 673 ff.
–, Medienverwaltungsrecht, Die Verwaltung 1994, S. 433 ff.
–, Die Grundrechtsberechtigung juristischer Personen nach Art. 19 Abs. 3 Grundgesetz, Passau 1985
Birk, Dieter, Das Haushaltsrecht in der bundesstaatlichen Finanzverfassung (Art. 109-115 GG), JA 1983, S. 563 ff.
Blasius, Hans, Geschichte und Aufgaben der Rechnungsprüfung, VR 1985, S. 56 ff.
–, Der Rechnungshof als körperschaftlich-kollegial verfasste unabhängige Einrichtung, JZ 1990, S. 954 ff.
–, Wissenschaftsprozess und Aufgaben des Rechnungshofs, VR 1986, S. 11 ff.

–, Kontrolle durch Rechnungshöfe, dargestellt an der Prüfung von Studentenschaften nordrhein-westfälischer Hochschulen, VR 1988, S. 232 ff.
–, Recht und Finanzkontrolle in den Gestaltungsräumen von Politik und Verwaltung, DöV 1988, S. 819 ff.
–, Zur Unabhängigkeit der Mitglieder der Rechnungshöfe, VR 1990, S. 124 ff.
–, Geschichte und Aufgaben der Rechnungsprüfung, VR 1985, S. 56 ff.
–, Pflicht der Rechnungshöfe zur Veröffentlichung aller Prüfungsergebnisse?, DöV 2002, S. 415 ff.
–, / *Stadtmann*, Burkhard, Justiz und Finanzkontrolle, DöV 2002, S. 12 ff.
Böckenförde, Ernst-Wolfgang, Die verfassungsgebende Gewalt des Volkes – Ein Grenzbegriff des Verfassungsrechts, Frankfurt am Main 1986
Bölke, Lutz, Beratung durch den Rechnungshof – Indikator eines sich ändernden Selbstverständnisses der Finanzkontrolle, in: Rechnungshof Baden-Württemberg, Finanzkontrolle in Baden-Württemberg, Bd. II, Karlsruhe 1992, S. 1 ff.
Böning, Wolfgang, Kontrollbedarf und Instrumentarium der Rechnungshöfe in der dezentralisierten Staatsorganisation, in: Ders. / von Mutius / Schlegelberger (Hrsg.), Finanzkontrolle im föderativen Staat, Heidelberg-Hamburg 1982, S. 26 ff.
Bouwman, Egbert, Die Bedeutung der staatsrechtlichen Entlastung nach Artikel 114 Absatz 2 des Grundgesetzes, DöH 10, S. 40 ff.
Breuer, Rüdiger, Die öffentlichrechtliche Anstalt, in: VVDStRL 1986, S. 211 ff.
Britz, Die Mitwirkung Privater an der Wahrnehmung öffentlicher Aufgaben durch Einrichtungen des öffentlichen Rechts, VerwArch 2000, S. 418 ff.
Broesigke, Tassilo, Die internationale Zusammenarbeit der Obersten Rechnungskontrollbehörden, in: Zavelberg Heinz Günter (Hrsg.), Die Kontrolle der Staatsfinanzen – Geschichte und Gegenwart – 1714-1989, Festschrift für 275. Wiederkehr der Errichtung der Preußischen General-Rechen-Kammer, Berlin 1989, S. 435 ff.
Brohm, Thomas, Selbstverwaltung in wirtschafts- und berufsständischen Kammern, in: v. Mutius (Hrsg.), Selbstverwaltung im Staat der Industriegesellschaft, Heidelberg 1983, S. 777 ff.
Brosius-Gersdorf, Frauke, Deutsche Bundesbank und Demokratieprinzip, Berlin 1997
Brünner, Christian / *Ortner*, Gerold (Hrsg.), Die Finanzkontrolle in den österreichischen Bundesländern, Graz 1986
Brunner, Georg, Kontrolle in Deutschland, Köln 1972
Bublitz, Jörg, Über die Vorprüfung in Deutschland. Ein Beitrag zu ihrer Entstehungsgeschichte, ihrer Entwicklung und ihren Problemen, in: Zavelberg Heinz Günter (Hrsg.), Die Kontrolle der Staatsfinanzen – Geschichte und Ge-

genwart – 1714-1989, Festschrift für 275. Wiederkehr der Errichtung der Preußischen General-Rechen-Kammer, Berlin 1989, S. 343 ff.

Büch, Martin-Peter, Zur Bestimmung der Grundsätze der Wirtschaftlichkeit und der Sparsamkeit im öffentlichen Haushalt der Bundesrepublik Deutschland, Köln 1976

Bullinger, Martin, Das Ermessen der öffentlichen Verwaltung, JZ 1984, S. 1001 ff. *Bumke*, Ulrike, Die öffentliche Aufgabe der Landesmedienanstalten, München 1995

Bundesrechnungshof (Hrsg.), 250 Jahre Rechnungsprüfung, FS zur zweihundertfünfzigjährigen Wiederkehr der Errichtung der Preußischen Generalrechenkammer, Frankfurt am Main 1964

Bonin, Konrad von, Zentralbanken zwischen funktioneller Unabhängigkeit und politischer Autonomie, Baden-Baden 1979

Buschor, Ernst, Das Rechnungswesen im New Public Management, in: Budäus Dietrich / Küpper Willi / Streitferdt Lothar (Hrsg.), Neues öffentliches Rechnungswesen, FS für Klaus Lüder, Wiesbaden 2000, S. 19 ff.

C

Caesar, Rolf (Hrsg.), Zur Reform der Finanzverfassung und Strukturpolitik der EU, Baden-Baden 1997

Campenhausen, Axel Frhr. von, Selbstverwaltung – Autonomie – Eigenständigkeit im Kirchenrecht und im Staatskirchenrecht, in: von Mutius (Hrsg.), Selbstverwaltung im Staat der Industriegesellschaft, Heidelberg 1983, S. 977 ff.

Carl, Dieter, Aufgaben und Befugnisse des Rechnungshofs im Haushaltskreislauf, JA 1991, S. 126 ff.

–, / *Klos*, Joachim, Die Rechnungshöfe – Unabhängige Organe der öffentlichen Finanzkontrolle, SteuerStud 1990, S. 243 ff.

Chan, James / *Jones,* Rowan, Governmental Accounting and Auditing, International Comparisons, London and New York 1988

Czybulka, Detlef, Die Legitimation der öffentlichen Verwaltung, Heidelberg 1989

D

Dahm, Sabine, Das Neue Steuerungsmodell auf Bundes- und Länderebene sowie die Neuordnung der öffentlichen Finanzkontrolle in der Bundesrepublik Deutschland, Berlin 2004

Degenhart, Christoph, Der Verwaltungsvorbehalt, NJW 1984, S. 2184 ff.
–, Rechtsfragen zeitnaher Prüfung durch den Rechnungshof – Dargestellt am Beispiel der Aktenvorlage bei nicht abgeschlossenen Verwaltungsvorgängen, in: Schulze-Fielitz (Hrsg.), Fortschritte der Finanzkontrolle in Theorie und Praxis: zum Gedenken an Ernst Heuer, Die Verwaltung 2000, S. 55 ff.
–, Kontrolle der Verwaltung durch Rechnungshöfe, in: VVDStRL 1995, S. 190 ff.
–, Staatsrecht I, Staatsorganisationsrecht, 18. Auflage, Heidelberg 2002
Diederich, Nils / *Cadel,* Georg / *Dettmar,* Heidrun / *Haag,* Ingeborg, Die diskreten Kontrolleure – Eine Wirkungsanalyse des Bundesrechnungshofs, Opladen 1990
–, / *Franz-O.*, Gilles / *Otto,* Gerhard / *Otto,* Gundolf / *Weinert,* Rainer, Die Institution Rechnungshof. Stiefkind der Sozialwissenschaften, ZParl 1984, S. 479 ff.
Diekmann, Rudolf, Auf dem Weg zu neuen Ufern?, Zum Stand der Erfolgskontrolluntersuchungen bei Rechnungshöfen, in: Engelhardt / Schulze / Thieme (Hrsg.), Stellung und Funktion der Rechnungshöfe im Wandel?, Baden-Baden 1992, S. 43 ff.
–, Rundfunkanstalten, in: von Arnim / Lüder (Hrsg.), Wirtschaftlichkeit in Staat und Verwaltung, 1993, S. 183 ff.
–, Zukunftsperspektiven eines Rechnungshofs, DöV 1992, S. 893 ff.
Di Fabio, Udo, Privatisierung und Staatsvorbehalt, JZ 1999, S. 585 ff.
Dörries, Georg, Zur Rechtsstellung in Landesbanken, unter besonderer Berücksichtigung der Westdeutschen Landesbank, Frankfurt am Main u.a. 1988
Dommach, A. Hermann, Der Funktionsverlust des Reichsrechnungshofs (RRH) in den Vorkriegsjahren – NS-Staat I, in: Pirker, Theo (Hrsg.), Rechnungshöfe als Gegenstand zeitgeschichtlicher Forschung, Berlin 1987, S. 35 ff.
–, Zur Gründungsgeschichte des Bundesrechnungshofs (BRH) – Rechnungshöfe nach 1945 I, in: Pirker, Theo (Hrsg.), Rechnungshöfe als Gegenstand zeitgeschichtlicher Forschung, Berlin 1987, S. 77 ff.
–, Zeittafel, in: Zavelberg Heinz Günter (Hrsg.), Die Kontrolle der Staatsfinanzen – Geschichte und Gegenwart – 1714-1989, Festschrift für 275. Wiederkehr der Errichtung der Preußischen General-Rechen-Kammer, Berlin 1989, S. 495 ff.
–, Der Reichsrechnungshof während der Amtszeit von Präsident Saemisch (1922 bis 1938), in: Zavelberg Heinz Günter (Hrsg.), Die Kontrolle der Staatsfinanzen – Geschichte und Gegenwart – 1714-1989, Festschrift für 275. Wiederkehr der Errichtung der Preußischen General-Rechen-Kammer, Berlin 1989, S. 65 ff.

Dreier, Horst, Hierarchische Verwaltung im demokratischen Staat – Genese, aktuelle Bedeutung und funktionelle Grenzen eines Bauprinzips der Exekutive, Tübingen 1991

–, (Hrsg.) Grundgesetz Kommentar, Tübingen 2000

Dressler, Karl, Rechnungsprüfung im internationalen Bereich, in: Schäfer Friedrich (Hrsg.), Finanzwissenschaft und Finanzpolitik, FS für Schöttle, Tübingen 1964, S. 31 ff.

–, Stellung und Aufgabe des Bundesrechnungshofes, in: Bundesrechnungshof (Hrsg.), 250 Jahre Rechnungsprüfung, FS zur zweihundertfünfzigjährigen Wiederkehr der Errichtung der Preußischen Generalrechenkammer, Frankfurt am Main 1964, S. 157 ff.

E

Eckert, Karlheinz, Externe Prüfungen staatlicher Beteiligungsunternehmen, Baden-Baden 1979

Eckhoff, Johann, Das rechtliche Spannungsfeld zwischen Wissenschaftsfreiheit und Finanzkontrolle, in: Arbeitsgruppe Fortbildung im Sprecherkreis der deutschen Universitätskanzler (Hrsg.), Universität und Rechnungshof im Umbruch, Fortbildungsprogramm für die Wissenschaftsverwaltung, 2001, S. 55 ff.

Edds, John, Internal and External Audit, in: Geist Benjamin (Hrsg.), State Audit, London u.a. 1981, S. 164 ff.

Edinger, Florian, Privatisierung und parlamentarische Verantwortung, ZG 2000, S. 132 ff.

Eggeling, Ulrich, Finanzkontrolle im Bundesstaat, Kiel 1986

Eibelshäuser, Manfred, Anteilseignerinformation und Verschwiegenheitspflicht, in: Budäus / Küpper / Streitferd (Hrsg.), Neues öffentliches Rechnungswesen, FS für Klaus Lüder, 2000, S. 694 ff.

–, / *Breidert*, Ulrike, Öffentliche Unternehmen und externe Finanzkontrolle, in: Eibelshäuser (Hrsg.), Finanzpolitik und Finanzkontrolle – Partner für Veränderung, GS für Müller, Baden-Baden 2002, S. 223 ff.

Eichhorn, Peter, Innovative Konzepte für Prüfung und Organisation von Rechnungshöfen, in: Müller (Hrsg.), Haushaltsreform und Finanzkontrolle, Baden-Baden 1997, S. 55 ff.

Eickenboom, Peter / *Heuer*, Ernst, Das neue Bundesrechnungshofgesetz, DöV 1985, S. 997 ff.

Emde, Ernst Thomas, Die demokratische Legitimation der funktionalen Selbstverwaltung – Eine verfassungsrechtliche Studie anhand der Kammern, der Sozialversicherungsträger und der Bundesanstalt für Arbeit, Berlin 1991

Engelhardt, Gunther / *Hegmann*, Horst, Finanzkontrolle durch die Rechnungshöfe: Eine institutionenökonomische Interpretationsskizze zur Einführung, in: Engelhardt / Schulze / Thieme (Hrsg.), Stellung und Funktion der Rechnungshöfe im Wandel?, Baden-Baden 1992, S. 15 ff.

Engels, Dieter, Neues Haushalts- und Rechnungswesen: Konsequenzen für den Bundesrechnungshof, ZG 2001, S. 101 ff.

–, Die Prüfungsordnung des Bundesrechnungshofes, in: Eibelshäuser (Hrsg.), Finanzpolitik und Finanzkontrolle – Partner für Veränderung, GS für Udo Müller, Baden-Baden 2002, S. 193 ff

Erbguth, Wilfried / *Stollmann*, Frank, Erfüllung öffentlicher Aufgaben durch private Rechtssubjekte? – Zu den Kriterien bei der Wahl der Rechtsform, DöV 1993, S. 798 ff.

Erichsen, Hans-Uwe (Hrsg.), Allgemeines Verwaltungsrecht, Berlin – New York 1998

Ernst, Paul C. / *Heitel*, Helmut, Der Konzern in der erweiterten Abschlussprüfung nach § 53 HGrG, in: Schulze-Fielitz (Hrsg.), Fortschritte der Finanzkontrolle in Theorie und Praxis: zum Gedenken an Ernst Heuer, Die Verwaltung 2000, S. 101 ff.

Eyermann, Erich, Die Prüfung einer Handwerkskammer durch einen Rechnungshof aus Sicht der neuen § 105 Abs. 2 Nr. 9, § 106 Abs. 1 Nr. 5 HwO, GewArch 1994, S. 441 ff.

F

Fichtmüller, Carl Peter, Zulässigkeit ministerialfreien Raums in der Bundesverwaltung, AöR 1966, S. 297 ff.

Fiedler, Franz, Die Deklaration von Lima, Finanzkontrolle international gesehen, in: Brauneder Wilhelm (Hrsg.), Internationalität der Finanzkontrolle, Frankfurt am Main u.a. 1995, S. 9 ff.

Fittschen, Dierk, Durchsetzung der Prüfungsrechte der Rechnungshöfe, VerwArch 1992, S. 165 ff.

Flechsig, Norbert (Hrsg.), SWR – Staatsvertrag Kommentar, Baden-Baden 1997

Folz, Hans-Ernst / *Herrmann*, Regina, Die richterliche Unabhängigkeit der Mitglieder der Rechnungshöfe, JZ 1973, S. 769 ff.

Forster, Karl-Heinz, Die durch § 53 des HGrG erweiterte Abschlussprüfung von privatrechtlichen Unternehmen, in: Schiffer / Karehnke (Hrsg.), Verfassung – Verwaltung – Finanzkontrolle, FS für Schäfer, Köln u.a. 1975, S. 289 ff.

Frank, Ernst, Der Rechnungshof im Wandel, in: Arbeitsgruppe Fortbildung im Sprecherkreis der deutschen Universitätskanzler (Hrsg.), Universität und Rechnungshof im Umbruch, Fortbildungsprogramm für die Wissenschaftsverwaltung, 2001, S. 29 ff.

Franz, Thomas, Prüfungen des Bundesrechnungshofes bei den Gerichten des Bundes, in: Schulze-Fielitz (Hrsg.), Fortschritte der Finanzkontrolle in Theorie und Praxis: zum Gedenken an Ernst Heuer, Die Verwaltung 2000 S. 76 ff.

Frey, Bruno / *Serna*, Angel, Rechnungshöfe: Die Sicht der Neuen Politischen Ökonomie, in: Engelhardt / Schulze / Thieme (Hrsg.), Stellung und Funktion der Rechnungshöfe im Wandel?, Baden-Baden 1992, S. 105 ff.

Friedmann, Bernhard, Die Effizienz der Tätigkeit der Rechnungshöfe, in: Zavelberg Heinz Günter (Hrsg.), Die Kontrolle der Staatsfinanzen – Geschichte und Gegenwart – 1714-1989, Festschrift für 275. Wiederkehr der Errichtung der Preußischen General-Rechen-Kammer, Berlin 1989, S. 157 ff.

–, Organisation und Koordination von Prüfungsmethoden des Europäischen Rechnungshofes, in: Ders. (Hrsg.), Der Europäische Rechnungshof und die Wirtschaft- und Finanzhilfen der EU für Mittel- und Osteuropa, Köln 1994, S. 47 ff.

Fröhler, Ludwig / *Kormann*, Joachim, Staatliche Rechnungsprüfung bei den Handwerkskammern, GewArch 1984, S. 1 ff.

Fröhler, Ludwig / *Kormann*, Joachim, Haushaltsaufsicht über die Handwerkskammern – eine erweiterte Rechtsaufsicht?, herausgegeben vom Handwerksrechtinstitut München e.V., München 1983

Fröhlich, August, Hochschule und Wirtschaftlichkeit, in: Letzelter / Reinermann (Hrsg.), Wissenschaft, Forschung und Rechnungshöfe, Berlin 1981, S. 62 ff.

Frühauf, Wolf, Universität und Wirtschaftlichkeit, in: Arbeitsgruppe Fortbildung im Sprecherkreis der Hochschulkanzler (Hrsg.), Wirtschaftlichkeitskontrolle an Hochschulen, Fortbildungsprogramm für die Wissenschaftsverwaltung, Materialien Nr. 23, 1985, S. 231 ff.

Fuchs, Arthur, Wesen und Wirken der Kontrolle, Betrachtungen zum staatlichen Kontrollwesen in der Bundesrepublik (Bundesrechnungshof), Tübingen 1966

Führmann, Hans Jürgen, Die Geschäftsordnung des Bundesrechnungshofes, in: Zavelberg Heinz Günter (Hrsg.), Die Kontrolle der Staatsfinanzen – Geschichte und Gegenwart – 1714-1989, Festschrift für 275. Wiederkehr der Errichtung der Preußischen General-Rechen-Kammer, Berlin 1989, S. 325 ff.

G

Gall, Andreas Freiherr von / *Schmitz,* Francisca, Rechnungshöfe und Europäische Integration, in: Eibelshäuser (Hrsg.), Finanzpolitik und Finanzkontrolle – Partner für Veränderung, GS für Müller, Baden-Baden 2002, S. 338 ff.

–, / *Wulle,* Horst-Raimund, Organisationsprüfungen durch den Bundesrechnungshof, DöV 2000, S. 845 ff.

Geist, Benjamin, State Audit: An Introduction, in: Ders. (Hrsg.), State Audit, Developments in Public Accountability, London u.a. 1981, S. 1 ff.

Gerontas, Apostolos / *Psilos,* Dimitrios, Dimosionomiko dikaio (Haushaltsrecht, auf griechisch), Athen 1998

Gersdorf, Hubertus, Öffentliche Unternehmen im Spannungsfeld zwischen Demokratie- und Wirtschaftlichkeitsprinzip – Eine Studie zur verfassungsrechtlichen Legitimation der wirtschaftlichen Betätigung der öffentlichen Hand, Berlin 2003

Giesen, Adolf / *Fricke,* Eberhard, Das Haushaltsrecht des Landes Nordrhein-Westfallen, München 1972

Gilbert, A., Aufgaben der Rechnungsprüfung bei den Rentenversicherungsträgern, in: Verband Deutscher Rentenversicherungsträger (Hrsg.), Der Rechnungsprüfer in der Rentenversicherung, 1978, S. 1 ff.

Gilles, Franz - Otto., Der Reichsrechnungshof zwischen obrigkeitsstaatlicher Tradition und geforderter Demokratisierung, in: Pirker, Theo (Hrsg.), Rechnungshöfe als Gegenstand zeitgeschichtlicher Forschung, Berlin 1987, S. 19 ff.

–, Die verkannte Macht, Berlin 1986

Glaser-Galion, Susanne, Der Bundesrechnungshof als unabhängiges Kontrollorgan in der Bundesrepublik Deutschland, Stuttgart 1980

Glatfeld, Markus, Die Auswirkungen effizienzsteigender Maßnahmen in der öffentlichen Verwaltung unter besonderer Berücksichtigungen von Ausgliederungen bzw. Privatisierungen auf die Arbeit der Rechnungshöfe, Darmstadt 1997

Goessl, Manfred, Organstreitigkeiten innerhalb des Bundes, Berlin 1961

Gößler, Gerhard, Die Funktion der Rechnungshöfe und ihr Beitrag zur Verwaltungsmodernisierung, VBlBW 1995, S. 257 ff.

–, Funktion und legislatorische Notwendigkeiten einer effektiven Finanzkontrolle im Rundfunkwesen, in: Eibelshäuser (Hrsg.), Finanzpolitik und Finanzkontrolle – Partner für Veränderung, GS für Müller, Heidelberg 2002, S. 312 ff.

Gotham, Rudolf, Der Umfang der Prüfungskompetenz der Rechnungshöfe, Hamburg 1969

Grab, Franz, Die Mitglieder des Rechnungshofs Baden-Württemberg, in: Rechnungshof Baden-Württemberg (Hrsg.), Finanzkontrolle in Baden-Württemberg, Bd. I, Karlsruhe 1987, S. 145 ff.
Graf, Rainer, Die Finanzkontrolle der Europäischen Gemeinschaft, Baden-Baden 1999
Gramlich, Ludwig, Bundesbankgesetz, Währungsgesetz, Münzgesetz, Kommentar, Köln u.a. 1988
Greifeld, Andreas, Der Rechnungshof als Wirtschaftlichkeitsprüfer – Ein Beitrag der Verwaltungslehre, München 1981
Groeben, Hans von u.a. (Hrsg.), Kommentar zum Vertrag über die Europäische Union und zur Gründung der Europäischen Gemeinschaft, 6. Auflage, Baden-Baden 2003-2004
Gröpl, Christoph, Das Haushalts-Fortentwicklungsgesetz, NVwZ 1998, S. 1251 ff.
–, Haushaltsrecht und Reform – Dogmatik und Möglichkeiten der Fortentwicklung der Haushaltswirtschaft durch Flexibilisierung, Ökonomisierung und Fremdfinanzierung, Tübingen 2001
Groth, Andy, Kontrolle kommunaler Verwaltungstätigkeit, in: Nolte (Hrsg.), Kontrolle im verfassten Rechtsstaat, Kiel, 2002, S. 47 ff.
Groß, Thomas, Exekutive Befugnisse der Rechnungshöfe, VerwArch 2004, S. 194 ff.
Grupp, Klaus, Die „Grundsätze der Wirtschaftlichkeit und Sparsamkeit" im Haushaltsrecht, JZ 1982, S. 231 ff.
–, Steuerung des Verwaltungshandelns durch Wirtschaftlichkeitskontrolle?, DöV 1983, S. 661 ff.
–, Wirtschaftlichkeit im „schlanken Staat", in: Schulze-Fielitz (Hrsg.), Fortschritte der Finanzkontrolle in Theorie und Praxis: zum Gedenken an Ernst Heuer, Die Verwaltung 2000, S. 9 ff.
–, Die Stellung der Rechnungshöfe in der Bundesrepublik Deutschland, unter besonderer Berücksichtigung der historischen Entwicklung der Rechnungsprüfung, Berlin 1972
–, Parlamentarische Informationsverlangen über Prüfungen der Rechnungshöfe, in: Grupp / Hufeld (Hrsg.), Recht – Kultur – Finanzen, FS für Reinhard Mußgnug, Heidelberg 2005, S. 163 ff.
–, Arbeitsgruppe Fortbildung im Sprecherkreis der Hochschulkanzler (Hrsg.), Wirtschaftlichkeitskontrolle und Staatsaufsicht, in: Rechtsaufsicht – Fachaufsicht, Zusammenwirken Staat – Hochschule, Fortbildungsprogramm für die Wissenschaftsveraltung, Materialien Nr. 22, 1985, S. 153 ff.
Gusy, Christoph, Privatisierung und parlamentarische Kontrolle, ZRP 1998, S. 265 ff.

H

Haase, Lothar, Die Finanzkontrolle durch den Europäischen Rechnungshof, in: Bayerischer Oberster Rechnungshof (Hrsg.), Dem Staat in die Kasse geschaut – 175 Jahre Bayerischer Oberster Rechnungshof, München 1987, S. 125 ff.

Hähnlein, Uwe / *Endell*, Hanns-Lothar / *Jahnz*, Eduard Hans, Reptilienfonds und Finanzkontrolle: Wie öffentlich ist die Kontrolle geheimer Staatsaufgaben?, DöV 1998, S. 305 ff.

Harms, Jens, Probleme der Hochschulfinanzverfassung aus der Sicht eines Landesrechnungshofs, in: Arbeitsgruppe Fortbildung im Sprecherkreis der Hochschulkanzler (Hrsg.), Die Finanzverfassung der wissenschaftlichen Hochschulen, Fortbildungsprogramm für die Wissenschaftsverwaltung, Materialien Nr. 60, 1994, S. 99 ff.

Härtig, H., Zur Stellung der Rechnungshöfe, DVBl. 1955, S. 173 ff.

Häußer, Otto, Zur Antragsbefugnis der Rechnungshöfe im verfassungsrechtlichen Organstreit, DöV 1998, S. 544 ff.

–, Kooperation der öffentlich-rechtlichen Landesrundfunkanstalten und föderale Finanzkontrolle, DöV 2002, S. 722 ff.

Hagelmayer, Istvan, Die Gründung des Staatsrechnungshofes in Ungarn, in: Brauneder (Hrsg.), Internationalität der Finanzkontrolle, Frankfurt am Main u.a. 1995, S. 113 ff.

Hansmeyer, Karl-Heinrich / *König*, Herbert / *Oppermann*, Thomas, Öffentliche Finanzkontrolle bei externen Dienstleistungen, Köln u.a. 1982

Hauser, Norbert, Rechtsqualität von Prüfungsankündigungen des Bundesrechnungshofes, DöV 2004, S. 786 ff.

Hausner, Josef, Zusammenarbeit der obersten Finanzkontrollbehörden des Bundes und der Länder, in: Bundesrechnungshof (Hrsg.), 250 Jahre Rechnungsprüfung, FS zur zweihundertfünfzigjährigen Wiederkehr der Errichtung der Preußischen Generalrechenkammer, Frankfurt am Main 1964, S. 183 ff.

Haverkate, Görg, Prüfungsfreie Räume. Welche Türen in der öffentlichen Verwaltung bleiben dem Rechnungshof verschlossen? , in: Zavelberg Heinz Günter (Hrsg.), Die Kontrolle der Staatsfinanzen – Geschichte und Gegenwart – 1714-1989, Festschrift für 275. Wiederkehr der Errichtung der Preußischen General-Rechen-Kammer, Berlin 1989, S. 197 ff.

–, Verfassungslehre – Verfassung als Gegenseitigkeitsordnung, München 1992

–, Die Einheit der Verwaltung als Rechtsproblem, in: VVDStRL 1988, S. 217 ff.

–, Der Schutz subjektiv-öffentlicher Rechte in der Rechnungsprüfung, AöR 1982, S. 539 ff.

–, Rechtsfragen des Leistungsstaats, Tübingen 1983

Heidecke, Günter, Hochschule und Finanzkontrolle, in: Letzelter / Reinermann (Hrsg.), Wissenschaft, Forschung und Rechnungshöfe, Berlin 1981, S. 17 ff.
Heller, Robert, Haushaltsgrundsätze für Bund, Länder und Gemeinden – Systematische Gesamtdarstellung, Heidelberg 1998
Helfrich, Macus, Überlegungen zur rechtlichen Problematik einer Beleihung auf dem Wege haushaltsrechtlicher Regelungen, DöV 1990, S. 553 ff.
Hemmer, Hans-Rimbert / *Krell,* Joachim, Die Deutsche Stiftung für internationale Entwicklung und der Bundesrechnungshof, in: Zavelberg Heinz Günter (Hrsg.), Die Kontrolle der Staatsfinanzen – Geschichte und Gegenwart – 1714-1989, Festschrift für 275. Wiederkehr der Errichtung der Preußischen General-Rechen-Kammer, Berlin 1989, S. 449 ff.
Hengstschläger, Johannes, Rechnungshofkontrolle, Kommentar zum fünften Hauptstück des B-VG „Rechnungs- und Gebührenkontrolle, Wien 2000
Henneke, Hans-Günter (Hrsg.) Steuerung der kommunalen Aufgabenerfüllung durch Finanz- und Haushaltsrecht, Stuttgart 1996
Hesse, Konrad, Grundzüge des Verfassungsrechts der Bundesrepublik Deutschland, Heidelberg 1999
Heuer, Ernst (Begründer) / *Engels,* Dieter / *Eibelshäuser*, Manfred (Hrsg.), Kommentar zum Haushaltsrecht, Loseblatt Stand: Februar 2006 (zitiert: Bearbeiter, in: Heuer (Hrsg.), Kommentar zum Haushaltsrecht)
–, Befugnisse des Rechnungshofes bei der Feststellung des Sachverhaltes, DVBl. 1991, S. 982 ff.
–, Zur Prüfungsbefugnis der Rechnungshöfe gegenüber der Stiftung Volkswagenwerk, DöV 1986, S. 516 ff.
–, Kontrollauftrag gegenüber den Fraktionen, in: Böning / von Mutius (Hrsg.), Finanzkontrolle im repräsentativ-demokratischen System, Heidelberg 1990, S. 107 ff.
–, Privatwirtschaftliche Wege und Modelle zu einem modernen (anderen?) Staat – kritische Überlegungen zu Veränderungen in den staatlichen Strukturen aus der Sicht der Finanzkontrolle, DöV 1995, S. 85 ff.
–, Grenzen von Prüfungs- und Erhebungsgrenzen, in: Zavelberg (Hrsg.), Die Kontrolle der Staatsfinanzen, 1989, S. 181 ff.
–, Wie kann die Rechnungshofkontrolle intensiviert werden?, in: v. Arnim (Hrsg.), Finanzkontrolle im Wandel, Berlin 1989, S. 111 ff.
–, Die künftige Entwicklung des staatlichen Rechnungswesens aus der Sicht des Bundesrechnungshofes, in: Lüder (Hrsg.), Staatliches Rechnungswesen in der Bundesrepublik Deutschland vor dem Hintergrund neuerer internationaler Entwicklungen, Berlin 1991, S. 149 ff.
Heun, Werner, Staatshaushalt und Staatsleitung, Baden-Baden 1989

Hill, Hermann, Zur Sicherung des parlamentarischen Budgetrechts im Neuen Steuerungsmodell, DöV 2001, S. 793 ff.

Hockenbrick, Ulrich, Zur Befugnis der Rechnungshöfe, im Prüfungsverfahren Verwaltungsakte zu erlassen, DöV 1991, S. 241 ff.

–, Finanzkontrolle, Datenschutz und die Unabhängigkeit der Rechnungshöfe, DöV 1991, S. 51 ff.

Höfling, Wolfram, Die Betätigungsprüfung der Rechnungshöfe nach § 44 Abs. 1, 53, 54 HGrG – Überlegungen zu Gegenstand, Voraussetzungen und Grenzen aus grundrechtlicher Perspektive, in: Osterloh / Schmidt / Weber (Hrsg.), Staat, Wirtschaft, Finanzverfassung, FS für Peter Selmer, Berlin 2004, S. 673 ff.

Hölscheidt, Die Finanzen der Bundestagsfraktionen, DöV 2000, S. 712 ff.

Hösch, Ulrich, Öffentlicher Zweck und wirtschaftliche Betätigung von Kommunen, DöV 2000, S. 392 ff.

Höfling, Wolfram, Die Betätigungsprüfung der Rechnungshöfe, in: Osterloh / Schmidt / Weber (Hrsg.), Staat, Wirtschaft, Finanzverfassung, FS für Selmer, 2004, S. 673 ff.

Hofmann, Siegfried, Die Kontrolle der Regierung durch parlamentarische Rechnungsprüfung im deutschen Bundestag, Göttingen 1970

Hoffmann-Riem, Wolfgang, Effizienz als Herausforderung an das Verwaltungsrecht: Einleitende Problemskizze, in: Hoffmann-Riem / Schmidt-Aßmann (Hrsg.), Effizienz als Herausforderung an das Verwaltungsrecht, Baden-Baden 1998, S. 11 ff.

–, Finanzierung und Finanzkontrolle der Landesmedienanstalten, Berlin 1993

–, Finanzkontrolle als Steuerungsaufsicht im Gewährleistungsstaat, DöV 1999, S. 221 ff.

–, Finanzkontrolle der Verwaltung durch Rechnungshof und Parlament, in: Schmidt-Aßmann und Hoffmann-Riem (Hrsg.), Verwaltungskontrolle, Baden-Baden 2001, S. 73 ff.

–, / *Schmidt-Aßmann* Eberhard (Hrsg.), Effizienz als Herausforderung an das Verwaltungsrecht, Baden-Baden 1998

Horn, Hans-Detlef, Gewaltenteilende Demokratie, demokratische Gewaltenteilung, AöR 2002, S. 427 ff.

Huber, Ernst Rudolf, Die institutionelle Verfassungsgarantie der Rechnungsprüfung, in: FS für Nikisch, Tübingen 1958, S. 331 ff.

Hüfner, Klaus, Probleme der Entwicklung und Anwendung von Kennzahlen im Hochschulbereich, in: Arbeitsgruppe Fortbildung im Sprecherkreis der Hochschulkanzler (Hrsg.), Wirtschaftlichkeitskontrolle an Hochschulen, Fortbildungsprogramm für die Wissenschaftsverwaltung, Materialien Nr. 23, S. 209 ff.

Hufen, Friedhelm, Rechnungsprüfung bei Stiftung Volkswagenwerk – Anmerkung, JuS 1988, S. 225 f.
Humpert, Hans-Rudolf, Preisprüfungsrechte für den Bundesrechnungshof bei Rüstungsunternehmen?, Bayreuth 1993

I

Internationales Institut für Rechts- und Verwaltungssprache (Hrsg.), Haushalt und Rechnungsprüfung, Köln 1988
Ipsen, Hans-Peter, Kollision und Kombination von Prüfungsvorschriften des Haushalts- und des Aktienrechts, JZ 1955, S. 593 ff.
–, Zum Funktionsbereich der öffentlich-rechtlichen Rundfunkanstalten außerhalb der unmittelbaren Programmveranstaltung, DöV 1974, S. 721 ff.
Isensee, Josef, Außenvertretung der deutschen Rechnungshöfe in der Europäischen Union, Heidelberg 2001
–, / *Kirchhof,* Paul (Hrsg.), Handbuch des Staatsrechts der Bundesrepublik Deutschland, Heidelberg: Band I: Grundlagen von Staat und Verfassung, 1987; Band III: Das Handeln des Staates, 1996; Band IV: Finanzverfassung – Bundesstaatliche Ordnung, 1990; Band V: Allgemeine Grundrechtslehre, 1992 (zitiert: HStR)

J

Jakobs-Woltering, Peter, Erfolgskontrolle der Rechnungshöfe als Eingriff in den politischen Bereich, NVwZ 1995, S. 561 ff.
Jarass, Hans, Reichweite der Rechnungsprüfung bei Rundfunkanstalten, am Beispiel des Zweiten Deutschen Fernsehens, Mainz 1992
Jestaedt, Matthias, Demokratieprinzip und Kondominialverwaltung, Berlin 1993
Jury, Günther, Der Rechnungshof vor Gericht, Leipzig 2002

K

Kammer, Rolf-Dietrich, Finanzkontrolle und Finanzierungskompetenz des Bundes, DVBl. 1990, S. 555 ff.
Kannengießer, Christoph, Die Entlastung im Haushaltsrecht der Europäischen Gemeinschaft, DöV 1995, S. 55 ff.

Karehnke, Helmut, Zur Prüfung der staatlichen Haushalts- und Wirtschaftsführung nach der Haushaltsreform, DöH 15, S. 29 ff.
–, Der Rechnungshof als Teil der öffentlichen Kontrolle, in: Schiffer / Karehnke (Hrsg.), Verfassung – Verwaltung – Finanzkontrolle, FS für Schäfer, Köln u.a. 1975, S. 233 ff.
–, Zur Abgrenzung der Begriffe Prüfung und Beratung, DVBl. 1975, S. 611 ff.
–, Zur Berichterstattung des Rechnungshofes an die gesetzgebende Gewalt nach neuem Haushaltsrecht, DöV 1971, S. 441 ff.
–, Die staatliche Betätigung bei Beteiligungsunternehmen privaten Rechts und die Prüfung dieser Betätigung, DöH 15, S. 156 ff. und 204 ff.
–, Die Prüfung der Geschäftsführung nach § 53 des Haushaltsgrundgesetzes, Die Aktiengesellschaft 1970, S. 259 ff.
–, Privatrechtliche Unternehmen mit Beteiligung von Gebietskörperschaften, DöH 1967-1968, S. 193 ff.
–, Die Unternehmen in der Rechtsform einer bundesunmittelbaren juristischen Person des öffentlichen Rechts und ihre Prüfung, DöH 16, S. 27 ff.
–, Zur Neufassung des Artikels 114 des Grundgesetzes, DöV 1972, S. 145 ff.
–, Kontrolle als ergänzende Verfassungsfunktion, DöH 15, S. 29 ff.
Karl – Bräuer – Institut des Bundes der Steuerzahler (Hrsg.), Ausgliederungen aus den öffentlichen Haushalten – Strengere Überprüfungen und Begrenzungen unerlässlich, Stellungnahmen Nr. 29, 2004
Karpen, Ulrich (Hrsg.), Hochschulfinanzierung in der Bundesrepublik Deutschland – Eine Einführung, Baden-Baden 1989
–, Wissenschaftsfreiheit und Hochschulfinanzierung – Überlegungen zu einem effektiveren Mitteleinsatz, Berlin 1983
–, Zur Rechnungsprüfung des Südwestfunks durch den Landesrechnungshof Rheinland-Pfalz, Baden-Baden 1993
–, Wirtschaftlichkeitskontrolle an Hochschulen, Fremdkontrolle – Selbstkontrolle, Die Verwaltung 1986, S. 230 ff.
–, Wirtschaftlichkeitskontrolle an Hochschulen (Fremdkontrolle, Selbstkontrolle), in: Arbeitsgruppe Fortbildung im Sprecherkreis der Hochschulkanzler (Hrsg.), Wirtschaftlichkeitskontrolle an Hochschulen, Fortbildungsprogramm für die Wissenschaftsverwaltung, Materialien Nr. 23, S. 79 ff.
–, Zur Problematik von Wirtschaftlichkeitskontrollen im Hochschulbereich, in: Engelhardt / Schulze / Thieme (Hrsg.), Stellung und Funktion der Rechnungshöfe im Wandel?, Baden-Baden 1992, S. 86 ff.
–, Rechnungsprüfung bei den Rundfunkanstalten und Datenschutz, München 1989
Kaufmann, Michael, Die Prüfung kommunaler Unternehmen gemäß § 53 Absatz 1 Haushaltsgrundsätzegesetz, Düsseldorf 1995

Keller, Dieter, Prüfungsaufträge und Unabhängigkeit der Rechnungshöfe, DöV 1979, S. 705 ff.
Kempf, Dieter, Flucht aus dem Haushalt – Folgen für die Rechnungsprüfung, in: Rechnungshof Baden-Württemberg (Hrsg.), Finanzkontrolle in Baden-Württemberg, Bd. II, Karlsruhe 1992, S. 59 ff.
Kilian, Michael, Nebenhaushalte des Bundes, Berlin 1993
Kirchhof, Ferdinand, Die Prüf- und Mitwirkungskompetenzen des Bundesrechnungshofes bei Aufstellung und Abnahme der Jahresrechnung von Rentenversicherungsträgern, Deutsche Rentenversicherung 1992, S. 369 ff.
Kirchhof, Paul, Die Steuerung des Verwaltungshandelns durch Haushaltsrecht und Haushaltskontrolle, NVwZ 1983, S. 505 ff.
Kisker, Gunter, Rechnungshof und Politik, in: von Arnim (Hrsg.), Finanzkontrolle im Wandel, Berlin, 1989, S. 195 ff.
–, Sicherung von „Wirtschaftlichkeit und Sparsamkeit" durch den Rechnungshof, NJW 1983, S. 2167 ff.
Klappstein, Walter, Kontrollauftrag gegenüber der kommunalen Selbstverwaltung, in: Böning / von Mutius (Hrsg.), Finanzkontrolle im repräsentativ-demokratischen System, Heidelberg 1990, S. 125 ff.
–, Momentaufnahme der kommunalen Finanzkontrolle, in: Nolte (Hrsg.), Kontrolle im verfassten Rechtsstaat, Kiel 2002, S. 89 ff.
–, Kommunale Selbstverwaltung und Finanzkontrolle, in: von Mutius (Hrsg.), Selbstverwaltung im Staat der Industriegesellschaft, Heidelberg 1983, S. 479 ff.
–, Die kollegiale Verfassung der Rechnungshöfe, in: Schulze-Fielitz (Hrsg.), Fortschritte der Finanzkontrolle in Theorie und Praxis: zum Gedenken an Ernst Heuer, Die Verwaltung 2000, S. 25 ff.
–, Finanzkontrolle, Jura 1990, S. 232 ff.
Klein, Eckart, Die verfassungsrechtliche Problematik des ministerialfreien Raums, Berlin 1974
Klein, Ernst, Geschichte der öffentlichen Finanzen in Deutschland (1500-1870), Wiesbaden 1974
Klein, Friedrich, Die Finanzkontrolle im nationalsozialistischen Staat, in: Schiffer / Karehnke (Hrsg.), Verfassung – Verwaltung – Finanzkontrolle, FS für Schäfer, Köln u.a. 1975, S. 231 ff.
–, Die institutionelle Verfassungsgarantie der Rechnungsprüfung, in: Bundesrechnungshof (Hrsg.), 250 Jahre Rechnungsprüfung, FS zur zweihundertfünfzigjährigen Wiederkehr der Errichtung der Preußischen Generalrechenkammer, Frankfurt am Main 1964, S. 133 ff.
Klippstein, Gerhard, Ausgewählte Probleme der öffentlichen Finanzkontrolle, Mannheim 1972

Kluth, Winfried, Grenzen kommunaler Wettbewerbsteilnahme, Köln u.a. 1988

Knöpfle, Franz, Die Zuständigkeit der Rechnungshöfe für die Prüfung der Körperschaften des öffentlichen Rechts, Köln u.a. 1988

–, Die Zulässigkeit einer Öffentlichkeitsarbeit der Rechnungshöfe, in: Burmeister (Hrsg.),Verfassungsstaatlichkeit, FS für Klaus Stern, München 1997, S. 629 ff.

–, Kontrolle autonomen Einrichtungen (Universitäten, Rundfunkanstalten, Fraktionen, Kommunen), in: v. Arnim Hans-Herbert (Hrsg.), Finanzkontrolle im Wandel, Berlin 1989, S. 259 ff.

–, Information des Parlaments über das Finanzgebaren öffentlich-rechtlicher Rundfunkanstalten, Köln u.a.1990

König, Herbert, Führung und Controlling in der öffentlichen Verwaltung, VOP 1990, S. 244 ff.

König, Klaus, Rückzug des Staates- Privatisierung der öffentlichen Verwaltung, DöV 1998, S. 963 ff.

Kopp, Ferdinand, Rechtsschutz des Bürgers gegen den Inahalt und die Verbreitung von Prüfungsberichten eines Rechnungshofes – OVG Münster, NJW 1980, 137 und VG Düsseldorf NJW 1981, 1396, JuS 1981, S. 419 ff.

–, Die Aufsicht über den Haushalt und das Finanzgebaren der Handwerkskammern, Gutachten, Alfeld 1992

–, / *Schenke,* Wolf-Rüdiger, Verwaltungsgerichtsordnung, Kommentar, 12. Auflage, München 2000

Korthals, Gernot, Wirtschaftlichkeitskontrollen unter besonderer Berücksichtigung von Erfolgskontrollen, in: von Arnim / Lüder (Hrsg.), Wirtschaftlichkeit in Staat und Verwaltung, Berlin 1993, S. 87 ff.

–, Perspektiven für eine wirksamere öffentliche Finanzkontrolle, DöV 2002, S. 600 ff.

Krebs, Walter, Kontrolle in staatlichen Entscheidungsprozessen, Heidelberg 1984

–, Rechtmäßigkeit und Wirtschaftlichkeit als Kontrollmaßstäbe, in: von Arnim Hans-Herbert (Hrsg.), Finanzkontrolle im Wandel, Berlin, 1989, S. 65 ff.

–, Höchstrichterliche Rechtsprechung zum Verwaltungsrecht – Die rechtliche Stellung der Rechnungshöfe und der Vorbehalt des § 40 Abs. 1 VwGO zugunsten der verfassungsrechtlichen Streitigkeit, VerwArch 1980, S. 77 ff.

–, Die öffentlichrechtliche Anstalt, NVwZ 1985, S. 609 ff.

Krempel, Stephan, Rechnungshöfe und Rundfunk – Beteiligungsunternehmen, Baden-Baden 1996

Kriele, Martin, Das demokratische Prinzip im Grundgesetz, in: VVDStRL 1971, S. 176 ff.

Kube, Hanno, Neue Steuerung im Haushaltsrecht – Ein Kompetenzgefüge außer Balance?, DöV 2000, S. 810 ff.

L

Lacher, Rudolf, Die haushaltsrechtlichen Regelungen für staatliche Zuwendungen, DöV 1990, S. 62 ff.

Lampe, Ortrun, Die Unabhängigkeit der Deutschen Bundesbank, München 1971

Lange, Bernd-Peter, Verfassungsrechtliche Probleme im Zusammenhang mit Rechnungsprüfung und Rechnungshof, Bonn 1967

Lange, Klaus, Die öffentlichrechtliche Anstalt, in: VVDStRL 1986, S. 169 ff.

–, Kontrollauftrag der Rechnungshöfe hinsichtlich demokratischer Institutionen, in: Böning / von Mutius (Hrsg.), Finanzkontrolle im repräsentativ-demokratischen System, Heidelberg 1990, S. 83 ff.

Lapsley, Irvine / *Wilson*, Richard (Hrsg.), Explorations in Financial Control, Essays in Honour of John Perrin, London-Bonn u.a. 1999

Laubinger, Hans-Werner, Grundrechtsschutz durch Gestaltung des Verwaltungsverfahrens, VerwArch 1982, S. 60 ff.

Lehmann, Fritz, Forschung und Wirtschaftlichkeit, in: Letzelter / Reinermann (Hrsg.), Wissenschaft, Forschung und Rechnungshöfe, Berlin 1981, S. 131 ff.

Lehment, Cornelis, Rundfunkfreiheit und Finanzkontrolle – Zur Rechnungsprüfung bei den öffentlich-rechtlichen Rundfunkanstalten und den Landesmedienanstalten, Frankfurt am Main u.a. 1996

Leibholz, Gerhard, Rechtsgutachten zur verfassungsrechtlichen Problematik der Ausübung der Rechtsaufsicht gegenüber Rundfunk- und Fernsehanstalten im Bereich der Programmgestaltung, Göttingen 1973

Leisner, Walter, Staatliche Rechnungsprüfung Privater unter besonderer Berücksichtigung der Freien Wohlfahrtspflege, Berlin 1990

–, Staatliche Rechnungsprüfung kirchlicher Einrichtungen unter besonderer Berücksichtigung der karitativen Tätigkeit, Berlin 1991

Leonard, S., La Cour des Comptes de France, in: Bundesrechnungshof (Hrsg.), 250 Jahre Rechnungsprüfung, FS zur zweihundertfünfzigjährigen Wiederkehr der Errichtung der Preußischen Generalrechenkammer, Frankfurt am Main 1964, S. 190 ff.

Letzelter, Franz / *Reinermann*, Heinrich, Wissenschaft, Forschung und Rechnungshöfe – Wirtschaftlichkeit und ihre Kontrolle, Berlin 1981

Linde, Andreas, Fraktionsfinanzierung in der parlamentarischen Demokratie, Frankfurt am Main u.a. 2000

Loening, Hellmuth, Der ministerialfreie Raum in der Staatsverwaltung, DVBl. 1954, S. 173 ff.

Loewenstein Karl, Verfassungslehre, Tübingen 2000

Löwer, Wolfgang, Der Staat als Wirtschaftssubjekt und Auftraggeber, in: VVDStRL 2001, S. 417 ff.

Lohl, Reinhold, Möglichkeiten und Grenzen der staatlichen Betätigung bei Unternehmen, DöH 12, S. 24 ff.

–, Die staatliche Betätigung bei privatrechtlichen Unternehmen nach der Haushaltsreform, AG 1970, S. S. 159 ff.

Lonhard, Otto-Günter, Der Rechnungshof Baden-Württemberg, in: Rechnungshof Baden-Württemberg (Hrsg.), Finanzkontrolle in Baden-Württemberg, Bd. I, Karlsruhe 1987, S. 111 ff.

–, Die Rechnungsprüfungsbehörden in Baden und Württemberg (1945-1952), in: Rechnungshof Baden-Württemberg (Hrsg.), Finanzkontrolle in Baden-Württemberg, Bd. I, Karlsruhe 1987, S. 61 ff.

–, Rechnungshof 2000, in: Rechnungshof Baden-Württemberg (Hrsg.), Finanzkontrolle in Baden-Württemberg, Bd. II, Karlsruhe 1987, S. 83 ff.

Lüder, Klaus, Verwaltungscontrolling, in: von Arnim / Lüder (Hrsg.), Wirtschaftlichkeit in Staat und Verwaltung, Berlin 1993, S. 209 ff.

–, Staatliches Rechnungswesen in der Bundesrepublik Deutschland vor dem Hintergrund neuerer internationalen Entwicklungen, Berlin 1991

–, Verwaltungskontrolle aus sozial- und verwaltungswissenschaftlicher Perspektive, in: Schmidt-Aßmann und Hofmann-Riem (Hrsg.), Verwaltungskontrolle, Baden-Baden 2001, S. 45 ff.

–, Öffentliches Rechnungswesen und Finanzkontrolle, in: von Arnim (Hrsg.), Finanzkontrolle im Wandel, Berlin 1989, S. 133 ff.

–, Verwaltungscontrolling, in: von Arnim / Lüder (Hrsg.), Wirtschaftlichkeit in Staat und Verwaltung, Berlin 1993, S. 209 ff.

–, Reform des öffentlichen Haushalts- und Rechnungswesens und Finanzkontrolle, DöV 2000, S. 836 ff.

–, Bedarf es einer Reform des staatlichen Rechnungswesens in der Bundesrepublik Deutschland?, DöV 1989, S. 1005 ff.

Luhmann Niklas, Kann die Verwaltung wirtschaftlich handeln?, VerwArch 1960, S. 97 ff.

M

Magiera, Siegfried, Finanzkontrolle in der Europäischen Gemeinschaft, in: von Arnim (Hrsg.), Finanzkontrolle im Wandel, Berlin 1989, S. 221 ff.

Mainusch, Rainer, Staatliche Rechnungsprüfung gegenüber kirchlichen Einrichtungen, NVwZ 1994, S. 736 ff.

Mangoldt, Hermann von / *Klein*, Friedrich / *Starck*, Christian, Das Bonner Grundgesetz, München 2001

–, Universität und Staat, Tübingen 1979

Mann, Günter, Unabhängige Kontrolleure?, Zparl 1981, S. 353 ff.

Manssen, Gerrit, Staatsrecht II, Grundrechte, München 2004

Mart, Marcel, Die Finanzkontrolle der Europäischen Gemeinschaften. Studie aus historischer und wissenschaftlicher Sicht, in: Zavelberg Heinz Günter (Hrsg.), Die Kontrolle der Staatsfinanzen – Geschichte und Gegenwart – 1714-1989, Festschrift für 275. Wiederkehr der Errichtung der Preußischen General-Rechen-Kammer, Berlin 1989, S. 469 ff.

Maunz, Theodor, Staatliche Rechnungsprüfung im Rahmen der Verfassung, BayVBl. 1987, S. 609 ff.

–, Art. 114 (Stand Oktober 1984), in: *Ders.* / *Dürig*, Günter / *Herzog*, Roman / *Scholz*, Rupert (Hrsg.), Grundgesetz Kommentar, Loseblattsammlung, 2006

Maurer, Hartmut, Der Verwaltungsvorbehalt, in: VVDStRL 1985, S. 135 ff.

Ders., Staatsrecht I, Grundlagen – Verfassungsorgane – Staatsfunktionen, München 2003

–, Allgemeines Verwaltungsrecht, 15. Auflage, München 2004

Mayen, Thomas, Privatisierung öffentlicher Aufgaben: Rechtliche Grenzen und rechtliche Möglichkeiten, DöV 2001, S. 110 ff.

Mayer, Peter, Die Erfolgskontrolle von Subventionen durch die Rechnungshöfe, Frankfurt am Main u.a. 2001

Meinecke, Manfred, Forschung und Wirtschaftlichkeit, in: Letzelter/Reinermann (Hrsg.), Wissenschaft, Forschung und Rechnungshöfe, 1981, S. 125 ff.

Mennicken, Axel / *Zavelberg*, Heinz-Günter, Querschnittsprüfungen des Bundesrechnungshofs, DöV 1999, S. 986 ff.

Menzel, Eberhard, Der staatsrechtliche Standort der Finanzkontrolle in der Bundesrepublik und im Ausland, DöV 1968, S. 593 ff.

Meyn, Karl-Ulrich, Kontrolle als Verfassungsprinzip, Baden-Baden 1982

Middelhoek, Andre, Rechnungsprüfung aus der Sicht des Rechnungshofes der Europäischen Gemeinschaften, in: Brauneder (Hrsg.), Internationalität der Finanzkontrolle, Frankfurt am Main u.a. 1995, S. 67 ff.

Morell, Paul, Der Bundeshaushalt, Recht und Praxis, Kommentar zur Bundeshaushaltsordnung, Wiesbaden 1983

Müllenbach, Bernhard, Untersuchung zur Geschichte der öffentlichen Finanzkontrolle von ihren Anfängen bis zum Beginn des 19. Jahrhunderts, Bonn 1982

Müller, Udo, Die Gründungsgeschichte des Rechnungshofs von Berlin – Rechnungshöfe nach 1945 III, in: Pirker, Theo (Hrsg.), Rechnungshöfe als Gegenstand zeitgeschichtlicher Forschung, Berlin 1987, S. 131 ff.
–, Zur Frage der Notwendigkeit der überörtlichen Finanzkontrolle in Hessen, NVwZ 1993, S. 334 ff.
–, Perspektiven von Haushaltsreform und Finanzkontrolle, in: Ders. (Hrsg.), Haushaltreform und Finanzkontrolle, Baden-Baden 1997, S. 13 ff.
–, Fraktionsfinanzierung unter Kontrolle der Rechnungshöfe, NJW 1990, S. 2046 ff.
–, Die institutionelle Unabhängigkeit der Rechnungshöfe, DVBl. 1994, S. 1276 ff.
–, Grundlagen, in: Karpen (Hrsg.), Hochschulfinanzierung in der BRD, 1989, S. 41 ff.
–, / *Albrecht*, Suzanne, Fraktionen und Parteien: Getrennt durch den Spendenbegriff?, DVBl. 2000, S. 1315 ff.
Müller, Wolfgang, Ministerialfreie Räume, JuS 1985, S. 497 ff.
Münch, Ingo von / *Kunig*, Philip (Hrsg.), Grundgesetz-Kommentar, München 2003
Munzert, Eberhard, Finanzkontrolle autonomer Einrichtungen –am Beispiel der Hochschulen, VOP 1991, S. 14 ff.
–, Schwerpunkte der Haushaltsreform im Lichte moderner Finanzkontrolle, in: DVP 1997, S. 10 ff.
Mußgnug, Reinhard, Der Haushaltsplan als Gesetz, Göttingen 1976
Mutius, Albert von (Hrsg.), Verwaltungsreform in Schleswig-Holstein, Heidelberg 1995
–, Autonomie öffentlicher Unternehmen in Anstaltsform, Baden-Baden 1987
–, Die Steuerung des Verwaltungshandelns durch Haushaltsrecht und Haushaltskontrolle, in: VVDStRL 1984, S. 147 ff.
–, Studentenwerke als öffentlich-rechtliche Anstalten und öffentliche Unternehmen, in: Ders. (Hrsg.), Autonomie öffentlicher Unternehmen in Anstaltsform, Baden-Baden 1987, S. 43 ff.
–, Finanzkontrolle und Öffentlichkeit, in: Zavelberg Heinz Günter (Hrsg.), Die Kontrolle der Staatsfinanzen – Geschichte und Gegenwart – 1714-1989, Festschrift für 275. Wiederkehr der Errichtung der Preußischen General-Rechen-Kammer, Berlin 1989, S. 305 ff.
–, Kontrollbedarf und Instrumentarium der Rechnungshöfe in der dezentralisierten Staatsorganisation, in: Böning u.a. (Hrsg.), Finanzkontrolle im föderativen Staat, 1982, Heidelberg, S. 29 ff.

–, Kann die Finanzkontrolle dazu beitragen, die Funktionsfähigkeit der Demokratie zu stärken?, in: Böning / von Mutius (Hrsg.), Finanzkontrolle im repräsentativ-demokratischen System, Heidelberg 1990, S.161 ff.

N

Nawrath, Axel, Die internationale Zusammenarbeit der Rechnungshöfe, DöV 2000, S. 861 ff.

Neubauer, Die Prüfungen des Rechnungshofes an den Universitäten im Spannungsfeld zwischen interner und externer Kontrolle, in: Arbeitsgruppe Fortbildung im Sprecherkreis der deutschen Universitätskanzler (Hrsg.), Universität und Rechnungshof im Umbruch, Fortbildungsprogramm für die Wissenschaftsverwaltung, 2001, S. 119 ff.

Niekamp, Andy, Der Beratungsbedarf des Staates und die Rolle des Rechnungshofs, DöV 2004, S. 739 ff.

Nolte, Martin, Kontrolle als zentrales Element unseres Verfassungsstaats, in: Ders. (Hrsg.), Kontrolle im verfassten Rechtsstaat, Kiel 2002, S. 11 ff.

Normanton, E.L., The accountability and audit of Governments, A comparative study, New York 1966

O

Oebbecke, Janbernd, Weisungs- und unterrichtungsfreie Räume in der Verwaltung, Stuttgart u.a.1986

Oppermann, Thomas, Zur Finanzkontrolle der Stiftung Volkswagenwerk, Frankfurt am Main und Berlin 1972

Ossenbühl, Fritz, Rundfunkfreiheit und Rechnungsprüfung, Frankfurt am Main 1984

Otto, Gerhard / *Weinert,* Rainer, Die Entwicklung des Finanzkontrollwesens in der amerikanischen und französischen Zone – Rechnungshöfe nach 1945 II, in: Pirker Theo (Hrsg.), Rechnungshöfe als Gegenstand zeitgeschichtlicher Forschung, Berlin 1987, S. 93 ff.

P

Papenfuß, Matthias, Die personellen Grenzen der Autonomie öffentlich-rechtlicher Körperschaften, Berlin 1991

Papier, Hans-Jürgen, Zur Verfassungsmäßigkeit nach dem Bayerischen Fraktionsgesetz, BayVBl. 1998, S. 513 ff.
–, Die richterliche Unabhängigkeit und ihre Schranken, NJW 2001, S. 1089 ff.
Patzig, Werner, Haushaltsrecht des Bundes und der Länder, Baden-Baden 1981
Peine, Franz-Joseph / *Heinlein*, Dieter, Beamtenrecht, Heidelberg, 1999
Pelny, Stefan, Die legislative Finanzkontrolle in der Bundesrepublik Deutschland und in den Vereinigten Staaten von Amerika, Berlin 1986
Peucker, Herbert, Grundfragen neuzeitlicher Finanzkontrolle, Göttingen 1952
Pfuhlstein, Friedrich von, Der Weg von der preußischen Generalrechenkammer zum Bundesrechnungshof, in: Bundesrechnungshof (Hrsg.), 250 Jahre Rechnungsprüfung, FS zur zweihundertfünfzigjährigen Wiederkehr der Errichtung der Preußischen Generalrechenkammer, Frankfurt am Main 1964, S. 1 ff.
Piduch, Erwin Adolf, Verfassungsgarantie lückenloser Rechnungsprüfung – eine überprüfungsbedürftige These, DöV 1965, S. 334 ff.
–, Bundeshaushaltsrecht, Kommentar, Loseblatt, 1970 ff., (2. Auflage, Stuttgart 1995 ff.)
–, Verfassungsgarantie lückenloser Rechnungsprüfung – eine überprüfungsbedürftige These, DöV 1965, S. 334 ff.
Pieroth, Bodo / *Schlink*, Bernhard, Grundrechte, Staatsrecht II, 18. Auflage, Heidelberg 2002
Pietzcker, Das Verwaltungsverfahren, VVDStRL 1983, S. 193 ff.
Preuß, Ulrich, Der Begriff der Verfassung und ihre Beziehung zur Politik, in: Ders. (Hrsg.), Zum Begriff der Verfassung, Die Ordnung des Politischen, Frankfurt am Main 1994, S. 7 ff.
Pünder, Hermann, Haushaltsrecht im Umbruch, Stuttgart u.a. 2003
Püttner, Günter, Verwaltungslehre, München 2000
–, Die öffentlichen Unternehmen – Ein Handbuch zu Verfassungs- und Rechtsfragen der öffentlichen Wirtschaft, Stuttgart u.a. 1985
Puhl, Thomas, Budgetflucht und Haushaltsverfassung, Tübingen 1996
–, Der Staat als Wirtschaftssubjekt und Auftraggeber, in: VVDStRL 2001, S. 456 ff.
–, Grundrechtsschutz, Bestandsgarantie und Finanzierungsanspruch der Bundesrundfunkanstalten, DVBl. 1992, S. 933 ff.

R

Rath, Reinhard, Die Prüfung internationaler Organisationen, in: Brauneder Wilhelm (Hrsg.), Internationalität der Finanzkontrolle, Frankfurt am Main u.a. 1995, S. 83 ff.

Rechnungshof Schleswig-Holstein (Hrsg.), Grundlagen der Finanzkontrolle und der öffentlichen Haushaltswirtschaft in Schleswig-Holstein, Kiel 1992

Redeker, Konrad, Wissenschaftsfreiheit und Rechnungsprüfung, DöV 1986, S. 946 ff.

Reger, Bemerkungen zur Finanzkontrolle, VerwArch 1975, S. 195 ff. und 319 ff.

Reich, Heinrich, Forschungsfinanzierung im Bundesbereich, in: Bundesrechnungshof (Hrsg.), 250 Jahre Rechnungsprüfung, FS zur zweihundertfünfzigjährigen Wiederkehr der Errichtung der Preußischen Generalrechenkammer, Frankfurt am Main 1964, S. 245 ff.

Richter, Ernst-Günther, Mitglieder des Rechnungshofes – Beamte oder Richter?, DVBl. 1969, S. 67 ff.

Ries, Hartmut, Die Finanzkontrolle des Europäischen Rechnungshofs und Evaluation, DöV 1992, S. 293 ff.

Rischer, Herbert, Finanzkontrolle staatlichen Handelns – Wirtschaftlichkeit und Sparsamkeit als Prüfungsmaßstäbe, Heidelberg 1995

–, Zur Neuorganisation des Bundesrechnungshofes – Die Wahrnehmung von Prüfungsaufgaben durch Rechnungsprüfungsämter, VR 1999, S. 265 ff.

Robbers, Gerhard, Öffentliches Recht: De Prüfbericht des Bundesrechnungshofes, JuS 1988, S. 723 ff.

Roedig, Guido, Zur Problematik der Mitwirkung des Bundesrechnungshofes bei der Planung und Durchführung von Verwaltungsaufgaben, Witterschlich bei Bonn 1966

Rogge, Philipp Laurenz, Staatliche Finanzkontrolle freier Wohlfahrtspfleger, Berlin 2001

Ross, William, Haushalt und Rechnungsprüfung, Köln u.a.1988

Rüfner, Wolfgang, Zur Stellung der bundesunmittelbaren Unternehmen des öffentlichen Rechts im Haushaltsrecht, in: Delbrück Jost u.a. (Hrsg.), Recht im Dienst des Friedens, FS für Eberhard Menzel, Berlin 1976, S. 67 ff.

Rürup, Bert / *Färber*, Gisela, Kontrolle durch den Rechnungshof, Forderungen und Reformmöglichkeiten, in: Mäding Heinrich (Hrsg.), Haushaltsplanung – Haushaltsvollzug – Haushaltskontrolle, Baden-Baden 1987, S. 216 ff.

Ruffert, Matthias, Grundlagen und Maßstäbe einer wirkungsvollen Aufsicht über die kommunale wirtschaftliche Betätigung, VerwArch 2004, S. 27 ff.

Rundel, Otto, Das Personal des Rechnungshofs – Voraussetzungen für seine Wirksamkeit, in: v. Arnim Hans-Herbert (Hrsg.), Finanzkontrolle im Wandel, Berlin, 1989, S. 151 ff.

–, Die Rechnungshöfe im Verfassungsgefüge von Bund und Ländern, in: Feuchte / Rommel / Rundel (Hrsg.), Initiative und Partnerschaft, Baden-Baden 1990, S. 145 ff.

–, Das Personal des Rechnungshofs, in: von Arnim (Hrsg.), Finanzkontrolle im Wandel, Berlin 1989, S. 151 ff.
–, Von der Rechnungsprüfung zur Finanzkontrolle, in: Rechnungshof Baden-Württemberg (Hrsg.), Finanzkontrolle in Baden-Württemberg, Karlsruhe 1987, S. 163 ff.
Rupp, Hans Heinrich, Hochschulische Selbstverwaltung, in: von Mutius (Hrsg.), Selbstverwaltung im Staat der Industriegesellschaft, Heidelberg 1983, S. 918 ff.

S

Sachs, Michael (Hrsg.), Grundgesetz, Kommentar, 3. Auflage, München 2002
Sauer, Herbert, Wissenschaftsfreiheit und Rechnungsprüfung, DöV 1986, S. 941 ff.
–, / *Blasius,* Hans, Universalität der Finanzkontrolle?, DöV 1986, S. 554 ff.
–, / *Blasius,* Hans, Politik und Finanzkontrolle durch Rechnungshöfe, DVBl. 1985, S. 548 ff.
Schäfer, Hans, Kontrolle der öffentlichen Finanzwirtschaft, in: Neumark u.a. (Hrsg.), Handbuch der Finanzwissenschaft, Bd. 1, Tübingen 1977
Schäfer, Peter, Die Kontrolle der öffentlichen Ausgaben im Freistaat Bayern, Stuttgart u.a. 1992
Schäfer, Friedrich, Zur Stellung des Präsidenten des Bundesrechnungshofes, in: Schiffer / Karehnke (Hrsg.), Verfassung – Verwaltung – Finanzkontrolle, FS für Schäfer, Köln u.a. 1975
Schäffer, Heinz, Kontrolle der Verwaltung durch Rechnungshöfe, in: VVDStRL 1996, S. 278 ff.
Schambeck, Herbert, Zur Idee und den heutigen Formen der Gewaltenteilung im Staat, in: Hengstschläger Johannes (Hrsg.), Der Staat und seine Ordnung, Wien 2002, S. 141 ff.
Scheuner, Ulrich, Verantwortung und Kontrolle in der demokratischen Verfassungsordnung, in: Ritterspach, Theodor (Hrsg.), FS für Gebhard Müller, Tübingen 1970, S. 378 ff.
Schlicker-Schweighofer, Gertrude, Haushaltskontrolle in der Europäischen Gemeinschaft, in: Brauneder (Hrsg.), Internationalität der Finanzkontrolle, Frankfurt am Main u.a. 1995, S. 43 ff.
Schlink, Bernhard, Das Recht der informationellen Selbstbestimmung, Der Staat 25 (1986), S. 233 ff.

Schmidt-Aßmann, Eberhard, Verwaltungskontrolle: einleitende Problemskizze in: Ders. und Hofmann-Riem (Hrsg.), Verwaltungskontrolle, Baden-Baden 2001, S. 10 ff.
–, Verwaltungslegitimation als Rechtsbegriff, AöR 1991, S. 329 ff.
–, (Hrsg.), Besonderes Verwaltungsrecht, 13. Auflage, Berlin 2005
Schmidt-Bens, Walter, Finanzkontrolle und Fraktionen, ZRP 1992, S. 281 ff.
Schmidt-Bleibtreu, Bruno / *Klein*, Franz, Kommentar zum Grundgesetz, Berlin 2004
Schmidt-Eichstaedt, Gerd, Kirchen als Körperschaften des öffentlichen Rechts?, Köln u.a. 1976
Schnapp, Die Selbstverwaltung in der Sozialversicherung, in: v. Mutius (Hrsg.), Selbstverwaltung im Staat der Industriegesellschaft, 1983, S. 881 ff.
Schneider, Georg Christoph, Die Finanzierung der Parlamentsfraktionen als staatliche Aufgabe, Berlin 1997
Schreiner, Alois, Finanzkontrolle als Instrument rationaler Haushaltsführung, in: von Arnim / Littmann (Hrsg.), Finanzpolitik im Umbruch: zur Konsolidierung öffentlicher Haushalte, Berlin 1984, S. 224 ff.
Schulte, Martin, Staat und Stiftung – Verfassungsrechtliche Grundlagen und Grenzen der Stiftungsrechts und der Stiftungsaufsicht, Heidelberg 1989
Schulze-Fielitz, Helmuth, Kontrolle der Verwaltung durch Rechnungshöfe, in: VVDStRL 1996, S. 231 ff.
Schuppert, Gunnar-Folke, Die Erfüllung öffentlicher Aufgaben durch verselbstständigte Verwaltungseinheiten, Göttingen 1981
–, Staatswissenschaft, Baden-Baden 2003
–, Rückzug des Staates? – Zur Rolle des Staates zwischen Legitimationskrise und politischer Neugestaltung , DöV 1995, S. 761 ff.
–, Zur notwendigen Neubestimmung der Staatsaufsicht im verantwortungsleitenden Verwaltungsstaat, in: Ders. (Hrsg.), Jenseits von Privatisierung und „schlankem" Staat, 1999, S. 326 ff.
Schwab, Walter, Kontrollsysteme, DöH 1973, S. 199 ff.
Schwarze, Jürgen (Hrsg.), EU-Kommentar, Baden-Baden 2000
Selk, Michael, Einschränkung von Grundrechten durch Kompetenzregelungen?, JuS 1990, S. 895 ff.
Selmayr, Steuerung und Kontrolle der Universität zur Jahrtausendwende und, in: Arbeitsgruppe Fortbildung im Sprecherkreis der deutschen Universitätskanzler (Hrsg.), Universität und Rechnungshof im Umbruch, Fortbildungsprogramm für die Wissenschaftsverwaltung, 2001, S. 7 ff.
Selmer, Peter, Zur Intensivierung der Wirtschaftlichkeitskontrolle durch die Rechnungshöfe – Rechtliche Bemerkungen unter Einbeziehung der Finanz-

kontrolle öffentlich-rechtlicher Rundfunkanstalten, Die Verwaltung 1990, S. 1 ff.
–, Wirtschaftlichkeitskontrolle und Grundrechtsschutz: Rechtswissenschaftliche Analysen in sensitiven Prüfungsbereichen, in: Engelhardt / Schulze / Thieme (Hrsg.), Stellung und Funktion der Rechnungshöfe im Wandel?, 1992, S. 67 ff.
Seung-Cheol, Yi, Moderne Finanzkontrolle, Pfaffenweiler 1987
Siedentopf, Heinrich, 50 Jahre Bundesrechnungshof, Festvortrag, in: Bundesrechnungshof (Hrsg.), Festakt im ehemaligen Plenarsaal des Deutschen Bundestages, Bonn 2000, S. 25 ff.
–, / *Grunwald,* Die kommunale Rechnungsprüfung, Speyer 1977
Sierig, Maxime, Die Grenzen der staatlichen Finanzkontrolle, Eine Untersuchung anhand der Bereiche von Politik und Wissenschaftsfreiheit, Frankfurt am Main u.a. 1999
Sigg, Wolfgang, Die Stellung der Rechnungshöfe im politischen System der Bundesrepublik Deutschland – zugleich ein Beitrag zur Finanzkontrolle der Universitäten, Berlin 1983
Simitis, Spiros, Die informationelle Selbstbestimmung, Grundbedingung einer verfassungskonformen Informationsordnung, NJW 1984, S. 398 ff.
Sommerer, Manfred, Art und Weise der Prüfung in der Bundesrepublik Deutschland, in: Wirtschaftlichkeitskontrolle an Hochschulen, Fortbildungsprogramm für die Wissenschaftsverwaltung, Materialien Nr. 23, Essen 1985, S. 21 ff.
Spaeth, Walter, Finanzkontrolle in Bayern Bayerischer Rechnungshof (Hrsg.), Dem Staat in die Kasse geschaut – 175 Jahre Bayerischer Oberster Rechnungshof, München 1987, S. 9 ff.
Spannowsky Willy, Die Verantwortung der öffentlichen Hand für die Erfüllung öffentlicher Aufgaben und die Reichweite ihrer Einwirkungspflicht auf Beteiligungsunternehmen, DVBl. 1992, S. 1072 ff.
–, Der Einfluss öffentlich-rechtlicher Zielsetzungen auf das Statut privatrechtlicher Eigengesellschaften in öffentlicher Hand: Öffentlich-rechtliche Vorgaben, insbesondere zur Ingerenzpflicht, ZGR 1996, S. 400 ff.
Stackmann, Nikolaus, Finanzkontrolle und Mitbestimmung, Die Verwaltung 1991, S. 445 ff.
–, Zur Rechtsqualität von Prüfungsanordnungen des Bayerischen Obersten Rechnungshofes, BayVBl. 1993, S. 362 ff.
–, Die Prüfung juristischer Personen des öffentlichen Rechts durch die Rechnungshöfe, DVBl. 1996, S. 414 ff.
–, Überlegungen zur Finanzkontrolle bei den Wohlfahrtsverbänden, DVBl. 1994, S. 383 ff.

Starck, Christian, „Grundversorgung" und Programmauftrag des öffentlich-rechtlichen Rundfunks, in: Burmeister (Hrsg.),Verfassungsstaatlichkeit, FS für Klaus Stern, 1997, S. 776 ff.

Stern, Klaus, Die staatsrechtliche Stellung des Bundesrechnungshofes und seine Bedeutung im System der Finanzkontrolle, in: Zavelberg Heinz Günter (Hrsg.), Die Kontrolle der Staatsfinanzen - Geschichte und Gegenwart - 1714-1989, Festschrift für 275. Wiederkehr der Errichtung der Preußischen General-Rechen-Kammer, Berlin 1989, S. 11 ff.

–, Der verfassungsrechtliche Status der Rechnungshöfe des Bundes und der Länder, in: Böning / von Mutius (Hrsg.), Finanzkontrolle im repräsentativ-demokratischen System, Heidelberg 1990, S. 11 ff.

–, Das Staatsrecht der Bundesrepublik Deutschland: Bd. I, Grundlagen des Staatsrechts, Strukturprinzipien der Verfassung, 2. Auflage, 1984; Bd. II, Staatsorgane, Staatsfunktionen, Finanz- und Haushaltsverfassung, Notstandsverfassung, 1980

–, Bundesrechnungshof und Finanzkontrolle aus verfassungsrechtlicher Sicht, DöV 1990, S. 261 ff.

Stober, Rolf, Allgemeines Wirtschaftsverwaltungsrecht, 14. Auflage, Stuttgart 2004

–, / *Kluth,* Winfried, Zur Rechnungsprüfung von Kammern, Köln 1989

Storr, Stefan, Beteiligungsverwaltung – Rechtsgrundlagen und Prüfung durch die Rechnungshöfe, in: Eibelshäuser (Hrsg.), Finanzpolitik und Finanzkontrolle – Partner für Veränderung, GS für Müller, Baden-Baden 2002, S. 237 ff.

–, Der Staat als Unternehmer – Öffentliche Unternehmen in der Freiheits- und Gleichheitsdogmatik des nationalen Rechts und des Gemeinschaftsrechts, Tübingen 2001

Strube, Die Geschichte des Haushaltsrechts vom Mittelalter bis zur Gegenwart, Berlin 2005

T

Tettinger, Peter, Rechtsfragen der Entlastung nach Rechnungslegung (Art. 114 Abs. 1 GG), StuW 1978, S. 58 ff.

Thieme, Werner, Verwaltungslehre, Köln u.a. 1984

–, Deutsches Hochschulrecht, Köln u.a. 1986

Thomsen, Heiko, Zur Praxis der Finanzkontrolle durch Rechnungshöfe, DöV 1981, S. 117 ff.

Tiemann, Burkhard, Zur gemeinsamen Rechnungsprüfung der obersten Finanzkontrollbehörden im bundesstaatlichen, inter- und supranationalen Bereich, DöH 1970, S. 218 ff.

–, Zur staatsrechtlichen Stellung und Funktion des Bundesrechnungshofes nach der Haushaltsreform, DVBl. 1970, S. 954 ff.

–, / *Tiemann*, Suzanne, Zum staatsrechtlichen Standort der Finanzkontrolle in rechtsvergleichender Sicht, Der Staat 1974, S. 497 ff.

Tiemann, Susanne, Die staatsrechtliche Stellung der Finanzkontrolle des Bundes, Berlin 1974

Tillmanns, Lutz / *Hein*, Gabriele, Verfassungsrechtliche Probleme bei der Finanzierung der Bundesrundfunkanstalten, DVBl. 1990, S. 91 ff.

Tomuschat, Christian, Die parlamentarische Haushalts- und Finanzkontrolle in der Bundesrepublik Deutschland, Der Staat 1980, S. 22 ff.

Treuner, Jens-Hermann, Der Bundesbeauftragte für Wirtschaftlichkeit in der Verwaltung, DVBl. 1992, S. 421 ff.

V

Vaitl, Helmut, Die Aufgaben der Rechnungshöfe im Spannungsfeld der Politik, BayVBl. 1995, S. 581 ff.

Vogel, Klaus, Verfassungsrechtliche Grenzen der öffentlichen Finanzkontrolle, DVBl. 1970, S. 193 ff.

–, / *Kirchhof*, Paul, Bonner Kommentar zum Grundgesetz, Loseblatt, 1950 ff. (Kommentierung zu Art. 114 GG, Zweitbearbeitung 1973; zitiert Vogel / Kirchhof, BK, Art. 114 Rn.)

Vogelgesang, Klaus / *Lübking*, Uwe / *Ulbrich*, Ina-Maria, Kommunale Selbstverwaltung, Rechtsgrundlagen – Organisationen – Aufgaben – Neue Steuerungsmodelle, Berlin 2005

Vogt, Gerhard, Staatliches Haushaltsrecht, in: Klein, Franz (Hrsg.), Lehrbuch des öffentlichen Finanzrechts, Darmstadt 1987, S. 117 ff.

Volkmar, Dieter, Methoden der Finanzkontrolle, in: Präsident des Landesrechnungshofes Nordrhein-Westfallen (Hrsg.), 40 Jahre Landesrechnungshof Nordrhein-Westfalen, 1988, S. 103 ff.

Volle, Klaus, Die Finanzverfassung einer alten Universität, in: Arbeitsgruppe Fortbildung im Sprecherkreis der Hochschulkanzler (Hrsg.), Die Finanzverfassung der wissenschaftlichen Hochschulen, Fortbildungsprogramm für die Wissenschaftsverwaltung, Materialien Nr. 60, 1994, S. 3 ff.

Vollmöller, Thomas, Die wirtschaftliche Betätigung der öffentlichen Hand, in: Schmidt, Reiner / Vollmöller, Thomas (Hrsg.), Kompendium Öffentliches Wirtschaftrecht, 2004, S. 139 ff.

W

Wagner, Christoph, Die Landesmedienanstalten, Baden-Baden 1990

Wagner, Norbert Berthold, 50 Jahre Bundesrechnungshof, zugleich ein Beitrag zu den organisatorischen Entwicklungslinien im preußisch-deutschen Rechnungskontrollwesen, AöR 126 (2001), S. 93 ff.

Wagner, Wolfgang, Hochschule und Wirtschaftlichkeit, in: Letzelter/Reinermann (Hrsg.), Wissenschaft, Forschung und Rechnungshöfe, 1981, S. 57 ff.

Wallmann, Walter, Staatliche Finanzkontrolle – Überörtliche Prüfung kommunaler Körperschaften, DVBl. 2000, S. 1185 ff.

Walther, Rudi, Der Haushaltsausschuss des Deutschen Bundestages und der Bundesrechnungshof, in: Zavelberg Heinz Günter (Hrsg.), Die Kontrolle der Staatsfinanzen – Geschichte und Gegenwart – 1714-1989, Festschrift für 275. Wiederkehr der Errichtung der Preußischen General-Rechen-Kammer, Berlin 1989, S. 145 ff.

Weber, Hanns, Unerwünschte Finanzkontrolle?, DöV 1981, S. 128 ff.

Weinert Rainer, Wie ein „Veilchen in Verborgenen" – Der Rechnungshof des Deutschen Reiches im Zweiten Weltkrieg – NS-Staat II, in: Pirker Theo (Hrsg.), Rechnungshöfe als Gegenstand zeitgeschichtlicher Forschung, Berlin 1987, S. 51 ff.

Welz, Joachim, Parlamentarische Finanzkontrolle in den Bundesländern, Berlin 1982

Wieland, Joachim, Neuere Entwicklungen im Bereich der öffentlichen Finanzkontrolle, in: Schmidt-Aßmann und Hofmann-Riem (Hrsg.), Verwaltungskontrolle, Baden-Baden 2001, S. 59 ff.

–, Staatliche Finanzkontrolle im Bereich kommunaler Selbstverwaltung, DVBl.1999, S. 1470 ff.

–, Joachim, Rechnungshofkontrolle im demokratischen Rechtsstaat, DVBl. 1995, S. 894 ff.

Wittrock, Karl, Das Bundesrechnungshofgesetz im Lichte historischer Rückblende – Aktuelle Probleme der Finanzkontrolle I, in: Pirker Theo (Hrsg.), Rechnungshöfe als Gegenstand zeitgeschichtlicher Forschung, Berlin 1987, S. 155

–, Der Rechnungshof als Berater, DöV 1989, S. 346 ff.

–, Parlament, Regierung, und Rechnungshof. Zur Geschichte einer schwierigen Dreieckbeziehung, ZParl 1986, S. 414 ff.

–, Über die Kontrolle geheimer Ausgaben, Die Verwaltung 1988, S. 277 ff.
–, Möglichkeiten und Grenzen der Finanzkontrolle, Das Verhältnis des Bundesrechnungshofes zum Bundestag, ZParl 1982, S. 209 ff.
Wolff, Hans / *Bachof*, Otto / *Stober*, Rolf, Verwaltungsrecht Bd. II, 6. Auflage, München 2000

Z

Zavelberg, Heinz-Günter, 275 Jahren staatliche Rechnungsprüfung in Deutschland. Etappen der Entwicklung, in: Ders. (Hrsg.), Die Kontrolle der Staatsfinanzen – Geschichte und Gegenwart – 1714-1989, Festschrift für 275. Wiederkehr der Errichtung der Preußischen General-Rechen-Kammer, Berlin 1989, S. 43 ff.
–, Geschäftsverteilung bei den Rechnungshöfen, unter besonderer Berücksichtigung des Bundesrechnungshofes, DöV 1992, S. 681 ff.
–, Von der Rechnungsprüfung zur Finanzkontrolle, in: von Arnim (Hrsg.), Finanzkontrolle im Wandel, Berlin 1989, S. 17 ff.
–, Die Arbeit der Rechnungshöfe im internationalen Bereich, DöV 1993, S. 1000 ff.
–, Gelebter Föderalismus – Die Zusammenarbeit der Rechnungshöfe des Bundes und der Länder, in: Dem Staat in die Kasse geschaut – 175 Jahre Bayerischer Oberster Rechnungshof, München 1987, S. 121 ff.
–, Staatliche Rechnungsprüfung und Erfolgskontrolle, in: Eichhorn / Kortzfleisch (Hrsg.), Erfolgskontrolle bei der Verausgabung öffentlicher Mittel, Baden-Baden 1986, S. 103 ff.
–, Die Kontrolle der Steuer und Abgabenerhebung durch den Bundesrechnungshof, in: Kirchhof u.a. (Hrsg.), Steuerrecht, Verfassungsrecht, Finanzpolitik, FS für Klein, Köln 1994
–, Die Prüfung der Betätigung des Bundes bei Unternehmen durch den Bundesrechnungshof, in: Moxter u.a. (Hrsg.), Rechnungslegung, FS für Karl-Heinz Forster, Düsseldorf 1992, S. 723 ff.
Zippelius, Reinhold, Allgemeine Staatslehre (Politikwissenschaft), München 2003

Kolibri 360 GmbH
Ferdinand-Jühlke-Straße 7
99095 Erfurt, Deutschland
produktsicherheit@kolibri360.de

Druck:
CPI Druckdienstleistungen GmbH
im Auftrag der
Kolibri 360 GmbH
Ferdinand-Jühlke-Str. 7
99095 Erfurt